Von Régine Pernoud ist bei Bastei-Lübbe außerdem lieferbar:
Band 64 102 Die Heiligen im Mittelalter.

Régine Pernoud
Marie-Véronique Clin

Johanna von Orléans

Der Mensch und die Legende

Aus dem Französischen übersetzt
von Sybille A. Rott-Illfeld

BASTEI
LÜBBE

BASTEI-LÜBBE-TASCHENBUCH
Band 61 210

Deutsche Erstveröffentlichung
Die französische Originalausgabe erschien unter dem Titel
JEANNE D'ARC im Verlag La Librairie Arthème Fayard
© 1986 by Librairie Arthème Fayard
© der deutschen Ausgabe 1991 by Gustav Lübbe Verlag GmbH,
Bergisch Gladbach
Printed in Germany, September 1991
Umschlaggestaltung: Roland Poferl, Köln
Titelbild: Buchmalerei um 1420
(Archiv für Kunst und Geschichte, Berlin)
Satz: KCS GmbH, 2110 Buchholz/Hamburg
Druck und Bindung: Clausen & Bosse, Leck
ISBN 3-404-61210-8

Der Preis dieses Bandes versteht sich einschließlich der gesetzlichen Mehrwertsteuer

Inhalt

Vorwort 11

Erster Teil: Die Geschichte

  I. »Es verbreitete sich die Nachricht, daß
     eine Jungfrau...« 23
 II. Die Dame Hoffnung 32
III. Neun Tage, zehn Nächte 63
 IV. »Sie war in jeder Bedrängnis dabei, so war es
     auch ihr gutes Recht, bei der Ehrung dabeizu-
     sein.« 96
  V. »Ein Jahr, nicht länger« 125
 VI. »Es ist einem Gefangenen erlaubt, fliehen zu
     wollen« 163
VII. »Ich weiß genau, daß die Engländer mich
     töten werden« 187
VIII. Karl der Siegreiche 251
 IX. »Wie die anderen« 280

Zweiter Teil: Die Personen der Handlung

I. Karl VII. 297
II. Karl von Orléans, der Prinz und Dichterfürst 301
III. Robert de Baudricourt, Stadthauptmann von Vaucouleurs 313
IV. Raoul de Gaucourt, Stadthauptmann von Orléans 315
V. Etienne de Vignolles, genannt La Hire 317
VI. Jean II. d'Alençon, der »Schöne Herzog« ... 321
VII. Poton de Xaintrailles 327
VIII. Jean, Graf von Dunois, Bastard von Orléans 330
IX. Thomas von Montaigu, Graf von Salisbury . 335
X. John Talbot 340
XI. Richard Beauchamp, Graf von Warwick 343
XII. Perrinet Gressart 346
XIII. Johann von Luxemburg 358
XIV. Pierre Cauchon 360
XV. Robert de Flocques 365
XVI. Jacques Gélu 369
XVII. Jean le Charlier de Gerson 373

Dritter Teil: Zum Verständnis der Zeit

I. Der Name Jeanne d'Arc 379
II. Orléans während der Belagerung 384
III. Der Heringstag (12. Februar 1428) 390
IV. Die Rüstung zur Zeit der Jeanne d'Arc 398
V. Die Schwerter der Jeanne d'Arc 402

VI. Die Sprache der Jeanne d'Arc und ihrer
Zeitgenossen 405

VII. Die Gefangennahme der Jeanne d'Arc
vor Compiègne 410

VIII. Jeanne d'Arc — ein königlicher Bastard? 416

IX. Die Steuerfreiheit der Bewohner von
Domrémy und Greux 427

X. Jeanne d'Arc und kein Ende 431

Anhang

I. Jeanne d'Arc in Theater und Oper 443

II. Jeanne d'Arc im Bild 452

III. Filme 459

IV. Die Jeanne-d'Arc-Feste in Orléans 462

V. Die Entstehung der lateinischen Textfassung
des Verurteilungsprozesses 466

VI. Zeittafel 469

VII. Übersichtskarte 480

VIII. Register 481

Zum Gedächtnis an André Malraux,
den Begründer des Jeanne-d'Arc-Zentrums

Vorwort

Noch ein Buch über Jeanne d'Arc!

So wird vermutlich die Reaktion von mehr als einem Leser lauten, wenn er diese Biographie in der Buchhandlung sieht, womöglich mit einem leicht vorwurfsvollen Unterton in meine Richtung (denn eben diesen Vorwurf hat man mir bereits gemacht, ganz direkt und ohne Untertöne).

Jeanne d'Arc: eine unerschöpfliche Persönlichkeit, über die man nie alles gesagt haben wird. Und dennoch ist gerade dies der Anspruch des vorliegenden Werkes: alles das zusammenzutragen, was man mit Gewißheit über sie weiß. Da aber ein derartiges Unterfangen die Kräfte und die Fähigkeiten eines einzelnen Autors überstiegen hätte, haben wir, um es zu bewältigen, zu zweit und sogar zu dritt daran gearbeitet, denn meine Schwester Madeleine Pernoud hat ihre diskrete und immer wirksame Mitarbeit der Arbeit hinzugefügt, die wir, Marie-Véronique Clin und ich, geleistet haben.

Durch diese dreifache Arbeitsteilung war es uns möglich, die erste Schwierigkeit zu überwinden, der sich derjenige gegenübersieht, der das Leben der Jeanne d'Arc nachzeichnen möchte: Man stellt nämlich in der Tat fest, daß man bei der Aufzählung der Fakten und Taten dieses mit neunzehn Jahren ums Leben gebrachten Mädchens immer wieder ins Stocken gerät, weil sich Fragen und Probleme stellen, die in eine Richtung weisen oder in eine andere. Das beginnt bereits bei dem Namen, unter dem sie bekannt geworden ist. Dieses Buch trägt den Titel Johanna von Orléans. Wir hätten es lieber Jeanne, die Jungfrau, genannt: Dies ist der einzige Name, unter dem ihre Zeitgenossen sie kannten. Man hat uns aber klargemacht, daß eine Biographie, die sich an das breite Publikum richtet, notwendigerweise den Namen beibehalten muß, unter dem sie uns, den heutigen Lesern, bekannt ist. Und gleich als erstes die erforderliche Erklärung zu diesem Namen voranzustellen hätte nur den eigentlichen Text verzögert.

Des weiteren wird eine Biographie der Jeanne d'Arc häufig auf eine Beschreibung der Rolle hinauslaufen, die sie bei jenen Ereignissen gespielt hat, die Frankreich seit dem Beginn des 15. Jahrhunderts erschütterten. Daher rührt die Verpflichtung, mit einer allgemeinen Darstellung dessen anzufangen, was Frankreich, ja ganz Europa während dieses schrecklichen Abschnittes unseres Mittelalters eigentlich war. Das wiederum führt dazu, daß der Moment, an dem von Jeanne selbst die Rede ist, erst nach unendlich langen Präliminarien erreicht wird. War es da nicht vorzuziehen, auf das Ausmalen des großen historischen Bildes zu verzichten und nur das Wesentliche dieses Panoramas (das im übrigen heutzutage weithin bekannt ist) in dem dokumentarischen Apparat anzuführen, den der Leser jederzeit konsultieren kann: allgemeine Zeittafel, der von Jeanne zurückgelegte Weg, Kurzbiographien der für ihre Geschichte wesentlichsten Protagonisten etc.?

So erschien es uns zumindest, denn wir haben gemeinsam über den Plan des vorliegenden Werkes entschieden. Wir wollten ausdrücklich den Lebensweg einer Persönlichkeit nachzeichnen, die uns im Laufe der Jahre unserer Arbeit am Centre Jeanne-d'Arc d'Orléans vertraut geworden ist und mit der ich selbst mich bereits einige Jahre zuvor näher befaßt hatte. Auf der anderen Seite schien es uns erforderlich, daß dem Leser alle Angaben zu Orten, Daten und Identität zur Verfügung gestellt werden, alle Interpretationsschwierigkeiten, alle Einwände, die hier und da erhoben wurden, die sich im Verlauf der Darstellung ergeben könnten und deren Berechtigung einzig durch den Rückgriff auf die authentischen Dokumente und Quellen überprüft werden kann. Der einfachste Weg war folglich, diese Biographie in zwei Teile zu gliedern: einerseits eine fortlaufende Darstellung, andererseits ein dokumentarischer Apparat, wie er im Falle einer derart reichen Persönlichkeit unerläßlich ist, einer Gestalt, die so viele Überraschungen birgt und im Zusammenhang mit Ereignissen von solch extremer Komplexität zu sehen ist. Dieser dokumentarische Apparat besteht wiederum aus zwei Teilen, einem biographischen und einem weiteren Teil, der auf die verbreitetsten Fragen und Diskussionen eingeht.

Für diesen dokumentarischen Apparat hätte sich niemand finden lassen, der besser als Marie-Véronique Clin geeignet gewesen wäre. Seit sieben oder noch mehr Jahren beantwortet sie täglich die Fragen, die uns brieflich erreichen (diese Korrespondenz dürfte im Jahresdurchschnitt etwa eintausend Briefe ausmachen) oder die von den (jährlich etwa 25 000) Besuchern des Zentrums und des Hauses von Jeanne d'Arc gestellt werden. Unter ihrer Leitung stehen auch Organisation und Betreuung der Besuche durch Schüler- oder andere Gruppen. Vor allem widmet sie sich den französischen wie ausländischen Wissenschaftlern, die sich zu Forschungszwecken im Zentrum aufhalten. Auf diese Art sind unter ihrer Mithilfe bereits eine beträchtliche Anzahl einschlägiger wissenschaftlicher Arbeiten erschienen; zu erwähnen wären etwa die von Gerd Krumeich aus Düsseldorf, Robin Blaetz aus New York, Deborah Fraioli aus Syracuse, N. Y., Enzo Gibellato aus Mailand und Marina Warner aus London, nicht zu vergessen diejenige von Marceline Brun aus Orléans und von so vielen anderen, deren Studien im Zentrum es ihnen ermöglichten, ihre Arbeiten zu einem guten Abschluß zu bringen. Weiterhin gehört es zu ihrem Aufgabenbereich, die regelmäßig im Jeanne-d'Arc-Haus durchgeführten Ausstellungen zu organisieren.

Zu diesen Tätigkeiten gesellten sich die eigenen Forschungsaktivitäten anläßlich der Fertigstellung ihrer Arbeit zur Erlangung des Magistergrades an der École des Hautes Études, erschienen als *Beauchamp Household Book*, und ihrer Doktorarbeit über *Die Quellen zur Geschichte der Jeanne d'Arc*.

Marie-Véronique Clin oblag also diejenige Hälfte dieses Buches, in der versucht wird, die Fragen zu beantworten, die sich der Leser unweigerlich stellen wird.

Gemeinsam haben wir versucht, diese Fragen anhand der kontinuierlichen Darstellung dieses denkbar erstaunlichen Lebens zu artikulieren. Dieses Lebens, das in der Tat dermaßen erstaunlich war, daß Ausdrücke wie »Mythos«, »Legende« und »Folklore« den zahllosen Autoren, die sich mit ihr befaßt haben, reichlich aus der Feder flossen. Da sie unter ihren Zeitgenossen das gleiche Erstaunen hervorgerufen hat wie bei uns heute, gibt es keine Chronik und kein Memoirenwerk der Epoche, in dem sie nicht Erwähnung fände, von offiziellen und privaten Briefen oder dem Register des Parlaments von Paris etc. ganz abgesehen. Vor allem besitzen wir die Akten der beiden Prozesse, denen sie (dem ersten zu Lebzeiten, dem zweiten nach ihrem Tode) unterworfen wurde. In jedem der beiden Fälle handelt es sich um drei authentische Dokumente mit der Unterschrift des jeweiligen offiziellen Schreibers.

Dieses Leben hat zu keiner Zeit aufgehört, neue Fragen aufzuwerfen, und ihr Ruf hat sich über sämtliche Kontinente verbreitet. Es gibt auf der ganzen Welt kein Land, keine Nation, die uns nicht um Jeanne d'Arc beneidet.

Eine absolute Notwendigkeit, über die wir uns vollkommen einig waren: so nahe wie möglich an diesen historischen Dokumenten zu bleiben, die heutzutage jeder im Centre Jeanne-d'Arc d'Orléans als Mikrofiches einsehen kann. Diese strikte Regel ermöglichte es uns, jedes Ereignis so zu erfassen, wie es der am besten plazierte Zeuge darstellt, und somit der Wirklichkeit so nahezukommen wie nur irgend möglich. So haben wir denn auch unsere Schilderung mit den ersten Gerüchten begonnen, die den Namen Jeanne d'Arcs im Jahre 1429 bekannt machten. Wir haben versucht, ihrer Spur von da an weiter zu folgen, und uns erst gegen Ende unserer Darstellung ihrer Kindheit und Jugend zugewandt. Die Chronologie hätte erfordert, darüber zu Anfang zu berichten, aber der Lauf der Geschichte hat es nicht gestattet, eher von dieser Kindheit und Jugend zu erfahren als im Verlauf des Prozesses, der ihre Verurteilung aufheben sollte und anläßlich dessen die kirchlichen Gesandten die Leute von Domrémy-Greux befragten, die Jeanne hatten zur Welt kommen und in ihrer Mitte heranwachsen sehen. Wir haben uns entschlossen, lieber dem Lauf der Geschichte als dem streng chronologischen Ablauf zu folgen.

Möglicherweise mag es auch verwundern, welch breiten Raum in dieser Darstellung die Haft und der Prozeß zu ihrer

Verdammung einnehmen. Doch setzt sich die kurze, blendende Geschichte der Jeanne d'Arc in der Tat aus zwei Komponenten zusammen: aus einem Jahr voller Kämpfe und einem Jahr Haft. Diesen Punkt haben die Historiker nicht immer deutlich genug herausgearbeitet. Jeanne d'Arc, der Prototyp der glorreichen Heldin, ist ebenso ein Prototyp der politischen Gefangenen, der Opfer von Geiselnahmen und anderen Formen von Gewalt gegen Personen, die in unserem 20. Jahrhundert zum Alltag gehören. Diese zweite Komponente erscheint uns ebenso bedeutend wie die erste, die der Siege. Die Person, die allein erdrückenden Ideologien und tödlichen Fanatismen gegenübersteht, diese Person ist Jeanne d'Arc. Und wenn wir an dieser Stelle nicht die Namen derjenigen Personen aufführen, die einem heute in den Sinn kämen, liegt das daran, daß ihre Liste zu lang wäre und daß die Leiden, die von diesen Namen heraufbeschworen werden, Tag für Tag durch andere, noch schlimmere ersetzt werden.

Seit einem halben Jahrhundert ist viel über Jeanne d'Arc gearbeitet worden, und es sind zahlreiche Entdeckungen gemacht worden, die sie betrafen.

Die erste – und eine der wichtigsten – war zweifellos die um 1930 durch Pierre Champion erfolgte Identifizierung der dritten authentischen Handschrift des Prozesses um die Rehabilitierung Jeanne d'Arc, die als verschollen gegolten hatte. Ihre Wiederentdeckung galt in Gelehrtenkreisen als Sensation; es handelte sich um die Handschrift Stowe 84 des British Museum, die seither von allen Spezialisten zu Jeanne d'Arc herangezogen wird. Die vorzüglichen Arbeiten von Père Doncoeur und Yvonne Lanhers haben dann die Existenz einer bischöflichen Mitschrift dieses Prozesses zur Annulierung des Urteils nachgewiesen, die vor dem Protokoll einzuordnen ist, das (wie Pierre Duparc in seiner *Einführung*, Band I, S. XIII—XVII gezeigt hat) als amtlich beglaubigter Prozeßbericht zu gelten hat.

Diese selben Autoren haben mit der Publikation verschiedener Texte, die unveröffentlicht geblieben oder kaum bekannt waren und die in unserer Bibliographie zu finden sind, der wissenschaftlichen Beschäftigung mit Jeanne d'Arc entscheidende Impulse gegeben, die sich in der erneuten Publikation der vor langer Zeit von Quicherat veröffentlichten Texte niederschlugen: Der Verdammungsprozeß von Pierre Tisset und Yvonne Lanhers und der Prozeß zur Rehabilitierung von Pierre Duparc, dank der Société de l'Histoire de France und du Département des Vosges, dank vor allem des ehemaligen Direktors der École des Chartes, Pierre Marot. Man kann nur wünschen, daß eine vergleichbare Anstrengung den Texten zugute kommt, die in den letzten beiden Bänden von Quicherat enthalten sind, welche in der Arbeit von Marie-Véronique Clin neu präsentiert wurden.

Es sind also bedeutende wissenschaftliche Anstrengungen erfolgt, zu denen ein vergleichbarer Aufwand an Publikationen getrieben wurde, die dem breiteren Publikum zugänglich sind. Auch hierzu verweisen wir den geneigten Leser auf die Bibliographie, und wir versäumen nicht hervorzuheben, was das vorliegende Werk den Arbeiten von Pierre Rocolle, Jacques Prévost-Bouré, Colonel de Liocourt, Henri Bataille aus Vaucouleurs und dem schmerzlich vermißten Yann Grandeau verdankt, um nur die nächstliegenden Namen anzuführen. Hinzuzufügen sind allerdings noch die Teilnehmer des Jeanne-d'Arc-Kolloquiums, das 1979 in Orléans stattfand und dessen Beiträge 1982 vom Direktor des Institut de Recherche et d'Histoire des Textes, Jean Glénisson, unter dem Titel *Jeanne d'Arc, une époque, un rayonnement* (Jeanne d'Arc, eine

Epoche, eine Ausstrahlung) in einer Publikation des C. N. R. S. herausgegeben wurden.

Es ist beeindruckend, das weltweite Interesse zu erfahren, welches Jeanne d'Arc erregt, und mitzuerleben, wie man in den unterschiedlichsten Ländern bemüht ist, genaue Informationen über alles zu erlangen, was mit ihr zu tun hat. Unsere größte Überraschung in dieser Hinsicht war die Ausstellung des Jahres 1982 in Tokio, um die uns im Jahre zuvor die Firma Mitsukoshi gebeten hatte, wenngleich wir bereits durch Professor Takayama, der den Verdammungsprozeß ins Japanische übertragen hatte, um das Interesse wußten, das in Japan an der Heldin besteht.

Das führt uns zum Gedenken an jene großen Jeanne-d'Arc-Spezialisten, die England in Reverend Scott und die Vereinigten Staaten in Father Daniel Rankin besaßen. Father Daniel Rankin konnte auf zwei bedeutende Bibliotheks-bestände zurückgreifen, die der Beschäftigung mit Jeanne d'Arc in den Vereinigten Staaten gewidmet sind: die Griscom Foundation an der Columbia University und die Privatbibliothek des Kardinals John Wright (heute Bestandteil der Städtischen Bibliothek von Boston). Claire Quintal, die mit ihm zusammenarbeitete, führt sein Werk fort und hat gerade eine Studie über die Jeanne-d'Arc-Schwestern veröffentlicht. Es hat in der Tat einen ganzen religiösen Orden gegeben, der sich, in den Vereinigten Staaten gegründet, von der Spiritualität Jeanne d'Arc herleitete, und das noch vor dem Zeitpunkt ihrer Heiligsprechung. Ähnliches gilt für Belgien, wo sich die *Travailleuses Missionaires* gleichfalls auf Jeanne berufen.

Eine bewegende Vorstellung ist auch, an die beiden Historiker zu denken, die sich praktisch am anderen Ende der Welt, in der Sowjetunion nämlich, auf die Beschäftigung mit

Jeanne d'Arc spezialisiert haben: Anatoli Levandowski und Vladimir Raytses. Letzterer, der unsere Sprache so vollkommen beherrscht und sich so vorzüglich mit unserer Zivilisation und unserer Geschichte auskennt, war der historische Fachberater für den berühmten Regisseur Gleb Panfilow, der schon 1970 Jeanne d'Arc einen sehr schönen Film mit dem Titel *Der Auftakt* widmete.

So läßt sich abschließend sagen, daß Jeanne la Pucelle, Jeanne die Jungfrau, heute vom Fernen Osten bis zum entferntesten Westen eine Gestalt der Weltgeschichte ist, die universale Anerkennung erfährt, eine Figur, der man Liebe entgegenbringt und die, wie es André Malraux so großartig formuliert hat, lebendig ist »im Herzen der Lebendigen«.

Régine Pernoud, 25. März 1986

ERSTER TEIL
DIE GESCHICHTE

I.
»Es verbreitete sich die Nachricht,
daß eine Jungfrau...«

»Es verbreitete sich die Nachricht, daß eine Jungfrau durch
Gien gekommen sei. Sie sagte, daß sie zum Dauphin gehe,
um die Belagerung von Orléans aufzuheben und den Dauphin nach Reims zu führen, damit er dort gekrönt werde.«
Dieses »Es verbreitete sich die Nachricht« bezeichnet den
Eintritt des jungen Mädchens, das wir Jeanne d'Arc nennen,
in die Geschichte.

Davon berichtet wird uns von einem der Beteiligten an
dem Geschehen, jemandem, der aufgrund seiner Stellung
davon wissen mußte, Jean der Bastard, bekannter unter dem
Titel eines Grafen von Dunois, den er später erhielt. Er fährt
fort: »Da ich Befehlshaber und mit der Verteidigung von
Orléans betraut war, entsandte ich, um Näheres über diese
Jungfrau zu erfahren, den Herrn von Villars, Seneschall von
Beaucaire, und Jamet du Tillay, der in der Folge Vogt des Vermandois wurde, zum König.«

Der Bastard von Orléans verteidigt die Stadt seines Halbbruders Karl, Herzog von Orléans, der sich zu jenem Zeitpunkt irgendwo in England in Gefangenschaft befindet. Er
erholt sich nur langsam von der Verletzung, die er bei dem
verhängnisvollen Angriff auf einen englischen Lebensmittel-

transport davongetragen hatte. Unmittelbar nach Beginn der Kampfhandlung traf ihn der Pfeil einer Armbrust am Fuß; zwei Bogenschützen holten ihn mit Mühe aus dem Getümmel und setzten ihn wieder aufs Pferd, woraufhin das Scharmützel eine Wendung zum Schlechten nahm. Einige seiner besten Gefährten blieben auf der Strecke, Louis de Rochechouart, Guillaume d'Albret und der beherzte Schotte John Stuart von Darnley, der eigentliche Verantwortliche für das Durcheinander, denn er hatte die Aktion begonnen, ohne den getroffenen Verfügungen Rechnung zu tragen. Die Operation gegen eine Handvoll Männer, nämlich die Soldaten, die den Lebensmitteltransport eskortierten, endete mit einer vollständigen Niederlage. Beim Gegner spöttelte man über diesen »Tag der Heringe« — der Transport bestand vor allem aus Fässern mit Salzheringen für die Truppen, denn es war Fastenzeit.

In der Stadt macht sich Mutlosigkeit breit. Der Graf von Clermont, der an jenem fatalen 12. Februar 1429 durch sein langsames Heranrücken an das Schlachtfeld alles gefährdete, ist mit seinen Truppen aus Orléans abgezogen. Viele seiner Hauptleute haben es ihm gleichgetan, selbst der stets kampfbereite Etienne de Vignolles.

Das Schicksal der Stadt Orléans scheint besiegelt zu sein. Der zur Untätigkeit verurteilte Bastard erinnert sich an die schönen Tage der Belagerung von Montargis zwei Jahre später zuvor: mit demselben Etienne de Vignolles, gemeinhin genannt La Hire, hatte er im Handumdrehen die Engländer vertrieben, die, angeführt von ihrem Hauptmann Salisbury, begonnen hatten, die Stadt einzuschließen. Am 5. September 1427 hatten Salisbury und seine Leute abziehen müssen. Wahrscheinlich aus Rache über diesen Mißerfolg war derselbe Hauptmann ein Jahr später gekommen, Orléans zu belagern, und hatte nach und nach vor jedem Stadttor eine Schanze errichten lassen.

Rund um den Verteidiger von Orléans verstärkt sich das Mißtrauen; die Einwohner haben sogar eine Abordnung zum Herzog von Burgund entsandt, damit er die Stadt verschone, deren Herr gefangen ist. Es ist ihre letzte Hoffnung: sie wollen an den möglicherweise noch vorhandenen Rest von Ritterlichkeit appellieren, denn in den Zeiten des Rittertums wäre es niemandem eingefallen, ein Schloß oder eine Stadt zu belagern, deren rechtmäßiger Herr gefangen war! Doch das ist eine weitere Demütigung für Jean den Bastard, der versucht hat, sie anstelle seines Bruders zu verteidigen. Die erste Sorge der Einwohner ist es, heute etwas zu essen zu haben. Das *Tagebuch der Belagerung* vermerkt in diesen Tagen nur noch das Eintreffen von Verpflegung: einen Tag sind es »sieben Pferde, beladen mit Heringen und anderen Lebensmitteln«, zwei Tage später neun Pferde, auch sie mit Lebensmitteln beladen, die durch das Burgundtor im Osten der Stadt hereinkommen – das einzige, durch das man noch Verbindung zur Außenwelt hat. Niemand wagt es zu sagen, aber jedermann hat noch die Berichte von der Belagerung von vor zehn Jahre im Gedächtnis: dort kam es soweit, daß die Leute Pferde, Hunde, Katzen, Ratten verzehrten und dem Sieger letztlich doch die Tore öffnen mußten! Wie bei der normannischen Stadt, handelte es sich auch hier um eine Zernierung. Diese Strategie ist angezeigt, wenn die Belagerung langsam und methodisch durchgeführt wird; der Feind weiß, daß sich sein wertvollster Verbündeter im Inneren befindet: der Hunger und mit ihm die Mutlosigkeit der Einwohner.

Die Zernierung

Die Lage in Orléans Ende Februar 1429 ist also kritisch. Durch seine Verwundung bewegungsunfähig und wie gelähmt durch seinen Mißerfolg, hat Jean der Bastard Muße, den Stand der Dinge zu überdenken. Er befindet sich in einer umzingelten Stadt, alle Ausgänge bis auf einen sind blockiert.

Bei seiner Ankunft an der Spitze der englischen Truppen hatte Hauptmann Salisbury als erfahrener Kriegsmann zunächst die Tourelles gestürmt, den befestigten Brückenkopf am linken Loireufer: zwei Türme, mit deren Hilfe man das Südende der großen, neunzehnbogigen Steinbrücke absperren konnte, die in der Mitte auf einer der zahlreichen Inseln ruhte, von denen es im Fluß in dieser Gegend so viele gibt. Die Stadt Orléans, das ist vor allem eine Brücke, die die beiden Teile Frankreichs, den Norden und den Süden, miteinander verbindet.

Die Orleaner haben mit der Offensive gerechnet, seit im Juli 1428 die kleinen Orte der Beauce nacheinander von den Engländern besetzt worden waren: Angerville, Toury, Janville, Arteney, Patay und einige andere. Als Olivet von einem der Gefährten Salisburys, John Pole — in den französischen Reihen wird er La Poule genannt — am 7. Oktober eingenommen worden war, war ihnen klar gewesen, was folgen würde. In aller Eile zerstörten sie ihre Bauwerke am linken Loireufer, die Vorstadt Portereau sowie die Kirche und das Kloster der Augustiner. Es war ihnen sozusagen fast zur Gewohnheit geworden: seit zwanzig Jahren (seit der Katastrophe von Azincourt) lebte die Einwohnerschaft von Orléans in Alarmbereitschaft. Die Berichte der Stadt und der Festung belegen es: Entsendung von Boten, das heißt Spionen, öfter noch Spioninnen, häufiges Kommen und Gehen von Reitern, um die Bewegungen von Landsknechten in Richtung Étampes und Sully-sur-Loire zu beobachten, Verstärkung der Wachen auf den Stadtwällen, Kauf von Armbrustpfeilen, dann von Bombarden für die Verteidigung der Stadt — was sich für die Einwohner in einer Erhöhung der Steuer niederschlägt —, all das gehört zum Alltag. Es hatte noch Schlimmeres gegeben: die alten Leute erzählen aus ihrer Kindheit oder nach dem Hörensagen, wie 1359 die ehrwürdige Kirche Saint-Aignan, Schauplatz eines ersten Scharmützels zwischen Franzosen und Engländern, hatte zerstört werden müssen; vergebens hatten die Geistlichen versucht, ihre alte Kollegiatskirche zu retten, die so alt war wie das Christentum in dieser Gegend und die jeder Bischof von Orléans bei seiner Einsetzung besuchte, um die Reliquien des großen Vorgängers zu verehren, der die Stadt gegen den Ansturm Attilas verteidigt hatte. Es war ihnen nicht gelungen, sie zu bewahren; erst 1376, als wieder Frieden herrschte, war die Basilika auf Geheiß des weisen Königs Karl V. wieder aufgebaut worden.

Sie entsannen sich auch zahlreicher Sturmangriffe und Alarme, verursacht entweder durch Landsknechttrupps oder durch Überfälle englischer Hauptleute, die sich in der Umgebung festgesetzt hatten und über Olivet, über die Abtei Saint-Benoît-sur-Loire hereinbrachen oder sogar Orléans bedrohten, wie an jenem Tag des »großen Schreckens« im Jahr 1418, als die Engländer zugleich Rouen und Paris angriffen und man überzeugt war, daß eine Belagerung unausweichlich sei.

Der Mißerfolg der Engländer vor Montargis — »zum erstenmal war mir das Glück hold«, hatte der nach Bourges geflüchtete Dauphin Charles ausgerufen — hatte die Einwohnerschaften wieder ein wenig Hoffnung schöpfen lassen, doch diese erwies sich sehr bald als trügerisch, und man hatte von neuem die Vorstädte zerstören, die Flüchtlinge in der Stadt aufnehmen, ernsthafte Vorkehrungen treffen müssen. Bei ihrem Angriff auf die Tourelles hatten die Engländer vorsorglich die zwölf Flußmühlen zerstört, die die Stadt mit Mehl versorgten; sofort hatte man in Orléans selbst elf von Pferden angetriebene Mühlen eingerichtet, wo das für die Menschen der Stadt nötige Korn gemahlen werden konnte.

Die Feindseligkeiten hatten am 17. Oktober begonnen: eine der drei Bombarden, die die Engländer in Saint-Jean-le-Blanc neben dem verlassenen Augustinerkloster aufgestellt hatten, hatte in der Stadt einige Schäden angerichtet und »eine Frau namens Belle bei der Chesneau-Ausfallpforte« getötet. Fünf Tage später läutete die Glocke des Belfrieds erneut Sturm; um den Gegner aufzuhalten, zerstörten die Orleaner in aller Eile einen der Brückenbogen und befestigten das Belle-Croix-Inselchen, auf das sich diese Brücke stützte. Dies bedeutete, daß man das Fort der Tourelles nicht mehr verteidigen konnte und es opfern mußte. Die Engländer fuhren fort, die Stadt einzukesseln, indem sie vor den wichtigsten Ausgängen Schanzen anlegten: die sogenannte Saint-Laurent-Schanze an der Straße nach Blois, an der nach Châteaudun und Paris die Schanzen, die von den Engländern »London« und »Paris« benannt wurden, dazwischen noch eine weitere: die sogenannte Rouen-Schanze. Ein anderes Befestigungswerk, die Saint-Loup-Schanze, sollte die Straße zwischen Pithiviers und Gien absperren. Doch auf dieser Seite im Osten würde trotz der Bemühungen des Gegners die Blockade nie vollständig sein.

Die Aufgabe

Dies war die Lage, die der Bastard von Orléans bei seiner Ankunft in der Stadt seines Halbbruders am 25. Oktober 1428 vorfand. Er hatte sofort neue strategische Maßnahmen ergriffen, noch einige der Kirchen oder Gebäude, die außerhalb der Wälle lagen – Saint-Loup, Saint-Euverte, Saint-Gervais, Saint-Marc –, zerstören und an den ihm günstig erscheinenden Stellen Geschütze aufstellen lassen; durch die Ankunft Louis de Culants an der Spitze von zweihundert Kriegern und Charles de Bourbons, Graf von Clermont, am 30. Januar sowie der Schotten John Stuarts am 8. Februar hatte er einige Verstärkung erhalten. Doch der verhängnisvolle »Tag der Heringe«, der 12. Februar, hatte alle Hoffnungen zunichte gemacht, und nun entsandten die Einwohner von Orléans eine Abordnung zum Herzog von Burgund. Poton de Xaintrailles und Pierre d'Orgui schlugen Philipp dem Guten vor, die Stadt zu übernehmen, die bereit sei, ihre Unparteilichkeit zu garantieren; ein demütigender Schritt für den Bastard, doch verständlich aus der Sicht der Einwohner, die sich im Stich gelassen fühlten und eigentlich nur an einen Vertreter des französischen Königshauses, Vetter ihres natürlichen Herrn, des Herzogs von Orléans, appellierten.

Das Ergebnis dieses diplomatischen Schritts war jedoch negativ. Der Herzog von Burgund wäre wohl damit einverstanden gewesen, die Stadt Orléans ohne Schwertstreich zu nehmen, doch der Regent Bedford widersetzte sich dem energisch: »Ich würde mich sehr ärgern, wenn andere die Vögel bekämen, nachdem ich auf so viele Büsche geschlagen habe.« Zumindest zog der Herzog von Burgund die Männer ab, die sich mit den englischen Belagerern vereinigt hatten, aber es ist nicht bekannt, wie groß diese burgundische Besatzung war und welche Entlastung ihr Abzug mit sich brachte. Vielleicht handelte es sich nur um eine Handvoll Bewaffneter, angeworben aus den Truppen, die im Sold der englischen Hauptleute standen.

Nur göttliches Eingreifen...

Unter diesen Umständen ist es verständlich, daß jeder in Orléans, einschließlich des Bastards, dem hartnäckigen Gerücht einer bevorstehenden Hilfe des Himmels Gehör schenkte; sie werde von einem unbekannten jungen Mädchen kommen, das sich Johanna die Jungfrau nenne: allein göttliches Eingreifen... Was mit Orléans geschieht, ist nur noch eine Frage von Tagen, vielleicht von Stunden, denn jede Minute kann der entscheidende Angriff erfolgen.

Vom Los dieser Stadt hängt das Los des gesamten Königreichs ab: Orléans ist der Schlüssel zu Frankreichs Süden, das heißt zu Bourges — wo sich derjenige verschanzt hat, der seit vielen Jahren behauptet, auf den Titel König von Frankreich Anspruch zu haben —, zu Auxerre, wo die burgundischen Truppen liegen, jederzeit bereit, zu Hilfe zu eilen; und jenseits davon beginnt die Guyenne, wo die Engländer zu Hause sind, denn die aquitanischen Lande, Erbe der Eleonore von Aquitanien, gehören ihnen seit ungefähr drei Jahrhunderten.

Später werden die Einwohner von Orléans auf die Frage, was sie empfanden, als ihnen dieses Gerücht zu Ohren kam, aussagen: »Es hieß (...), daß sie von Gott gesandt sei, um die Belagerung der Stadt aufzuheben. Und die Bewohner und Bürger fanden sich durch die Feinde, die sie belagerten, in solcher Bedrängnis, daß sie nicht wußten, an wen sie sich um Hilfe wenden konnten, wenn nicht an Gott.«

Der Bastard, als Krieger, gibt sich in diesem Punkt gewiß keinen großen Illusionen hin. Das Eintreffen der französischen und schottischen Verstärkung, so sagt er sich gewiß, ist ihm keine ausreichende Hilfe, und so wie die Dinge liegen ... Doch später erzählte er, daß er von der Wirksamkeit dieser Hilfe des Himmels erst überzeugt war, als er Johanna mit eigenen Augen erblickte. Jedenfalls weist er, da er ein kluger Mann ist, zwei Gefährten, denen er vertraut, an, diesem seltsamen Gerücht nachzugehen. Da sich der König zu diesem Zeitpunkt in Chinon aufhält, machen sich Archambaut de Villars und Jamet du Tillay in diese Stadt auf. (Sie wissen übrigens, daß sie dort den vom König ernannten Stadtkommandanten von Orléans Raoul de Gaucourt antreffen werden, der nach Chinon gereist ist, um diesen von der verzweifelten Lage der Stadt in Kenntnis zu setzten.)

Die zwei Vertrauensleute kehren nach Orléans zurück und berichten getreulich, was sie in Chinon gesehen und gehört haben: »Bei ihrer Rückkehr erstatteten sie mir Bericht und erklärten öffentlich vor dem gesamten Volk von Orléans, das voller Erregung die Wahrheit über die Ankunft des Mädchens wissen wollte, daß sie es wirklich gesehen hätten, als es beim König in Chinon ankam. Das erste Mal, so sagten sie, habe der König die Jungfrau nicht empfangen wollen. Sie blieb zwei volle Tage und wartete auf die Erlaubnis, vorgelassen zu werden, und sie erklärte unermüdlich, sie sei gekommen, den erlauchten Dauphin nach Reims zu führen, damit er gekrönt werde. Dabei bat sie inständig, daß man ihr Männer, Pferde und Waffen gebe.«

Damit trat Johanna, auch genannt Jeanne d'Arc, in die Geschichte ein.

II.
Die Dame Hoffnung

»Als ich in der Stadt Sainte-Catherine-de-Fierbois anlangte, da habe ich an meinen König (einen Brief) gesandt; dann bin ich in die Stadt Chinon gereist, wo mein König weilte, ich traf dort zur Mittagsstunde ein und nahm Wohnung in einer Herberge.«

Wir besitzen nicht den Text dieses Briefes, den Johanna von Sainte-Catherine-de-Fierbois, ihrer letzten Etappe, absendet. Kaum in königstreuem Gebiet angelangt, beeilt sie sich, lauthals ihre »Mission« zu verkünden; wohl wissend, daß sie nur eine halbe Tagesreise von dem Ort entfernt ist, wo der Dauphin residiert, diktiert sie in Fierbois einen Brief an ihn. Zu der kleinen Eskorte, die sie begleitet, gehört ein königlicher Bote — seine Aufgabe ist es, unermüdlich über die Landstraßen zu reiten, um die Botschaften zu befördern —, ein gewisser Colet de Vienne, der natürlich Weg und Steg kennt und seinen Gefährten die Stellen weisen kann, wo man am besten einen Fluß durchquert; sein jetziger Auftrag besteht darin, dafür zu sorgen, daß die kleine Truppe die letzte Wegstrecke möglichst schnell zurücklegt.

Sainte-Catherine-de-Fierbois wird im Epos der Jeanne d'Arc eine große Rolle spielen. Es ist ein historischer Ort und als solcher bekannt: die Kapelle geht in das achte Jahrhundert oder sogar noch weiter zurück; Karl Martell soll nach seinem ersten Sieg über die Sarazenen dort als Trophäe sein Schwert niedergelegt haben. Diese Kapelle wurde später wieder aufgebaut, und an ihrer Stelle errichtete Hélie de Bourdeilles, Erzbischof von Tours, der (er war damals noch Bischof von Périgueux) um eine Untersuchung des Verurteilungsprozesses der Jeanne d'Arc gebeten werden wird, eine Kirche. Von ihm stammt die Kirche im Flamboyant-Stil, die noch heute existiert; die Wohnung des Almosenpflegers, wo Johanna wahrscheinlich unterkommt (das heutige Pfarrhaus), wurde bereits 1400 von Marschall Boucicaut gebaut, dem Helden des unseligen Kreuzzugs von Nikopolis. Während der Marschall in Konstantinopel weilte, hatte er geholfen, die byzantinische Stadt zu verteidigen, und war zum Berg Sinai gepilgert, wo sich, wie es hieß, das Grab der heiligen Katharina befand; er hatte Reliquien von ihr mitgebracht, die in einem silbernen Reliquiar aufbewahrt werden und die einzigen Reliquien der heiligen Katharina in Frankreich sind.

Als am nächsten Tag (der Überlieferung nach am 4. März 1429) die kleine Truppe in die Stadt einreitet und die Grand-Carroi-Kreuzung erreicht, das heißt den Mittelpunkt der Stadt, von wo aus der Weg zum Schloß führt, weckten Jeanne und ihre Begleiter gewiß die Neugier der Bewohner. Wer waren diese Leute? Woher kamen sie? Und dieses Mädchen mit der Knabenfrisur, das sich in seinen Männerkleidern so wohl zu fühlen schien und nicht verhehlte, daß es vom König empfangen werden wollte, welcher Herkunft konnte es wohl sein? Sicher wurden sie mit Fragen überhäuft, sobald sie den Fuß auf den Boden setzten, wozu sie den Rand eines Brunnens am Rande des Platzes benutzten, der heute noch den Touristen gezeigt wird.

Und da gab es wirklich schon eine Menge zu erzählen: von Johanna selbst hieß es, sie käme aus den »Marken Lothringens«, also von der Grenze. Ihre Gefährten hätten sie nicht in ihrem Dorf Domrémy-Greux[1] getroffen, sondern in einiger Entfernung, nämlich in Vaucouleurs.

Vaucouleurs, eine »Ausnahme«.

Von dieser Festung war in den vorangegangenen Jahren auf englischer ebenso wie auf französischer Seite oft die Rede gewesen. Das mächtige, befestigte Vaucouleurs an den Ufern der Maas in der Region von Toul zwischen der Champagne und dem Barrois hält es, mitten in burgundischem Gebiet gelegen, mit dem König von Frankreich. Diese »Ausnahme« muß die Aufmerksamkeit des Herzogs von Bedford auf sich ziehen, der sich Regent von Frankreich nennt und für seinen Neffen, den jungen König Heinrich von England, die Macht ausübt. Gemeinsam mit seinen wichtigsten Hauptleuten beschließt er 1428, dieses winzige Widerstandsnest, um das herum sich die englisch-burgundische Besatzungsmacht inzwischen frei bewegt, zu Fall zu bringen.

Am 22. Juni ergeht an den Statthalter der Champagne, Antoine de Vergy, der Befehl, diesen Platz, dessen Name den großen Seneschall der Champagne, Gefährte und Freund des heiligen Ludwig, Jean de Joinville, heraufbeschwört, zu belagern. War doch er es, der zweihundert Jahre zuvor der Stadt einen Freibrief gewährte.

Für dieses Unternehmen verfügt Antoine de Vergy über ein Truppenkontingent, dessen Stärke genau bekannt ist — siebenhundertsechsundneunzig Mann — und die sich durch

---

1. Nach der lothringischen Aussprache müßte man Domremy schreiben, wir halten uns jedoch in diesem Werk an die heutige Schreibweise: Domrémy.

die Schildjunker und Hilfstruppen auf etwa zweitausendfünf-
hundert Krieger erhöht; dazu kommen die Männer Pierre de
Tries, Hauptmann von Beauvais, dem man den Spitznamen
Patrouillengänger gegeben hat, und die von Jean, Graf von
Fribourg und Neuchâtel, der aus der sogenannten Grafschaft
Burgund (der Franche-Comté) angerückt war.

Große Erregung im Umland, besonders im Tal der Maas
mit ihren zahlreichen Flußwindungen, in dem es von Bewaffneten wimmelt. Die Bauern der Dörfer, wie Domrémy,
Greux, Coussey, Burey, verlassen eilends ihre Häuser und
suchen, ihr Vieh vor sich hertreibend, Zuflucht in Neufchâteau, der einzigen nahegelegenen befestigten Stadt; von den
Wällen aus werden sie in der Ferne ihre Ernten verbrennen
sehen. In Vaucouleurs hat indessen der königliche Stadthauptmann Robert de Baudricourt, der es nach wie vor mit
dem König von Frankreich hält, seine Besatzung neu gegliedert und die mächtigen Verteidigungsanlagen seiner Festung
verstärkt: wahrscheinlich sind es dreiundzwanzig Türme
zwischen der Maas und dem Plateau, dessen steile Böschung
ihm als Stützpunkt dient. Die militärischen Operationen
spielen sich während des Monats Juli ab; jedermann rechnet
damit, daß Baudricourt kapituliert, wie vier Jahre zuvor in
Vitry La Hire kapituliert hat, der berühmte La Hire, was die
Übergabe der kleinen Orte in der Champagne Blanzy, Larzicourt und Heilz-L'Evêque zur Folge hatte. Die Kapitulation
von Vitry-en-Perthois, die der Unterhändler des Vertrags von
Troyes, Pierre Cauchon, entgegennahm, war für diese Festungen im Osten des Königreichs, der endgültig unter englischer
Herrschaft zu stehen schien, wie ein Warnschuß gewesen.

Doch diesmal sollte es in Vaucouleurs zu keiner endgültigen Entscheidung kommen. Gegen Ende Juli gelangt man zu
einem Vergleich. Baudricourt hat nicht kapituliert und etwas

ausgehandelt, was man höchstens als Aufschub bezeichnen kann: auf sein Versprechen hin, daß er selbst auf jegliche bewaffnete Auseinandersetzung, jegliche Aggression gegen die Burgunder verzichtet, ziehen sich die Belagerer zurück. Vaucouleurs ist ausgeschaltet, aber es bleibt frei.

Die Zeit verging ihr so langsam »wie einer Frau, die schwanger ist«.

Alle diese Ereignisse stehen der kleinen Truppe, die auf der Grand-Carroi-Kreuzung angelangt ist, noch deutlich vor Augen. Sie hatten ja erst im vorangegangenen Sommer stattgefunden. Wer dachte damals schon an das kleine Bauernmädchen im roten Rock, das im vergangenen Monat in den Tagen um Himmelfahrt (es war der 13. Mai 1428) auf den hohen Mauern von Vaucouleurs umhergelaufen war und jeden gefragt hatte, wo Herr Robert sei und wann er sie wohl zu empfangen geruhe? Vielleicht war sie Bertrand de Poulengy im Gedächtnis geblieben, einem der zwei Herren, die es übernommen hatten, dasselbe kleine Bauernmädchen, heute angezogen wie ein Knabe, mit grauen Beinkleidern und schwarzer Kappe, nach Chinon zu eskortieren. Bertrand erzählte jedem, der es hören wollte, daß er sie mit Robert de Baudricourt, dem Stadthauptmann von Vaucouleurs, hatte sprechen sehen, daß sie ihm sagte, sie sei im Auftrag ihres Herrn zu ihm gekommen, damit er dem Dauphin ausrichte, er solle durchhalten und seine Gegner nicht bekriegen, denn noch vor dem nächsten Mittfasten werde der Herr ihm Hilfe schicken. Ohne sich vom Gelächter und den Spötteleien, die sie erntete, aus der Fassung bringen zu lassen, sagte Johanna, das Königreich gehöre nicht dem Dauphin, sondern ihrem Herrn, und ihr Herr wünsche, daß der Dauphin König werde und über das Reich herrsche; ob die Feinde es wollten oder nicht, der Dauphin werde König werden, und sie selbst werde ihn hinführen, damit er gekrönt und gesalbt werde. Neben dem Bauernmädchen stand ein wenig verlegen ein Mann, den sie ihren Onkel nannte, ein gewisser Durand Laxart aus Burey-le-Petit. Robert hatte ihm geraten, das Mädchen mit ein paar Ohrfeigen nach Hause zu bringen, und man hatte nichts mehr von ihr gehört.

Zwei Monate später befand sich Johanna unterwegs nach Neufchâteau zusammen mit ihren Eltern, ihrer kleinen Schwester und ihren drei Brüdern; eine Zeitlang hatte sie das Los der Flüchtlinge geteilt und äußerst beengt in einer Herberge gewohnt, die eine Frau, genannt die Fuchsige, führte; Johanna half ihr ab und zu beim Geschirrwaschen und in der Küche, gemeinsam mit ihrer Freundin Hauviette, die ein wenig jünger war als sie und deren Familie sich ebenfalls hierher geflüchtet hatte.

Im Winter, zu Beginn der Fastenzeit (sie begann in diesem Jahr 1429 sehr früh, der erste Fastensonntag, der sogenannte Funkensonntag, fiel auf den 13. Februar), war das kleine Bauernmädchen im roten Rock wieder aufgetaucht. Und Robert de Baudricourt hatte sie schonungslos ein zweites Mal abgewiesen. Aber Johanna hatte in Vaucouleurs eine Unterkunft gefunden, sie wohnte bei dem Stellmacher Henri le Royer, der ihr mit seiner Frau Catherine Stütze und Halt wurde. Sie erklärte allen, daß sie vor Mittfasten beim Dauphin sein müsse, daß sie ihm die Hilfe des Himmels bringe und daß es keine andere für ihn gebe. Die Zeit vergehe ihr so langsam »wie einer Frau, die schwanger ist«, sagte sie, und eines Tages machte sie sich mit ihrem Onkel, dem ihr ergebenen Durant Laxart, und einem Einwohner von Vaucouleurs namens Jacques Alain auf den Weg; ihre zwei Gefährten hatten für sie ein Pferd gekauft, das zwölf Franc kostete. Doch sie gingen nicht weit: in Saint-Nicolas-de-Sept-Fonts angekommen, sagte Johanna auf der Straße nach Sauvroy: »Nicht auf diese Weise schickt es sich, sich zu entfernen.« Und sie kehrten nach Vaucouleurs zurück.

Sehr früh am Morgen begibt sich das Mädchen, das sehr fromm zu sein scheint, in die Schloßkapelle Notre-Dame des Voûtes.

»Ich sah sie oft, Johanna, die Jungfrau, wenn sie zum Beten zur Kapelle kam. Sie hörte dort die Morgenmesse und betete lang. Ich sah sie unter dem Gewölbe dieser Kirche vor der heiligen Jungfrau knien, bald tief geneigt und bald den Kopf erhoben«, wird später ein Priester von Notre-Dame de Vaucouleurs, Jean le Fumes, aussagen, der damals jung war und wie jeder Mann voller Verwunderung das Kommen und Gehen des kleinen Bauernmädchens aus Domrémy beobachtete.

Eines Tages erschien ein Bote des Herzogs von Lothringen und überbrachte einen Geleitbrief für Johanna. Herzog Karl hatte in seinem Schloß in Nancy von ihr gehört und wünschte sie zu sehen; dieser Karl II., einst nicht viel besser als ein Raubritter, nun aber alt und krank, hoffte wahrscheinlich, daß es sich um eine Wundertäterin handelte, die ihn vielleicht heilen könnte. Johanna, noch immer begleitet von dem wackeren Durand Laxart und ausgestattet mit dem Geleitbrief des Herzogs, brach sofort auf und wurde zu ihm geführt:

»Der Herzog fragte, ob er genesen werde, denn er war krank. Ich antwortete, ich wüßte es nicht. Von meiner Reise sprach ich wenig. Ich bat ihn, er möge mir seinen Sohn und seine Leute mitgeben, damit sie mich nach Frankreich führten, und ich wolle Gott um seine Gesundheit bitten.«

Sie schreckte nicht einmal davor zurück, ihn wegen seines Verhaltens zu maßregeln. Jedermann wußte, daß er »seine gute Gemahlin« Margarete von Bayern um einer jungen Person namens Alison Dumay willen verstoßen hatte, mit der er fünf Bastarde hatte; in der guten Stadt Neufchâteau, die einst ihren Herzog vor das Parlament von Paris geladen hatte, gingen solche Geschichten von Mund zu Mund; was seinen »Sohn« betraf, so war der in Wirklichkeit sein Schwiegersohn, René von Anjou, der Schwager des Dauphins.

Während eines Teils dieser Reise hatte Johanna einen Begleiter gehabt (es war für sie wohl eine Art Pilgerfahrt, denn wahrscheinlich begab sie sich damals nach Saint-Nicolas du Port); bis Toul jedenfalls eskortierte sie Jean de Nouillonpont, ein mit Robert de Baudricourt befreundeter Junker, der jedermann erzählte, wie er sich zunächst über das kleine Bauernmädchen im roten Rock lustig gemacht und sie in der Nähe der Wohnung des Stadthauptmanns angesprochen habe, in dem er ihr ironisch zurief: »Liebste, was macht Ihr hier? Muß der König nicht aus dem Königreich vertrieben und müssen wir nicht Engländer werden?« Worauf die Jungfrau, ohne sich aus der Ruhe bringen zu lassen, geantwortet hatte:

»Ich bin hierher in die königstreue Stadt gekommen, um mit Robert de Baudricourt zu sprechen, damit er mich zum König bringe oder bringen lasse, er jedoch schenkt mir und meinen Worten keine Beachtung. Dabei muß ich doch vor Mittfasten beim König sein, und sollte ich mir die Beine ablaufen. Tatsächlich kann niemand auf der Welt, kein König, kein Herzog, keine schottische Königstochter oder sonst jemand das Königreich Frankreich wieder herstellen. Und nur durch mich kann Hilfe kommen. Obwohl ich bei weitem lieber bei meiner armen Mutter am Spinnrocken geblieben wäre, denn dies entspricht nicht meinem Stande, aber ich muß gehen, denn mein Herr will es.«

Verblüfft hatte er sie gefragt: Aber wer ist denn dein Herr?«
Und die Jungfrau hatte ihm geantwortet: »Gott.«

»Dann habe ich«, fuhr Jean fort, »zum Zeichen der Treue
meine Hand in die der Jungfrau gelegt und ihr versprochen,
sie mit Gottes Hilfe zum König zu führen. Und ich habe sie
gefragt, wann sie aufbrechen wolle. Sie sagte mir: ›Lieber
heute als morgen, und lieber morgen als später.‹«

Daraufhin hatte er sie gefragt, ob sie in den Kleidern gehen
wolle, die sie trage; sie hatte ihm geantwortet, daß sie lieber
Männerkleidung anziehen wolle. Da habe er ihr Kleider,
Beinkleider, Jacke und Mütze seiner Knechte gegeben.
Zurück bei den Le Royers, hatte Jeanne weitere Kleider vorge-
funden, die die Bewohner von Vaucouleurs hatten anfertigen
lassen: Männerzeug, Beinkleider und alles Nötige, dazu
gaben sie ihr ein Pferd, das etwa sechzehn Franc wert war.

»Geh, geh, und geschehe, was mag«

Des Kriegs müde und beeindruckt von der Begeisterung, die
der kurze Aufenthalt von Johanna der Jungfrau hervorrief,
hatte sich Robert de Baudricourt nach der Rückkehr von dieser Reise nach Nancy dazu entschlossen, sie aufbrechen zu
lassen. Die Eskorte, die sie verlangte, war bereits zusammengestellt, denn Jean de Nouillonpont (den man auch Jean de
Metz nannte) war bereit, sie zu begleiten, desgleichen Bertrand de Poulengy, die beide einen ihrer Diener mitnehmen
wollten: Bertrand den Julien und Jean de Metz einen gewissen Jean de Honnecourt — wahrscheinlich gebürtig aus
Honnecourt-sur-Escaut, der Heimatstadt des berühmten Villard de Honnecourt, einziger mittelalterlicher Baumeister,
der uns nicht nur seinen Namen, sondern auch seine sehr

wertvollen, heute wohlbekannten *Carnets* hinterlassen hat.

Baudricourt gibt ihnen den königlichen Boten Colet de Vienne mit, der die verschiedenen Routen kennt und unterwegs auch die Bewaffneten und Besatzungen unterscheiden kann, die es mit dem König von Frankreich halten; ein gewisser Richard Larcher begleitet ihn. Sechs Männer also an der Seite dieses Mädchens, das bereits reitet wie ein Krieger. Da ja das Pferd das einzige Fortbewegungsmittel war, hatte sie gewiß schon des öfteren rittlings auf den Ackergäulen ihres Vater gesessen, so daß diese »Sportart« ihr nicht angst machte. Allerletzte Vorsichtsmaßnahme: Robert de Baudricourt hatte sich zusammen mit dem Pfarrer von Vaucouleurs, Messire Jean Fournier, zu den Ehegatten Le Royer begeben, wo der Geistliche, der die Stola mitgebracht hatte, eine Beschwörung über sie sprach: wenn sie einen bösen Geist habe, solle sie sich entfernen, wenn sie einen guten Geist habe, solle sie sich ihnen nähern. Johanna, die wahrscheinlich damit beschäftigt war, mit Catherine Le Royer zu spinnen (nach deren Aussagen spann sie sehr gut) näherte sich dem Priester augenblicklich und kniete sich vor ihm hin. Doch danach erklärte sie Catherine, daß sie in ihrem Verständnis als gute Christin finde, der Geistliche habe schlecht gehandelt: hatte er ihr nicht die Beichte abgenommen? Er wußte also, daß sie eine gute Christin war, und brauchte die Beschwörung nicht mehr! Diese Handlung, die Johanna als überflüssig, ja sogar als lächerlich ansah, hatte vielleicht vor ihrem ersten Aufbruch stattgefunden und zeugte von der Ratlosigkeit des Stadthauptmanns von Vaucouleurs, dem der Gedanke gekommen war, daß es sich vielleicht um eine Hexe handeln könne.

Schließlich hatte Robert selbst der kleinen Truppe eines Abends kurz nach dem Funkensonntag Geleit bis zum

Frankreichtor gegeben. »Geh, geh, und geschehe, was mag!«

Was mochten die von so ferne kommenden Reisenden nach ihrem Elftageritt quer durch das Land gesprochen haben? Während des ganzen Weges hatte Johanna ihren Begleitern immer wieder Mut gemacht; ihre erste Nacht hatten sie in der Abtei Saint-Urbain-lès-Joinville verbracht, und sie waren meist nachts geritten, um unliebsame Begegnungen mit Engländern und Burgundischen, von denen nichts Gutes zu erwarten war, zu vermeiden. Johanna hätte gern einer Messe beigewohnt — »eine Messe zu hören, das täte uns gut«. Doch sie wären aufgefallen; tatsächlich konnten sie nur zweimal »eine Messe hören«, in Auxerre, dann in Sainte-Catherine-de-Fierbois, als sie bereits in Freundesgebiet waren. In all dieser Zeit, sagten die jungen Männer aus, die mit ihr ritten (Jean de Metz war einunddreißig Jahre alt, Bertrand de Poulengy siebenunddreißig), hatte Johanna zwischen ihnen geschlafen, wobei sie ihr Wams und ihre Beinkleider fest verschnürt und gebunden anbehielt; nie hätten sie ihr gegenüber »fleischliche Begierde« verspürt. »Ich war begeistert von ihren Worten und von ihrer Gottesliebe.« So sprachen diejenigen, die mit Johanna der Jungfrau ritten.

In Chinon, ebenso wie in Vaucouleurs, entstand rund um sie Bewegung. Johanna hatte ihren Gefährten immer wieder versichert, daß der König, oder vielmehr der Dauphin, wie sie ihn nannte, sie empfangen würde; Sendboten und Offiziere eilten hin und her; gewiß fühlten sich ihre Reisegefährten ein wenig beklommen, nun, da sie ihr Ziel erreicht hatten. In ihren Augen hatte Johanna die erste Probe glänzend bestanden: während der elftägigen Reise hatten sie bei ihr keinen Fehler, keine Schwäche festgestellt, sie von beispielhafter Frömmigkeit und Nächstenliebe gefunden und unerschütterlich in ihrem Entschluß. Aber noch stand die entscheidende Probe aus: was steckte hinter ihren Reden und Voraussagen?

»Es gibt keine Hilfe als durch mich«

Obwohl im 17. Jahrhundert, während der Französischen Revolution und im Kaiserreich stark in Mitleidenschaft gezogen, erhebt sich das imposante Schloß Chinon noch heute wie ein Fels über dem Tal der Vienne und den spitzen Dächern der kleinen Stadt zu seinen Füßen. Man kann sich recht gut das Kommen und Gehen vorstellen, das zwischen der Ankunft Johannas und ihrer Eskorte gegen Mittag und dem übernächsten Abend, als sie endlich im Schloß selbst vor den König treten durfte, auf dem ziemlich steilen Weg, der heute Rue Jeanne d'Arc heißt, geherrscht haben mag. Sie sei viel befragt worden, sagte Jean de Metz aus, von Edelleuten, königlichen Ratgebern, von sehr vielen Menschen, die, wie man sich denken kann, Zweifel und Unsicherheit erfüllten. Johanna und ihre Begleiter verrieten wahrscheinlich nicht mehr über ihre Herkunft und ihre Absichten als das, was weiter oben nachgezeichnet und dargelegt werden konnte: »Es gibt keine Hilfe als durch mich.«

Eine hochgestellte Persönlichkeit, der Vorsitzende der königlichen Rechnungskammer, Magister Simon Charles, berichtet mit ziemlicher Genauigkeit, wie sich die Dinge abgespielt haben; er selbst befand sich nicht in Chinon, als Johanna dort anlangte, aber »im Lauf des Monats März« von Venedig zurückgekehrt, wohin er im königlichen Auftrag gereist war, erfuhr er von Jean de Metz persönlich, was sich ereignet hatte, und faßte die Geschehnisse in unmißverständlichen Worten zusammen. Der König ließ Johanna in der Herberge, in der sie abgestiegen war, befragen, zu welchem Zweck sie gekommen sei und was sie verlange. Johanna zögert mit der Antwort: sie möchte von ihrem Auftrag eigentlich nur in Anwesenheit des Königs sprechen; doch man dringt in sie, und schließlich antwortet sie, daß der Herr des Himmels ihr zweierlei aufgetragen habe: zum einen die Belagerung von Orléans aufzuheben, zum anderen den König nach Reims zu führen, damit er dort gekrönt und gesalbt werde. Nach dieser Befragung ist der Kronrat geteilter Meinung. Die einen, die das Mädchen als offensichtlich verrückt ansehen, halten es für das beste, es einfach nach Hause zu schicken, die anderen finden, daß der König es zumindest anhören sollte. Doch wahrscheinlich ließ sich Karl nicht wirklich überzeugen und willigte erst ein, sie im Schloß zu empfangen, nachdem er eine Nachricht von Robert de Baudricourt selbst empfangen hatte, die dieser kurz nach dem Aufbruch der kleinen Gruppe abgesandt hatte und in der er Johannas und ihrer Begleiter Worte bestätigte. Ohne die Versicherung dieses Hauptmannes, der seine Treue erst kürzlich unter Beweis gestellt hatte, hätte der König, argwöhnisch und mißtrauisch wie er war, Johanna gewiß nicht vorgelassen. Ihr mühevoller Ritt durch das, was man zu anderen Zeiten als »besetzte Zone« bezeichnete, bei dem sie nach der Schneeschmelze Hochwasser führende Flüsse passieren, feindliche Garnisonen und Truppen auf den Wegen und in den Etappen vermeiden mußte – und das wurde ja von diesem Hauptmann einer fernen und erprobten Festung bestätigt –, alles das sprach dafür, sich das Mädchen zumindest anzusehen. Man versteht nun, warum Johanna, die zunächst mit zwei Begleitern aufgebrochen war, nach Vaucouleurs zurückkehrte und sagte: »Nicht auf diese Weise schickt es sich, sich zu entfernen.« Ihre Beharrlichkeit gegenüber Robert de Baudricourt erscheint gerechtfertigt: sie konnte auf die Blankovollmacht des Hauptmannes nicht verzichten.

»Nachdem er sie angehört hatte, schien der König strahlend und froh«

»Es war hohe Stunde« — zu bereits fortgerückter Zeit, die Nacht nahte (dem Sonnenstand nach brach die Nacht in diesen ersten Märztagen etwa um halb sieben Uhr herein); es mochte also sieben oder halb acht Uhr gewesen sein, als Johanna, ihre Begleiter und wahrscheinlich ein Bote des Königs durch das steile Sträßchen schritten, das man später nach der Heldin benannte: »Da waren mehr als dreihundert Ritter und fünfzig Fackeln«, wird sie zu einem späteren Zeitpunkt von diesem Gang sagen. Der Graf von Vendôme hatte den Auftrag, sie in den großen Saal des Schlosses zu führen. Wenn auch die dreihundert Ritter, von denen Johanna spricht, eine etwas zu hohe Schätzung darstellen, so kann man sich dennoch vorstellen, wie beeindruckt das kleine Bauernmädchen von dem Anblick war, denn noch nie zuvor in seinem Leben hatte es einen so großen Raum gesehen, wo so zahlreiche Fackeln brannten und die Gesichter dieser vielen ihr fremden hohen Herren und edlen Damen erhellten.

»Ich war im Schloß und in der Stadt Chinon, als die Jungfrau dort eintraf, und ich habe sie gesehen, als sie, die arme kleine Schäferin, in großer Bescheidenheit und Schlichtheit vor die königliche Majestät trat.«

Mit diesen ergreifenden Worten beschreibt Raoul de Gaucourt den Gegensatz zwischen den versammelten Höflingen — vielleicht mit dem Hintergedanken der Einschüchterung — und der »Schäferin«; in den Augen der Großen jener Zeit sind mehr oder weniger alle Bäuerinnen Schäferinnen. Und Gaucourt fährt in seinem Bericht fort: »Und ich habe gehört, wie sie folgendes zum König sprach: ›Edelster Dauphin, ich bin gekommen, von Gott gesandt, um Hilfe zu bringen — Euch und dem Königreich Frankreich.‹«

Dieser kurze prägnante Satz drückt sehr schön den Gegensatz zwischen der Person und der Botschaft aus, die zu überbringen sie gekommen ist.

In den späteren Berichten wird dieser Gegensatz noch verstärkt zur Geltung kommen. So etwa in der Chronik des Jean Chartier, des sozusagen offiziellen Geschichtsschreibers, wo die Szene wie folgt beschrieben ist:

»Alsdann trat Johanna vor den König, machte die Verneigungen und Ehrenbezeigungen, die man dem König gewöhnlich macht, als ob sie bei Hofe aufgewachsen wäre, und sagte nach dem Gruß, sich an den König wendend: ›Gott schenke Euch ein langes Leben, edler König‹, obwohl sie ihn doch nicht kannte und nie gesehen hatte. Und es waren mehrere prunkvoll und reich gekleidete edle Herren anwesend, reicher, als es der König war. Darum antwortete er der genannten Johanna: ›Ich bin nicht der König, Johanna.‹ Und er wies auf einen der Herren und sagte: ›Jener ist der König.‹ Worauf sie antwortete: ›In Gottes Namen, edler Fürst, Ihr seid es und kein anderer.‹«

Simon Charles, der nicht zugegen war, aber, wie wir gesehen haben, kurze Zeit später in Chinon anlangte, sagt lediglich:

»Als Johanna erwartet wurde, entfernte sich der König von den anderen und ging abseits. Aber Johanna kannte ihn dennoch. Sie verneigte sich vor ihm, und sie hatten eine lange Unterredung. Nachdem er sie angehört hatte, schien der König strahlend und froh.«

In dem, was Johanna selbst ihrem Beichtvater Jean Pasquerel anvertraut, verzichtet sie auf die unwesentlichen Einzelheiten, der Geistliche gibt darin, getreu, wie man annehmen darf, Johannas Worte wieder:

»Als der König Johanna erblickte, fragte er sie nach ihrem Namen. Sie antwortete darauf: ›Edler Dauphin, ich bin Johanna, die Jungfrau genannt. Und der König des Himmels tut Euch durch mich kund, daß Ihr zu Reims gesalbt und gekrönt werde und der Statthalter des Himmelskönigs, welcher der Herr Frankreichs ist, sein werdet.‹ Nach verschiedenen vom König gestellten Fragen wiederholte Johanna: ›Ich sage Euch im Auftrage des Herrn, daß Ihr der rechtmäßige Erbe Frankreichs seid und Sohn des Königs. Und der Herr schickt mich zu Euch, um Euch nach Reims zu führen, damit Ihr dort Eure Krone und Eure Weihe empfangt, wenn Ihr es wollt.‹ Danach sagte der König zu den Umstehenden, daß Johanna ihm ein Geheimnis anvertraut habe, das niemand kenne noch zu kennen vermöchte außer Gott selbst, weswegen er großes Vertrauen in sie setze. All das habe ich von Johanna vernommen, denn ich selbst war nicht dabei.«

Im Gegensatz zu dem, was die Legende überliefert hat, scheint kein Zweifel daran zu bestehen, daß Johanna beim Anblick dieses großen, von Menschen wimmelnden Saales, den eine für sie ungewohnte Helligkeit erfüllte, keineswegs die Fassung verlor, daß sie auf den König zuging und ihm gelassen die Botschaft übermittelte, um derentwillen sie durch das halbe Land geritten war.

Diese Botschaft muß auf denjenigen, der sie entgegennahm, einen starken Eindruck gemacht haben. Karl, den Johanna Dauphin nennt, lebt seit der Unterzeichnung des Vertrags von Troyes beziehungsweise seit dem Einrücken der Engländer in Paris im Jahre 1418 in der Verbannung; seit sieben Jahren − 1422, dem Todesjahr seines Vater Karl VI. des Wahnsinnigen − wartet er darauf, zum König gesalbt zu werden; selbst wenn es übertrieben ist zu sagen, daß seine eigene Mutter Zweifel an seiner ehelichen Geburt äußerte, so weiß er doch, daß ihm aufgrund eines ordnungsgemäßen besiegelten Vertrags der Zugang zum Thron verwehrt ist. Freilich hat er nie den ungewissen Kampf aufgegeben, doch hat es in seinem jungen Leben — er ist sechsundzwanzig Jahre alt — an Enttäuschungen, Niederlagen und widrigen Umständen nicht gemangelt. Mit zwölf Jahren sah er seinen älteren Bruder, den Dauphin Ludwig, sterben, dann, zwei Jahre später, den zweiten Dauphin Johann — und dies vor dem Hintergrund der verheerenden Schlacht von Azincourt (25. Oktober 1415), die so entscheidend für sein eigenes Schicksal war und solche Breschen in die königliche Umgebung schlug. Karl von Ponthieu (so lautete sein Titel), nun selbst Dauphin, hatte sich zum Regenten von Frankreich ausrufen lassen, aber, als er von seinem Titel Gebrauch machen wollte und sich durchzusetzen versuchte, einen schweren Mißerfolg erlitten: bei der Unterredung auf der Brücke von Montereau war Johann Ohnefurcht, Herzog von Burgund, unter mysteriösen Umständen von seiner Eskorte ermordet worden. Zehn Jahre sind seither vergangen, aber jener 10. September 1419 ist bei seinen Entscheidungen noch immer ein schwerer Hemmschuh. Das wird sich nicht eher ändern, als bis die Erinnerung daran durch eine Versöhnung mit dem burgundischen Vetter ausgelöscht sein wird.

All das steht hinter diesem jungen Mann, der allgemein als mürrisch gilt, als er dieses Mädchen eintreten sieht, das Baudricourt ihm in seinem Schreiben empfiehlt; all das und auch die Nachrichten aus Orléans, die schlecht sind. Sich als derjenige angesprochen zu hören, der »in der Stadt Reims gesalbt und gekrönt« werden wird, muß einen gewissen Schock bei ihm hervorgerufen haben, und auch seine Umgebung war davon überrascht: nach der kurzen persönlichen Unterredung, die er mit der Neuangekommenen hatte, fiel dem Hof der »strahlende« Gesichtsausdruck des Königs auf.

Was sie zu ihm sagte, wird man nie genau wissen; nur der Kamin, der wie aufgehängt die Wand des großen Schloßsaals ziert, war ihr Zeuge, aber man kann als wahrscheinlich annehmen, was der König seinem Kammerherrn Guillaume Gouffier erzählt haben soll und was uns die Chronik des Pierre Sala überliefert:

»Eines Morgens betrat der König ganz allein sein Oratorium und trug dort dem Herrn im Innern seines Herzens eine demütige Bitte und ein Gebet vor, ohne dabei Worte auszusprechen; er bat ihn nämlich in Ergebenheit, er möge ihn gnädigst beschützen und verteidigen, wenn er tatsächlich der wahre Erbe und Nachkomme des edlen Hauses von Frankreich wäre und das Königreich ihm zu Recht gehörte, oder er möge ihm schlimmstenfalls gnädigst Tod oder Gefängnis ersparen und ihn nach Spanien oder nach Schottland entkommen lassen, die von altersher Waffenbrüder und Verbündete der französischen Könige waren...«

Johanna soll ihm dieses Gebet wiederholt haben, »ein Geheimnis anvertraut, das niemand kannte noch zu kennen vermochte außer Gott selbst«, wird Jean Pasquerel später aussagen. Die Episode mag unbedeutend erscheinen; sie wird in der Geschichte Johannas und in der Geschichte ganz allgemein Bedeutung erlangen und nur von jenen als übertrieben abgetan werden, denen das Verständnis für solche kleinen Dinge fehlt, die ein Leben verändern können.

Jedenfalls läßt diese Unterredung Karl sofort einen Entschluß fassen: er wird Johanna im Schloß behalten und sie der Gemahlin des Guillaume Bellier, Vogt von Troyes, anvertrauen, der die königlichen Bediensteten unterstehen. Die Jungfrau wird nicht in die Herberge zurückkehren, sondern in einem der königlichen Gebäude wohnen; man weist ihr eine Unterkunft in einem Turm des sogenannten Schlosses Le Couldray zu, westlich des »Mittelschlosses«, Hauptgebäude der Festung: in einem prächtigen Belfried, vor zwei Jahrhunderten erbaut, dessen unterer Teil übrigens für die Würdenträger des Templerordens als Gefängnis diente, die 1308 auf Geheiß Philipp des Schönen dort eingekerkert waren. Nachdem man Johanna diese Geschichte erzählt hat, zieht sie es wahrscheinlich vor, sich in die nahe Kapelle zu begeben, die dem heiligen Martin geweiht ist; zu diesem Zeitpunkt gab man ihr einen Knaben von vierzehn oder fünfzehn Jahren zur Seite, einen gewissen Louis de Coutes, der später offiziell ihr Page werden sollte.

»Man wies ihr einen Turm des Schlosses Le Couldray als Wohnung an. Ich war dort bei ihr und verbrachte den ganzen Tag in ihrer Nähe. Des Nachts hatte sie Frauen bei sich. Ich erinnere mich gut, daß zu jener Zeit in Le Couldray gar manche hochgestellte Persönlichkeit erschien, um mit Johanna zu sprechen. Aber was sie sagten oder taten, weiß ich nicht mehr, denn wenn ich sie kommen sah, zog ich mich zurück. Ich weiß auch nicht, wer alles kam.«

Der schüchterne Knabe, der damals im Gefolge Raoul de Gaucourts das Waffenhandwerk erlernte, vervollständigt seinen Bericht mit einer Einzelheit, die ihm aufgefallen war:

»Zu jener Zeit sah ich Johanna häufig betend niederknien; doch konnte ich nicht verstehen, was sie sagte; manchmal weinte sie.«

Aber der Aufenthalt in Le Couldray sollte nur von kurzer Dauer sein. Obwohl tief bewegt von dem »Zeichen«, das Johanna ihm gegeben hatte, kommt es für den König nicht in Frage, auf sie zu hören, ehe er genau festgestellt hat, woher sie kommt und mit wem er es tatsächlich zu tun hat. Darum hält er es für ratsam, sie nach Poitiers mitzunehmen, wo Prälaten, Theologen und Magistiri der Universität — zumindest jene wenigen, die ihm treu geblieben sind — versammelt sind. Poitiers soll die geistige Hauptstadt des Königs von Bourges werden. Der königliche Haushalt macht sich also auf die Reise, während Boten nach Vaucouleurs und Umgebung ausgesandt werden, um Informationen über das kleine Bauernmädchen einzuholen.

Auch Johanna die Jungfrau schwingt sich wieder aufs Pferd; sie, die vorher nie aus ihrer heimatlichen Gegend herausgekommen war, zieht nun kreuz und quer durch Frankreich; man hat errechnet, daß sie etwa fünftausend Kilometer zu Pferd zurücklegte, bis sie — vermutlich an Händen und Füßen gefesselt — zum letzten Mal auf einem Pferd saß, ein Ritt, der sie nach Rouen führte. Doch davon weiß sie noch nichts; sie weiß nur, daß ihre Laufbahn kurz sein wird. Hatte sie nicht bei der Ankunft in Chinon gesagt: »Ein Jahr werde ich mich halten, nicht länger!«?

Der Herzog von Alençon

Im Augenblick ist sie wahrscheinlich selig darüber, durch eine so liebliche Landschaft zu reiten; sicherlich genügte ein einziger Tag, um die Strecke von Chinon nach Poitiers zurückzulegen, die zwischen etwas weniger als fünfzig und etwas mehr als sechzig Kilometern schwankt, je nachdem, ob man die Straße über Loudun nimmt oder nicht. Die Ankunft des königlichen Gefolges in der Stadt der Herzöge von Aquitanien — bevorzugter Aufenthaltsort der Königin Eleonore vor etwa dreihundert Jahren und noch früher, an der Wende vom sechsten zum siebten Jahrhundert, die Stadt der Königin Radegund — diese Ankunft bei Anbruch der Nacht in der Stadt mit den vielen Glockentürmen muß sehr fröhlich gewesen sein.

Doch vorher hatte sich etwas ereignet, das nicht mit Stillschweigen übergangen werden darf. In Chinon hatte Johanna ein Mann aufgesucht, der in ihrer Geschichte eine große Rolle spielen sollte: der Herzog von Alençon, Johann, den sie »mein schöner Herzog« nennen wird (dieses Adjektiv wird damals häufig verwendet, man sagt zum Beispiel: »schöner Neffe«, etwa wie wir heute sagen würden: »teurer Neffe«). Er selbst erzählt von der Begegnung wie folgt:

»Als Johanna den König aufsuchte, weilte dieser in der Stadt Chinon und ich in der Stadt Saint-Florent (bei Saumur); ich erging mich und jagte Wachteln, als ein Bote kam, mir zu sagen, daß eine Jungfrau beim König eingetroffen sei, die behauptete, sie sei von Gott gesandt, um die Engländer zu vertreiben und die Belagerung, die diese Engländer vor Orléans gelegt hätten, aufzuheben; darum begab ich mich am nächsten Tag zum König, der in der Stadt Chinon war, und ich sah Johanna, wie sie sich mit dem König unterhielt. Als ich mich näherte, fragte Johanna, wer das sei, und der König antwortete ihr, das sei der Herzog von Alençon. Da sagte Johanna: ›Ihr seid mir sehr willkommen. Je mehr königliches Blut beisammen ist, desto besser.‹«

Gewiß verdient es der junge Herzog von Alençon, daß der König ihm vertraut. Er ist mit Karl blutsverwandt und etwa im gleichen Alter wie dieser − 1406 geboren, also drei Jahre später als der Dauphin. Doch vor allem ist er erst kürzlich aus England zurückgekehrt, wo er gefangen gewesen war; mit seinen dreiundzwanzig Jahren hat er bereits fünf Jahre Gefangenschaft hinter sich. Man hatte ihn bereits tot geglaubt, denn man hatte ihn unter den Leichnamen gefunden, mit denen das Schlachtfeld von Verneuil im Jahre 1424 bedeckt gewesen war. Er war in den Turm von Le Crotoy eingeschlossen worden, wo er sich dank seiner guten Gesundheit wider alle Hoffnung rasch erholt hatte. Er hatte nur einen Teil des sehr hohen Lösegeldes zahlen können, gegen das er freigelassen worden war. Darum hatte er sich verpflichten müssen, nicht mehr gegen die Engländer zu kämpfen, solange der Betrag nicht in voller Höhe gezahlt worden wäre. Er ist also Gefangener auf Ehrenwort. Und man begreift, daß er es eilig hatte, von Saint-Florent-lès-Saumur nach Chinon zu kommen, als er erfuhr, was dieses unbekannte Mädchen versprochen hatte, und daß ihm daran lag, es kennenzulernen. Johannas Antwort wurde manchmal falsch ausgelegt (allein aufgrund eines Übersetzungsfehlers, denn sie sagte ausdrücklich: »*Quanto plures erunt*: je zahlreicher sie sind«). Sie muß den Herzog von Alençon so überrascht haben, daß der sie festhielt. Johanna scheint in der Tat sehr erfreut gewesen zu sein, will sich jedoch noch mit demjenigen verständigen, den sie Dauphin nennt, wie aus dem weiteren Bericht hervorgeht:

»Am Tag darauf«, fährt Johann von Alençon fort, »wohnte Johanna der Messe des Königs bei. Als sie ihn sah, verneigte sie sich, und der König führte sie in ein anderes Gemach. Ich befand mich in seiner Gesellschaft, ebenso wie der Herr de La Trémoille. Der König hielt uns zurück und bat die anderen, sich zurückzuziehen. Darauf stellte Johanna verschiedene Ansinnen an den König, unter anderem, er solle sein Reich dem König des Himmels darbringen, und der König des Himmels werde nach dieser Schenkung mit ihm verfahren wie mit seinen Vorvätern und ihn in seinen früheren Stand wieder einsetzen. Man sprach noch von vielen anderen Dingen, an die ich mich nicht mehr erinnere, bis zur Mahlzeit. Nach der Mahlzeit erging sich der König im Freien.

Johanna selbst übte sich im Lanzenwerfen. Und wie ich sie so die Lanze schwingen und sich mit ihr tummeln sah, schenkte ich ihr ein Pferd.«

Sehr beeindruckt, der schöne Herzog! Johanna hat bereits die nötige Ungezwungenheit und verdient offenbar dieses Pferd. Die Textstelle macht verständlich, warum der Herzog von Alençon vom ersten Augenblick an ebenso von Johanna begeistert war wie viele andere. Er sagt weiterhin von ihr:

»Bald danach entschied der König, Johanna durch Männer der Kirche prüfen zu lassen, und er ernannte zu diesem Zweck die Bischöfe von Castres, damals Beichtvater des Königs (Gérard Machet), von Senlis (Simon Bonnet, der damals noch nicht Bischof dieser Stadt war, sondern es erst später wurde), von Maguelonne und von Poitiers (Hugues de Cambarel), den Magister Pierre de Versailles, der Bischof von Meaux werden sollte, und Magister Jean Morin und einige andere, auf die ich mich nicht mehr besinne.«

Dies sind wertvolle Hinweise, vom Aufenthalt in Poitiers nicht wegzudenken. In Chinon fand also kein richtiger Prozeß statt wie derjenige in der poitevinischen Stadt, sondern nur eine offizielle Befragung durch Männer der Kirche:

»Sie verhörten Johanna in meiner Gegenwart, fragten sie, warum sie gekommen sei und wer sie zum König geschickt habe. Sie antwortete, sie sei auf Befehl des Himmelskönigs gekommen. Sie hätte Stimmen und einen Ratgeber, der sie anwies, was sie tun sollte. An weiteres erinnere ich mich nicht. Doch während einer Mahlzeit, die ich gemeinsam mit Johanna einnahm, sagte sie mir, man hätte sie mehreren Prüfungen unterworfen, aber sie wüßte und vermöchte mehr, als sie ihren Examinatoren anvertraut habe...«

Und was diesen letzten Punkt betraf, schlußfolgerte der Herzog von Alençon:

»Nachdem der König den Bericht derer gehört hatte, die den Auftrag gehabt hatten, sie zu prüfen, wollte er, daß Johanna neuerlich in die Stadt Poitiers gehe und dort noch einmal geprüft werde; aber bei dieser Prüfung in Poitiers war ich nicht anwesend.«

Der »Prozeß von Poitiers«

Was er uns darüber gesagt hat, genügt, um uns eine Vorstellung von diesem »Prozeß von Poitiers« zu machen, über den endlos diskutiert wurde. Der König findet, daß man nicht vorsichtig genug sein kann; darum will er noch mehr und noch fähigere Leute beauftragen, das junge Mädchen zu examinieren, und Poitiers ist die Stadt, wo er sie findet.

Jeanne wird dort im Haus des Magisters Jean Rabateau, Advokat beim Parlament von Paris, untergebracht, der sich zwei Jahre zuvor dem Dauphin angeschlossen hat. Während einige Frauen den Auftrag haben, heimlich ihr Betragen zu beobachten, werden die Prälaten einberufen, die ein Expertentribunal bilden sollen, das sie befragt. François Garivel, Ratgeber des Königs für das Steuerwesen, fügt den Namen, die der Herzog von Alençon nennt, noch einige hinzu: Guillaume Aymeri, einige Predigerbrüder, einen Theologen; einen weiteren Bakkalaureus in Theologie, Guillaume le Marié, Kanonikus in Poitiers; einen gewissen Pierre Seguin, den man als Spezialisten für die Heilige Schrift bestellt; einen Karmelitermönch, Jean Lambert, Mathieu Mesnage und vor allem den Predigerbruder, der später der Dekan der theologischen Fakultät von Poitiers sein wird, Seguin Seguin. Garivel weist gleichzeitig darauf hin, daß Johanna mehrere Male befragt wurde und daß diese Prüfung drei Wochen in

Anspruch nahm. Auf seine Frage, warum sie den König Dauphin nenne und nicht König, antwortete sie, daß sie ihn nicht König nennen werde, ehe er nicht in Reims gesalbt und gekrönt sei, in jener Stadt, wohin sie ihn zu führen beabsichtige. Er selbst war vor allem beeindruckt von der großen Frömmigkeit dieser »einfachen Schäferin«, wie man sie nennt.

Was diese Untersuchung von Poitiers betrifft, die amüsant gewesen sein muß, so ist am informativsten für uns die Zeugenaussage des Seguin Seguin, denn Johanna antwortete auf die Fragen der gutgläubigen Richter in aller Offenheit. Bruder Seguin ist, als er sich seine Erinnerungen ins Gedächtnis zurückruft, ein betagter Mann, um die siebzig, doch er entsinnt sich sehr gut gewisser Antworten und gibt den Eindruck wieder, den Johanna auf ihn machte; er bezeichnet Magister Regnault von Chartres, Erzbischof von Reims und Kanzler Frankreichs, als denjenigen, der dem Kronrat in dieser Angelegenheit vorstand, und nennt sogar ein Mitglied der Universität von Paris, das sich ebenfalls nach Poitiers geflüchtet hatte, nämlich Magister Jean Lombard. Dieser ist es, der Johanna examiniert, sie fragt, warum sie gekommen sei. »Sie antwortete in gehöriger Weise«, sagt er. Johannas Ausdrucksweise hat stets Bewunderung erregt: »Dieses Mädchen sprach sehr gut«, wird von ihr ein alter Ritter aus der Umgebung von Vaucouleurs, Albert d'Ourches, sagen und hinzufügen: »Ich wünschte mir eine Tochter, die ihr gleichkäme.«

Und hier in Poitiers hören wir zum ersten Mal von dem, was als Johannas »Berufung« bezeichnet werden muß, dem Ruf, dem sie, wie sie sagt, Folge leistet und stets Folge leisten wird:

»Als sie die Schafe hütete, erschien ihr eine Stimme und sagte, Gott wolle sich des französischen Volkes erbarmen, und sie, Johanna, solle nach Frankreich gehen. Bei diesen Worten brach sie in Tränen aus. Dann habe die Stimme sie geheißen, nach Vaucouleurs zu gehen. Sie werde dort einen Hauptmann finden, der sie sicher nach Frankreich zum König begleiten werde. So habe sie es getan und sei vor den König gekommen ohne Hindernis.«

Das nächste, was Bruder Seguin berichtet, gibt Aufschluß über die Art und Weise des Verhörs. Dazu die Antwort, die Johanna Magister Guillaume Aymeri gab:

»Ihr habt gesagt, die Stimme hätte Euch anvertraut, Gott wolle das französische Volk aus der Not erretten. Wenn Er retten will, so bedarf es doch keiner Krieger!« Da antwortete Johanna: »Im Namen Gottes: die Krieger werden kämpfen, und Gott wird den Sieg verleihen!«

»Mit dieser Antwort gab sich Magister Guillaume zufrieden«, fügt Bruder Seguin hinzu. Es war in der Tat schwierig, besser über diese Unterscheidung zwischen der Handlung der Gnade und den irdischen Mitteln zu berichten, die für die Theologen stets ein heikles Problem darstellten.

Was ihn selbst betrifft, scheute sich Bruder Seguin nicht, zu erzählen, wie er gewissermaßen Opfer des Humors wurde, der bei Johanna immer wieder durchbricht:

»Ich fragte sie, in welcher Sprache ihre Stimmen redeten. Sie sagte: ›In einer schöneren als der Euren!‹ Und in der Tat, ich sprach den Dialekt des Limousin. Ich fragte dann: ›Glaubt Ihr an Gott?‹ Sie antwortete: ›Ja. Und inniger als Ihr.‹ Ich sagte dann, Gott wolle nicht, daß man ihr Glauben schenke, wenn sie sich nicht durch ein anderes Zeichen ausweise. Man könne nicht dem König raten, nur auf ihre Versicherungen hin ihr seine Krieger anzuvertrauen und diese der Gefahr auszusetzen, es sei denn, sie gebe ein Zeichen. Darauf sagte Johanna: ›Im Namen Gottes, ich bin nicht nach Poitiers gekommen, um Zeichen zu tun (Und dies sagt Seguin, wie weiter oben die Antwort an Guillaume Aymeri, auf französisch, wobei er Johanna wörtlich zitiert), aber führt mich nach Orléans, und dort werde ich Euch die Zeichen weisen, derentwegen ich gesandt bin‹, und man gab ihr Bewaffnete in solcher Menge, wie es ihr für gut erschien.«

Dann kommt eine Darstellung des Auftrags der Johanna, zusammengefaßt in vier Punkten:

»Dann sagte sie ihm und den Anwesenden vier Ereignisse voraus, die bald darauf eingetroffen sind. Erstens, die Engländer würden geschlagen, die Belagerung von Orléans aufgehoben und die Stadt Orléans von den Engländern befreit, doch zuvor würde sie ihnen Mahnbriefe senden; zweitens, der König werde zu Reims gekrönt; drittens, Paris werde zurückgewonnen, und viertens kehre der Herzog von Orléans, der bei der Schlacht von Azincourt in englische Gefangenschaft geraten war, aus England zurück. All das«, schloß Seguin, »erfüllte sich, wie ich bestätigen kann.«

Johanna hatte das erste Untersuchungsgericht überzeugt:

»Wir gaben in einem Bericht an den Rat des Königs unsere Meinung kund, daß angesichts der Bedrängnis und der Gefahr, in der sich die Stadt Orléans befand, der König sich auf Johanna stützen und sie nach Orléans senden könne.«

Die entscheidende Hürde war also genommen. Bei der Ankunft in Poitiers war Johanna nicht mehr als ein seltsames kleines Bauernmädchen gewesen, das den König in Erstaunen versetzte und von dem man sich fragen konnte, wer es sei; am Ende ihres Aufenthaltes hatte sie die Erlaubnis zu handeln.

Ein Advokat beim Parlament, ein gewisser Jean Barbin, faßt den Eindruck, den sie nun nach der Beurteilung durch die Schreiber und Prälaten machte, so zusammen:

»Von diesen selben Doktores, die sie examiniert und ihr

viele Fragen gestellt hatten, erfuhr ich, daß sie sehr klug antwortete, so, als sei sie ein guter Schreiber (Schreiber bedeutete damals: »Gelehrter, Gebildeter«), daß sie über ihre Antworten verwundert waren und angesichts ihres Lebens und ihres Gebarens an etwas Göttliches glaubten; nach den Untersuchungen und Befragungen, die sie angestellt hatten, befanden die Schreiber am Ende, daß nichts Böses an ihr sei, nichts, was gegen den katholischen Glauben verstieße und in Anbetracht der Bedrängnis, in der der König und das Reich sei, da der König und die ihm treu ergebenen Einwohner in diesem Augenblick verzweifelt seien und nicht wüßten, mit welcher Hilfe außer der Gottes sie rechnen könnten, der König seine Zuflucht zu Johanna nehmen könne.«

Danach beginnt er – und das ist nicht uninteressant –, bestimmte Prophezeiungen im Zusammenhang mit Johanna zu zitieren:

»Ein gewisser Magister Jean Érault, Professor der heiligen Theologie, berichtete, daß er von einer Frau namens Marie d'Avignon vernommen habe, die schon früher vor den König gekommen sei und ihm geweissagt habe, sein Reich werde viel erdulden und manches Unglück erleiden müssen, sie habe über die Verheerung des Königreichs Frankreich Erscheinungen gehabt. Unter anderem sah sie eine Menge Rüstungen, die man ihr vorlegte. Sie ward von Schrecken erfüllt und zitterte davor, sie könnte gezwungen werden, sie zu tragen. Diese Waffen seien nicht ihr bestimmt, sondern eine Jungfrau, die nach ihr käme, werde sie tragen und Frankreich von seinen Feinden erretten. Und Magister Jean Érault glaubte fest daran, daß es Johanna war, von der Marie d'Avignon gesprochen.«

Tatsächlich war diese Marie, genannt die Gaskische von Avignon, eine bekannte Seherin.

Soweit die Fama, die amtliche Feststellung jedoch sind die Schlußfolgerungen der Doktores: »In ihr, Johanna, ist nichts Böses, sondern nur Gutes, Demut, Unberührtheit, Frömmigkeit, Ehrlichkeit, Einfachheit.« Ihre Wirtsleute, Jean Rabateau und seine Gemahlin, bestätigen, daß Johanna jeden Tag nach dem Essen lange kniend bete, bisweilen auch des Nachts, und daß sie häufig in eine kleine Hauskapelle gehe, um dort eine Weile zu beten.

Johanna wurde schließlich auch noch einer anderen Prüfung unterzogen, von der Jean Pasquerel, ihr Beichtvater, erzählt:

»Ich habe gehört, daß Johanna, als sie sich zum König begab, von Frauen untersucht wurde, damit man wisse, wie es um sie stehe, ob sie ein Mann sei oder eine Frau, ob verderbt oder Jungfrau; es wurde festgestellt, daß sie eine Frau und jungfräulich war. Diejenigen, die sie untersuchten, waren nach dem, was ich gehört habe: die Dame de Gaucourt (Jeanne de Preuilly) und die Dame de Trêves (Jeanne de Mortemer, Gemahlin des Robert le Macon).«

Die beiden Damen gehören zum Gefolge der Königin von Sizilien, Schwiegermutter des Königs, Yolante von Aragón, Mutter seiner Gemahlin Marie von Anjou.

Diese Untersuchung auf Jungfräulichkeit wurde oft mißdeutet; unsere Zeit, die auf Geschichten von Hexerei sorgfältiger zu achten scheint, als man es zu Johannas Zeiten tat, hat darin eine Prüfung gesehen, mit deren Hilfe festgestellt werden sollte, ob sie nicht eine Hexe sei, denn Hexen wurden stets verdächtigt, fleischlichen Umgang mit dem Teufel zu haben. Die Wirklichkeit ist wohl viel einfacher: Johanna, die Johanna die Jungfrau genannt wird – und das ist der einzige Name, unter dem wir sie kennen, der einzige, mit dem man sie ihr Leben lang bezeichnen wird –, wäre sofort entlarvt gewesen, hätte sich bei der Untersuchung herausgestellt, daß sie es nicht mehr war. Der Lüge überführt, hätte man sie auf der Stelle nach Hause geschickt: ihre Geschichte wäre zu Ende gewesen. Die Jungfräulichkeit festzustellen diente vor allem dazu, herauszufinden, ob jemand die Wahrheit sprach. Zu ihrer Zeit zog nämlich niemand in Zweifel, daß der Mensch, der sich unbedingt Gott zu weihen wünschte, seine Berufung dadurch ausdrückt, daß er jungfräulich bleibt, also ganz und gar unabhängig, vollständig frei für den Dienst am Herrn, mit Leib und Seele. Johanna war als erste von ihren Worten überzeugt, als sie aussagte, sie habe sich Gott geweiht von dem Augenblick an, da sie verstanden habe, daß sich die Stimme eines Engels ihr offenbart hätte. Unnötig zu sagen, daß sie nicht ein einziges Mal andeutete, sie sei behext oder von einem Bösen Geist besessen: diese Art Verdacht keimt erst im Geist der Intellektuellen des zwanzigsten Jahrhunderts! Zu ihrer Zeit hat die Jungfräulichkeit des gottgeweihten Wesens einen ganz anderen Stellenwert.

In den Augen der Menschen gilt Johanna fortan als die Jungfrau, als sie Poitiers verläßt. Die Verwunderung und das Interesse, das man ihr entgegenbringt, hat sich in eine Art Verehrung verwandelt. Natürlich erwartet man von ihr, daß sie sich bewährt – die Bewährungsprobe, um die sie bittet, ist ein militärisches Unternehmen, die Befreiung von Orléans –, doch schon umgibt sie so etwas wie eine Aura der Ehrerbietung; fortan verkörpert sie die Hoffnung – nach Aussage von Zeitzeugen die einzige Hoffnung –, die das bedrängte Königreich nur mehr von Gott erwarten kann.

Einige Jahre zuvor hatte der Dichter Alain Chartier, der dem rechtmäßigen König stets treu gewesen war, ein Werk halb in Prosa, halb in Versen geschrieben, das den Titel *Die Hoffnung* trug. Im Jahr 1420, dem Jahr des Vertrags von Troyes, der den Dauphin seiner Rechte auf die Krone zugunsten des englischen Königs beraubte, von Hoffnung zu sprechen war eine echte Provokation. »Die Dame Hoffnung«, schrieb er, »hatte ein lachendes und fröhliches Gesicht, hehr war der Blick, gefällig die Rede.«

III.
Neun Tage, zehn Nächte

»Jesus Maria, König von England und Ihr, Herzog von Bedford, der Ihr Euch Regent von Frankreich nennt, William de
la Poule, (William Pole, Graf von Suffolk), Sir John Talbot,
und Ihr, Thomas Scales, die Ihr Euch Feldherr des genannten
Herzogs von Bedford nennt, gebt dem König des Himmels
sein Recht! Überreicht der Jungfrau, die von Gott, dem
König des Himmels, gesandt ist, die Schlüssel aller guten
Städte in Frankreich, die Ihr eingenommen und geschädigt
habt! Sie ist hierher gekommen durch Gott, den König des
Himmels, um das königliche Blut auszurufen. Sie ist gern
willens, Frieden zu schließen, wenn ihr von Euch Gerechtigkeit widerfährt und Ihr von Frankreich ablaßt und zurücker-
stattet, was Ihr Euch angeeignet habt. Zusammen mit Euren
Bogenschützen, Waffengefährten, Hofleuten und den anderen, die vor der guten Stadt Orléans liegen, zieht im Namen
Gottes ab in Euer Land! Und wenn Ihr es nicht tut, so gewär-
tigt neue Kunde von der Jungfrau, die Euch in Kürze begegnen wird zu Eurem großen Schaden. König von England,
wenn Ihr es nicht tut, so wisset: ich bin Kriegsherr, und wo
immer ich auf eure Soldaten in Frankreich stoße, werde ich
sie vertreiben, ob sie wollen oder nicht. Und wenn sie nicht

gehorchen, so werde ich sie töten lassen. Ich bin hierher von Gott, dem König des Himmels, gesandt, um Euch Mann für Mann aus ganz Frankreich zu schlagen. Aber wenn sie gehorchen wollen, so will ich sie in Gnaden aufnehmen. Und glaubt nicht, daß Ihr je das Königreich Frankreich von Gott, dem König des Himmels, dem Sohn der allerseligsten Jungfrau Maria, erhalten werdet. König Karl, der wahre Erbe, wird es besitzen; denn Gott, der König des Himmels, will es also und hat es ihm durch die Jungfrau kundgetan. Er wird in Paris einziehen mit großem Aufgebot. Wenn Ihr die Ankündigungen Gottes durch die Jungfrau nicht glauben wollt, so werden wir Euch, wo immer wir Euch finden, schlagen, und wenn Ihr Euch nicht fügt, werden wir ein Kriegsgeschrei erheben, wie es seit tausend Jahren in Frankreich keines mehr gegeben hat. Und seid gewiß, daß der Himmelskönig der Jungfrau und ihren treuen Kampfgefährten mehr Macht sendet, als Ihr mit all Euren Angriffen aufbieten könnt. Und dann wird man sehen, wem das größere Recht von dem Gott des Himmels verliehen ist. Herzog von Bedford, die Jungfrau bittet und ermahnt Euch, Euer Zerstörungswerk nicht fortzusetzen. Wenn Ihr euch fügt, so könnt Ihr mit ihr zusammen dorthin kommen, wo die Franzosen die schönste Tat vollbringen werden, die jemals für die Christenheit geschah. Und gebt Antwort, wenn Ihr in Orléans Frieden schließen wollt. Wenn nicht, so werdet Ihr es in Kürze zu Eurem großen Schaden bereuen. Geschrieben am Dienstag der Karwoche.«

Dieses Schreiben, in dem Johannas ganze Heiligkeit und die Dynamik ihrer fortan anerkannten Berufung zutage tritt, ist genau datiert, nicht nur durch die Erwähnung am Schluß – Dienstag der Karwoche, das heißt 22. März 1429 –, sondern auch durch einen Zeugen, der sie in Poitiers gesehen und die Umstände überliefert hat, unter denen Johanna ihren Brief diktierte; es handelt sich um einen königlichen Stallmeister namens Gobert Thibault. Er begleitete Pierre de Versailles und Jean Érault, die sich zu Magister Jean Rabateau begaben, um Johanna zu treffen:

»Als wir dort anlangten«, sagt er, »kam uns Johanna entgegen und klopfte mir auf die Schulter, wobei sie sagte, sie hätte gern viele Männer meines Schlages. Darauf erklärte ihr Pierre de Versailles, sie seien vom König geschickt. Sie entgegnete: ›Ich glaube euch schon, daß ihr vom König geschickt seid, mich zu verhören‹, und sie fügte hinzu: ›Ich kenne weder A noch B.‹ Darauf fragten wir Johanna, warum sie gekommen sei, und sie antwortete: ›Ich bin vom König des Himmels gesandt, um die Belagerung von Orléans aufzuheben und den König nach Reims zu seiner Salbung und Krönung zu führen.‹ Und sie fragte uns, ob wir Papier und Tinte hätten, und sprach zu Magister Jean Érault: ›Schreibt, was ich Euch sage: ich fordere Euch, Suffort, Classidas und la Poule (Suffolk, Glasdale, William Pole), im Namen des Himmelskönigs auf, nach England zurückzukehren.‹ Und dieses Mal taten Versailles und Érault nichts anderes, soweit ich mich erinnere, und Johanna blieb ebenso lange in Poitiers wie der König.«

Gobert Thibault hätte, wie jedermann, gern gewußt, wer Johanna war und was sie im Schilde führte. Deshalb befragte er Jean de Metz und Bertrand de Poulengy − den er zwanglos Pollichon nennt − und übermittelt uns die Bewunderung dieser beiden Männer, indem er beschreibt, auf welche Weise, »ohne Behinderung«, sie das ganze burgundische Gebiet durchquerten. Diese Probe im Alltag, zu einer Zeit, da sie noch ein Bauernmädchen war, das nicht mehr zu bieten hatte als Versprechungen, habe Johanna ohne Fehl bestanden. Und dieser Gobert Thibault, den man sich als stattliche Erscheinung vorstellen darf, war zweifellos auch ein Mensch, der einen guten Blick für die Lauterkeit anderer hatte; wahrscheinlich analysierte er am subtilsten das allgemeine Gefühl, das die Soldaten Johanna entgegenbrachten, denn zu jener Zeit war jedes Mädchen im Heer für sie Freiwild:

»Im Heer war sie stets mit den Kriegsleuten zusammen. Von mehreren, die Johanna näherstanden, hörte ich, daß sie nie Verlangen nach ihr gehabt hätten; wenn sie sie auch manchmal fleischlich begehrten, wagten sie es doch nie, sich gehen zu lassen, und sie glaubten, daß es unmöglich sei, sie besitzen zu wollen. Oft, wenn sie untereinander von den Sünden des Fleisches prahlten oder von lüsternen Dingen, die Begierde zu stacheln, verstummten solche Reden, wenn die Jungfrau sich näherte, und die Lust des Fleisches erstarb. Ich habe verschiedene darüber befragt, die manchmal des Nachts an ihrer Seite schliefen: sie haben mir alle gesagt, sie hätten auch bei ihrem Anblick nie eine Begierde verspürt.«

Das gleiche sagten die Männer aus, die Johanna von Vaucouleurs nach Chinon begleiteten. Alle waren überrascht von ihrer vollkommenen Lauterkeit. Mit anderen Worten, weder Gobert Thibault noch seine Gefährten brauchten die Hexerei zu Hilfe zu nehmen, um zu begreifen, was die Untersuchung der Jungfräulichkeit bedeutet. Für sie wie für das Volk überhaupt und wie für die Schreiber und die Prälaten, die sie befragten, besaß Johanna tatsächlich das Antlitz der Dame Hoffnung.

Gewisse Autoren waren der Auffassung, daß der *Brief an die Engländer* am Ende des dreiwöchigen »Prozesses von Poitiers« entstand, was nicht mit dem Zeugnis Gobert Thibaults übereinzustimmen scheint, nach dem sich Johanna offensichtlich einer Redeweise bedient, die auf die Gewißheit eines schon fast gewonnenen Spieles hindeutet, während sie andererseits diejenigen, die sie verhören, empfängt, als seien sie ihr noch kaum bekannt: ihr Besuch ist vermutlich Teil eines Verhörs, das sich in verschiedenen Formen fortsetzt. Diesmal sind sie gekommen, sie in ihrem Quartier zu überraschen; bei anderen Gelegenheiten läßt man sie in das Haus einer gewissen La Macée vorladen, wo ihr wahrscheinlich mehrere Leute Fragen stellen; es ist anzunehmen, daß Johanna diese Karwoche und das Osterfest in Poitiers verbrachte.

Gekennzeichnet war diese Karwoche auch durch ein Ereignis, das sowohl für Frankreich wie für die gesamte Christenheit von Bedeutung war. Im Jahre 1429 fiel nämlich der Karfreitag auf denselben Tag wie das Fest der Verkündung, auf den 25. März. Das Zusammentreffen dieser zwei für die Christen gleich wichtigen Feste wurde seit alters zum Anlaß für eine Pilgerfahrt nach Notre-Dame von Le Puy-en-Velay genommen, ein Heiligtum, das schon immer Verehrung genoß. Auch einige von Johannas Gefährten begaben sich dorthin. Man weiß nicht genau wer: vielleicht der königliche Bote Colet de Vienne oder aber Jean de Metz, oder vielleicht sein Diener Jean de Honnecourt. Man ist sich nicht schlüssig, welcher der sechs Männer es war, die mit ihr von Vaucouleurs nach Chinon ritten. Festzustehen scheint, daß es mindestens zwei waren. Vielleicht handelte es sich um Bertrand und seinen Diener Julien. Eher anzunehmen jedoch ist, daß es der königliche Bote war, der ja gewohnt war zu reisen und der in Tours den Vorleser des Klosters der Augustinermönche kannte und sich auch daher ohne weiteres der Gruppe der lothringischen Pilger anschließen konnte. Unter ihnen befand sich auch Johannas Mutter Isabelle, die ihr Name Romée als eine durch die Lande Ziehende ausweist. Es ist gewiß schwierig, sich den langen Weg von den Ufern der Maas bis nach Le Puy-en-Velay vorzustellen. Ihre Tagesstrecken waren jedoch vermutlich nicht viel länger oder mühseliger als die der Pilger aus Poitiers, die, dem Alliertal folgend, die Berge der Auvergne umrunden mußten: man ist heute über den Umfang der Reiseaktivitäten in der Feudalzeit besser unterrichtet.

Die Anzahl und der Zustrom der Pilger hatten sich inzwischen merklich verringert, vor allem im 15. Jahrhundert wegen der Kriege, waren jedoch noch immer bedeutend. Jules Quicherat im vergangenen Jahrhundert hat dies nicht glauben wollen und einen Kopistenfehler in der handschriftlichen Erwähnung der Stadt Le Puy, *villa Aniciensi*, zu sehen gemeint. Sicher ist jedenfalls, daß die lothringischen Pilger, die mit Jean Pasquerel aufbrechen und wissen, daß er dem Kloster von Tours verbunden ist, wo oft der König absteigt, ihm Johanna empfehlen, deren Beichtvater er später werden wird. Johannas Mutter muß sehr fromm gewesen sein: sie war es, die ihrer Tochter »ihren Glauben« weitergab und ihr in gewisser Weise denjenigen bezeichnet, der während ihres unglaublichen Abenteuers über ihr spirituelles Leben wachen wird.

Die Fahne, das Banner, das Schwert

Johanna ist nun in die aktive Phase dieses Abenteuers eingetreten. Nach Chinon zurückgekehrt, wird sie nach Tours gebracht, wo der König ihr einen »Harnisch, genau richtig für ihren Leib« fertigen läßt, also eine Rüstung nach ihren Maßen. Der Plattenharnisch, den man in ihrer Zeit seit etwas weniger als hundert Jahren benutzt, da er zusammen mit der Artillerie entstand (und zum Schutz gegen dieselbe), muß genau angepaßt werden, um vor den Geschossen, vor allem

Steinkugeln, zu schützen, ohne die Bewegungsfreiheit der Arme, Beine und Gelenke zu beeinträchtigen.

In Tours wird Johanna im Hause Jean Dupuy untergebracht, und man zeigt noch heute in der Stadt den Laden des Harnischmachermeisters, der die Rüstung ziselierte und zusammenfügte. Im Rechnungsbuch des königlichen Schatzmeisters Hémon Raquier ist der für diese Arbeit bezahlte Betrag festgehalten: hundert tourische Livres, unter dem Datum 10. Mai 1429.

Johanna selbst läßt sich eine Fahne und einen Wimpel anfertigen, für die die Rechnungsbücher eine Auszahlung von fünfundzwanzig tourischen Livres an einen Maler namens Hauves Poulnoir quittieren. Von der Fahne wird später oft die Rede sein; sie wird, wenn man so sagen kann, in der Schlacht um Orléans eine aktive Rolle spielen, um so mehr als Johanna sie genau bezeichnete: sie »nahm die Fahne in die Hände, als sie zum Sturm ansetzte, damit niemand getötet werde«. Tatsächlich wird sie aussagen, niemals jemanden getötet zu haben. Jean Pasquerel bezeugt uns, daß Johanna sich bei der Anfertigung des Wimpels an einen Befehl hielt, den sie nach eigener Aussage von ihren »Stimmen«, ihrem »Ratgeber« erhalten hatte:

»Sie hatte die Boten Gottes, die ihr erschienen, um Rat gefragt. Diese hatten ihr geantwortet, sie solle die Fahne ihres Herrn ergreifen. Damals ließ sie ihr Banner fertigen, worauf das Bild unseres Erlösers gemalt war, wie er auf den Wolken des Himmels zu Gericht sitzt, und ein Engel, der in den Händen eine Lilie trug, die Gott segnete.«

Aber das ist nicht alles. Johanna läßt auch ein Banner anfertigen, das die Geistlichen, die damals jedes Heer begleiteten, tragen sollten. Dieses Banner zeigte das Bild des gekreuzigten Christus. Es wird als Sammelpunkt für die Gebete dienen, zu denen Johanna die Krieger aufforderte:

»Zweimal am Tag«, erzählt Pasquerel, »morgens und abends, ließ Johanna mich die Priester zusammenrufen. Sie sangen Antiphonen und Hymnen an die Jungfrau Maria, Johanna mitten unter ihnen. Nur die Soldaten durften dabei sein, die am selben Tag gebeichtet hatten. Und sie ermahnte alle Krieger, zur Beichte zu gehen, damit sie zu dieser Zusammenkunft kommen könnten. Und bei der Zusammenkunft selbst waren alle Priester bereit, all jene zu hören, die beichten wollten.«

Als es darum ging, diese Ausrüstung durch das für einen Krieger unentbehrliche Schwert zu vervollständigen, äußerte Johanna einen seltsamen Wunsch. Sie bat darum, daß man ihr in Sainte-Catherine-de-Fierbois, wo sie auf dem Weg nach Chinon halt gemacht hatten, ein Schwert holen gehe. Als man sie später fragte, woher sie gewußt habe, daß sich dieses Schwert dort befinde, antwortete sie, daß »dieses Schwert unter der Erde war, ganz rostig, fünf Kreuze waren darauf«.

»Durch ihre Stimmen habe sie gewußt, daß es dort war. Sie habe nie den Mann gesehen, der es suchen ging. Sie ließ der Geistlichkeit des Ortes schreiben und bat sie, es ihr zu überlassen. Sie hätten es ihr geschickt. Es war eingegraben, nicht tief, hinter dem Altar; doch wisse sie nicht mehr, ob es vor oder hinter dem Altar war. Gleich nachdem man es gefunden habe, rieben es die Geistlichen ab, und der Rost ging mühelos herunter. Es war ein Waffenschmied von Tours, der es holen ging.«

Vorher hatte Johanna ein Schwert gehabt, das Robert de Baudricourt ihr bei ihrem Aufbruch gegeben hatte, als er dachte, sie und ihre Begleiter würden sich wahrscheinlich unterwegs verteidigen müssen. Später wird sie ein drittes haben, eine Kriegsbeute, die sie einem Burgunder abnimmt. Diese letzte Waffe wird Johanna als Kennerin schätzen, sie sei

»ein gutes Schwert ein rechtes Kriegsschwert zum Hauen und Fledern«, sagt sie. Für das von Sainte-Catherine-de-Fierbois schenkte ihr die Geistlichkeit von Tours zwei Scheiden, eine aus rotem Samt und eine aus Goldbrokat. Sie selbst ließ sich eine aus »starkem Leder« machen.

Das Quartier

Noch wichtiger: in Tours wurde ihr ein Quartier zugewiesen wie jedem Truppenführer. Sie hatte einen Intendanten, Jean d'Aulon, der es selbst bezeugt: »Auf Befehl des Königs, unseres Herrn, war ich in der Begleitung der Jungfrau«, schreibt er. Sie hatte auch zwei Pagen, Louis de Coutes, von dem weiter oben die Rede ist, und Raymond. Darüber hinaus erhielt sie zwei Herolde, Ambleville und Guyenne. Die Herolde waren Boten, die man an ihrer Kleidung als Träger eines öffentlichen Amtes erkennen konnte; sie beförderten Nachrichten für bestimmte Persönlichkeiten – Könige, Fürsten oder Kriegsherren – und genossen einen besonderen Schutz. Wenn sie – was gelegentlich vorkam – eine Fehdeankündigung mündlich überbrachten, kehrten sie im allgemeinen wohlbehalten hinter ihre »Linien« zurück.

Wenn Johanna über diese zwei Boten verfügte, dann heißt das, daß sie vom König wie jeder andere hochrangige Krieger behandelt wurde, der persönliche Verantwortlichkeiten besaß. Bisweilen wurde behauptet, daß man sie als Maskottchen benutzte, um Mut und Entschlossenheit der Soldaten, die sie begleitete, zu stärken. Die Bestellung der beiden Herolde macht diese Behauptung unwahrscheinlich. Sie hatte zudem mehrere Pferde und wird später von fünf Streitrössern sprechen, »nicht gerechnet die anderen Traber, die mehr als sieben waren«. Die Streitrösser waren die Kriegspferde, die man auch »destriers« nannte (von dexter, rechts, das zur rechten Hand geführte Pferd), während die »Traber« für das Kommen und Gehen ihres Gefolges dienten. Dieses Gefolge wird auch die beiden Brüder Pierre und Jean umfassen, die wahrscheinlich in Tours zu ihr stießen.

Die Zusammenziehung der königlichen Truppen sollte in dem ungefähr auf halbem Weg zwischen Tours und Orléans an der Loire gelegenen Blois erfolgen. Aber Tours ebenso wie Blois befanden sich in einem noch von den Franzosen kontrollierten Gebiet, während das rechte Loireufer flußaufwärts von den Engländern versperrt war.

»Es wurden in der Stadt Blois«, schreibt der offizielle Chronist Jean Chartier, »mehrere Lastwagen und Karren mit Getreide beladen, und man nahm große Mengen von Ochsen, Schafen, Kühen, Ferkeln und anderen Lebensmitteln mit, und auch Johanna die Jungfrau und die anderen Hauptleute nahmen ihren Weg von der Sologne her geradewegs auf Orléans zu.«

Während der Zeit, in der die Truppen in Blois lagen, ließ Johanna sich das Banner fertigen, von dem weiter oben die Rede war, und wenn Jean Chartier uns das Vieh beschreibt, das man zur Versorgung der Bewohner von Orléans und der Belagerer, die sie zu befreien versuchen, auf Flöße lädt, nimmt Johannas Beichtvater vor allem den fast feierlichen Anblick des sich in Marsch setzenden Heeres wahr:

»Als Johanna von Blois nach Orléans aufbrach, ließ sie die Priester unter diesem Banner sich aufstellen, und sie zogen an der Spitze des Heeres. So geschart, zogen sie durch die Sologne, das *Veni Creator Spiritus* und viele andere Antiphone singend, und lagerten in dieser Nacht und ebenso am nächsten Abend auf freiem Felde. Am dritten Tag gelangten sie in die Nähe von Orléans, wo die Engländer das Flußufer mit den Schanzen hielten. Das Heer des Königs rückte so dicht an die Stellungen der Engländer heran, daß sich Engländer und Franzosen gegenseitig beobachten und die Soldaten des Königs die Lebensmittel befördern konnten.«

Orléans

Nach allen Aussagen verwendete Johanna große Sorgfalt auf die geistige Vorbereitung ihrer Leute: sie forderte sie auf zu beichten, ließ die Freudenmädchen davonjagen, die den Soldaten folgten, und verbot jegliche Plünderung, ebenso Flüche und Gotteslästerungen – der Herzog von Alençon bezeugt uns dies: »Sie konnte sehr böse werden, wenn sie die Soldaten fluchen hörte; sie schalt sie rauh. Und sie schalt auch mit mir, denn besonders ich, ich fluchte manchmal. Aber vor ihr hielt ich an mich.« Der »liebe Herzog« stand ihr übrigens bei allen diesen Vorbereitungen besonders tatkräftig zur Seite. Auf Bitte des Dauphins begab er sich zu dessen Schwiegermutter, der Königin von Sizilien, die diesen neuen Ansturm auf Orléans vermutlich finanzierte. Der Bastard von Orléans gibt davon eine ausführliche Beschreibung.

»Der König schickte Johanna in Begleitung von Monseigneur dem Erzbischof von Reims (Regnault de Chartres, damals Kanzler von Frankreich), und von Herrn de Gaucourt, des Oberhofmeisters, nach Blois. Hier fanden sie die Hauptleute vor, welche die Zufuhr des Proviants für Orléans befehligten, nämlich die Herren de Rais (Gilles de Rais) und de Boussac, Marschall von Frankreich, und bei ihnen den Admiral von Frankreich, Herrn de Culant (Louis de Graville), La Hire (das ist der Beiname Étienne de Vignolles, des gascognischen Haudegens) und Ambroise de Loré, inzwischen Profos von Paris. Alle zusammen, die Truppen, der Nachschub, die Jungfrau Johanna selbst, zogen in Marschordnung durch die Sologne bis unmittelbar zu den Ufern der Loire.«

Ein langer Umweg also, um die englischen Stellungen in der Nähe von Orléans zu umgehen, aber ohne daß Johanna davon weiß, die darauf brennt, dem Feind zu begegnen und den Kampf zu eröffnen. Wahrscheinlich ist sie erstaunt zu erfahren, als sie sich der Loire nähern, daß man Orléans tatsächlich hinter sich gelassen hat. Daher die heftige Unterredung zwischen ihr und dem Bastard, die dieser sehr lebendig in Erinnerung behielt. Dieses Mädchen, über das er zwei Monate zuvor durch seine treuen Gefährten Erkundigungen hatte einholen lassen – er weiß, daß sie heranrückt und sich bald mit der Vorhut des Heeres auf der Höhe von Chécy befinden wird, wo er selbst sich hinbegibt. Als vorsichtiger Stratege hat er zunächst einige der Truppen, über die er verfügt, mit dem Auftrag in Marsch gesetzt, auf eine der Schanzen der Stadt, die sogenannte Saint-Loup-Schanze, einen Ablenkungsangriff zu unternehmen.

»Um es den Engländern zu zeigen«, vermerkte das *Tagebuch der Belagerung*, das eine wertvolle Quelle für diese denkwürdigen Tage darstellt, »rückten sie (die Franzosen) mit einer großen Streitmacht aus, plänkelten vor Saint-Loup und gerieten mit den Engländern so heftig aneinander, daß es Tote, Verletzte und Gefangene auf beiden Seiten gab, bis die Franzosen eine der Fahnen der Engländer in ihre Stadt tragen konnten. Während dieses Scharmützels gelangten die Lebensmittel und die Artillerie, die die Jungfrau bis Chécy mitgeführt hatte, in die Stadt.«

Dieses Dorf mit seiner hübschen gotischen Kirche, die es überragt, ist also der Schauplatz der Ankunft Johannas auf ihrem Weg nach Orléans. Sie verliert keine Zeit:

»›Seid Ihr der Bastard von Orléans?‹ fragt sie den adeligen Herrn, der ihr entgegenkommt, um sie zu begrüßen. ›Ich bin's, und ich bin froh über Eure Ankunft.‹ – ›Seid Ihr es, der geraten hat, mich auf diesem Ufer ankommen zu lassen und nicht direkt dahin zu marschieren, wo Talbot und die anderen Engländer sind?‹

Ich antwortete ihr, daß ich es war und andere, Klügere als ich, diesen Rat gegeben hatten in dem Glauben, so der Sicherheit der Unternehmung besser zu dienen. Da sagte Johanna wörtlich: ›Im Namen Gottes, der Rat von Gott unserem Herrn ist sicherer und klüger als der Eure. Ihr habt geglaubt, Ihr könntet mich täuschen. Ihr habt Euch selbst getäuscht, denn ich bringe Euch bessere Hilfe, als sie je ein Hauptmann oder eine Stadt erhalten hat: die Hilfe des Königs im Himmel. Aber die Hilfe kommt nicht mir zuliebe, sondern weil Gott auf das Gebet des heiligen Ludwig und des heiligen Karl des Großen hin sich der Stadt Orléans erbarmt und nicht dulden will, daß sich die Feinde des Herrn von Orléans und seiner Stadt bemächtigen.‹«

Ein zorniges junges Mädchen ... Aber was dann geschieht, wird den darüber verärgerten Bastard beschwichtigen. Seine Sorge gilt dem Lebensmitteltransport, von dem er weiß, daß er sich drüben auf der Höhe von Blois befindet und den er die Loire stromaufwärts befördern muß. Mit dem Wind ist nicht zu rechnen, denn er bläst gen Westen.

»In diesem Augenblick dreht sich der Wind, der den Proviantbooten entgegen war und hinderlich, den Fluß aufwärts zu fahren – drehte sich plötzlich und wurde günstig (...) Von diesem Augenblick an«, fügte Dunois hinzu,

»setzte ich große Hoffnung auf die Jungfrau, mehr noch als vorher.«

Umgehend läßt er auf den Booten die Segel setzen und bittet Johanna, den Fluß zu überqueren und sich mit ihm in die Stadt Orléans zu begeben, »wo sie mit Ungeduld erwartet werde«. Johanna zögert. Sie glaubt diejenigen, die um sie sind, für den Kampf wohl vorbereitet. Sie kennt sie, sie haben gebeichtet, mit ihr gebetet, sie zögert, sich von ihnen zu trennen. Dunois selbst sucht die wichtigsten Hauptleute auf:

»Ich flehte sie an und bat sie, um der Rettung des Königs willen doch einverstanden zu sein, daß Johanna in die Stadt Orléans gehe und sie selbst, die Hauptleute, mit ihrer Truppe nach Blois zögen, wo sie über die Loire setzen würden, um nach Orléans zu kommen, da man keinen näheren Weg finden konnte. Die Hauptleute hörten sich dieses Ansuchen an und willigten ein, in Blois überzusetzen.«

Nun, am Freitag, dem 29. April 1429 abends, beginnt die Eroberung von Orléans durch Johanna.

»Und Johanna schloß sich mir an«, erzählt Dunois, »ihre Fahne schwingend, die weiß war und das Bild unseres Erlösers trug, der eine Lilie in der Hand hielt. La Hire setzte mit uns über die Loire, und zusammen zogen wir in Orléans ein.«

Der Verfasser des *Tagebuchs der Belagerung* beschreibt das Geschehen mit größerer Begeisterung.

»So zog sie in Orléans ein, den bewaffneten und sehr reich ausgestatteten Bastard von Orléans zu ihrer Linken und gefolgt von anderen Adeligen und tapferen Herren, Junkern, Hauptleuten und Kriegsvolk sowie einigen Männern der Besatzung und auch Bürgern von Orléans, die ihr entgegengekommen waren.

Empfangen wurde sie von weiteren Kriegsleuten, den Bürgern und Bürgerinnen von Orléans, die viele Fackeln trugen und solche Freude zeigten, als sei der Herr selbst zu ihnen herabgestiegen. Und dies nicht ohne Grund, denn sie hatten mancherlei Kummer, Mühe und Plage und große Furcht, daß ihnen nicht geholfen werde und sie Hab und Gut, Leib und Leben verlören. Aber nun waren sie bereits ganz getröstet und hatten das Gefühl, durch die göttliche Kraft, die, wie es hieß, dieser einfachen Jungfrau innewohnte, die sie, sowohl Männer wie Frauen und kleine Kinder, alle sehr liebevoll betrachteten, befreit zu sein. Und eine riesige Menge drängte sich um sie, begierig, sie oder das Pferd, auf dem sie saß, zu berühren.«

Diese Begegnung mit dem Volk ist Johannas Berufung, und man kann sich sehr gut vergegenwärtigen, welche Hoffnung die Bewohner dieser seit dem vergangenen Oktober belagerten Stadt in sie setzten. Sieben lange Monate, während derer sich der Ring immer fester schloß und die Versuche, ihn zu zerschlagen, fruchtlos blieben. Da erscheint ein Mensch, der ihnen die Hilfe des Himmels verspricht. Johanna ist unter ihnen, und schon fühlen sie sich wie von der Belagerung befreit. Johanna muß sich ihres Auftrags sehr sicher gewesen sein, um in diesem Augenblick bei der Vorstellung, diese Menge zu enttäuschen, nicht zu zittern. Doch sie bleibt ganz ruhig und allem Anschein nach selbstbeherrscht. Wir haben dafür folgenden Beweis:

»Einer von denen, die die Fackeln trugen, kam ihrem Banner so nahe, daß der Stoff Feuer fing. Da gab sie ihrem Pferd die Sporen und wandte es ganz gemach bis zu der Fahne hin und löschte das Feuer, so, als hätte sie schon sehr viele Kriege erlebt. Das bewunderten die Bewaffneten außerordentlich und ebenso die Bürger von Orléans, die sie unter Freudenrufen durch die ganze Stadt begleiteten und mit allen Ehren zum Regnard-Tor führten, zum Haus des Jacques Boucher, damals Schatzmeister des Herzogs von Orléans, wo sie zusammen mit ihren zwei Brüdern und zwei Edelleuten und deren Dienern, die mit ihnen aus dem Barrois gekommen waren, empfangen wurde.«

Noch heute kann man in Orléans den Weg der Jeanne d'Arc vom Burgundtor im Osten der Altstadt bis zu deren anderem Ende, zum Haus der Jeanne d'Arc am Charles-de-Gaulle-Platz, gehen. Dieses Haus ist eine Rekonstruktion des ursprünglichen, das zusammen mit dem übrigen Viertel im Zug der Kriegsereignisse 1940 bis auf die Grundmauern geschleift wurde; übrig blieb nur der Chor der Kirche Notre-Dame de Recouvrance nahe dem Renardtor und dem Haus des Jacques Boucher.

Johanna verbringt ihre erste Nacht in Jacques Bouchers Haus. Es herrscht eine allgemeine Unruhe in der Stadt, ein hektisches Kommen und Gehen. Am nächsten Tag beginnt eine »Novene«, während der sich, was die Geschichte angeht, die Ereignisse überstürzen, obwohl diese neun Tage der ungeduldigen Johanna gewiß lang erschienen.

Von glühender Begeisterung erfüllt, wie man es nur mit sechzehn oder siebzehn Jahren sein kann, kam sie an. Alles Vorangegangene war für sie nur ein etwas lästiges Vorspiel gewesen: die nicht enden wollenden Untersuchungen und Verhöre, das Anfertigen ihrer Rüstung, das Zusammenziehen des Heeres. Diese Wochen waren ihr endlos erschienen. Und nun, vor Ort angelangt, muß sie immer noch warten! Am Samstag, dem 30. April, begibt sie sich zum Bastard von Orléans. Wie uns Louis de Coutes berichtet, »war sie bei ihrer Rückkehr heftig erregt über die Entscheidung, an jenem Tag nicht anzugreifen«. Tatsächlich will der Bastard, noch die schmähliche Niederlage der Heringsschlacht vor

Augen, keine neue Kampfhandlung beginnen, ehe die vom König zusammengezogenen Verstärkungstruppen in Orléans eingetroffen sind. Um sich irgendwie zu betätigen, beschließt Johanna, sich die englischen Stellungen anzusehen, die an manchen Stellen in Rufweite der Orleaner Verteidigungsanlagen sind. Sie hat, vielleicht von dem Festungswall aus, der an das Renardtor angrenzt, nahe dem Haus, wo sie untergebracht ist, einen ersten Wortwechsel mit dem Gegner, von dem uns ebenfalls ihr Page berichtet:

»Sie schrie den Engländern zu, sie sollten im Namen Gottes in ihr Land zurückkehren, sonst wollte sie sie hinausjagen. Darauf antwortete ihr einer, den sie den Bastard von Granville nannten (es handelte sich also um einen ›abtrünnigen‹ Normannen), mit beleidigenden Zurufen, sie ergäben sich keiner Frau, und er nannte die Franzosen Ketzer und Kuppler.«

Im Laufe des Abends verläßt Johanna noch einmal ihr Quartier und geht über die Brücke von Orléans bis zum Bollwerk Belle Croix auf der Loireinsel, hinter der man zwei Brückenpfeiler abgerissen hatte, um die feindlichen Truppen, die sich im »Bollwerk der Tourelles« verschanzt hatten, daran zu hindern, über die Brücke in die Stadt einzudringen. Wieder wendet sie sich an die Gegner:

»Von dort aus sprach sie Classidas (Glasdale) und die anderen Engländer an, die sich in den Tourelles befanden, und sagte zu ihnen, sie sollten sich um Gottes willen ergeben, ihr Leben sei nicht in Gefahr. Doch Glasdale und die Männer seiner Truppe antworteten ihr mit gemeinen Worten, beschimpfen sie und nannten sie ›Kuhhirtin‹, und sie schrien sehr laut, sie würden sie verbrennen lassen, wenn sie ihrer habhaft würden.«

Ein Versprechen, das sie halten sollten.

Der nächste Tag, der 1. Mai, war ein Sonntag. Vermutlich fand Johanna es nicht schlecht, an diesem Tag die sonntägliche Waffenruhe einzuhalten, derer sie sich bei einer anderen Gelegenheit erinnert; aber auch der wiederholten Schläge an ihre Tür überdrüssig, unternahm sie einen Ritt durch die Stadt. Das *Tagebuch der Belagerung* hat die Begebenheit festgehalten:

»An diesem Tag ritt Johanna in Begleitung mehrer Ritter und Junker durch die Stadt, denn die Leute von Orléans waren so begierig sie zu sehen, daß sie fast die Tür des Hauses, in dem sie untergebracht war, einrannten, um sie zu sehen. So viele Einwohner der Stadt waren auf den Straßen, durch die sie ritt, daß sie sich nur mit großer Mühe einen Weg zu bahnen vermochte, denn das Volk konnte sich nicht an ihr sattsehen. Allen erschien es sehr wunderbar, daß sie sich so gut auf dem Pferd halten konnte, wie sie es tat. Und wahrhaftig hielt sie sich in allem so kühn, als wäre sie ein Mann, der von Jugend an den Krieg kennt.«

Währenddessen hat sich der Bastard von Orléans zu den Verstärkungstruppen begeben, und da ihm der Befehl über die Stadt und ihre Verteidigung obliegt, wird Johanna bis zu seiner Rückkehr nichts unternehmen. Noch zwei Tage vergehen, Montag, der 2., und Dienstag, der 3. Mai. An diesem Dienstag findet in der Stadt eine große Prozession statt, »bei der Johanna die Jungfrau und andere Heerführer zugegen waren«, heißt es in den Rechnungsbüchern der Stadt, »um den Herrn zu bitten, daß er die Stadt Orléans befreien möge«. Am Mittwoch, dem 4. Mai, wird endlich die Ankunft Jean des Bastards angekündigt. Johanna hat es eilig, ihn zu sehen, und geht mit ihrem Intendanten Jean d'Aulon zu ihm. Sie speist mit ihm, und d'Aulon erzählt, wie der zukünftige Graf von Dunois nach dem Abendessen kam und ihm mitteilte, daß ein englisches Heer zur Verstärkung auf Orléans marschiere und sich bereits auf der Höhe von Janville befände. Es stand unter dem Befehl eines Hauptmannes, der wegen seiner Heldentaten berühmt werden sollte, nämlich John Falstolf.

»Mir schien«, berichtet der Intendant, »die Jungfrau war höchst erfreut über diese Kunde, und sie sagte zum Grafen von Dunois etwa dies: ›Bastard! Bastard! Ich befehle Euch im Namen Gottes, sobald Ihr hört, daß sich dieser Falstolf nähert, laßt es mich wissen. Denn wenn er vorbeizieht, ohne daß ich es merke, dann lasse ich Euch den Kopf abreißen!‹ Darauf erwiderte der Graf von Dunois, sie solle ganz ruhig sein, er werde es sie wissen lassen.«

Johanna, die diese vielen Verzögerungen verärgert haben, fürchtet, daß man ihr die nächsten Schritte verheimlicht. Zu diesem Zeitpunkt weiß sie nicht, daß der Augenblick zu handeln näher ist, als sie ahnt. Man geht auseinander, um ein wenig zu ruhen, aber nicht für lange.

»Plötzlich sprang die Jungfrau von ihrem Lager auf, schlug Lärm und weckte mich. Als ich fragte, was sie wolle, antwortete sie mir: ›Im Namen Gottes: mein Ratgeber hat mich geheißen, gegen die Engländer zu ziehen. Aber ich weiß nicht, ob ich zu ihren Wällen ziehen soll oder Falstolf entgegen, der ihnen den Proviant bringen will.‹«

Jeden treibt Johanna zur Eile an. Nachdem sie ihren Intendanten und ihre Gastgeberin, mit der zusammen sie geruht hatte, geweckt hat, schilt sie ihren Pagen: »Wehe, Knabe, wenn Ihr mir sagt, daß französisches Blut vergossen wurde!« In Jacques Bouchers Haus überstürzt man sich. Während die Frau des Schatzmeisters und seine Tochter Johanna beim Anlegen der Rüstung helfen, holt Louis de Coutes ihr Pferd. Er führt es vor das Eingangstor, und dort hieß sie ihn, ihr

Banner, das oben war, durch das Fenster herabzureichen. Dann sprengt sie zum burgundischen Tor. Vor eben diesem Tor kommt es zum Ereignis des Tages:

»Bei der Saint-Loup-Schanze war ein Angriff oder ein Scharmützel im Gange«, erzählt Louis de Coutes. »Bei diesem Angriff wurde das Bollwerk eingenommen, und Johanna begegnete unterwegs mehreren verwundeten Franzosen, was sie betrübte. Die Engländer bereiteten sich gerade auf die Verteidigung vor, als Johanna eilends vor ihnen erschien, und sobald die Franzosen Johanna erblickten, erhoben sie ein Geschrei, und Schanze und Festung wurden genommen.«

Die erste Kriegshandlung, zwar ohne große Bedeutung, aber ein erster Sieg. Zunächst muß Johanna gegen die Mutlosigkeit angehen, die sich der Soldaten bemächtigt hat, und die Eroberung der Saint-Loup-Schanze im Osten der Stadt an der alten Römerstraße, zu der man durch das Burgundtor gelangte, kündigt bereits eine Wende an. Doch für Johanna ist es auch die erste Erfahrung mit der Grausamkeit des Krieges. Ihr Beichtvater Jean Pasquerel ist Zeuge, und auch ihr Page vermerkt es. »Johanna wehklagte«, sagt er, »sie weinte wegen dieser toten Menschen, die ohne Beichte gestorben waren.« Ihre Reaktion: »Sie selbst beichtete auf der Stelle und empfahl allen Soldaten, ihre Sünden zu bekennen und Gott zu danken für den Sieg.«

Der nächste Tag, Donnerstag, war der Himmelfahrtstag. Nach Hause zurückgekehrt, erklärte Johanna, daß sie »aus Ehrfurcht vor dem Fest keine Kriegshandlung begehen und sich nicht bewaffnen werde; an diesem Tag wollte sie die Beichte ablegen und das Sakrament der Eucharistie empfangen, was sie auch tat.« Zumindest nutzte sie diese neue Zwangspause, um den Engländern einen letzten Mahnbrief zu senden. Wahrscheinlich schickte sie ihnen, dem Brauch gemäß, drei Mahnbriefe hintereinander, aber wir kennen nicht den Wortlaut des zweiten Schreibens, der vermutlich nur eine Wiederholung des ersten, von Poitiers aus gesandten war. Der Brief von diesem Himmelfahrtstag ist kürzer und dezidierter:

»Ihr Engländer, die Ihr keinerlei Anrecht auf das Königreich Frankreich habt, der König des Himmels befiehlt und bittet Euch durch mich, Johanna die Jungfrau, daß Ihr Eure Festungen verlaßt und in Euer Land zurückkehrt, oder ich werde ein solches Kriegsgeschrei erheben, daß man in alle Ewigkeit davon sprechen wird. Das schreibe ich Euch zum dritten und letzten Male und werde nicht noch einmal schreiben. Gezeichnet Jesus Maria, Johanna die Jungfrau.«

Es folgt ein nicht uninteressantes Postskriptum, dem es nicht an Humor mangelt:

»Ich hätte Euch meinen Brief auf angemessenere Art geschickt, aber Ihr haltet meine Herolde gefangen. Ihr habt meinen Herold Guyenne gefangen. Sendet ihn mir zurück, und ich werde Euch einige von Euren bei Saint-Loup Gefangenen ausliefern, sofern sie nicht alle tot sind.«

Vielleicht waren Guyenne und Ambleville losgeschickt worden, diese zweite Mahnung zu überbringen, deren Wortlaut wir nicht kennen. Ungeachtet der Kriegsgesetze, nach denen alle Herolde Schutz genossen, war einer von ihnen gefangengenommen worden. Darum bediente sich Johanna für die Übermittlung des dritten Mahnschreibens einer ungewöhnlichen Beförderungsart:

»Sie nahm einen Pfeil, befestigte mit einer Schnur den Brief an der Pfeilspitze und bat einen Bogenschützen, den Pfeil den Engländern zu senden. Dabei rief sie laut: ›Lest! Da kommen Nachrichten!‹ Die Engländer empfingen den Pfeil und den

Brief und lasen ihn. Dann hörte man sie entrüstetes Geschrei ausstoßen: ›Da kommen Nachrichten von der Hure der Armagnaken!‹ Als Johanna das hörte, begann sie zu schluchzen und heiße Tränen zu weinen, und sie rief den König des Himmels um Hilfe an. Danach ward sie getröstet, wie sie sagte, denn sie erhielt Nachricht von ihrem Herrn. Und abends nach dem Essen befahl sie mir, am nächsten Morgen früher aufzustehen, als ich es am Himmelfahrtstag getan hatte, und sagte, daß sie mir sehr zeitig beichten wolle, was sie auch tat.«

Dieser Freitag nach dem Himmelfahrtstag sollte ein Tag der Überraschungen werden. Johanna beichtet, hört die Messe, doch als sie sich anschickt, in den Kampf zu ziehen, gerät sie mit dem Stadthauptmann von Orléans, Raoul de Gaucourt, der die Tore bewacht und niemanden aus der Stadt läßt, aneinander. Warum? Die Hauptleute haben beschlossen, nicht an diesem Tag zum Sturm gegen die feindlichen Stellungen anzusetzen. Offenbar sind sie der Meinung, daß der Erfolg von Saint-Loup einige Zeit ausreicht. Johanna dachte anders: »Sie war der Auffassung, die Soldaten sollten mit den Einwohnern der Stadt die Augustiner-Schanze stürmen. Viele Krieger und Leute aus der Stadt waren derselben Ansicht.« Zwischen Johanna und dem Herrn von Gaucourt entbrennt ein Streit: »Ob Ihr wollt oder nicht, die Bewaffneten werden kommen und erreichen, was sie anderwärts erreicht haben.« Johannas Intendant hat in allen Einzelheiten berichtet, was an jenem Tag geschah, denn der Sieg war einzig und allein ihr Verdienst. Sie rückt mit ihren Männern »in Marschordnung« aus und setzt über die Loire, auch jetzt wieder auf der Seite des Burgundtors — wo nach der Einnahme der Saint-Loup-Schanze kein Gegenangriff mehr zu befürchten ist —, schwenkt dann zum linken Ufer, in Richtung des noch heute so genannten Saint-Jean-le-Blanc-Viertels. Die Engländer haben hier auf einer Loire-Insel, der Île aux Toiles, eine weitere Schanze errichtet. Die französischen Soldaten bilden eine Pontonbrücke, setzen über und finden die Schanze geräumt: ihre Verteidiger haben sich flußabwärts in eine viel stärkere Schanze zurückgezogen, die sie in den Ruinen des ehemaligen Augustinerklosters in der Nähe der Brückenfestung Les Tourelles errichtet hatten – ein Rückzug, um die Streitkräfte neu zu gruppieren, der aber die der Franzosen in eine schlechte Lage versetzte. Der Rückzug erfolgt in Marschordnung:

»Während die Franzosen von der Festung Saint-Jean-le-Blanc zurückkehrten und die Insel inmitten der Loire (Île aux Toiles) zu erreichen suchten«, erzählt Jean d'Aulon, »brachten die Jungfrau und La Hire jeder ein Pferd auf ein Boot, um zur Insel zu gelangen. Und sobald sie übergesetzt waren, schwangen sie sich auf ihre Pferde, jeder die Lanze in der Faust. Und als sie beobachteten, daß die Feinde aus der Festung (Augustiner-Schanze) ausbrachen, um sich auf ihre Leute zu stürzen, legten Johanna und La Hire, die immer voran waren, um deren Leben zu schützen, die Lanzen ein, und die ersten Reihen rannten gegen den Feind. Darauf folgten ihnen alle, und sie begannen, derart auf die Feinde einzuhauen, daß diese zurückwichen und in die Festung des Augustins zurückgedrängt wurden. Sie berannten sie erbarmungslos von allen Seiten und nahmen sie binnen kurzem im Sturm. Der größte Teil der Feinde wurde getötet oder gefangen. Und wer immer sich retten konnte, zog sich in die Schanze der Tourelles am Fuße der Brücke zurück. So hat die Johanna und die, die mit ihr waren, an jenem Tag den Sieg über die Feinde erkämpft. Und so wurde die starke Festung genommen, und die Heerführer, ihre Leute und die Johanna blieben dort die ganze Nacht.«

So wurde also dank Johannas Entschlossenheit ein unerwarteter Sieg errungen; indem sie den Rückzug schützte, bewirkte sie einen Sturmangriff, in dessen Verlauf eine starke, offensichtlich strategisch wichtige Schanze eingenommen wurde. Doch wieder bleibt man untätig:

»Nach dem Abendessen kam zu Johanna ein tapferer und ehrenwerter Ritter, an dessen Namen ich mich nicht mehr erinnere (das sagt Pasquerel, und es kann sein, daß er ihn absichtlich vergessen hat, um Raoul de Gaucourt oder vielleicht den Bastard selbst nicht zu kompromittieren). Er sagte zu Johanna, die Hauptleute und die Soldaten des Königs hätten miteinander Rat gehalten und festgestellt, daß sie, verglichen mit den Engländern, weniger zahlreich seien und daß Gott ihnen ja bereits die große Gnade der bereits erzielten Erfolge gewährt habe, wobei sie hinzufügten: ›Angesichts dessen, daß die Stadt gut mit Lebensmitteln versorgt ist, könnten wir sie ja bewachen, bis Hilfe vom König eintrifft, und es scheint den Beratenden nicht angezeigt, daß die Soldaten morgen ausrücken.‹«

Da wird Johanna zornig, denn sie weiß, daß dieser neue Sieg nur ein Schritt auf dem Weg zum endgültigen Triumph war. Der Ratschluß der Hauptleute kümmert sie wenig. Und noch einmal wendet sie sich an ihren Kaplan:

»Steht morgen noch früher auf als heute und tut Euer Bestes. Haltet Euch immer in meiner Nähe, denn morgen muß ich vieles tun, viel mehr denn je; morgen wird aus meinem Leibe Blut fließen, oberhalb der Brust.«

In der Tat sollte Jean Pasquerel, obwohl er nicht kämpfte, an diesem nächsten Tag, Samstag, dem 7. Mai, viel zu tun bekommen. Man spürte den nahen Sieg. Die ganze Nacht hindurch waren Einwohner von Orléans mit Booten über die Loire gerudert, um den Kriegern in der Augustiner-Schanze »Brot, Wein und andere Lebensmittel« zu bringen. Im Morgengrauen zelebrierte Jean Pasquerel die Messe. Man zog in den Kampf um die Brückenfestung der Tourelles, die seit dem vergangenen Oktober die Brücke versperrte: »Die Schlacht dauerte ununterbrochen vom Morgen bis zum Sonnenuntergang.«

Ein ereignisreicher Tag, an dem Johanna sich bedenkenlos verausgabt und zeigt, wozu sie fähig ist. Sie ist davon überzeugt, daß dieser Tag entscheidend sein wird. »Und noch am Morgen«, erklärt Pasquerel, »hatte die Johanna gesagt: ›Im Namen Gottes, heute abend noch werden wir über diese Brücke in die Stadt zurückkehren.‹« Was bedeutete, daß sie seit sieben Monaten unterbrochene Verbindung zwischen den beiden Loireufern wiederhergestellt wäre.

Der Sieg

Zur Mittagsstunde oder kurz danach wird Johanna, wie sie es vorausgesagt hat, etwas oberhalb der Brust von einem Pfeil getroffen. Sofort beginnt sie zu weinen, man schleppt sie aus dem Kampfgetümmel, entfernt den Pfeil, der wohl nicht sehr tief eingedrungen war. Jemand schlägt vor, sie »durch Zauber zu heilen«, wogegen sie sich energisch wehrt: »Ich würde lieber sterben, als das tun, was ich für Sünde halte und gegen Gottes Willen.« Sie wird nach den Gepflogenheiten der Zeit behandelt, das heißt, man tut ihr Olivenöl und eine Scheibe Speck auf die Wunde, damit sie deren Ränder kauterisieren. Danach stürzt sich Johanna wieder in den Kampf.

Doch die Festung der Tourelles wird erbittert und systematisch verteidigt. Man bemüht sich, die Schanze abzuschneiden, indem man einen der Brückenbögen, auf denen sie sich erhebt, zum Einsturz bringt. Die Rechnungsbücher der Stadt geben einen Hinweis darauf. Sie verzeichnen den Betrag, der ausgezahlt wurde »an einen gewissen Jean Poitevin, seines Berufs Fischer, der einen Lastkahn an Land zog, welcher unter die Brücke der Tourelles gestellt wurde, um diese niederzubrennen, wenn sie eingenommen werde«. Dieser Lastkahn, der vermutlich mit Reisigbündeln und Bitumen gefüllt war, wurde unter dem Brückenbogen in Brand gesetzt.

Aber das geschah wohl erst, als Johanna sich ein weiteres Mal energisch einschaltete, denn gegen Abend erfaßte die Krieger wieder Mutlosigkeit. Der Bastard von Orléans sucht sie auf und erklärt ihr, daß er den Truppen den Befehl geben werde, sich in die Stadt zurückzuziehen. Johanna reagiert darauf mit gesundem Menschenverstand – dem gesunden Menschenverstand einer Frau, die besser versteht als der Heerführer, was die Männer, die seit dem Morgen kämpfen, benötigen – : »Ruht euch ein wenig aus, eßt und trinkt«, rät sie. Und sie beschwört den Bastard, noch zu warten. Dann besteigt sie ihr Pferd und reitet abseits, allein, »in einen Weinberg, ein Stück von den Truppen entfernt, und verharrte dort im Gebet etwa eine halbe Viertelstunde lang«, sagte Dunois aus.

Danach kommt es zu der entscheidenden Episode. Johanna hat ihre Fahne einem Junker, genannt der Baske, übergeben, den Jean d'Aulon nun bittet, zusammen mit ihm in den Graben niederzusteigen. Da erblickt sie ihr Banner, und weil der Junker sich bereits in dem Graben befindet, packt sie es an einem Zipfel und zieht mit aller Kraft daran; »und sie schüttelte das Banner derart, daß ich den Eindruck hatte«, sagt Jean d'Aulon, »die anderen müßten glauben, sie gebe ihnen mit der Fahne ein Zeichen«.

»Daraufhin sammelten sich die Männer vom Heer der Jungfrau erneut und griffen die Schanze mit so großer Wucht an, daß eben die Schanze und die Festung der Tourelles von ihnen eingenommen und von den Feinden verlassen wurde. Und die Franzosen kehrten in die Stadt Orléans über die Brücke zurück.«

Die Tourelles sind also erobert. Johanna ist erschüttert, denn der Heerführer, den sie Classidas nennt,

»stürzte in voller Rüstung ins Wasser und ertrank. Von Mitleid überwältigt, weinte Johanna über Glasdales Seele und die der vielen anderen, die ertrunken waren. An diesem Tag wurden alle Engländer, die jenseits der Brücke waren, gefangengenommen oder getötet.«

Um die zerstörten Bögen begehbar zu machen, improvisiert man eine Brücke aus Holzplanken, über die einige der in Orléans verbliebenen Verteidiger gehen. Die Verbindung ist nun wieder hergestellt, die Schlacht gewonnen. Alle taten, wie man sich vorstellen kann,

»ihre große Freude kund und lobten den Herrn wegen dieses schönen Sieges, den er ihnen geschenkt hatte. Und daran taten sie gut«, fügt der Chronist hinzu, »denn es heißt, daß dieser Ansturm, der vom Morgen bis zum Sonnenuntergang dauerte, mit aller Kraft abgewehrt wurde und daß dies eine der schönsten Heldentaten war, die man seit langem erlebt hatte (...) Alle Geistlichen und das Volk von Orléans sangen ehrerbietig *Te Deum Laudamus* und ließen sämtliche Glocken der Stadt läuten, wobei sie dem Herrn sehr demütig für diese ruhmreiche göttliche Tröstung dankten. Überall herrschte große Freude, und man pries aufs herrlichste die tapferen Verteidiger der Stadt, allen voran Johanna die Jungfrau. In dieser Nacht blieb sie auf den Feldern, und bei ihr blieben zusammen die Edelleute, Hauptleute und Krieger, um die so beherzt eroberten Tourelles zu bewachen und um in Erfahrung zu bringen, ob die Engländer nicht von Saint-Laurent ausrücken würden, um ihren Gefährten zu Hilfe zu eilen oder sie zu rächen. Doch sie taten nichts dergleichen.«

Johanna wurde in ihr Quartier geführt, denn ihre Wunde mußte ja versorgt werden, und sie stärkte sich mit einigen in Wein getauchten gerösteten Brotscheiben. Sie war über die Brücke in die Stadt zurückgekehrt ...

Der nächste Tag, der 8. Mai, war ein Sonntag. Er wurde ein überaus wichtiges Datum in den Annalen von Orléans und später für das gesamte Land; der Chronist des *Tagebuchs der Belagerung* fährt fort:

»Am Morgen des nächsten Tages, eines Sonntags und des achten Tages des Monats Mai in diesem selben Jahre 1429, räumten die Engländer ihre Schanzen, hoben ihre Belagerung auf und zogen in die Schlacht (...) Darum kamen die Jungfrau und mehrere andere tapfere Kriegsleute und Bürger mit großem Aufgebot aus Orléans heraus und stellten sich vor ihnen in Schlachtordnung auf, eine ganze Stunde lang und einander sehr nahe, doch ohne sich zu berühren.«

Ein großer Spannungsmoment der Geschichte, diese Stunde, in der sich Franzosen und Engländer unter den Wällen von Orléans gegenüberstehen. Auf französischer Seite kann man es diesmal kaum erwarten, zu kämpfen. Ganz anders als vorher, als man den Soldaten, die es schon gewohnt waren, besiegt zu werden und stets fanden, daß sie genug getan hätten, Mut zusprechen, ihren Kampfgeist stärken mußte. In ihrer Begeisterung über die großartigen Siege vom 6. und 7. Mai fällt es den Franzosen schwer, sich zurückzuhalten. Auch diesmal schaltet sich die Jungfrau ein, jedoch in anderem Sinne als an den vorangegangenen Tagen:

»Nur sehr widerwillig«, heißt es im *Tagebuch der Belagerung* weiter, »gehorchten die Franzosen der Johanna, die sie befehligte und ihnen gleich zu Beginn gebot, dem heiligen

Sonntag zuliebe nicht die Schlacht zu beginnen oder die Engländer anzugreifen; aber wenn die Engländer sie angriffen, sollten sie sich nach Leibeskräften und beherzt verteidigen und sich nicht ängstigen, denn sie würden die Sieger sein.«

Johanna hält sich also an die alten Ritterregeln, die die Kampfzeit beschränkten, für Sonn- und Festtage Waffenruhe vorschrieben und das Schwert des Stärkeren in den Dienst des Schwächeren stellten. Zu diesem Zeitpunkt wird der Krieg jedoch bereits mit solcher Erbitterung geführt, daß es sie einige Mühe kostet, ihren Standpunkt durchzusetzen.

»Nachdem die Stunde vergangen war, setzten sich die Engländer in Marsch und zogen wohlgeordnet nach Meung-sur-Loire und hoben die Belagerung, die sie seit dem 12. Tag des Oktobers 1428 bis zum heutigen Tag von Orléans gehalten hatten, auf.«

Orléans war befreit.

Frohlocken und Verblüffung! Die ganze Stadt wird von jenem Freudentaumel erfaßt, den durch die Jahrhunderte jede Befreiung, ob eines Einzelwesens oder eines ganzen Volkes, auslöst.

»Voller Freude kehrten die Jungfrau und die anderen Kriegsherren und Bewaffneten nach Orléans zurück, bejubelt von der gesamten Geistlichkeit und Bevölkerung, die gemeinsam dem Herrn demütig dankten und ihm wohlverdiente Lobpreisungen darbrachten für die große Hilfe und die Siege, die er ihnen gewährt und gesandt hatte gegen die Engländer, die alten Feinde des Königreiches (...) Am selben Tag und auch am nächsten veranstalteten die Kirchenmänner, Herren, Hauptleute, Waffenträger und Bürger, die sich in Orléans befanden und dort blieben, einen sehr schönen und feierlichen Umzug und besuchten in großer Andacht die Kirchen.«

Der Verfasser des *Tagebuchs* vermerkt auch, daß an diesem Tag eine allgemeine Versöhnung stattfand. Bis dahin hatten die Bürger von Orléans die Soldaten gefürchtet; nur zu gut kennt man die Übeltaten, deren die Krieger fähig sind und mit denen sie eine unbewaffnete Bevölkerung in Angst und Schrecken versetzen. Diese Landsknechte, ausnahmslos Söldner, deren Hauptleute nicht immer für die nötige Disziplin in ihren Reihen sorgen, sind in Friedenszeiten ebenso gefürchtet wie während eines Krieges. Von den Königen und hohen Adeligen eingesetzt, bilden sie den Schrecken des »Hundertjährigen Krieges«, wie er später in den Schulbüchern genannt werden wird, der nichts gemein hat mit den Kriegen der Feudalzeit im 12. und 13. Jahrhundert.

Doch in der allgemeinen Freude fürchten sich die Bürger von Orléans nicht mehr vor denen, die sie zwar verteidigten, deren Anwesenheit sie jedoch in der Stadt als höchst störend empfanden. Aber unter der Führung der Jungfrau verändert selbst der Krieg sein Gesicht!

Schon sind einige Boten unterwegs zum Schloß Chinon, wo einige Wochen vorher Johanna den Dauphin gebeten hatte, nicht an ihr zu zweifeln, sondern ihr zu vertrauen, denn in Orléans werde man bewiesen sehen, was sie behauptete: daß sie von Gott gesandt sei, um das Königreich Frankreich wiederherzustellen. Daraufhin richtete der Dauphin unverzüglich einen Brief an seine »guten Städte« — einen Brief, dem er zweimal einen neuen Absatz hinzufügen mußte, weil nacheinander zwei weitere Kuriere eintrafen:

»Vom König an die Teuren und Vielgeliebten: Ihr habt, wie Wir vermuten, vernommen, wie Wir unablässig bemüht waren, der Stadt Orléans, die seit langem von den Engländern, den alten Feinden unseres Reiches, belagert wurde, jede nur mögliche Hilfe angedeihen zu lassen (...) Da Euch als getreuen Untertanen, wie Wir wissen, keine größere Freude widerfahren kann, als durch Unsere Ankündigung einer guten Nachricht, teilen Wir Euch mit, daß durch die Gnade des Herrn, von dem alles kommt, Wir von neuem zweimal in einer einzigen Woche die Möglichkeit hatten, der Stadt Orléans reichlich Lebensmittel zu liefern, und dies unter den Augen der Feinde, ohne daß sie es verhindern konnten.«

Gemeint sind damit zwei Lebensmitteltransporte, die auf der Loire nach Orléans geschafft werden konnten, der erste unter der Führung Johannas und der zweite unter der des Bastards von Orléans. Im Anschluß daran erzählt Karl, wie am vergangenen Mittwoch (4. Mai) »eines der stärksten Bollwerke des Feindes, das von Saint-Loup« gewonnen wurde.

Und wieder trifft ein Bote ein. Der König nimmt das Schreiben, das er beendet zu haben glaubte, wieder zur Hand:

»Nach Ausfertigung des Vorangehenden erschien etwa eine Stunde nach Mitternacht ein Bote bei Uns, der bei seinem Leben schwor, daß letzten Freitag Unsere Leute mit dem Boot in Orléans über den Fluß setzten und von der Sologne her die Schanze am Brückenkopf belagerten. Noch am selben Tag hätten sie die Augustinerschanze eingenommen und am Samstag auch den Rest der genannten Schanze erobert, die die Brücke schützte und wo gut sechshundert englische Streiter unter zwei Bannern und der Fahne von Chandos kämpften. Schließlich hätten sie durch große Heldenhaftigkeit und treffliche Waffenführung gleich wie durch die Gnade des Herrn die gesamte Schanze gewonnen, und alle Engländer, die sich dort befanden, seien gefallen oder gefangengenommen worden. [Im folgenden ermahnt er die Empfänger seines Schreibens], die tapferen Taten und wunderbaren Ereignisse, von denen Uns dieser Herold, der hier war, berichtete, und ebenso die Jungfrau, die stets in Person bei der Ausführung aller dieser Taten zugegen gewesen ist, zu würdigen.«

Doch das ist nicht alles; der König muß sein Schreiben nochmals ergänzen:

»Inzwischen sind vor der Fertigstellung dieses Briefes zwei Edelleute bei Uns eingetroffen, die teilgenommen haben an dem Kampf, und die alles noch ausführlicher als der Herold beschrieben und bestätigten (...). Nachdem Unsere Leute letzten Samstag die Schanze am Brückenkopf genommen und zerstört hatten, zogen sich am nächsten Tag in aller Frühe die Engländer, die darin geblieben waren, zurück und brachten sich mit solcher Eile in Sicherheit, daß sie ihre Schleudermaschinen, Kanonen und Geschütze und einen Großteil ihrer Lebensmittel und ihres Gepäcks zurückließen.«

Aufregend, dieser Brief, der in der Nacht vom 9. auf 10. Mai 1429 in Chinon abgefaßt wurde!

An diesem 10. Mai gelangten die Nachrichten von Orléans auch nach Paris, und der Kanzleischreiber des Parlaments, Clément de Fauquembergue, der es sich zur Gewohnheit gemacht hatte, in seinem Eintragebuch neben den Rechtsfällen, die festzuhalten er von Amts wegen verpflichtet war, auch Tagesereignisse zu vermerken, schrieb unter diesem Datum folgendes:

»Am Dienstag, dem 10. Tag des Mai, wurde in Paris berichtet und öffentlich verkündet, daß letzten Sonntag die Männer des Dauphin in großer Zahl nach mehreren, ständig von Waffengängen begleiteten Angriffen über die Loire in die Schanze eingedrungen sind, die William Glasdale und andere englische Hauptleute und Soldaten zusammen mit dem Turm am Ende der Brücke von Orléans (die Tourelles) hielten, und daß an diesem Tag die anderen Hauptleute und Bewaffneten, die die Belagerung vornahmen... von diesen Schanzen abgezogen sind und ihre Belagerung aufgehoben haben, um gegen die Feinde zu kämpfen, in deren Begleitung sich eine Jungfrau befand, die als einzige von allen ein Banner hatte, wie es hieß.«

Und da es einem Schreiber nicht verboten ist zu träumen, zeichnete er an den Rand eine kleine Skizze dieser Jungfrau, von der diesseits und jenseits der Loire, in Paris wie in Chinon so viel geredet wurde. Er hat sie von der Seite dargestellt, in einem Kleid und mit langem Haar (er hatte sie nicht gesehen!), wobei er großes Gewicht sowohl auf das Schwert wie auf ihr Banner legte: zwei Details, die auffielen — eine einfache Jungfrau unter all den bewaffneten Männern, die sich von ihnen durch ihre Fahne unterschied, auf der zwei Namen standen: Jesus Maria.

Wir besitzen also zwei Zeugnisse, die unmittelbar auf die Heldentat von Orléans hinweisen.

Doch Johanna kümmert sich nicht um das Aufsehen, das sie erregt hat. Ihre ganze Aufmerksamkeit gilt dem Auftrag, der ihr, wie sie behauptet, anvertraut wurde. Schon hat sie Orléans und Jacques Bouchers Haus verlassen und ist wieder unterwegs.

IV.
»Sie war in jeder Bedrängnis dabei, so war es auch ihr gutes Recht, bei der Ehrung dabei zu sein.«

Nach dem Ende der Belagerung begaben sich Johanna und der Bastard von Orléans nach Loches, um den König zu treffen.

»Sie nahm ihr Banner in die Hand und ritt zum König, und sie begegneten einander«, berichtet eine sehr gut unterrichtete zeitgenössische deutsche Chronik. »Dann neigte das junge Mädchen vor dem König den Kopf, so tief sie konnte, und der König bat sie, sich zu erheben, und jedermann dachte, daß er sie umarmen würde, so erfreut wie er war. Dies geschah am Mittwoch vor Pfingsten, und sie weilte bei ihm bis zum dritten Tag des Juni.«

Das angegebene Datum ist der 11. Mai 1429; der Bastard, den Johanna begleitete, bestätigte es. Wir sehen also, daß sie sich nicht auf den Lorbeeren ihres erstaunlichen Sieges ausruht, noch daß die Bewohner von Orléans Zeit hatten, sie besser kennenzulernen, dieses Mädchen, das mindestens während der Hälfte ihres kurzen Aufenthalts bei ihnen Helm und Rüstung trug.

Bemerkenswert ist auch, daß ihre militärische Leistung in ganz Europa große Beachtung fand. Die Chronik, aus der wir oben zitiert haben, stammt von einem gewissen Eberhard von Windecken, Schatzmeister Kaiser Sigismunds. Dieser interessierte sich offensichtlich sehr für Johannas Heldentaten und ließ sich über sie unterrichten.

Die es am eiligsten hatten, die Nachricht von Johannas Sieg von Orléans zu verbreiten und bekanntzumachen, waren wahrscheinlich die Kommissionäre der großen italienischen Händler, die in Flandern und in Avignon, den damals bedeutendsten Handelszentren, Zweigstellen besaßen. Im Journal des Antonio Morosini zu Venedig findet man alle Meldungen zu aktuellen Ereignissen verzeichnet, die von den ausländischen Vertretern übermittelt wurden. Da Waffen und Kriegsausrüstung einen wesentlichen Bestandteil ihres Handels bildeten, lag ihnen sehr daran, über den Stand des Kriegsgeschehens in Frankreich Bescheid zu wissen. In einem dieser Briefe, der ihm im Mai aus Brügge zugegangen war, wird berichtet, wie eine von den Grenzen Lothringens stammende Jungfrau

»sich zum Dauphin begab, um allein und ohne Beisein eines anderen mit ihm zu sprechen (...) Sie sagte ihm, er müsse auf militärischem Gebiet etwas unternehmen, Lebensmittel nach Orléans schaffen und den Engländern eine Schlacht liefern; er werde ganz gewiß siegreich sein, und die Belagerung der Stadt werde aufgehoben werden (...) Ein Engländer namens Lawrence Trent, ein ehrenhafter und zurückhaltender Mann, schreibt angesichts all dessen, was so viele ehrenwerte Männer vollkommen guten Glaubens in ihren Briefen schreiben: ›Ich werde verrückt davon.‹ Er fügt als Augenzeuge hinzu, daß viele Barone sie sehr schätzen, ebenso wie viele gemeine Leute (...) Durch ihren unbestreitbaren Sieg in der Debatte mit den Magistern der Theologie wird sie zu einer zweiten heiligen Katharina, die nochmals auf die Erde gekommen ist. Viele Ritter, die sie argumentieren und täglich so viele wunderbare Dinge vorbringen hörten, sagen, daß hier ein großes Wunder vorliegt.«

Etwas später erwähnt derselbe Morosini einen anderen Brief, diesmal von seinem Korrespondenten in Avignon:

»Dieses Fräulein hat dem edlen Dauphin gesagt, sie wolle nach Reims gehen und ihm dort die Krone von ganz Frankreich aufs Haupt setzen lassen; und wir wissen, daß alles, was sie sagt, stets in Erfüllung ging, daß ihre Worte immer von den Ereignissen bestätigt wurden. Sie ist wahrscheinlich gekommen«, schließt er, »um in dieser Welt wunderbare Dinge zu vollbringen.«

Geburt einer Legende

Auch anderenorts in Italien interessiert man sich für Johanna: die Herzogin von Mailand, Bonne Visconti, ersucht sie in einem Schreiben, sie wieder in den Besitz ihres Herzogtums zu bringen. Und eine andere Persönlichkeit, der königliche Rat Perceval de Boulainvilliers, der die Tochter des Gouverneurs von Asti geheiratet hat, schreibt an Philippe-Marie Visconti, den Herzog von Mailand, einen überschwenglichen Brief: als sie in der Epiphanias-Nacht (6. Januar) in Domrémy zur Welt kam, hätten die Hähne »als Herolde einer neuen Freude« gekräht und das ganze Dorf geweckt. Später sei Johanna, als sie die Lämmer hütete, nie eines verloren gegangen, und einmal soll sie sechs Tage und sechs Nächte lang in voller Rüstung geblieben sein und alle Leute in Erstaunen versetzt haben durch die Art, wie sie die Last der Rüstung trug und so weiter. Diesen Brief, der von den Lobreden der Antike inspiriert zu sein scheint und bereits eine Mär wiedergibt, die sich aufgrund von Johannas sehr realen Heldentaten gebildet hat, setzte ein Dichter namens Antonio d'Asti in Verse um.

Von ihrem Ruhm ist im feindlichen Lager ebenso die Rede wie unter den Anhängern des Königs von Frankreich, denn das *Tagebuch eines Bürgers von Paris*, geführt von einem Schreiber der Universität von Paris, erwähnt im Zusammenhang mit Johannas militärischen Leistungen ebenso verschiedene Klatschgeschichten; als kleines Mädchen hütete sie die Schafe, »auf ihren Ruf hin kamen die Vögel des Waldes und der Felder, Brot aus ihrem Schoß zu fressen, als seien sie zahm«; und man spürt die Enttäuschung des Mannes, als er notiert: »In dieser Zeit hoben die Armagnaken die Belagerung von Orléans, von wo sie die Engländer vertrieben, auf«, wobei er hinzufügt, die Jungfrau hätte vorausgesagt, daß ein Hauptmann getötet werden würde: »So geschah es auch, denn er ertrank am Tag der Schlacht.« Was bedeutet, daß über den Tod Glasdales, der beim Angriff auf die Tourelles gefallen war, überall gesprochen wurde. Es ging auch das Gerücht um, daß Johanna ihm prophezeit habe, er werde sterben, »ohne zu bluten«.

Es handelte sich hierbei um Hinweise ohne großen historischen Belang, und sie sind nur als Ausdruck der tiefen Gemütsbewegung zu werten, die die Befreiung von Orléans hervorrief. Die Franzosen, die man unwiderruflich geschlagen glaubt, erheben sich plötzlich wieder und antworten auf die größte militärische Kraftanstrengung ihrer Besieger, indem sie sie in die Loire werfen. Und dies auf Betreiben eines jungen Mädchens von sechzehn oder siebzehn Jahren! In aller Augen ist sie die erleuchtete Jungfrau, von der man jedes nur erdenkliche Wunder erwarten kann. Die »capitouls« (die Ratsherren) der Stadt Toulouse legen ihr in einem Schreiben ihre schwierige finanzielle Lage dar! Es heißt sogar, daß im Süden, in Montpellier, der Boulevard Bonne-Nouvelle so benannt wurde, um an die gute Nachricht von der Befreiung von Orléans zu erinnern. Der Süden Frankreichs ist nach wie vor königstreu, und im Stadtarchiv von Narbonne befindet sich das einzige noch erhaltene Exemplar des Schreibens, das Karl, der Dauphin, an alle guten Städte des Königreichs sandte: Nur diese Stadt hat es im Original aufbewahrt, während andere es lediglich in ihrem Register erwähnten. Tatsächlich trägt die Bewegung, die den legitimen König unterstützt, zu Recht den Namen »armagnakisch«; im zwanzigsten Jahrhundert wollte man nämlich nachweisen, daß im Herzen eben dieses Südens von Frankreich ein von den Albigenserkriegen zurückgebliebener unbestimmter Groll herrschte. Tatsache ist, daß es kaum einen Text aus der Zeit vor dem 19. Jahrhundert gibt, der sich mit diesem schrecklichen Geschehen beschäftigt! Der Aufruhr, der zweihundert Jahre zuvor in den Städten des Languedoc herrschte, ist vergessen, und die besonnene Verwaltung, die darauf folgte und unter der keine Spur von Verfolgung, nicht einmal sprachlicher Art, stattfand (das Schreiben der »capitouls« ist ebenso wie ihr Register in der »langue d'oc abgefaßt), erklärt, warum sich die Einwohnerschaften mit dem König von Frankreich verbündeten und ihm den größten Teil der Subsidien lieferten, die ihm damals so bitter fehlten. Der Fall der Guyenne liegt ganz anders, denn in ihr herrschte noch das Feudalrecht, während die nördliche Hälfte Frankreichs bereits von den Engländern erobert worden war: zwei Arten der Besitzergreifung, die einander entgegenstehen. Die Guyenne, mit Bordeaux an der Spitze, hält zum König von England, den sie als ihren rechtmäßigen Herrn ansieht — indirekt spielte dabei eine große Rolle der Geschäftssinn der Winzer des Bordelais, denn man hat errechnet, daß die Engländer zu jener Zeit mehr Wein tranken als heute. Dagegen führte das Betragen der Sieger zur Zeit Johannas in der Normandie und in der Île-de-France bereits zur Bildung eines Widerstands, der vergleichbar ist mit dem im zwanzigsten Jahrhundert gegen eine andere Besatzungsmacht.

Keiner scheint die Legende, die sich um Johannas Heldentaten bildete, besser resümiert zu haben als ihr Beichtvater Jean Pasquerel: »Noch nie hat man ein dem Euren ähnliches Abenteuer gesehen; man liest dergleichen in keinem Buch.« Mit dieser Aura des Sieges tritt also Johanna vor den Dauphin; sie ist sich bewußt, daß die von ihr angekündigte Befreiung der Stadt Orléans das »Zeichen« war, das jeder forderte. Aber sie gibt sich nicht triumphierend, denn sie weiß, daß der wichtigste Teil ihres Auftrags noch vor ihr liegt: »Ich war die erste, die oben in der Schanze am Ende der Brücke von Orléans die Leiter anlegte«, wird sie später aussagen. Da sie selbst keine Gefahr scheut, gewinnt sie die Schlacht, und wieder wird sie sich der Gefahr aussetzen. Man hat gesehen, welchen persönlichen Beitrag sie bei der Befreiung von Orléans leistete und wie sie dreimal durch ihr Verhalten den Sieg herbeiführte. In Loches wird das gleiche geschehen; sie ist es, die die Entscheidung durchsetzen wird.

Wie also konnte man den Sieg von Orléans und seine Befreiung am besten nutzen? Strategisch gesehen, schien ein Angriff auf Chartres, die Normandie, das heißt auf Paris, zwingend geboten, um so mehr mehr, als die Stärke der französischen Truppen von diesem Zeitpunkt an über alle Erwartungen hinaus zugenommen hatte. So wissen wir etwa vom Entschluß des Herzogs der Bretagne, der Johanna mitteilte, daß er, da er nicht selbst kommen konnte — weil er sich »in einem Zustand großer Bresthaftigkeit« befand —, seinen Sohn mit Hilfstruppen sandte; einer der Zeitzeugen, der später aussagen würde, Gobert Thibault, berichtete über die Soldaten: »Es waren sehr viele, denn jedermann gesellte sich ihrem Heer zu.« Johannas Siege hatten das ganze Land in Bann geschlagen.

Über die getroffene Entscheidung sagte der Bastard von Orléans klar und unmißverständlich:

»Ich erinnere mich auch, wie nach diesen Siegen (Orléans) die Fürsten königlichen Geblüts und die Heerführer des Königs bestimmen wollten, nach der Normandie zu ziehen und nicht nach Reims. Doch hielt die Jungfrau beständig daran fest, daß man nach Reims müsse, zur Königskrönung, und sie begründete ihre Meinung: wenn erst der König gesalbt und gekrönt sei, würden die Gegner unaufhörlich an Macht einbüßen, bis sie am Ende weder ihm noch seinem Land mehr schaden könnten. Und alle schlossen sich ihrer Meinung an.«

Aber der König läßt sich nicht so rasch überzeugen, Johanna muß in ihn dringen. Der Bastard beschreibt die Szene, wie sie ihn im Schloß von Loches aufsucht, wo er in seinem Gemach mit seinen Vertrauten Christophe d'Harcourt, Gérard Machet, Bischof von Castres, und Robert le Macon, Kanzler von Frankreich, Rat hält:

»Johanna klopfte an die verschlossene Tür. Und kaum eingetreten, warf sie sich vor dem König nieder, umschlang seine Knie und sagte etwa folgende Worte: ›Erlauchter Dauphin, haltet nicht so langen und ausgedehnten Rat! Kommt so bald wie möglich nach Reims, um Eure würdige Krone zu empfangen!‹«

Da wendet sich Christophe d'Harcourt an sie und stellt ihr einige Fragen, denn Johanna hat seine Neugier geweckt. Er zweifelt nicht mehr an der göttlichen Eingebung, die sie leitet, doch möchte er das »Wie« kennenlernen, die Art und

Weise, wie der geheimnisvolle »Ratgeber«, auf den sie sich beruft, sich mit ihr verständigt. Und auch der König möchte es wissen. Errötend habe Johanna geantwortet,

»wenn etwas nicht ging, weil man ihr nicht ohne weiteres glaubte, was sie auf des Herrn Geheiß erklärte, habe sie sich zurückgezogen und es Gott geklagt. Nach beendetem Gebet habe sie eine Stimme vernommen, die zu ihr sprach: ›Magd Gottes, geh, geh, geh, ich werde dir zur Hilfe sein! Geh!‹ Und wenn sie diese Stimme hörte, habe sie eine große Freude verspürt und gewünscht, immer in diesem Zustand zu verharren; und während sie derart die Worte ihrer Stimme wiederholte, war sie auf wunderbare Weise entrückt und richtete ihre Augen gen Himmel.«

Johanna setzt die Entscheidung durch, und wahrscheinlich gelingt ihr das im Laufe dieses Aufenthaltes im Schloß von Loches. Die Reisen, die sie danach unternimmt, stehen in unmittelbarem Zusammenhang mit ihrem neuerlichen Kampfeinsatz, denn zweifellos begibt sie sich nach diesem 23. Mai zum Herzog von Alençon nach Saint-Florent-lès-Saumur. Zu diesem Zeitpunkt hat der Herzog wieder freie Hand; das Lösegeld für ihn ist bezahlt, aber man glaubt, daß seine Gemahlin sich vor dem weiteren Verlauf der Ereignisse fürchtete. Sie hatte so hohe Beträge bezahlt, daß sie ihren Gatten am liebsten angefleht hätte, nicht mehr in den Krieg zu ziehen. Aber »Jeannette« beruhigte sie: »Habt keine Furcht, Dame, ich werde ihn Euch bei guter Gesundheit und im selben Zustand oder gar in einem besseren als jetzt zurückgeben!«

Auf dieses tröstliche Versprechen hin nahmen Herzog und Herzogin von Alençon von einander Abschied. Danach treffen wir Johanna in Selles-en-Berry, wohin sich auch der Herzog »mit sehr großer Begleitung« begeben hatte; er spielte sogar eine Partie Paume mit dem jungen Guy de Laval, einem Edelmann, der sich zusammen mit seinem Bruder André den königlichen Truppen angeschlossen hatte. Guy de Laval schreibt an seine Mutter, und sein Brief, der erhalten geblieben ist, gibt die Erregung wieder, die zwischen Selles-en-Berry und Saint-Aignan, wo sich der König aufhält, herrschte:

»Es heißt hier, daß der edle Herr Konnetabel mit sechshundert Bewaffneten und vierhundert Lanzenträgern käme und daß Jean de la Roche ebenfalls käme und daß der König noch nie ein so großes Heer gehabt habe, wie man es hier erwartet; und niemals gingen die Männer gutwilliger an eine Sache heran als an diese.«

Begeistert erzählt der junge Mann, wie er in Loches »den Herrn Dauphin im Schloß« besuchte. »Er ist ein sehr schöner und anmutiger Herr; sehr wohlgebildet, regsam und gewandt für das Alter von ungefähr sieben Jahren, das er haben mag« — es handelt sich um den künftigen Ludwig XI., den Johanna bei ihrem Aufenthalt wohl ebenfalls zu Gesicht bekam. Sein ganzes Leben lang wird er sich an diese Begegnung in seiner Kindheit erinnern, und er ist der einzige unserer Könige, der Johanna gegenüber einige Dankbarkeit bezeugte; er benannte zwei seiner Töchter nach ihr, eine legitime und eine natürliche (obwohl, offen gesagt, der Name Johanna zu jener Zeit sehr gebräuchlich war).

Auch Guy de Laval war von seiner Begegnung mit Johanna der Jungfrau tief beeindruckt; sie hatte seiner Großmutter Anne de Laval, die die Gemahlin Duguesclins gewesen war, »einen dünnen goldenen Ring« senden lassen, obwohl sie meinte, dies sei ein zu bescheidenes Geschenk für die hochgestellte, berühmte Dame und Gemahlin des tapferen Recken. Guy schwärmt von der Zusammenkunft:

»In voller Rüstung, aber unbehelmt und die Lanze in den Händen haltend, empfing die Jungfrau meinen Bruder und mich sehr freundlich. Und nachdem wir nach Selles gezogen waren, besuchte ich sie in ihrer Herberge; sie ließ Wein kommen und sagte, bald werde sie mir solchen auch in Paris anbieten; alles, was sie tat, schien, wenn man sie sah und hörte, göttlich.«

Er beschreibt sie mit wahrhaft inbrünstiger Bewunderung:

»Ich sah, wie sie aufs Pferd, auf ein schwarzes Streitroß, stieg. Sie war in weißer Rüstung, doch barhäuptig, und hielt eine kleine Streitaxt in der Hand. Vor der Schwelle ihrer Herberge bäumte sich das Pferd und wollte sie nicht aufsitzen lassen, da sagte sie: ›Führt es zum Kreuz‹, das am Wege vor der nahen Kirche stand. Dort stieg sie auf, und das Pferd, als wäre es festgebunden, bewegte sich nicht. Dann wandte sie sich dem Tor der Kirche zu und sagte: ›Ihr Priester und Geistlichen, veranstaltet eine Prozession und betet zu Gott.‹ Sodann kehrte sie auf den Weg zurück und sagte: ›Vorwärts, voran!‹ Ihr entrolltes Banner trug ein zierlicher Page, und sie hielt ihre kleine Streitaxt in der Hand. Und ihr Bruder (Pierre oder Jean?), der vor acht Tagen gekommen ist, brach in weißer Rüstung ebenfalls mit ihr auf...«

Der Loire-Feldzug

Dieser Brief wird am Mittwoch, dem 8. Juni, geschrieben. Kurz darauf machen Johanna und ihr Bruder sich auf den Weg nach Romorantin; danach beginnt der sogenannte Loire-Feldzug. Es geht darum, den Feind aus den Orten am Fluß und dem flachen Land ringsumher, wo er noch Garnisonen unterhält, zu vertreiben, um das Nachschubgebiet für das Heer zu sichern, wenn es nach Reims zieht. Guy und André de Laval möchten auf diesem Feldzug ihre erste Waffenprobe ablegen und verhehlen nicht ihre Ungeduld. Vermutlich sandte ihre Mutter, die aus Laval vertrieben worden war und sich in das Schloß Vitré in der Bretagne zurückgezogen hatte, dem König einige Briefe mit der Bitte, die jungen Leute nicht sofort in den Kampf zu schicken:

»Ihr habt mir einen Brief, dessen Inhalt ich nicht kenne«, fährt Guy fort, »an meinen Vetter La Trémoïlle mitgegeben, aufgrund dessen mich der König bei sich behalten möchte, bis die Jungfrau vor den englischen Bollwerken in der Umgebung von Orléans gewesen ist, die man belagern will. Die Geschütze sind bereits aufgestellt, und die Jungfrau zweifelt nicht daran, daß sie bald zum König zurückkehren werde, und sie sagt, daß ich mit ihm ginge, sobald er sich auf den Weg begebe, um gegen Reims zu ziehen.«

Aber Guy de Laval will schon vorher aufbrechen: »Und mein Bruder sagt das gleiche«, fügt er hinzu. Dann bittet er seine Mutter »um so viel Geld, wie sie nur aufbringen kann: wir haben im ganzen nicht mehr als ungefähr dreihundert Écu von französischem Gewicht«.

Dann läuft alles genauso schnell ab wie immer, wenn Johanna Handlungsfreiheit hat. Wir haben gesehen, wie sie Selles verließ, um nach Romorantin zu reiten und sich von da nach Orléans zu begeben. Die Reste der aus Orléans verjagten englischen Armee haben sich unter der Leitung Suffolks nach Jargeau zurückgezogen. Doch der Herzog von Bedford hatte eilig ein anderes Heer gesammelt, das unter der Führung des berühmten John Falstolf zu Hilfe kommen sollte.

Die Leitung dieses Loire-Feldzuges hat der König dem Herzog von Alençon übertragen. Er schätzt das Heer, das er zunächst gegen Jargeau führt, auf sechshundert Lanzen — also ebenso viele Reiter und insgesamt fast zweitausend Mann; am nächsten Tag verdoppelt sich die Anzahl, denn die Kompanie des Bastards von Orléans und die Florent d'Illiers, Hauptmann von Châteaudun, stoßen zu den königlichen Truppen. Es kommt zu einem Streit zwischen den Heerführern: Soll die Stadt gestürmt werden? Man weiß, daß eine zahlreiche englische Besatzung darin liegt. Und wieder ist es Johanna, die eine Entscheidung herbeiführt:

»Als Johanna sah, daß es Schwierigkeiten unter ihnen gab, sagte sie, sie sollten die Überzahl nicht fürchten und nicht zögern, im Sturm gegen die Engländer vorzugehen, denn Gott sei mit ihrer Sache. Sie sagte, daß sie, wäre sie nicht sicher, daß Gott helfen werde, lieber wieder Schafe hüten ginge, als sich so großer Gefahr auszusetzen.«

Die Krieger ziehen also auf Jargeau in der Absicht, wie ihnen der Herzog von Alençon ausdrücklich einschärft, in den Vororten zu bleiben und dort die Nacht zu verbringen.

»Die Engländer bemerkten unseren Vorstoß, und wir wurden gestellt. Im ersten Waffengang warfen sie die Königstreuen zurück«, erzählt der Herzog von Alençon. »Als Johanna das sah, ergriff sie die Fahne, ging zum Angriff über und feuerte die Soldaten an. Da kämpften sie so tapfer, daß die Truppe des Königs in dieser Nacht in den Vororten von Jargeau Quartier bezogen. Und ich glaube wahrhaftig«, fügt der Herzog hinzu, der es ja genau wissen mußte, »daß Gott am Werk war, denn in jener Nacht gab es sozusagen keine Wachen, so daß, wenn die Engländer einen Ausfall gemacht hätten, die Soldaten des Königs in großer Gefahr gewesen wären.«

Am nächsten Tag geschah das gleiche. Die Befehlshaber berieten lange, jeder tat seine Meinung kund, ohne daß man zu einem Ergebnis kam. Da sagte Johanna:

»>Vorwärts, mein Herzog, auf zum Sturm!‹ Mir hingegen dünkte dies verfrüht. Da erwiderte Johanna: ›Habt keine Angst! Dies ist die Stunde, da es Gott gefällt! Und wenn Gott es will, dann ist es der Augenblick, zu handeln. Hilf dir selbst, dann hilft dir Gott!‹ Und später sagte sie zu mir: ›Ah, mein kleiner Herzog, hast du Angst? Weißt du nicht, daß ich deinem Weib versprochen habe, dich heil und gesund zu ihr zurückzuführen?‹«

Während dieses Angriffs rettete Johanna dem Herzog von Alençon, wie er selbst glaubt, das Leben:

»Ich stand einen Augenblick lang an einer bestimmten Stelle. Da rief Johanna mir zu, den Platz zu verlassen. Sie deutete auf eine Steinschleuder, die sich in der Stadt befand, und rief: ›Diese wird Euch töten, wenn Ihr nicht fortgeht!‹ Und ich ging zurück, und bald darauf wurde an eben der Stelle, von der ich mich gerade entfernt hatte, und eben durch diese Steinschleuder der Sire du Lude getötet. Ich bekam nachträglich einen großen Schreck und verwunderte mich sehr über die Worte der Jungfrau.«

Danach erzählt er von Suffolks Versuch, mitten im Kampf eine Waffenruhe zu erwirken, aber er wird nicht gehört. Während der Angriff in vollem Gang war, wurde Johanna, die mit der Fahne in den Händen auf einer Leiter stand, am Kopf von einem Stein getroffen, der an ihrem Helm zerbrach, ihrem »Chapeline«; sie fiel zu Boden und schrie, während sie sich wieder aufraffte: »Freunde, Freunde, auf, auf! Unser Herr hat das Urteil über die Engländer gesprochen; zu dieser Stunde sind sie unser, seid gutes Mutes!«

Das war am 12. Juni 1429. Suffolk war gefangengenommen, und die Truppen wandten sich unverzüglich gen Meung und Beaugency. Recht bald war die Stadt Beaugency selbst in der Hand der Franzosen, nachdem sich die Engländer in das

Schloß zurückgezogen hatten. Zu diesem Zeitpunkt erhielt der Herzog von Alençon unerwartete Verstärkung in der Person des Konnetabel Arthur de Richemont, der in Ungnade gefallen war: er hatte einst auf den Dauphin Karl einen starken Einfluß ausgeübt, wurde aber in der königlichen Gunst ausgestochen von La Trémoille, der von seinem Verbündeten zu seinem Gegner geworden war. Würden diese Kämpfe um Einfluß ihre Auswirkungen auf den Feldzug haben? »Ich erklärte Johanna: ›Wenn sich der Konnetabel uns anschließt, gehe ich.‹ Worauf sie zu mir sagte, daß wir jetzt einander helfen müßten.« In der Tat war die Nachricht eingetroffen, daß »die Engländer in großer Zahl heranrückten, bei ihnen war Sir John Talbot«. Talbot war ein erfahrener Kriegsmann, und sein Name genügte, die erregten Gemüter im französischen Lager zu beruhigen. Der Herzog von Alençon verhandelte wegen der Übergabe des Schlosses von Beaugency und gewährte der Garnison sicheres Geleit.

»Noch während sie sich zurückzogen, kam ein Meldeläufer von La Hires Truppe und berichtete, daß die Engländer sich erneut zum Kampf stellten, und es seien nicht weniger als tausend Mann.«

Am 17. Juni stehen die beiden Heere einander gegenüber, und wir lassen das Wort einem anderen Augenzeugen, der jedoch in den Reihen der Engländer kämpft, dem Bastard Wavrin:

»Ihr hättet die Engländer durch die sich weit dahin streckende Beauce in guter Marschordnung reiten sehen können. Nachdem sie von Meung nur noch eine Meile entfernt und in der Nähe von Beaugency waren, postierten sich die Franzosen, von der Ankunft der Engländer benachrichtigt, mit ungefähr sechstausend Kriegern und mit Johanna der Jungfrau, dem Herzog von Alençon, dem Bastard von Orléans, dem Marschall de Lafayette, La Hire, Poton und anderen Hauptleuten als Anführer in Schlachtordnung auf einem Hügel, um die Stärke der Engländer besser beurteilen zu können.«

Diese halten inne und stellen sich ebenfalls in Schlachtordnung auf, wobei ihre Bogenschützen, wie es vor einem Kampf Brauch war, die ersten Reihen bilden, »jeder einen Rammpfahl vor sich in den Boden gepflanzt«. Ein solcher »Zaun« hält jedem Reiterangriff stand. Dann senden sie zwei Herolde zu den Franzosen, die ausrichten, daß sie, wenn sie den Mut hätten, von dem Hügel herab zu ihnen kommen und mit ihnen kämpfen sollten. Darauf antworteten die Leute der Jungfrau: »Bezieht für heute Quartier, denn es ist spät. Aber morgen, wenn es Gott und Unserer Lieben Frau gefällt, werden wir weiter sehen.«

Patay – Replik und Rache für Azincourt

Während der Nacht vom 17. zum 18. Juni herrscht Ruhe. Die Gegner verharren in ihren Stellungen, die Engländer bei Meung, die Franzosen in Beaugency. Letztere sind ein wenig beunruhigt, denn es ist ihnen bekannt, daß sich englische Verstärkung in Anmarsch befindet. Der Bastard von Orléans erzählt, wie der Herzog von Alençon in seiner Unsicherheit Johanna zu Rate zog:

»Sie antwortete ihm mit lauter Stimme: ›Legt euch alle gute Sporen an!‹ Die in der Nähe waren und es hörten, fragten Johanna: ›Was sagt Ihr? Sollen wir ihnen den Rücken kehren?‹ Da antwortete Johanna: ›Nein, aber die Engländer werden sich nicht verteidigen und werden besiegt werden, und ihr werdet gute Sporen brauchen, um ihnen auf den Fersen zu bleiben.‹ So geschah es, denn sie ergriffen die Flucht, und an Gefallenen und Gefangenen waren ihrer mehr als viertausend.«

Dieser 18. Juni ist in der Tat der Tag des größten Sieges, den Johanna errang; nicht mehr durch einen Sturmangriff, wie bei der Belagerung von Orléans, sondern auf offenem Gelände. Die Schlacht von Patay ist eine echte Replik auf Azincourt; neben dem 8. Mai ist dieser 18. Juni der größte Schlachtenerfolg der Johanna. Jean de Wavrin beschreibt den Hergang dieses ungewöhnlichen Kampfes, an dem er persönlich teilnahm. Hinter der Vorhut befinden sich die wichtigsten Einheiten unter der Führung Falstolfs, Talbots, eines gewissen Thomas Rameston und anderer.

Diese schöne Schlachtordnung kommt zu Ungunsten der Engländer durch eine Reihe von Zufällen völlig durcheinander: von der Ankunft der Franzosen gewarnt, stellt sich die Vorhut zusammen mit den Proviantkarren und den Geschützen »entlang der Hecken, die bei Patay waren«, auf; dann postiert sich Talbot dort, wo er glaubt, daß die Franzosen vorüberkommen müssen, »in der Meinung, daß er diesen Durchgang bis zum Eintreffen der anderen Kampftruppen überwachen kann«; »doch es kam anders«, fügt Jean de Wavrin hinzu.

»Die Franzosen waren hart hinter ihren Feinden her, konnten sie noch nicht sehen und wußten noch nicht, wo sie sich befanden, als die Vorreiter von ungefähr einen Hirsch aus dem Wald brechen sahen, der sich in Richtung Patay bewegte und sich mitten ins Heer der Engländer stürzte, wo sich lautes Geschrei erhob, denn diese wußten nicht, daß ihnen die Feinde so nahe waren.«

Dieser von der Vorsehung geschickte Hirsch unterrichtet die französische Armee über die Stellung des Gegners; die

Meldereiter informieren umgehend ihre Abteilungen, lassen sie wissen, »daß die Stunde zum Handeln gekommen ist«. Der Kampf bricht los, noch ehe die verschiedenen englischen Einheiten im größten Durcheinander vereinigt werden können. Als die Vorhut Sir Falstolf in aller Eile heransprengen sieht, glaubt sie, daß »alles verloren und das Heer auf der Flucht sei. Der Hauptmann der Vorhut, der dies für die Wahrheit hielt, ergriff daher mit seiner weißen Fahne und seinen Leuten die Flucht und verließ die Hecke«. In diesem Augenblick geraten auch Falstolf und seine Männer in Panik. »In meiner Gegenwart sagte man ihm, er möge sich persönlich in acht nehmen, denn die Schlacht sei für sie verloren.« Inzwischen war nämlich in einer anderen Einheit Talbot gefangengenommen worden; allenthalben Verwirrung, Auflösung.

»Die Franzosen waren bereits so weit ins Heer eingedrungen, daß sie nach Belieben gefangennehmen oder töten konnte, wen sie wollten. Und schließlich wurden die Engländer dort aufgerieben, während die Franzosen nur geringe Verluste erlitten.« Der Bastard Wavrin tat dasselbe wie Falstolf, er flüchtete in Richtung Étampes und Corbeil.

Auf französischer Seite hat es drei Tote gegeben; auf englischer Seite schätzen die burgundischen Chronisten die Verluste auf zweitausend Mann, und Wavrin schreibt dazu:

»So errangen die Franzosen in Patay den Sieg. Sie verbrachten die Nacht dort und dankten unserem Herren für ihr wunderbares Abenteuer. (. . .) Wegen dieses Ortes sollte die Schlacht in Zukunft der Tag von Patay heißen.«

Ein Tag, der bis nach Paris Schrecken verbreitet. Als die Nachricht vom Sieg bei Patay einlangte, glaubten die Pariser, daß »die Armagnaken kommen; sie verstärkten die Wachen und ließen die Mauern befestigen.«

Doch nein, nicht gegen Paris wollte Johanna mit dem in Gien zusammengezogenen königlichen Heer marschieren, das damals vermutlich etwa zwölftausend Mann umfaßte. Unmittelbar nach dem Kampf nämlich hatte der König, nun überzeugt, daß Johanna recht hatte, beschlossen, nach Reims zu ziehen. Wie in Friedenszeiten üblich, schrieb er an alle guten Städte des Reichs sowie an seine Lehnsmänner, die sogenannten Pairs — sowohl Laien wie auch Kirchenfürsten —, einen Brief, um sie zu seiner Krönung einzuladen. Darunter an den Herzog von Burgund. Auch Johanna sandte ihm einen Brief, dessen Text jedoch leider nicht erhalten geblieben ist, in dem sie ihn aufforderte, dem König von Frankreich den Treueid zu leisten. Ein anderer von ihr diktierter Brief hat bis 1940 in den Archiven gelegen, die während des Krieges einem Brand zum Opfer fielen; er war an die Einwohner von Tournai gerichtet gewesen, die sie nach Reims einlud: »Bei meinem Esel, ich werde den edlen König Karl und sein Heer sicher führen, und er wird in Reims gesalbt werden«, wie Perceval de Cagny schreibt, der Chronist des Herzogs von Alençon, der damals in ihrem Dienste stand und uns unterrichtet, wie mißmutig und ungeduldig Johanna wegen der neuen Wartezeit war, der elf Tage zwischen dem Sieg von Patay und dem Aufbruch von Gien. In der Tat setzt sich der König erst am 29. Juni in Marsch. »Und sie verließ aus Unmut ihre Unterkunft und nahm zwei Tage vor dem Aufbruch des Königs in den Feldern Quartier.«

Dieser Aufbruch nach Reims war in der Tat strategisch unvernünftig, denn der Weg ging mitten durch burgundisches Gebiet.

Der Zug nach Reims

Schon am ersten Etappenziel, in Auxerre, stößt man am 29. Juni auf eine burgundische Garnison; drei Tage lang werden zwischen dem König und den Einwohnern der Stadt Botschaften gewechselt, bis diese schließlich dem Heer Proviant liefern und wohlweislich versprechen, daß sie »dem König denselben Gehorsam leisten werden wie die Städte Troyes, Châlons und Reims«.

Troyes ist die Stadt, wo Heinrich V., König von England, zum Regenten Frankreichs ernannt worden war, während er durch seine Heirat mit Katharina von Frankreich der Schwiegersohn des unglücklichen Karl VI. und der Isabeau von Bayern wurde; ihre Nachkommenschaft sollte die Krone Frankreichs tragen. Nirgendwo sonst trafen so viele Ereignisse zusammen, die darauf abzielten, »den König von Bourges« beiseite zu schieben. Von Saint-Phal aus — also mehr als fünf Meilen (22 km) von Troyes entfernt — richtete Johanna vorsichtshalber am 4. Juli ein Schreiben an die Einwohner, und auch König Karl sandte ihnen einen Brief. Er versprach, ihnen alles zu verzeihen, ebenso auch die Johanna:

»Ehrenhafte Franzosen, kommt König Karl entgegen, und daß keiner dabei fehle, und wenn ihr so handelt, braucht keiner für sein Leben noch für Hab und Gut zu fürchten; und wenn ihr nicht so handelt, so verspreche und versichere ich euch bei eurem Leben, daß wir mit Gottes Hilfe in alle Städte eindringen werden, die zum heiligen Reich gehören sollen, und daß wir dort allen zum Trotz einen guten und festen Frieden schließen werden. Gott befohlen! Gott schütze euch, wenn es sein Wille ist! Baldige Antwort erbeten.«

Angesichts dieser entschiedenen Worte fragen sich die Einwohner von Troyes ebenso wie die von Auxerre voller

Unruhe, wie sich die Bürger in Reims und anderswo verhalten werden. Mehrere Boten werden ausgesandt, darunter ein Franziskanermönch, ein gewisser Bruder Richard, der im Geruch der Heiligkeit steht. Johanna beschreibt nicht ohne Ironie sein Eintreffen: »Als er sich mir näherte, schlug er Kreuzeszeichen und verspritzte Weihwasser; und ich sagte zu ihm: ›Kommt unbesorgt näher, ich werde nicht davonfliegen!‹« Sie war diese Art Exorzismus ja bereits gewöhnt.

In Wirklichkeit war die Lage des Heeres sehr kritisch. Es fehlte an Lebensmitteln, in der Stadt lag eine starke burgundische Besatzung, und wie immer waren die Heerführer uneins darüber, wie sie vorgehen sollten. Der Bastard erzählt, wie Johanna wieder einmal intervenierte:

»Da kam die Jungfrau und trat zum Kronrat, wobei sie etwa folgende Worte sprach: ›Edler Dauphin, laßt Eure Leute kommen, um Troyes zu belagern, und haltet jetzt nicht länger Rat! Im Namen Gottes: ich werde Euch, noch ehe drei Tage um sind, Eintritt nach Troyes verschaffen, im Guten oder mit Gewalt. Und die verräterischen Burgunder werden entsetzt darüber sein.‹«

Danach ließ Johanna die Truppen entlang der Gräben ihre Zelte aufschlagen und Kanonen aufstellen »und arbeitete in jener Nacht so erfolgreich, daß am nächsten Tag der Bischof und die Bürger der Stadt zum König zitternd Gehorsam leisteten«. Simon Charles, der andere Augenzeuge, sagt aus, daß Johanna ihre Fahne ergriff:

»Vom Fußvolk gefolgt, befahl sie, die Festungsgräben mit Reisigbündeln zuzuschütten. Das taten die Soldaten, und in der Frühe rief Johanna zum Sturm, und sie täuschten vor, noch immer die Gräben mit Reisigbündeln zu füllen. Als die Einwohner von Troyes das sahen, sandten sie aus Angst vor dem Angriff eilends zum König und verhandelten über die

Kapitulation. Danach zog der König mit großem Gepränge in Troyes ein, und Johanna, ihre Fahne tragend, neben dem König.«

Dieser Einzug in die Stadt, die die Stadt des Verrats gewesen war, fand am Sonntag, dem 10. Juli, statt.

Am 12. Juli zog das Heer weiter und langte zwei Tage später von Châlons-sur-Marne an. Der königliche Herold Montjoie erschien mit den Brief des Dauphin, in denen dieser wie andernorts »die Abolition« (Amnestie) versprach, und der Bischof Jean de Montbéliard ging, wie sein Amtskollege von Troyes, Jean Léguisé, dem Dauphin unverzüglich entgegen und übergab ihm die Schlüssel der Stadt. Je mehr man sich dem Ziel näherte, desto kürzer wurden die Verhandlungen, desto leichter erschien das Warten, und desto sicherer war der Vormarsch der Truppen.

In Châlons — der letzten Etappe, wo verhandelt werden mußte — kam es zu einer wichtigen Begegnung, die hier festgehalten sei, weil sie für den Verlauf der Geschichte von Bedeutung ist. Nachdem der König seine Botschaften abgesandt hatte, in denen den Bewohnern seines Reichs mitgeteilt wurde, daß er sich nach Reims begeben wolle, um dort nach jahrhundertealter Tradition gekrönt zu werden — diese Einladung wurde überall, genauer gesagt in den Gegenden, die ihm treu geblieben waren, von Ausrufern wiederholt —, hatten sich viele Leute auf den Weg gemacht. Auch das war alter Brauch; die Krönung eines Königs war eine Veranstaltung für das Volk, eine feierliche zwar, aber ohne den Ernst und geschlossenen Charakter unserer heutigen offiziellen Zeremonien.

Auf der Straße trifft Johanna einige Leute, die sie Jeannette nennen: es sind Leute aus ihrem Dorf, die aus Domrémy gekommen sind, um der Krönung beizuwohnen, die für sie, mehr noch als für die anderen Einwohner des Königreichs, eine ganz besondere ist. Da ist einer ihrer Verwandten, Jean Moreau, der später tiefbewegt erzählen wird, daß Johanna ihm bei dieser Begegnung »ein rotes Wams schenkte, das sie trug«. Jean Moreau gehörte zu einer kleinen Gruppe von fünf Einwohnern vom Domrémy, die sich gemeinsam auf den Weg gemacht hatten. Als Johanna sich mit ihnen unterhielt, sagte sie, wie uns ein gewisser Gérardin d'Épinal, einer aus dieser Gruppe, zu berichten weiß, etwas sehr Bedeutsames: sie fürchte nur eines, den Verrat. Zu diesem Zeitpunkt mag das etwas überraschend klingen: Johanna nähert sich mit Riesenschritten einem Sieg, der als sicher gelten kann; aber wir werden noch so manches Mal sehen, daß sie bei bestimmten Gelegenheiten Dinge voraussieht.

Am Samstag, dem 16. Juli, empfing der König im Schloß Sept-Saulx eine Abordnung der Bürger von Reims, die gekommen waren, um ihm als ihrem Herrscher unbedingten und ungeteilten Gehorsam zu leisten. Zum ersten Mal drückt eine in »burgundischem« Gebiet gelegene Stadt so offen ihre Königstreue aus. Dazu sei gesagt, daß am selben Tag eine Anzahl Personen, die man »abtrünnige Franzosen« nannte – heute würde man von Kollaborateuren sprechen –, die Stadt verlassen hatten, unter ihnen der ehemalige Rektor der Universität von Paris, der aus Reims stammte, ein gewisser Pierre Cauchon, einer der wichtigsten Unterhändler des Vertrags von Troyes... Unter dem Jubel der Einwohner hielt Karl noch am selben Abend Einzug in die Stadt Reims.

Am nächsten Tag, am Sonntag, dem 17. Juli 1429, wurde der König trotz der extrem kurzen Vorbereitungszeit nach dem herkömmlichen Zeremoniell gekrönt. Der Dauphin war nun

Karl VII., geweiht durch die Salbung, die die Könige zu rechtmäßigen Erben des Königreichs macht.

Über den Ablauf der Zeremonie selbst wissen wir nur wenig. Die *Ordo coronationis* hat sich durch die Zeiten wenig verändert, so daß man sich vorstellen kann, daß sich diese Salbung, bis auf einige Details, wie die des heiligen Ludwigs abspielte, der genau zweihundert Jahre zuvor, 1226, als Kind gekrönt worden war. Derjenige, den Johanna bis dahin den Dauphin nannte – »sie sagte, daß sie ihn nicht König nennen würde, bis er gekrönt und geweiht worden sei in Reims, wohin zu führen sie entschlossen sei«, erklärt einer der königlichen Ratgeber, François Garivel – Karl, hatte sich wahrscheinlich am Vorabend vor der Kathedrale eingefunden, um »zu Gott zu beten und in Andacht zu verharren, solange es ihm gut erschiene und seine Frömmigkeit ihn zurückhalten werde«. Am Morgen werden vier Reiter, die sogenannten »Bürgen des heiligen Salbgefäßes«, sich auf den Weg zur Abtei Saint-Remi gemacht haben, um das kostbare Ölfläschchen zu holen, das, wie es hieß, bei der Taufe Chlodwigs von Engeln gebracht worden war; nach altem Brauch mischte man einen Tropfen davon in das heilige Chrisma, mit dem man die Salbungen der Weihe vornehmen würde. Die vier Reiter waren der Marschall de Boussac, der Admiral de Culant, der Herr de Graville und ein Mann, der noch von sich reden machen sollte, Gilles de Rais. Um diese Zeit kannte man diesen nur als tapferen Kriegsmann; er hatte an der Aufhebung der Belagerung von Orléans und am Loire-Feldzug teilgenommen; zum Dank dafür sollte Karl VII. ihm zwei Monate später mittels einer Urkunde, die im Nationalarchiv aufbewahrt wird, das Recht verleihen, in der Umrandung seines Wappens die Lilienblüte zu führen.

Bei ihrer Rückkehr mit dem heiligen Salbgefäß, das der

Abt Jean Canard ihnen ausgehändigt hatte, begegneten die vier »Bürgen« dem langen Zug der Chorherren, Bischöfe und Prälaten, die den König umgaben, der die Nacht im erzbischöflichen Palast verbracht hatte und dann unter Psalmengesängen in die Kathedrale eingezogen war. Die beiden Flügel des mächtigen Portals waren geöffnet, und man hörte das Klappern der Pferdehufe, das sich in die Zurufe der vor und in der Kathedrale versammelten Menge mischte, denn die vier Reiter, die das heilige Salbgefäß begleiteten, begaben sich an diesem Tag hoch zu Roß in das Gotteshaus.

Die verschiedenen Abschnitte der Zeremonie umfassen zunächst die Gelübde des Königs, dann zum Klang des *Te Deums* die Segnung der königlichen Insignien: der Krone, der goldenen Sporen, des Zepters und seit Anfang des 14. Jahrhunderts auch der sogenannten Hand der Gerechtigkeit, einer Art zweiten Zepters aus geschnitztem Elfenbein. Schließlich findet die Salbung statt, die das Wesentliche des Rituals ist und eine Art Sakrament darstellt, ähnlich der Firmung oder der Priesterweihe. Der König wirft sich auf den Altarstufen zu Boden, während die Litaneien der Heiligen gesungen werden; dann salbt der Erzbischof, der sich neben ihm ebenfalls zu Boden geworfen hat, ihn mit dem heiligen Öl am Kopf, auf der Brust, auf den Schultern und an den Armgelenken. Der König, der nur seine Beinkleider und ein vorn und hinten geschlitztes Hemd anbehalten hat, zieht nun das Unterkleid und das seidene Übergewand an; nach einer neuerlichen Salbung der Hände zieht er Handschuhe über, und man steckt ihm an den Finger den Ring, der das Symbol der Vereinigung ist und das Bündnis zwischen dem König und seinem Volk besiegelt. Zum Schluß wird die auf dem Altar bereitliegende Krone dem König auf das Haupt gesetzt, nachdem die zwölf Pairs (sechs weltliche und sechs Kirchenfürsten) sie über ihn gehalten haben, während er vom Altar zu dem Podium geführt wird, auf dem der Thron steht. Nun erscheint er, wie auf den zeitgenössischen Siegeln, als königliche Majestät.

»Und als der König gesalbt war und auch als man ihm die Krone aufs Haupt setzte, taten alle lautstark ihre Freude kund, und die Trompeten schmetterten in einer Weise, daß die Gewölbe der Kirche schier bersten wollten. Und während dieses Mysteriums befand sich die Jungfrau stets in der Nähe des Königs, in der Hand ihre Fahne haltend. Und es war sehr schön anzusehen, wie artig sich der König und auch die Jungfrau bewegten.«

Dies sind die Worte dreier angevinischer Edelleute, die den Auftrag hatten, der Königin und ihrer Mutter die Zeremonie zu beschreiben.

Nach der Huldigung durch den Erzbischof und die Pairs kniete Johanna vor dem König nieder, umfaßte seine Beine und sprach zu ihm unter heißen Tränen:

»Edler König, nun ist der Wille Gottes erfüllt, auf dessen Geheiß ich die Belagerung von Orléans aufheben und Euch in diese Stadt Reims zur heiligen Salbung führen und damit beweisen sollte, daß Ihr der wahre König seid und der, dem das Reich Gottes gehören muß.«

Der Chronist vermerkt noch, daß alle Anwesenden in diesem Augenblick tief gerührt waren: »Und alle, die sie sahen, wurden von großer Teilnahme ergriffen.«

Aber nicht nur Johanna war bei der Zeremonie zugegen, sondern auch ihr Vater und ihre Mutter, Jacques d'Arc und Isabelle Romée. Daß Johanna, deren wichtige Rolle in dem Geschehen man in diesem Augenblick erkennt, einen besseren Platz einnahm als die anderen Heerführer, wird von ihren Feinden bezeugt, die ihr später die Frage stellen: »Warum wurde Eure Fahne bei der Salbung des Königs eher in die Kirche von Reims gebracht als die der anderen Hauptleute?« Worauf sie schlagfertig antwortete: »Sie war bei jeder Bedrängnis dabei, so war es auch ihr gutes Recht, bei der Ehrung dabei zu sein.«

Gerson und Christine de Pisan

Nochmals und gleichsam als Widerhall zum Jubel der Einwohner von Reims, die der Zeremonie beiwohnen, sei darauf hingewiesen, welch nachhaltigen Eindruck diese unerwartete Krönung in Frankreich selbst und außerhalb Frankreichs hinterließ.

Noch vor der Weihe des Königs war nämlich ein heftiger Disput entbrannt: über Johanna waren zwei Schmähschriften verfaßt worden, eine von einem Schreiber der Universität von Paris, die jedoch nicht erhalten geblieben ist. Die andere, eine Antwort auf diesen allerersten Angriff der Pariser Professoren, stammt von einer bekannten Persönlichkeit, Jean Gerson. Der Mann, dem eine Zeitlang *L'Imitation de Jésus-Christ* zugeschrieben wurde, war Kanzler der Universität von Paris gewesen und kannte besser als jeder andere den Geist, der dort herrschte; er selbst war wegen seiner Meinung von der Professorenschaft ausgeschlossen worden. Am 6. Juli 1418 wird in den Registern seine Abwesenheit vermerkt. Er war zum Konzil von Konstanz gereist und hatte dort erfahren, daß sich Paris in den Händen der mit den Engländern paktierenden Burgunder befand; aus diesem Grund hatte er nicht mehr zurückkehren wollen. Nach einem Aufenthalt in Österreich hatte er sich nach Lyon begeben, das noch immer dem Kaiserreich unterstand, und einen seiner Brüder getroffen, der als Coelestinerprior dort lebte. Die Verteidigungsschrift der Johanna, die er wohl im Lauf des Monats Juni 1429 verfaßte, ist gewiß sein letztes Werk, denn er starb am 12. Juli, also noch vor der Krönung in Reims.

Als Jean Gerson auf diese Weise für die Frau eintrat, die so offenkundig den Lauf der Dinge umgekehrt hatte, konnte er nicht wissen, daß er sich in der Nähe einer anderen Frau befand, die er viele Jahre zuvor ebenso verteidigt hatte: Christine de Pisan. Bei Erhalt der Nachricht von den oben geschilderten Ereignissen stieß sie einen Freudenschrei aus:

> Im Jahre 1429
> leuchtete die Sonne wieder.

Christine war eine sehr bekannte Persönlichkeit, eine Dichterin und Geschichtsschreiberin, der Philipp der Kühne, Herzog von Burgund, kurz vor seinem Tod den Auftrag gegeben hatte, die Geschichte seines Bruders, »des weisen Königs Karl V.«, zu verfassen. Diese Christine, die nie aufhörte, ihre Zeitgenossen zum Frieden aufzurufen, die auch die Frauen beschwor, sich nicht ihrer Rechte berauben zu lassen, scheint von den Geschehnissen sehr beeindruckt gewesen zu sein. Beim Einzug der Engländer in Paris hatte sie die Stadt verlassen und sich sehr wahrscheinlich in das Kloster von Poissy zurückgezogen, wo ihre Tochter Nonne war.

> Ich, Christine, die geweint
> in verschlossener Abtei elf Jahr.

Plötzlich erblickt sie einen Silberstreif am Horizont; elf Jahre lang hat sie geschwiegen, nicht mehr geschrieben, abgesehen von Gedichten, die wahre Gebete sind; nun greift sie wieder zur Feder, um diese Frau zu feiern, dieses unbekannte Mädchen, das Siege errungen hat, von denen kein Mensch geglaubt hätte, daß irgendein Mann sie je hätte erringen können:

> Seht diese Frau, einfache Schäferin,
> mehr Recke, als jeder Mann in Rom es war.

In ihrer endlich wiedergefundenen Lebensfreude fliegen ihr die Worte nur so zu: mühelos entstehen sechsundfünfzig Strophen, vierhundertachtundvierzig Verse, in denen sie die Geschichte Johannas darstellt; sie erzählt, wie sie von Schreibern und Prälaten examiniert worden ist, und vor allem, wie sie ihre Proben bestand:

> Als Orléans belagert ward,
> kam erstmals ihre Kraft zu Tag.

Dann spricht sie von der Weihe und der Krönung, auf die niemand mehr zu hoffen gewagt hatte:

> Triumphal und mit Gepräng
> ward Karl gekrönt zu Reims.

Und zum Schluß:
> (...) niemals erhielten
> wir Kund' von solch großem Wunder.

Man spürt, daß Christine de Pisan Mühe hatte, vor diesem »so wunderbarlich Ding« ihren eigenen Enthusiasmus zu zügeln. Es ist das letzte Werk, das von dieser Frau auf uns gekommen ist, die im vorliegenden Fall ihre Doppelrolle als Geschichtsschreiberin und Dichterin ihrer Zeit so vollendet gespielt hat.

Vermutlich kannte sie nicht das Werk eines anderen Dichters, eines Zeitgenossen, der ebenfalls im Juli 1429 Johanna besingt, nicht in Versen, sondern in Prosa, allerdings in einer lyrischen Prosa. Es handelt sich um Alain Chartier, der als einer der ersten Prosagedichte verfaßte:

»Da ist sie, die nicht von irgendeinem Ort der Welt gekommen zu sein scheint, sondern vom Himmel gesandt, um dem darniederliegenden Gallien Haupt und Schultern zu halten... Oh, einzigartige Jungfrau, wert allen Ruhms, aller Lobpreisungen, göttlicher Ehren, du bist die Größte des Königreichs, du bist das Licht der Lilie, du bist die Helle, du bist der Ruhm, nicht allein der Franzosen, sondern aller Christen.«

Im Lärm der Stimmen, die sich über dem Lärm der Waffen erheben, während man allenthalben, vom deutschen Kaiserhof bis in die Läden der italienischen Kaufleute zu Brügge oder zu Avignon von diesen unerwarteten und unvorhersehbaren Ereignissen redet, sind diese Dichterstimmen aus unserer Zeit gesehen wahrscheinlich diejenigen, die die Taten der Jungfrau am wahrhaftigsten darstellen. Der Kommentare ist Legion, in denen die unterschiedlichsten Meinungen und Wertungen über Johanna niedergeschrieben wurden. Nach Einsicht in die zeitgenössischen Dokumente muß die Geschichte einräumen: ihr gerecht geworden sind in erster Linie sie. Um von Johanna zu sprechen oder besser noch, um sie zu verstehen, mußte man wohl vor allem Dichter sein.

V.
»Ein Jahr, nicht länger«

Die Krönungszeremonie zu Reims ging, obwohl so kurzfristig angesetzt, mit dem traditionellen Gepränge vor sich. Erst am 21. Juli verließ der König die Stadt, um am selben Tag, wie es ebenso Tradition war, »die Skrofeln zu berühren«, das heißt, um in der Abtei Saint-Marcoul von Corbény bei Reims die Heilkraft unter Beweis zu stellen, die ihm nach seiner Krönung zugeschrieben wurde.

Die Krönung eines Königs ist vor allem ein Symbol der Einheit der Untertanen mit ihrem Herrscher. Es ist also aufschlußreich festzustellen, wer nicht zugegen war. Zunächst die Königin, Marie von Anjou; an der Seite des Königs hätte auch sie die Salbungen und die Krone empfangen müssen; Karl VII. hatte sie übrigens, als er in Gien weilte, zu kommen ersucht. Doch als sich das Heer in Marsch setzte, hatte er sie nach Bourges zurückgesandt; möglicherweise tat er dies, um sie nicht zu gefährden, denn der Ausgang des Unternehmens, das er plante, war mehr als ungewiß. Ihre Abwesenheit schon ist jedoch bezeichnend: in dieser Epoche des Krieges und der Kämpfe sind es die Kriegsleute, die zählen, und bald wird die Frau bei offiziellen Anlässen überhaupt nicht mehr auftreten. Wenn Marie von Anjou an diesem 17. Juli nicht in

Reims ist, dann deshalb, weil man in der Umgebung des Königs glaubt, daß allein der Souverän wirklich wichtig ist. Und in der Tat gilt von da an die Krönung der Königin als eine eher zweitrangige Zeremonie, sie wird auch nicht zu Reims stattfinden, sondern in Paris. Die letzte gekrönte Königin wird Maria von Medici sein (1610). Vorüber ist die Zeit einer Eleonore von Aquitanien und einer Blanca von Kastilien! Nach dieser Epoche werden die Königinnen in Frankreich eine immer geringere Rolle spielen.

Eine andere Persönlichkeit hätte der Krönung gern beigewohnt: der Konnetabel Arthur de Richemont. Ihm sollte die Ehre zukommen, nach der Segnung das Krönungsschwert zu tragen. Doch an seiner Stelle wurde der Sire d'Albret ausersehen, es während der Krönungszeremonie mit der Spitze nach oben zu halten. Die Chronik des Guillaume Gruel, eines Vertrauten des Konnetabel, berichtet, wie dieser, nachdem er an dem glänzenden Sieg von Patay mitgewirkt hatte, darauf beharrte, den König nach Reims zu begleiten, daß jedoch der König trotz Johannas inständiger Bitten, »die darüber sehr ungehalten war«, ihm dies verweigert habe. Guillaume fügt sogar hinzu, der König habe erklärt, »daß er lieber niemals gekrönt werde, als daß der genannte Herr zugegen sei...« Dies mag wohl mit dem starken Einfluß zusammenhängen, den La Trémoïlle, der offen gegen Richemont opponierte, auf Karl VII. ausübte.

Noch zwei andere wichtige Persönlichkeiten fehlen: der Bischof von Beauvais, der einer der sechs kirchlichen Pairs war; seine Abwesenheit ist aber durchaus verständlich, wenn man den Werdegang dieses Mannes bedenkt, der seit jeher ein zuverlässiger Vertrauensmann der Engländer und Burgunder war.

Der zweite ist Philipp der Gute, Herzog von Burgund,

einer der sechs weltlichen Pairs. Johanna hatte ihm am Morgen der Krönung, Sonntag, den 17. Juli, einen Brief geschrieben, der in den Archiven von Lille aufbewahrt wird. Es ist ein bewegendes Schriftstück:

»Jesus Maria. Hoher und mächtiger Fürst, Herzog von Burgund, die Jungfrau bittet Euch im Namen des Königs des Himmels, meines rechtmäßigen und obersten Herrn, daß der König von Frankreich und Ihr einen guten, festen und lang andauernden Frieden schließen möget. Vergebt Euch gegenseitig von ganzem Herzen, wie man es von guten Christen erwartet; und wenn Ihr weiter Krieg zu führen wünscht, zieht gegen die Sarazenen. Fürst von Burgund, ich bitte Euch, ich flehe Euch an und ersuche Euch in Demut, nicht weiter gegen das heilige Königreich Frankreich Krieg zu führen und sogleich und ohne Verzug Eure Leute, die verschiedene Orte und Festungen des heiligen Königreiches besetzt halten, zurückzuziehen. Der edle König von Frankreich ist bereit, mit Euch Frieden zu schließen, wenn er es mit seiner Ehre vereinbaren kann, und das liegt nur an Euch. Ich lasse Euch im Auftrag meines rechtmäßigen und obersten Herrn, des Himmelskönigs, bei Eurem Besitz, Eurer Ehre und Eurem Leben wissen, daß Ihr keine Schlacht gegen die Franzosen gewinnen werdet und daß alle, die gegen das heilige Königreich Krieg führen, gegen den König Jesus, König des Himmels und der ganzen Welt, meinen rechtmäßigen und obersten Herrn, Krieg führen. Ich bitte Euch und flehe Euch mit gefalteten Händen an, daß Ihr keine Schlachten schlagt und uns nicht bekriegt, Ihr, Eure Leute oder Untertanen; und Ihr sollt wissen, mit wieviel Truppen Ihr auch gegen uns zieht, Ihr werdet nie gewinnen, und es wäre schade um die Schlacht und das Blut derer, die sich gegen uns stellen. Vor drei Wochen habe ich Euch geschrieben und den Brief durch einen Herold zu Euch gesandt, um Euch zur Krönung einzuladen, die heute, Sonntag, am 17. Tag des gegenwärtigen Monats Juli, in der Stadt Reims stattfindet: darauf erhielt ich keine Antwort und auch keine Nachricht von besagtem Herold. Gott sei mit Euch und behüte Euch, wenn es ihm gefällt; und bittet Gott um einen guten Frieden. Geschrieben zu Reims, am 17. Tag des Monats Juli, an den Herzog von Burgund.«

Die Vergeltung der Ratgeber

Ein rührender Brief, besonders wenn man bedenkt, daß Johanna von der intensiven diplomatischen Tätigkeit, zu der es mittlerweile zwischen Frankreich, England und Burgund gekommen war, keine Ahnung hatte.

Einer jedoch bewahrte, obwohl durch die Ereignisse in eine schwierige Situation geraten, die Ruhe und bot alles auf, um den verheerenden Folgen von Johannas Siegen entgegenzuwirken: Johann, Herzog von Bedford, Regent von Frankreich. Einer seiner besten Befehlshaber, John Talbot, war in Patay von Johanna und dem Herzog von Alançon gefangengenommen worden. Dem anderen, John Falstolf, wurde zur Last gelegt, daß er in derselben Schlacht geflüchtet war, obwohl durch seinen überstürzten Rückzug zumindest sein Armeecorps gerettet werden konnte. Im übrigen wußte Bedford, daß dreihundertfünfzig Kriegsleute sowohl Reiter und Bogenschützen am 1. Juli in Calais gelandet waren. Dieses Heer hatte Henry Beaufort aufgestellt, der Kardinal von Winchester und natürlicher Onkel des Herzogs von Bedford (ein Bastard seines Großvaters Johann von Gent, Herzog von Lancaster), damit er gegen die Hussiten in Böhmen kämpfte.

Es war mittels einer vom Papst bewilligten Sonderabgabe aufgestellt worden, die er aus seiner eigenen Schatulle ergänzte; Onkel und Neffe einigten sich darüber, es für einen anderen als den vorgesehenen Zweck einzusetzen. Am 15. Juli setzten sich die Truppen von Calais nach Paris in Marsch, wo sie zehn Tage später anlangten. Sie bildeten eine weitere Verstärkung im Kampf gegen den Mann, der nun als König von Frankreich anerkannt wurde: Karl VII.

Daß ihm nun eine Streitmacht zur Verfügung steht, die nach Meinung des Volkes zum Wohl der Christenheit aufgestellt worden war, genügt Bedford jedoch nicht, parallel dazu führt er eine groß angelegte diplomatische Offensive. Sein Bruder Heinrich V. war ein bedeutender Heerführer gewesen, seine Stärke indes ist die Verwaltung. Er hat Anne von Burgund geheiratet, die Schwester Herzog Philipps — »die hübscheste Dame, die es damals in Frankreich gab, schön, jung und gut«, sagt der Bürger von Paris — und zählt auf diese Verwandtschaftsbande, um von einem Verbündeten, den er nicht für ganz zuverlässig hält, die Garantie zu erhalten, die er dringend benötigt, um die Gefahren zu bannen, denen die von den Engländern eroberten Gebiete ausgesetzt sind. Sehr geschickt hat er den Herzog von Burgund eingeladen, einige Tage in Paris zu verbringen. Eine Reihe von Festen und anderen wirkungsvollen Veranstaltungen mit allgemeiner Prozession und Predigt in Notre Dame zwischen dem 10. und 15. Juli sollen dem Volk die Sicherheit geben, daß »alle gut und dem Regenten und dem Herzog von Burgund gehorsam wären«.

O sehr schlecht beratenes Paris!
Närrisch Leut' ohne Vertrauen!

hatte Christine de Pisan ausgerufen.

Mit Kleinoden im Wert von zwanzigtausend Livres und der Aussicht, am Ende des Monats ein weiteres gleich großes Geschenk zu erhalten, wenn er sich verpflichtete, ein Heer aufzustellen, kehrte der Herzog von Burgund nach Hause zurück. Mittels seines Heroldes Jarretière beeilte sich Bedford, von der Stadt London Kriegshilfsgelder zu erbitten, wobei er ins Feld führte, daß ohne das burgundische Bündnis die Macht der Engländer »mit einem Schlag« schwinden würde.

Ein anderer, noch viel schwerwiegenderer Aspekt dieses diplomatischen Spiels sind die Verhandlungen, die La Trémoïlle am 30. Juni mit dem burgundischen Hof aufgenommen hatte, mit dem Ergebnis, daß am 16. Juli der Burgunder Jean de Vimeu von Dijon nach Arras reiste, um Philipp den Guten bei dessen Rückkehr von Paris über den Stand dieser Verhandlungen zu unterrichten. Eine von David de Brimeu geführte Gesandtschaft traf in Reims ein, als der König dort weilte, und in einem Brief an Königin Marie von Anjou und ihre Mutter Yolante, in dem die Krönungszeremonie beschrieben war, wurde der Hoffnung Ausdruck gegeben, daß der König »einen guten Vertrag (. . .)« abschließen werde, »ehe er scheide«. In demselben Brief wurde auch Johanna erwähnt: »Sie läßt keinen Zweifel offen, daß sie Paris unter ihren Gehorsam bringen wird.« darauf ging deutlich hervor, was jedermann beschäftigte. Johanna dachte an nichts anderes, als die Offensive fortzusetzen, die sich als so erfolgreich erwiesen hatte, während der König nur daran dachte, zu verhandeln, und statt »eines guten Vertrags« schließlich einen Waffenstillstand von vierzehn Tagen vereinbarte.

Nach dem triumphalen Tag von Reims ist man sich wieder ganz und gar uneins. Der Verrat, das einzige, wovor Johanna sich fürchtete, nahm seinen Anfang bei eben diesem Krönungsmahl, zu dem auch sie eingeladen war. Von diesem Zeitpunkt an sollte der Gang der Ereignisse ihren Händen entgleiten. Als ihr Vater und ihre Mutter sowie der getreue Durand Laxart, der sie begleitet hatte, noch ganz betäubt vom unerwartetem Ruhm ihrer »Jeannette« nach Domrémy aufbrechen, mag Johanna mit ihrem wunderbaren Wissen um die Zukunft das Gefühl gehabt haben, daß für sie nun die Zeit der Ungewißheiten, der Mißerfolge, des Leidens beginnen würde; das würde die schmerzlichen Worte erklären, die sie unterwegs, an einem in den Erinnerungen des Bastards von Orléans genau angegebenen Ort zwischen Ferté-Milon und Crépy-en-Valois von sich gibt: »Wollte Gott, mein Schöpfer, daß ich jetzt heimgehen, die Waffen niederlegen und zu meinem Vater und zu meiner Mutter zurückkehren dürfte, ihnen die Schafe hüten zu helfen mit meiner Schwester und meinen Brüdern! Sie wären so glücklich, mich zu sehen!« Dieser an ihr ungewohnte leidvolle Ton verrät, wie hilflos sie sich fühlt gegenüber dem, was sie im Augenblick bekämpfen muß: den ungreifbaren Verrat, den sie nahe spürt und der ihr bei jedem Schritt vorauseilt. Bei dieser Gelegenheit sei die Bemerkung eines Zeitgenossen zitiert: »Wir sind nicht für den Rat bei Hofe, wir sind für die Tat auf dem Schlachtfeld.« Fortan sollten es die vom königlichen Rate sein, die das Wort führten.

Der Gegensatz zwischen der einen und der anderen Denkweise ist vergleichbar mit dem zwischen den zwei Marschrouten: der des königlichen Heeres beim Hinzug, als es von Johanna geführt wird, und der beim Rückmarsch, die bestimmt ist vom Willen oder besser gesagt vom fehlenden Willen des Königs. Die erste ist schnurgerade, die zweite so gewunden wie seine Diplomatie. Der König benötigt sechsunddreißig Tage, um die etwa hundertfünfzig Kilometer vom

Reims nach Paris zurückzulegen. Johanna muß sehr darunter gelitten haben, daß sie den Schwung nicht ausnutzen konnte, den sie rundum spürte: »Ein Franzose hätte zehn Engländer niedergemacht«, vermerkt ein Zeitgenosse. Ihr Blick ist auf Paris gerichtet, und sie weiß nicht, daß Karl VII. schon jetzt entschlossen ist, darauf zu verzichten. In der ersten Etappe, Vailly, dann Soissons, mag sie noch Hoffnung gehabt haben: (der König) »begab sich nach Soissons, wo er mit übergroßer Freude von all den Bürgern der Stadt empfangen wurde, die ihn sehr liebten und sein Kommen wünschten«. Dort erreichte ihn die Nachricht daß Laon, Château-Thierry, Crépy, Provins und Coulommiers sich wieder unter seine Herrschaft gestellt hatten. Von Crépy-en-Valois sandte er seine Herolde aus und ließ die Bürger von Compiègne mahnen und auffordern, »sich unter seine Herrschaft zu begeben, und diese antworteten, sie würden es sehr gerne tun«. Selbst die Stadt Beauvais, deren Bischof Pierre Cauchon war, sang das *Te Deum* für den König von Frankreich.

Bei seinem Aufenthalt in Château-Thierry am 31. Juli gewährt Karl VII. auf Johannas Bitte den Einwohnern von Domrémy und Greux Steuerfreiheit. Es ist die einzige Bitte, die die Jungfrau jemals aussprach, und diese Steuerfreiheit wird bis zur Herrschaft Ludwig XVI. bestehen bleiben.

Der Regent Bedford indes nutzte den unverhofften Zeitgewinn, um die Befestigungswerke von Paris zu verstärken; am 4. August verließ er an der Spitze eines starken Heeres die Stadt und marschierte am linken Ufer der Seine flußaufwärts. Drei Tage später, von Monterau aus, richtete er einen Brief an König Karl: »Ihr, der Ihr das unwissende Volk verführen und täuschen laßt und der Ihr Euch abergläubischer und verworfener Menschen bedient, wie etwa eines liederlichen und übel beleumundeten Frauenzimmers, das in Männerkleidern einhergeht und sich unzüchtig beträgt...« Er forderte ihn auf, in der Provinz Brie oder in der Île-de-France einen passenden Ort auszuwählen, wo sie sich persönlich messen könnten. Daraufhin setzte sich das englische Heer in Richtung Senlis in Bewegung und machte am 14. August halt in der Nähe des Dorfes Montépilloy. Inzwischen hatte der Herzog von Bedford, ein geschickter Schachzug, den Herzog von Burgund zum Statthalter von Paris ernannt. Auf diese Weise übte ein Fürst von königlichem Geblüt die autoritäre Gewalt über die Hauptstadt aus.

Es schien, als sollte in Montépilloy die entscheidende Schlacht stattfinden. Das Heer Bedfords, zu dem siebenhundert vom Herzog von Burgund entsandte Pikarden gestoßen waren, lagert an dem friedlichen Flüßchen Nonnette. Die französischen Truppen, die von Crépy-en-Valois eintreffen, werden in »batailles« (Heerscharen) aufgeteilt; zur ersten, die unter dem Befehl des Sire d'Albret steht, gehören Johanna selbst sowie der Bastard von Orléans und La Hire.

Franzosen und Engländer nehmen Aufstellung: ein ganzer Tag vergeht, der 15. August, die Sonne brennt vom Himmel, die Luft ist von Staub erfüllt. (»Es gab so viel Staub«, sagt Perceval de Cagny, »daß man weder Franzosen noch Engländer erkannte.«) Beiderseits wartet man auf eine Kampfhandlung, die eine Entscheidung bringt. Wie gewöhnlich haben sich die Engländer hinter mehreren Reihen von Spitzpflöcken und Karren verschanzt wie hinter einem Festungswall. Karl VII. reitet zusammen mit dem Herzog von Bourbon und La Trémoïlle; Bedford, dessen Schreiben einem Fehdebrief gleichgekommen war, ist nicht zu sehen. Am Nachmittag des 16. August hört man, daß die Engländer nach Paris zurückkehren.

»Den ganzen Tag standen sie einander gegenüber, ohne

Zaun und ohne Strauch, auf Schußweite einer Feldschlange voneinander entfernt, und ohne den Kampf zu beginnen«, schreibt der Herold Berry, Augenzeuge jenes Tages, an dem das Schicksal noch einen Aufschub gewährte. »Und abends brach der König auf und zog sich mit seinem Heer nach Crépy zurück, und der Herzog von Bedford ging nach Senlis.«

Die Rolle Philipps des Guten

An diesem 16. August geschah noch etwas anderes, und zwar in Arras. Philipp der Gute, Herzog von Burgund, mußte an jenem Tag sowohl gegenüber den Engländern wie den Franzosen, unter Beweis stellen, daß er Herr der Lage war und der von ihm angestrebten Rolle des Schiedsrichters zwischen den beiden Mächten gerecht werden konnte: eine französische Abordnung unter der Führung des Erzbischofs von Reims, Regnault de Chartres, den mehrere Notabeln, unter ihnen Raoul de Gaucourt, begleiteten, legte dem »Großherzog des Abendlandes« ihr Anliegen dar, wobei sie, wie die Zeugen aussagten, ihm eine Entschädigung anboten, »die bei weitem das überstieg, was Seiner Königlichen Hoheit gehörte«. Als Sühne für das Verbrechen von Montereau bat man ihn, alle möglichen Gewährleistungen entgegenzunehmen, »in Form von Geiseln, körperlichen und Geldstrafen, den höchsten Verpflichtungen von Kirche und weltlicher Macht, die man sich nur vorstellen könnte«. Und das alles nur, um in dem Konflikt zwischen Franzosen und Engländern neutral zu bleiben. Diese hatten ihrerseits Hugues de Lannoy, einen burgundischen Diplomaten, der aber dem königlichen Rat Englands angehörte, nach Arras gesandt. Schlau wie er war, antwortete der Herzog von Burgund, daß er an der für 1430 angesetzten Friedenskonferenz, die Amadeus VIII. von Savoyen als Mittler in den meisten dieser Verhandlungen vorgeschlagen hatte, teilnehmen werde.

In der Zwischenzeit jedoch hatten sich die besorgten Bürger von Reims an Johanna gewandt. Nach dem Abzug des Königs von Frankreich fanden sie sich nun wieder weit und breit allein in burgundischem Gebiet, und die Truppenbewegungen, die sie in der Umgebung beobachteten, gaben ihnen berechtigten Anlaß zur Sorge. Johanna antwortete ihnen mit einem Schreiben, in dem einige Unruhe durchklingt:

»Ich verspreche und gelobe Euch, daß ich Euch, solange ich lebe, nie verlassen werde. Und es ist wahr, daß der König mit dem Herzog von Burgund einen vierzehntägigen Waffenstillstand abgeschlossen hat; (...) wieviel Waffenstillstände wurden so schon geschlossen, ich bin damit nicht zufrieden und weiß nicht, ob ich sie einhalten werde. Aber wenn ich sie einhalte, so geschieht es nur um der Ehre des Königs willen.«

Sie legte ihnen nahe, »gut Wache zu halten und die gute Stadt dem König zu bewahren«. Ort und Datum des Schreibens sind bedeutsam: »Geschrieben am Freitag, dem 15. Tag des August, in einer Herberge auf dem Lande, auf dem Weg nach Paris.« Dieser Brief ist ebenso wie der an den Herzog von Burgund nicht unterschrieben, er sagt aber sehr viel über Johannas Persönlichkeit und ihre Absichten aus. Dieses »auf dem Weg nach Paris« ist ebenfalls eine Herausforderung.

Doch es wird weiterhin an zwei Strängen gezogen. Während Johanna an nichts anderes denkt, als die Begeisterung zu nutzen und das starke Heer einzusetzen, hat der König nur Unterhandlungen und Waffenstillstände im Kopf. Am 17. August werden ihm in Crépy, wohin er sich zurückgezogen hat, die Schlüssel von Compiègne ausgehändigt. Am nächsten Tag zieht er durch das Pierrefonds-Tor in die Stadt ein und wird von den Notabeln und einem Mann, von dem noch die Rede sein wird, Guillaume de Flavy, empfangen. Flavy ist ein erfahrener Kriegsmann, der mit der Verteidigung der Stadt beauftragt ist. Einige Tage später, am 21. August, trifft in Compiègne eine burgundische Gesandtschaft ein; sie steht unter der Führung Johanns von Luxemburg — ein anderer Name, dem wir in der Folge noch begegnen werden.

Nach einer Woche zäher Verhandlungen einigt man sich auf eine viermonatige Waffenruhe für alle Gebiete am rechten Seineufer, von Nogent-sur-Seine bis Honfleur. Während dieser Zeit darf Burgund von Frankreich weder Städte einnehmen, die in den angegebenen Grenzen liegen, noch Reueeide entgegennehmen. Doch weitere Garantien enthält der Vertrag nicht, denn sie wurden von Karl VII. mündlich gegeben, der sich unter anderem verpflichtete, dem Herzog von Burgund alle größeren Städte am Lauf der Oise — Compiègne, Poent-Saint-Maxence, Creil und Senlis — als Pfand zu überlassen. Bedford war froh, daß er sein Heer unversehrt nach Paris zurückziehen konnte, und der Herzog von Burgund fand sich mehr denn je Herr der Lage.

In dieser Zeit verfaßte der auf Seite der Anglo-Burgundischen stehende Hugues de Lannoy zwei Denkschriften, in denen er darlegte, wie in Zukunft der Krieg in Frankreich geführt werden sollte. Dieser Plan legte besonderen Nachdruck darauf, daß vor dem Auslaufen des Waffenstillstandes, das heißt vor Weihnachten, ein starkes englisches Heer, »eine gute und große Streitmacht von Bewaffneten und Truppen«, nach Frankreich kommen müsse. Mehr denn je sei es unerläßlich, sich den Herzog von Burgund als Verbündeten zu sichern, da ohne ihn »keine gute und nachhaltige Tat vollbracht werden kann«. Nach dem ersten Januar 1430, wenn der Waffenstillstand beendet sei, werde England zweitausend Mann für ihn unterhalten, für die er alle Kosten übernehme; mit dieser Truppe müsse er dann Paris verteidigen. Als Belohnung dafür sollte er »große und hervorragende Machtbefugnis« sowie »irgendeine große Grundherrschaft« erhalten. Der Herzog von Bedford, der unerläßliche Bündnisse auf bewundernswerte Weise herzustellen und aufrechtzuerhalten versteht, wird beide Punkte des Versprechens erfüllen. Am 13. Oktober überträgt er Philipp dem Guten »die allgemeine Statthalterschaft« über das Königreich Frankreich, während ihm die Engländer am 12. Januar 1430 die Grafschaften Champagne und Brie zueignen.

Noch andere nützliche Bündnisse sind in diesem Kriegsplan vorgesehen; so etwa will man sich der Treue des Herzogs der Bretagne versichern, indem man ihm die Grafschaft Poitou und die des Konnetabel Arthur de Richemont überträgt, den man wiedergewinnen könnte, indem man ihn zum Konnetabel des Königs von England ernennt und ihm die Touraine, die Saintonge, die Gegend von Aunis und La Rochelle zuschlägt. Auf diese Weise bleibt Frankreich in seinen verschiedenen Gebieten so aufgeteilt, wie es den Engländern am vorteilhaftesten erscheint. Gleichzeitig plant man einen Angriff auf das Berry, wohin sich der König von Frankreich zurückgezogen hat, während Truppen in die Guyenne entsandt werden sollen, um dort seine Bundesgenossen, die Grafen von Armagnac und von Foix, in Schach zu halten. Man tat also alles, um »die sehr große Drangsal, die jetzt in Frankreich herrscht«, zu beheben und die kürzlich dank der Jungfrau errungenen Erfolge zunichte zu machen. Das alles geschah gleich nach Abschluß des Waffenstillstandes, der ein nützliches Ablenkungsmanöver war und gestattete, die Disposition festzulegen. Andererseits riet Hugues de Lannoy, zu den Königen von Kastilien, Aragon und Portugal, zum Herzog von Mailand, dem von Lothringen und vor allem nach Schottland, also zu »Verbündeten«, in die die Gegner sehr große Hoffnungen setzen und derer sie sich lautstark rühmen«, Abgesandte zu schicken.

Die Schlappe von Paris

Während im geheimen an diesen Plänen gearbeitet wurde, wuchs, wie uns Perceval de Cagny bezeugt, Johannas Ungeduld:

»Als sich der König in Compiègne befand, wurde die Jungfrau sehr ärgerlich darüber, daß er sich hier so lange aufhalten wollte. Sie rief den Herzog von Alençon und sprach zu ihm: ›Mein schöner Herzog, gebt Befehl, daß Eure Leute und die anderen Hauptleute Vorbereitungen treffen. Bei meinem Esel (Stock), ich will Paris aus größerer Nähe sehen als bisher!‹«

Bedford seinerseits hatte Senlis verlassen müssen und sich nach Rouen begeben, denn die Nachrichten aus der Normandie waren alarmierend. In der Provinz wimmelte es von »Partisanen«, wie man die Widerstandskämpfer damals nannte, und der Chronist fährt fort:

»Am Freitag darauf, dem 26. Tag dieses Monats August, nahmen die Jungfrau, der Herzog von Alençon und ihre Truppe in der Stadt Saint-Denis Quartier. Als der König erfuhr, daß sie in der Stadt Saint-Denis einquartiert waren, kam er höchst widerwillig bis zur Stadt Senlis, und anscheinend wurde er im entgegengesetzten Sinn zu den Bestrebungen der Jungfrau, des Herzogs von Alençon und der Männer ihrer Truppe beraten.«

Das sagt alles. Die folgenden Tage vergehen mit Scharmützeln und für Johanna mit der Untersuchung der Stadtmauern von Paris, wo die Bevölkerung in panischer Angst lebt und auf Anordnung des Burgunders Louis de Luxembourg, Bischof von Thérouanne, der im Auftrag des Königs von England Kanzler von Frankreich ist, die Stadt in Verteidigungszustand setzt. Währenddessen begibt sich der Herzog von Alençon mehrere Male von Saint-Denis nach Senlis, wo der König residiert, dann nach Compiègne: »Und es gab keinen, welchen Standes er auch war, der nicht sagte: ›Sie wird den König nach Paris führen, auch wenn er darauf kaum Wert legt.‹«

Am Donnerstag, dem 8. September, wird schließlich zum Sturm geblasen; Johanna, der Marschall de Rais und der Sire de Gaucourt brechen von La Chapelle auf, um den Angriff am Saint-Honoré-Tor zu übernehmen. Der König seinerseits war am Vorabend in Saint-Denis eingetroffen, die Begeisterung seiner Umgebung genießend, aber entschlossen, wie die Folge zeigen wird, nichts zu tun.

Clément de Fauquembergue, der Kanzlerschreiber des Parlaments von Paris, der vier Monate vorher fast Tag für Tag die Einzelheiten der Befreiung von Orléans festgehalten hatte, vermerkt an diesem Tag in seinen Aufzeichnungen:

»Am Donnerstag, dem 8. Tag des September, Geburtstag der Mutter Gottes, versammelten sich die Krieger des Herrn Karl von Valois in großer Zahl vor den Mauern von Paris, in der Nähe des Tores Saint-Honoré, und hofften, das Volk in Furcht zu versetzen und dadurch die Stadt und die Einwohner von Paris mehr zu belasten und zu schädigen, als sie es durch die Kraft und Stärke ihrer Waffen vermocht hätten. Gegen zwei Uhr nachmittags taten sie so, als wollten sie die Stadt Paris einnehmen (...). Zu dieser Stunde gab es in Paris viele verängstigte und wankelmütige Einwohner, die überall in der Stadt und diesseits und jenseits der Brücken schrien, daß alles verloren sei und daß die Feinde bereits in Paris wären und jeder sich zurückziehen und schnell retten solle.«

Es ist sehr wahrscheinlich, daß die Ankunft des Königs von Frankreich für einen großen Teil der Bevölkerung neue Hoffnung bedeutete, und diese Schreckensreaktionen bezeugen die tiefe Verunsicherung innerhalb der Bevölkerung. Inzwischen tobt zwischen dem Saint-Honoré-Tor und dem Saint-Denis-Tor der Kampf:

»Die Jungfrau nahm ihr Banner und stieg mit den ersten in der Nähe des Schweinemarktes in die Gräben hinab«, schreibt Perceval de Cagny. »Der Angriff war hart und lang, und der Lärm und der Spektakel der Kanonen und Feldschlangen, die die von drinnen auf die von draußen abschossen, und der Anblick der vielerlei und ungezählten Pfeile waren ganz unwirklich (...) Der Sturm dauerte ungefähr von Mittag bis zu der Stunde, da der Tag sich neigte, und nach Sonnenuntergang wurde die Jungfrau am Schenkel vom Pfeil einer Armbrust getroffen. Und als sie getroffen war, verlangte sie nur noch eindringlicher, alle sollten sich über die Mauern hermachen und die Stellung nehmen. Aber es war Nacht, sie war verwundet, und die Soldaten waren von dem langen Sturmangriff erschöpft, und so kamen Sire de Gaucourt und andere, nahmen die Jungfrau und holten sie gegen ihren Willen aus den Gräben. Auf diese Weise ging der Angriff zu Ende.«

Man brachte Johanna in das Lager von La Chapelle zurück, wo sie einen Teil der vorangegangenen Nacht im Gebet zugebracht hatte. Trotz ihrer Verletzung brach sie am nächsten Tag an der Seite des Herzogs von Alençon auf, aber »es erschienen der Herzog von Bar und der Graf von Clermont im Namen des Königs« und gaben den Befehl zum Rückzug. Der Herzog von Alençon hatte eine Bootsbrücke schlagen lassen, um die Offensive wieder aufzunehmen, aber der König ließ sie während der Nacht zerstören.

Er blieb bis Dienstag, den 13. September, in Saint-Denis und gab dann den Befehl, »an den Loire-Fluß zurückzukehren, was die Jungfrau sehr verdroß«. Die vom »Rat bei Hofe«, um mit Poton de Xaintrailles zu sprechen, hatten wieder einmal über die »der Tat auf dem Schlachtfeld« gesiegt.

Bevor Johanna sich zurückzog, hängte sie in der Basilika von Saint-Denis »eine vollständige weiße Rüstung für einen Bewaffneten mit einem Schwert, das ich vor der Stadt Paris gewann« – das eines Kriegers, den sie beim Sturm gefangengenommen hatte – als Exvoto auf.

Sie »fürchtete nichts außer Verrat«; indes bei der Rückkehr von der Krönung lauerte Verrat allenthalben. Der Herold Berry berichtet, daß während seines Aufenthaltes in Compiègne noch vor dem Angriff auf Paris der König Johann von Luxemburg empfangen habe, »der ihm mehrfach versprach, einen Frieden zwischen dem König und dem Herzog von Burgund herzustellen, jedoch nichts dergleichen tat, sondern ihn hinterging«. Was Herzog Philipp den Guten betraf, so richtete er an Charles Pierre de Bauffremont, Herr von Charny, ein Schreiben, in dem er ihm zu wissen gab, »daß er ihm Paris überlasse (...) und daß er nach Paris komme, um mit denen zu sprechen, die zu ihm halten würden; zu diesem Zwecke benötige er einen Freibrief; und der besagte Herzog erhielt den Freibrief des Königs, doch als er nach Paris gekommen war, schlossen der Herzog von Bedford und er ein noch festeres Bündnis gegen den König als zuvor«.

Dieses zweite Täuschungsmanöver fand statt, nachdem Karl VII. bereits am 21. September wieder nach Gien zurückgekehrt war. Zu diesem Zeitpunkt wurde sich Johanna darüber klar, daß die Siegesserie zu Ende war: sie sah, wie das große Heer des Krönungszuges, in dem sich so viele Männer in einer gemeinsamen Hoffnung zusammengefunden hatten, auseinanderbröckelte. Nachdem sie ihrerseits ihre Versprechungen, die den König und dessen Umgebung zum Handeln bewogen, erfüllt hatte, stellte diese moralische Niederlage für sie die schmerzlichste Schlappe dar. Im Augenblick ihres größten Triumphs, als der König zu Reims gesalbt und damit in den Augen der Welt und noch mehr in denen seines Volkes geweiht worden war, hatte sich die Lage grundlegend geändert: da Karl nun König war, zählte allein sein Wille. Er wollte seine eigene Politik betreiben, und diese Politik wich ganz und gar von »der Tat auf dem Schlachtfeld« ab; sie zielte nach wie vor beharrlich auf die Aussöhnung mit dem Herzog von Burgund, vielleicht, um zu versuchen, die schreckliche Erinnerung an den »Hinterhalt von Monteraux« zu tilgen, der Johann Ohnefurcht das Leben gekostet hatte, vielleicht aber auch, weil er, wie Perceval de Cagny sagt, »zu diesem Zeitpunkt mit der Gnade des Herrn, die ihm zuteil geworden war, zufrieden zu sein schien, und darum nichts anderes unternahm«. Das Gefühl, die Menschen der guten Städte rund um ihn und sein gesamtes Volk, das nun zu ihm stand, zu enttäuschen, wird jedoch aus einem Rundbrief der königlichen Kanzlei vom 13. September deutlich; nur das an die Einwohner von Reims gerichtete Exemplar ist uns erhalten geblieben: dem König liegt offensichtlich daran, seine Untertanen zu beruhigen. Er werde »auf das andere Ufer der Seine hinübergehen«, aber nur, weil mit dem Herzog von Burgund ein Waffenstillstand geschlossen worden sei und er den Frieden vorbereite; er nehme seine Truppen mit, weil deren langes Verbleiben in diesem Lande dessen »vollständigen Niedergang bedeuten würde«. Und man könne beruhigt sein: wenn der Herzog von Burgund sein Versprechen nicht halte, werde der König »mit einem großen Heer« zurückkommen.

Karl VII. — »Unbeständigkeit, Mißtrauen und vor allem Neid«

Was war zu tun? Der Herold Berry schreibt einen Satz, der die Unterhandlungen und das vielfache Zögern gut zusammenfaßt: »Als der König nach Gien gekommen war, wünschte der Herzog von Alençon die Jungfrau und die Bewaffneten des Königs in die Normandie zu führen, aber der Herr von La Trémoïlle wollte dies nicht zulassen.« Der Chronist des Herzogs von Alençon seinerseits fügt hinzu: »Und die Jungfrau blieb beim König, der Abzug der Hauptleute verdroß sie.« Johanna wird ihren »schönen Herzog« nicht wiedersehen: »Sie wollten niemals einwilligen«, schreibt Perceval de Cagny von den Ratgebern, »noch erlauben, daß die Jungfrau und der Herzog zusammen waren, und danach hat er sie nicht wiederbekommen.«

Diese Haltung Karls VII. scheint für seinen Charakter typisch zu sein. Der burgundische Chronist Georges Chastellain, der die wichtigsten Personen seiner Zeit mit der Feder ebenso hervorragend porträtiert hat wie Jean Fouquet mit dem Pinsel, geht sehr ausführlich auf sein Wesen ein; er schreibt diesem »siebten Karl« drei Charakterfehler zu: »Unbeständigkeit, Mißtrauen und vor allem Neid« und fügt an:

»Es gab häufige und unterschiedliche Veränderungen rund um seine Person, denn, um ein Bild der Zeit zu gebrauchen,

143

es war üblich, daß er das Rad, wenn sich jemand in seiner Nähe bis an dessen Scheitel erhoben hatte und ihn zu langweilen begann, bei der erstbesten Gelegenheit von oben nach unten drehte.«

Das beschreibt sehr treffend, was sich damals zwischen Johanna und diesem König, den sie auf den Thron gebracht hatte, abspielte. Und ganz ähnlich sollte es allen ergehen, die sich Karl VII. näherten, so daß in seinem Umkreis ständig rebelliert wurde. Derselbe Herzog von Alençon, den er von Johanna trennt, weil er fürchtet, daß das, was er den beiden auf den Wällen von Paris angetan hat, Folgen zeitigen könnte, wird eines Tages mit den Engländern paktieren; selbst Dunois, der Besonnene und treu Ergebene, wird sich in eine der Revolten des Adels hineinziehen lassen. Man braucht nicht eigens darauf hinzuweisen, wie die Beziehung des Königs zu Jacques Coeur waren, ganz zu schweigen von seinem Verhalten gegenüber dem eigenen Sohn. Jedesmal, wenn der Dauphin Ludwig einen Sieg erringt, beeilt er sich, ihn an den Hof zurückzurufen und kaltzustellen.

Nun begibt er sich erst nach Selles-en-Berry, dann nach Montargis; sich im Ruhm seiner Siege sonnend, nimmt er in Loches, Vierzon, Jargeau, Issoudun die Huldigungen seiner Untertanen entgegen, bevor er sich um den 15. November in einer seiner bevorzugten Residenzen, dem Schloß Mehun-sur-Yèvre, niederläßt.

Inzwischen war Johanna dem Sire d'Albret, Halbbruder La Trémoïlles, Reichsverweser des Königs in Berry, anvertraut worden. Er brachte sie zunächst nach Bourges, wo sie drei Wochen bei René de Bouligny wohnte, dem ersten Ratgeber des Königs im Finanzwesen; dessen Gemahlin Marguerite La Touroulde sollte später Gelegenheit haben, von diesem Aufenthalt Johannas bei ihr zu berichten, von ihren Gesprächen mit der Heldin und deren Gelächter, wenn die Leute ihr ihren Rosenkranz oder andere fromme Gegenstände brachten: »Berührt sie selbst!« habe sie zu Marguerite gesagt. »Eure Finger sind genauso gut wie die meinen.« Sie bescheinigt Johanna große Frömmigkeit – mehr als einmal war sie mit ihr zur Messe gegangen, auch des Nachts in die Matutin – und Lauterkeit in ihrem ganzen Betragen. Wie damals üblich, gingen die zwei Frauen oft gemeinsam in die Badestube und schliefen nachts im selben Bett.

Saint-Pierre-le-Moûtier

Ein Vorhaben jedoch, das wahrscheinlich von La Trémoïlle angeregt worden war, schien geeignet, Johanna nutzbringend zu beschäftigen: sie sollte gegen die Bandenführer kämpfen. Einige von ihnen, die sich in widerrechtlich angeeigneten Schlössern oder Belfrieden verschanzt hatten, wurden in dieser unsicheren Zeit zu gefürchteten Raubrittern, die von Kaufleuten oder Kriegern Lösegelder erpreßten und unter den Einwohnern der Umgebung Angst und Schrecken säten. Einer, der damals in Mittelfrankreich sein Unwesen trieb, war der berühmte Perrinet Gressart. Er saß in Charité-sur-Loire und verkaufte seine Dienste bald an den Herzog von Burgund, bald an Bedford, der den Abenteurer zu benutzen verstand und ihn mit Gunstbezeigungen und Geld überhäufte. Eine Zeitlang war selbst La Trémoïlle sein Gefangener gewesen und erst freigekommen, nachdem er die hohe Lösegeldsumme von vierzehntausend Talern »guten Gewichts« bezahlt hatte. Seither hatte Perrinet seine Stellungen im Nivernais noch ausgebaut und war immer mehr zum Handlanger der Engländer geworden; außer La Charité gehörten ihm Saint-Pierre-le-Moûtier, Dompierre-sur-Besbre und La Motte-Josserand, dessen Herr er sich nannte. Aufgrund seiner Machtstellung fürchteten ihn sowohl die Burgundischen als auch die Franzosen.

Sich an einen solchen Mann heranzuwagen war gewiß kein geringes Unterfangen, aber es war auch nicht das, was Johanna als ihren Auftrag ansah, denn sie wollte ja weiter in Richtung der Ile de France und der Normandie vordringen, um den Gegner zu vertreiben. Dennoch willigte sie ein. Wie immer begleitet von ihrem Intendanten Jean d'Aulon und den Bewaffneten, die man ihr großzügigerweise genehmigt, bereitet sie sich gemäß der Weisung der königlichen Ratgeber darauf vor, den auf halbem Weg zwischen Nevers und Moulins gelegenen befestigten Platz Saint-Pierre-le-Moûtier zu umzingeln, der, solange er sich in den Händen der Landsknechte befindet, dem Gegner Rückhalt bietet.

Kurz bevor sie zu diesem Feldzug aufbrach, traf Johanna mit einer Seherin oder angeblichen Seherin, Catherine de la Rochelle, zusammen, die ihr Bruder Richard, mit dem sie bereits bei der Belagerung von Troyes zu tun gehabt hatte, sandte. Catherine behauptete, daß ihr jede Nacht eine goldengewandete weiße Dame erscheine, die ihr zum König zu gehen befehle und gesagt habe, sie werde ihm verborgene Schätze aushändigen, damit er Bewaffnete für die kommenden Kämpfe bezahlen könne. Johanna empfing diese Seherin an einem Ort, der damals Montfaucon-en-Berry hieß (heute Villequiers) und in einiger Entfernung von Bourges bei Baugy liegt. Sie wachte zwei Nächte lang mit ihr, ohne die weiße Dame zu sehen. Danach empfahl sie Catherine, »sie solle zu ihrem Ehemann zurückkehren, ihren Haushalt führen und die Kinder erziehen«, und schrieb an den König, daß sie die Sache »mit Catherine für eine Torheit und bedeutungslos halte«.

Die Belagerung von Saint-Pierre-le-Moûtier erwies sich als schwierig; den Befehl über das Unternehmen hatte Sire d'Albret, dem der Marschall de Boussac und der Graf de Montpensier zur Seite standen; der Angriff der königlichen Truppen wurde abgewehrt, und der Rückzug begann. In diesem Augenblick sah Jean d'Aulon, wie die Jungfrau

»mit einer nur ganz kleinen Mannschaft zurückblieb. Da er Schlimmes befürchtete, bestieg er ein Pferd, ritt zu ihr und fragte sie, was sie da so allein täte und warum sie sich nicht wie die anderen zurückzöge. Da nahm sie ihren Helm ab und sagte«, erzählt Jean d'Aulon, »sie sei nicht allein, sondern mit einer Gefolgschaft von fünfzigtausend Mann. Sie werde nicht weichen, bis sie die besagte Stadt genommen habe. Zu diesem Zeitpunkt«, fügt er hinzu, »hatte sie nicht mehr als vier oder fünf Männer bei sich. (...) Ich sagte ihr abermals, sie solle gehen und sich zurückziehen, wie die anderen es taten; darauf antwortete sie mir, ich solle Reisigbündel und hölzernes Gitterwerk bringen lassen, um daraus eine Brücke über die Gräben der Stadt zu bauen, damit sie besser an diese heran könnten. Und als sie mir das sagte, rief sie mit lauter Stimme: ›Alle Mann zu den Reisigbündeln und Gittern, damit wir die Brücke schlagen können!‹ Und sogleich wurde diese errichtet. Darüber staunte ich sehr, denn alsbald wurde die Stadt im Sturm genommen, ohne daß wir auf allzu großen Widerstand stießen.«

All das ereignete sich im November 1429. Nachdem die Stadt genommen war, wandte sich das Heer nach Norden, um La Charité-sur-Loire zu belagern, das Perrinet Gressarts Lehen war. In diesem Jahr war es früh Winter geworden, und das Heer hatte fast seine ganze Munition in Saint-Pierre-le-Moûtier verschossen. Deshalb schrieb Johanna von Moulins an die Einwohner der Städte Clermont und Riom und bat sie um Hilfe: man solle ihr »Kriegsgerät« schicken, Pulver, Salpeter, Schwefel, Armbrustpfeile und so weiter. Der Brief an die Einwohner von Clermont ist nur bekannt durch die Eintragung in das Register der Stadt, die umgehend zwei Zentner Salpeter, einen Zentner Schwefel und zwei Kasten Pfeile lieferte. Die von Riom begnügten sich damit, einen Geldbetrag zu senden, der übrigens zu spät eintraf; dagegen bewahrten sie das Original des Briefes vom 9. November auf. Im Gegensatz zu den bereits erwähnten früheren Briefen trägt dieser die Unterschrift *Jehanne*, in eher ungelenken Zügen (das Doppel-N zeigt fünf Abstriche statt vier). Doch dies ist auch ein ausreichender Beweis dafür, daß Johanna inzwischen lesen und schreiben gelernt hatte — was übrigens wahrscheinlich ist — zumindest soweit, daß sie ihren Namen schreiben konnte.

»Sehr wider Willen«

Die Belagerung von La Charité begann am 24. November. Sie wurde ein Mißerfolg. »Sire La Trémoïlle schickte Johanna mit seinem Bruder, Sire d'Albret, und dem Marschall de Boussac mitten im strengsten Winter und mit ganz wenigen Leuten vor die Stadt La Charité, und dort lagen sie ungefähr einen Monat lang und zogen mit Schimpf und Schande ab, ohne daß die Stadt Hilfe erhalten hatte, und sie verloren dort Bombarden und Geschütze«, schreibt der Herold Berry lakonisch; der andere Zeuge dieser unseligen Zeit, Perceval de Cagny, geht noch weiter: »Johanna mußte ihre Belagerung aufheben und sehr wider Willen abziehen, denn der König machte keine Anstrengung, ihr Lebensmittel oder Geld für den Unterhalt ihrer Truppen zu senden.«

Man kann sich Johannas Verdrossenheit gut vorstellen, als sie sich an Weihnachten in Jargeau befand. Und gewiß bedeutete der Adelsbrief, den der König ihr Ende Dezember in Mehun-sur-Yèvre erteilte, für sie keinen Trost:

»Wir wollen Uns dankbar zeigen für die zahlreichen und großen Wohltaten der göttlichen Macht, die Uns durch Unsere teure und vielgeliebte Jungfrau Jeanne d'Ay aus Domrémy erwiesen wurden ... Außerdem geschieht dies in Anbetracht der lobenswerten, willigen und nützlichen Dienste, die besagte Johanna Uns und dem Königreich bereits bei vielen Gelegenheiten geleistet hat und die sie Uns auch, wie Wir hoffen, in Zukunft leisten wird...«

Der König adelte auch ihre Eltern und Brüder; ja er legte sogar fest, daß für Johanna und ihre Familie sich der Adel auch auf die weiblichen Nachfahren vererben sollte, und nicht nur auf die männlichen, wie es seit den Zeiten Philipps des Schönen Brauch geworden war. Es war die übliche Geste eines Herrschers beziehungsweise eines Ministers, der einem Beamten, den er entlassen hat, ein Auszeichnung verleiht. Karl VII. hatte die Mentalität eines Verwalters.

Für Johanna beginnt ein düsterer Winter. Zweifellos verbrachte sie ihn zum größten Teil in Sully-sur-Loire in dem Schloß, das der Familie La Trémoïlle gehörte. Über diesen Aufenthalt ist nur wenig bekannt. So etwa weiß man, daß sie am 19. Januar in Orléans zu einem von der Stadtobrigkeit veranstalteten Festmahl eingeladen war. Unter den Gästen befand sich auch der Mann, bei dem sie in Poitiers Aufnahme gefunden hatte, Jean Rabateau, Generalprokurator des Rechnungshofes. Laut den städtischen Registern war auch zumindest einer von Johannas Brüdern, Pierre, der ihr während der Feldzüge zur Seite gestanden hatte, geladen. Noch eine andere Begebenheit fällt in diese Zeit. Ende Januar 1430 verheiratete der Maler, der ihr Banner bemalt hatte und der in den Texten Hauves Poulnoir genannt wird, seine Tochter. Als Johanna davon erfuhr, schrieb sie an den Schatzmeister der Stadt Tours und bat ihn, der jungen Braut einen Betrag von hundert Talern auszuhändigen, damit sie davon ihre Kleidung kaufen könne. Der Stadtrat jedoch befand, ein solches Geschenk überschreite seine Möglichkeiten, und er erklärte sich lediglich bereit, 4 Livres und 10 Sous für Brot und Wein zur Hochzeitsfeier beizusteuern.

Eine andere, freilich prunkvollere Hochzeit fand zur gleichen Zeit in Brügge statt. Der Großherzog des Abendlandes, Philipp der Gute, der sich auf dem Höhepunkt seines Ruhms befand, heiratete am 8. Januar 1430 Isabella von Portugal. Anläßlich dieser Festlichkeiten, die ein unerhörter Luxus kennzeichnete, stiftete er den Orden vom Goldenen Vlies, einen Ritterorden, in den der gesamte burgundische Adel eintrat; zu den Rittern, die Philipp der Gute — wie König Arthus seine Tafelrunde — um sich scharte, befand sich jener Hugues de Lannoy, der in seinem Auftrag die Waffenstillstandsverhandlungen mit Karl VII. geführt und der, wie wir gesehen haben, den Plan einer Offensive gegen den König von Frankreich ausgearbeitet hatte, der bald in die Tat umgesetzt werden sollte.

Philipp der Gute war am 13. Oktober vom König von England zum Reichsverweser für das Königreich Frankreich ernannt worden. Am 12. Februar des folgenden Jahres schenkte Bedford ihm die Grafschaften Brie und Champagne mit der Verpflichtung, sie sich zu erobern. Seit Beginn der Eroberung Frankreichs verteilte er auf diese Weise sehr großzügig die französischen Gebiete unter seinen Heerführern oder Familienmitgliedern. Dem Herzog von Burgund kam dieses Geschenk sehr gelegen, denn die beiden Grafschaften lagen zwischen seinen Besitzungen Burgund, Pikardie und Flandern und rundeten sein Herrschaftsgebiet vorteilhaft ab. Die Stadt Dijon hatte ihm zusammen mit den Abgeordneten der verschiedenen Regionen, die unter seiner Botmäßigkeit standen, eine Kriegshilfe von zwölftausend Livres bewilligt. Doch der Waffenstillstand war bis zum 15. März verlängert worden mit der Begründung, daß voraussichtlich Anfang April in Auxerre eine Friedenskonferenz abgehalten werde, aber dann hatte man um weitere Fristverlängerung gebeten, und die Konferenz war bis zum Juni aufgeschoben worden. Philipp der Gute hatte jedoch unverzüglich burgundische Garnisonen nach Roye und Montdicier gelegt und bereits im März, ohne zu warten, bis der Waffenstillstand ausgelaufen war, ein Heer unter dem Befehl des Marschalls de Toulongeon in die Champagne geschickt.

Die burgundische Offensive

Karl VII. hatte am 15. Februar seine Residenz in Mehun-sur-Yèvre verlassen und war nach Sully-sur-Loire gezogen, wo Johanna Anfang März zu ihm stieß. Der Optimismus, mit dem er diesen Waffenstillstand geschlossen hatte, der den königlichen Truppen allen Schwung raubte, begann einer nur zu berechtigten Sorge Platz zu machen. Die Haltung des Herzogs von Burgund, der die im Anschluß an den Waffenstillstand geplante Friedenskonferenz ständig hinausschob, während er gleichzeitig die unverzügliche Übergabe der Oisestädte forderte, die ihm als Sicherheit für diesen Waffenstillstand versprochen worden waren, und in der Champagne zum Angriff überging, war mehr als verdächtig. Fast überall wurden Freischärlergruppen aktiv. In Saint-Denis, wo eine burgundische Garnison lag, rieben sie diese in einer Blitzaktion auf. In Melun erhoben sich die Einwohner und verjagten die englischen Truppen. In Paris selbst kam es in diesem März zu einer großangelegten Verschwörung, an der Geistliche, Handwerker und Kaufleute teilhatten; ihr Anführer war ein gewisser Jacques Perdriel, für den als Bauern verkleidete Mönche des Karmeliterklosters die Verbindungen herstellten. Als einer von ihnen, Bruder d'Allée, gefangengenommen wurde, brach die Verschwörung zusammen; unter der Folter gab er die Namen der Verschwörer preis, was zur Folge hatte, daß mehr als fünfhundertfünfzig Menschen verhaftet wurden und am 8. April in den Hallen von Paris sechs öffentliche Hinrichtungen stattfanden. Andere Aufrührer wurden bei Nacht und Nebel in die Seine geworfen. Wieder anderen gelang es, sich gegen eine Geldsumme freizukaufen. In Compiègne war der Widerstand am stärksten. Bei Abschluß des Waffenstillstands war der Graf de Clermont erschienen, um im Namen des Königs zu fordern, daß die Einwohner sich dem Burgunder ergaben, denn zusammen mit Creil und Pont-Saint-Maxence gehörte die Stadt zu den »Sicherheiten«, die man für die Einhaltung des Waffenstillstand vereinbart hatte; doch die Leute von Compiègne hatten dies energisch abgelehnt, und der Hauptmann der französischen Besatzung, Guillaume de Flavy, hatte als Antwort die Befestigungen in Verteidigungszustand versetzt; Karl von Bourbon mußte dem Herzog von Burgund wohl oder übel gestehen, daß er nicht in der Lage war, sich Gehorsam zu verschaffen. Die Einwohner hatten ihre Wahl getroffen und waren »entschlossen, lieber mit ihren Frauen und Kindern zugrunde zu gehen, als der Gnade des Herzogs (von Burgund) ausgesetzt zu sein«.

Johanna nutzte diesen Monat März 1430 dazu, sich abermals auf den Krieg vorzubereiten. Sie wußte, daß man den

Gegner nur »mit der Spitze der Lanze« überwältigen konnte, wie sie zu Catherine de la Rochelle gesagt hatte, die ihr anbot, ihr verborgene Schätze zu enthüllen. Im Laufe desselben Monats schreibt sie zwei Briefe an die Einwohner von Reims, die sich gefährdeter denn je fühlten: »Sehr teure und viel geliebte (Freunde), die ich gern besuchen würde: Johanna die Jungfrau hat Eure Briefe empfangen, in denen Ihr Eure Furcht, belagert zu werden, erwähnt«; ohne die Feinde zu nennen, von denen man genau weiß, wo sie sich befinden, fügt sie hinzu:

»Schließt die Tore, denn ich werde bald bei euch sein; und wenn sie dort sind, werde ich sie zwingen, ihre Sporen so schnell anzulegen, daß sie nicht wissen, wie sie es anfangen sollen, und ihre Vernichtung wird so schnell vor sich gehen, daß Ihr schon bald damit rechnen könnt.«

Dieser stilistisch einwandfreie Brief trägt das Datum des 16. März; einige Tage später, am 28., diktierte sie einen weiteren. Inzwischen hatte man erfahren, daß in Reims ein Komplott geschmiedet wurde, und zwar von einigen Bewohnern, die sich dem Herzog von Burgund anschließen wollten: »Sehr teure und gute Freunde, man hat dem König überbracht, in der guten Stadt Reims geschehe viel Böses.« Doch der König weiß auch, daß die große Mehrheit der Reimser ihm treu ergeben ist: »Ihr könnt glauben, daß Ihr hoch in seiner Gnade steht, und wenn Ihr bei einer Belagerung Hilfe nötig habt, wird er sie Euch geben; und er weiß wohl, daß Ihr sehr unter den Härten dieser verräterischen burgundischen Feinde zu leiden habt.« Beide Briefe tragen ihre Unterschrift. Es ist eine schöne, mit sicherer Hand geschriebene Signatur, die wir auf den Originalschriftstücken lesen können.

Nicht unterschrieben hingegen ist ein anderer Brief, dessen

Original jüngst wieder aufgefunden wurde und den in ihrem Namen ihr Beichtvater Jean Pasquerel an die Hussiten Böhmens richtete. Er ist in lateinischer Sprache abgefaßt und geht in die Richtung der Verständigungsversuche, die Karl VII. gegenüber dem deutschen Kaiser Sigismund und dem Herzog von Österreich Friedrich IV. unternahm. Die Hussiten, Anhänger des Johannes Hus, bildeten eine religiöse Bewegung, die politische Auswirkungen hatte und die der Kaiser schon seit gut zehn Jahren gewaltsam zu unterdrücken versuchte. Er hatte zu einem Kreuzzug gegen sie aufgerufen, und wir haben gesehen, wie die in England zu diesem Zweck ausgehobenen Truppen bei ihrer Ankunft in Calais auf Befehl des Kardinals von Winchester, Henry Beaufort, statt dessen Bedford für seinen Kampf gegen den König von Frankreich zur Verfügung gestellt worden waren. Dieser versuchte also, im Osten Verbündete zu gewinnen.

Philipp der Gute begnügte sich mittlerweile nicht mehr mit einer diplomatischen Offensive. Am 4. April 1430 ist er in Péronne, wo sich auf seine Anordnung hin seine Truppen gesammelt haben. Unter dem Befehl Johanns von Luxemburg, dessen Name in der Geschichte der Johanna wieder auftauchen wird, setzt sich die Vorhut in Marsch. Am 22. bricht auch der Herzog »mit seiner gesamten Streitmacht« auf, während Bedford am 23. April die Ankunft Heinrichs VI. in Calais erwartet, der bald mit zweitausend Mann und »einer großen Besatzung an Vieh und Proviant« landet. Inzwischen war der erst neunjährige König in Westminster zum König von England gekrönt worden (6. November 1429).

Der Herzog von Bedford hatte übrigens bei der Aushebung dieses Kontingents ernsthafte Schwierigkeiten: zweimal mußte er, die Dokumente bezeugen es uns, persönlich durchgreifen und Erlasse aussenden, um diejenigen, die sich »aus Angst vor den Kniffen der Jungfrau« nach Frankreich überzusetzen weigerten, dazu zu zwingen.

Der Operationsplan war zwischen den Burgundern und den Engländern sorgfältig abgestimmt. Philipp dem Guten liegt vor allem daran, sich der Städte zu bemächtigen, die den Übergang über die Oise kontrollieren, insbesondere Creil und Compiègne, die sich seiner Herrschaft verweigert haben, und Bedford ist sich mit ihm einig, die Île de France und namentlich Paris, »Herz und Hauptstadt des Königreiches«, zu schützen. Für den Herzog von Burgund beginnen die Operationen im Mai. Am 6. ist er in Noyon, und die Festung Gournay-sur-Aronde nördlich von Compiègne ergibt sich ihm kampflos; danach gilt es, Choisy-au-Bac zu umzingeln, das den Übergang über die Aisne kontrolliert; dies geschieht am nächsten Tag, wozu er sich selbst an den Ort des Geschehens begibt.

Erst an diesem 6. Mai bekennt Karl VII. öffentlich seinen Irrtum und gesteht, daß er von seinem Cousin, dem Herzog von Burgund, zum Narren gehalten worden sei. Sein Kanzler Regnault de Chartres formuliert es ganz freimütig:

»Nachdem er Uns eine Zeitlang durch Waffenstillstände und sonstwie unter dem Anschein von Aufrichtigkeit hingehalten und enttäuscht hat, da er sagte und behauptete, er sei willens, zur Wohltat des Friedens zu kommen, den Wir so sehr gewünscht haben und wünschen, und das Los Unseres armen Volkes zu erleichtern, das, zum Mißfallen Unseres Herzens, durch den Krieg so viel gelitten hat und noch täglich leidet, begann er mit erheblicher Streitmacht gegen Uns und Unser Land und Unsere rechtschaffenen Untertanen Krieg zu führen.«

Aber während der Herzog von Burgund einen sorgfältig

ausgearbeiteten Schlachtplan verwirklicht und mit der Unterstützung des englischen Heers rechnen kann, ist Karl VII. völlig unvorbereitet. Für ihn ist nur jene tätig, der er die Hände gebunden hat: Johanna die Jungfrau. Die Nachricht, daß sie in Aktion getreten ist, hat sich rasch herumgesprochen und in der Île-de-France Panikstimmung verbreitet: »Um ihr Kommen erhob sich in Paris und in anderen Orten, die es nicht mit dem König hielten, viel Geschrei«, schreibt Perceval de Cagny. Nach diesem Chronisten verließ Johanna mit einer kleinen Truppe, die in ihren Dienst getreten war, Sully-sur-Loire in den letzten Märztagen oder im April: Die Männer, die mit ihr zogen, waren die Leute eines Bandenführers namens Barthélemy Baretta und ungefähr zweihundert Piemonteser. Der Chronist behauptet sogar, daß dieser Aufbruch ohne Wissen des Königs geschah und daß Johanna sich nicht einmal von ihm verabschiedete; statt »umherzustreifen«, wie sie vorgab, soll sie sich schnurstracks in die Stadt Lagny-sur-Marne begeben haben — was recht unwahrscheinlich klingt und eine von Perceval de Cagnys üblichen Übertreibungen sein dürfte. Eher vorstellbar ist es, daß der König und seine Ratgeber sie auf eigene Gefahr ziehen ließen. Zusammenfassend kann gesagt werden, daß sie bei der Schlacht um Orléans Truppenführer war und bei ihrem Aufbruch von Sully nur noch Bandenführer. Sie wird begleitet von ihrem Intendanten Jean d'Aulon und von ihrem Bruder Pierre, aber sie hat kein standesgemäßes Quartier, keine Pagen und vor allem keine Herolde. Sie ist einer von vielen Hauptleuten, die besoldete Krieger angeworben haben.

Johanna wandte sich zunächst in Richtung der Île-de-France. Nach ihrer eigenen Aussage war sie in der Osterwoche — Ostern fiel in jenem Jahr auf den 22. April — in Melun. Die Stadt konnte ihr nur freundlich gesinnt sein und ihr einen freudigen Empfang bereiten: schließlich hatte sie ja die englische Besatzung daraus vertrieben. Von da begab Johanna sich nach Lagny: »Die Einheimischen kämpften tapfer gegen die Engländer von Paris und anderswo«, zusammen mit einigen Hauptleuten, Jean Foucault, Geoffroy de Saint-Aubin und »Canede«, Hugues Kennedy, einem Schotten.

Hier nimmt sie teil an einem Waffengang gegen eine anglo-burgundische Bande, die unter dem Befehl des berühmten Bandenführers Franquet von Arras steht; seine Leute werden in die Flucht geschlagen, er selbst gefangengenommen. Da verlangt der Vogt von Senlis, der ihn wegen verschiedener Strafsachen vor Gericht stellen will, seine Auslieferung. Aber Johanna will ihn behalten, um ihn gegen einen Freischärler namens Jacques Guillaume austauschen zu können; dieser Guillaume hatte an der jüngst in Paris angezettelten Verschwörung teilgenommen, die, wie man erfahren hatte, mißglückt war – was uns beweist, daß sie über alles, was die Armaniacs in der Hauptstadt unternahmen, auf dem laufenden gehalten wurde. Mittlerweile erfuhr man von Tod Jacques Guillaumes, der wahrscheinlich wie seine Kameraden verurteilt und hingerichtet worden war. Also überließ sie Franquet von Arras der Gerichtbarkeit, die ihn nach vierzehntägigem Prozeß als »Mörder, Dieb und Verräter« dem Henker überantwortete. Wie die meisten dieser vagabundierenden Söldner, war er ein übler Halunke, der mit einer solchen Strafe rechnen mußte . . .

Lagny war auch der Schauplatz einer weiteren Begebenheit, freilich ganz anderer Art: Eines Tages kommt jemand in das Haus, wo Johanna untergebracht ist, und fleht sie an, zu einem Neugeborenen zu gehen, das im Sterben liege, einem wenige Tage alten Säugling, der noch nicht getauft sei. Die Mutter ist bei ihm, auch Freundinnen, Mädchen aus der

Stadt. Das Kind hat drei Tage lang kein Lebenszeichen gegeben, »es war schwarz wie mein Kettenhemd«, sollte Johanna später aussagen. Sie beginnt zu beten: »Ich kniete mit den Jungfrauen vor Unserer Lieben Frau und betete«, berichtete sie, als das Kind erwachte. Es gähnte dreimal, wurde getauft und starb bald danach. Jetzt konnte es in geweihter Erde begraben werden.

Von Lagny zieht Johanna nach Senlis, wo sie am 24. April anlangt. Danach sehr wahrscheinlich nach Compiègne, wo ihre Anwesenheit am 14. Mai erwähnt wird. An diesem Tag veranstaltet die Stadtobrigkeit einen Empfang für sie. Zwei bedeutende Persönlichkeiten befinden sich bereits am Ort: Regnault de Chartres, Erzbischof von Reims, und Louis de Bourbon, Graf von Vendôme. Johanna nimmt an einer militärischen Operation teil, mit der Choisy-au-Bac Hilfe geleistet werden soll, das von Louis de Flavy, dem Bruder des Verteidigers von Compiègne, Guillaume de Flavy, befehligt wird. Ein Überraschungsangriff auf Pont-l'Évêque wird durch das Eingreifen des burgundischen Herrn Jean de Brimeu, der auf Geheiß des Herzogs von Burgund für die Sicherheit der Stadt Noyon verantwortlich ist, abgewehrt. Ein paar Tage später gerät Brimeu in einen Hinterhalt und wird von Xaintrailles gefangengenommen.

Dann fiel die Festung Choisy unter dem Beschuß der zahlreichen Geschütze, die der Herzog von Burgund mit sich führte. Am 16. Mai mußten Louis de Flavy und seine Leute sie aufgeben und nach Compiègne flüchten.

Am übernächsten Tag verließ Johanna mit Regnault de Chartres und dem Grafen von Vendôme Compiègne. Sie begaben sich nach Soissons; sie wollten versuchen, die Aisne zu überschreiten und die Burgunder in der Höhe von Choisy im Rücken zu fassen. Aber der Hauptmann von Soissons,

Guichard Bournel, ließ nur die Jungfrau und die beiden hohen Herren passieren, den Bewaffneten verweigerte er den Durchzug mit der Begründung, daß die Einwohner der Stadt nicht für die Krieger aufkommen wollten. Am nächsten Tag, berichtet der Herold Berry, »gingen die besagten Herren nach Senlis und die besagte Jungfrau nach Compiègne, und sobald sie von Soissons aufgebrochen waren, verkaufte Guichard die Stadt dem Herzog von Burgund und übergab sie dem Herrn Johann von Luxemburg, was er abscheulicherweise und gegen seine Ehre tat«.

Compiègne

Von Crépy-en-Valois nach Compiègne zurückgekehrt, ziehen Johanna und der Rest der Truppe — drei- bis vierhundert Krieger — nachts durch den Wald und rücken »zu geheimer Morgenstunde« durch das Pierrefonds-Tor in die Stadt ein. Tagsüber bereitet sie mit Guillaume de Flavy einen Überraschungsschlag gegen einen der burgundischen Posten an der Oise nördlich der Stadt, in Margny, vor, wo Baudot de Noyelles das Kommando hat. Der Burgunder Castellain, der dem Geschehen selbst nicht beiwohnte, aber sehr gut darüber Bescheid weiß, beschreibt uns Johanna und zeichnet damit das letzte Bild der Kriegerin:

»Sie saß zu Pferd, bewaffnet wie ein Mann und über dem Harnisch einen Umhang aus kostbarem purpurrotem und goldenem Stoff; sie ritt ein sehr schönes, sehr stolzes graues Streitroß und hielt sich in ihrer Rüstung wie ein Hauptmann, (...) und so angetan, mit erhobener Fahne, die im Wind flatterte, und begleitet von vielen edlen Herren, verließ sie gegen vier Uhr nachmittags die Stadt.«

Fast wäre der Angriff erfolgreich verlaufen. In Margny werden die Männer, die gerade mit vorbereitenden Arbeiten beschäftigt sind, auseinandergetrieben, doch gelingt es ihnen, wenn auch unter Mühen, wieder zurückzukehren; Johann von Luxemburg und der Herr von Créqui, die ausgeritten sind, um das Gelände zu inspizieren, hören den Tumult und alarmieren die in Clairoix im Hinterhalt liegenden Truppen; »die Sporen gebrauchend« stürzen sie sich ins Handgemenge. »Der Lärm, der sich allenthalben erhob, und das laute Geschrei locken von allen Seiten Leute herbei, die ihnen (den Burgundern) in überreicher Zahl zur Hilfe eilten.« In Venette, wo englische Truppen als Verstärkung zu denen des Herzogs von Burgund gestoßen sind, wird Alarm geschlagen, ebenso in Coudun, wo der Herzog persönlich auf dem Wege nach Margny ist. Johanna wird später aussagen, daß sie den Gegner zweimal in seine Stellungen zurückdrängte und ihn ein drittes Mal bis zur Hälfte des Weges zurückwarf. Doch als die Franzosen die Verstärkung von Venette und Clairoix auftauchen sehen, beginnen sie sich nach Compiègne zurückzuziehen. Aus Angst, umgangen zu werden, sichern einige von ihnen die Bootsbrücke, die Guillaume de Flavy über die Oise hatte schlagen lassen, und Johanna, die nur sehr widerwillig weicht, deckt den Rückzug. Die Schlacht tobt am Zugang zur Brücke.

»Unterdessen«, berichtet Perceval de Cagny, »sah der Hauptmann des Ortes, daß eine Vielzahl von Burgundern und Engländern daran waren, die Brücke zu betreten, und da er fürchtete, daß dann der Ort verloren wäre, ließ er die Brücke aufziehen und das Tor schließen. So blieb die Jungfrau mit einer Handvoll ihrer Leute draußen eingeschlossen.«

Muß man nochmals auf Johannas Wissen um die Zukunft hinweisen, als sie sagte, sie fürchte nichts außer Verrat? Chastellain beschreibt, wie sie sich im letzten Karree bemüht und schließlich überwältigt wird:

»Und die Jungfrau, die ihre weibliche Natur verleugnete, bekam die ganze Last zu spüren und bemühte sich sehr, ihre Truppe zu retten, indem sie als Kommandant und als die Tapferste der Herde hinter ihnen und die Letzte blieb (...) Einen Bogenschützen, einen unbeugsamen und recht mürrischen Mann, verdroß es sehr, daß eine Frau, von der man immerfort gehört hatte, so viele tapfere Männer zurückschlagen sollte, er packte sie bei ihrem Umhang aus Goldstoff und zog sie vom Pferd, so daß sie flach auf den Boden fiel.«

Gewisse Einzelheiten des Berichts über das Geschehen von Compiègne haben zu Überlegungen Anlaß gegeben. Mit gutem Grund: nicht das Stadttor hatte man geschlossen, sondern das Tor, das auf den Wall ging; dieses war für die Verteidigung der eigentlichen Stadt nicht unbedingt notwendig und schnitt den Kämpfenden vorzeitig den Rückweg ab. Es besteht also durchaus Veranlassung, auf Johannas Furcht vor »Verrat« hinzuweisen, obwohl manche Historiker diese Hypothese ablehnen.

Chastellains Bericht bezieht sich auf das, was man als »das Übergaberitual im Krieg des 15. Jahrhunderts[1]« bezeichnet. Inmitten der Feinde, die sie bedrängen und lauthals schreien: »Ergebt Euch und gebt mir Euer Versprechen«, ruft Johanna zunächst: »Ich habe einem anderen als Euch geschworen und mein Versprechen gegeben, und ich werde mein Gelübde halten.« Dann kommt es zu der Episode mit dem Bogenschützen, der sie brutal am Umhang packt und zu Boden wirft,

---

1. Artikel von Jean Glénisson in »Jeanne d'Arc, une époque, un rayonnement«, Kolloquium des Centre Jeanne d'Arc in Orléans, Oktober 1979, veröffentlicht im C. N. R. S., 1982, Seite 113 – 122.

während der Bastard von Wamdonne, der plötzlich auftaucht, ihr Ehrenwort erhält. Dieser Bastard ist ein Stellvertreter Johanns von Luxemburg, dem Johanna als Gefangene
unterstellt sein wird. Aber er ist nicht der einzige, der herbei-
eilt, um zu sehen, wie sie gefangengenommen wird: »Freu-
dig, als hätte er einen König erwischt, führte er sie eilig nach
Margny und behielt sie dort bis zum Ende des Unternehmens in seiner Obhut.« Nicht weit entfernt, in Coudun,
befindet sich in der Tat Philipp der Gute, der, von den »lauten Schreien und den Freudenrufen über die Gefangennahme
der Jungfrau« aufmerksam geworden, eilends herbeikommt.
Wie der burgundische Chronist Enguerrand de Monstrelet,
der persönlich an der Schlacht teilgenommen hatte, berichtet,

»waren die von der burgundischen Partei und die Engländer sehr fröhlich, fröhlicher, als wenn sie fünfhundert Krieger gefangen hätten, denn sie hatten von keinem Hauptmann
oder sonstigen Feldherrn solche Angst und Furcht wie bis
heute vor dieser Jungfrau. (...) Der Herzog besuchte sie in
ihrem Quartier und richtete einige Worte an sie, derer ich
mich nicht mehr recht erinnere, obwohl ich anwesend war.«

Eine merkwürdige Gedächtnislücke bei einem Mann, der
das einmalige Glück hat, bei einem solchen Gespräch zugegen zu sein, und dessen Gedächtnis ihn im allgemeinen nie
im Stich läßt!

Jedenfalls ist Johanna jetzt Gefangene. »Ein Jahr werde ich
ausharren, nicht länger«, hatte sie gesagt. Ein weiteres Jahr
liegt vor ihr, das für sie ganz und gar in Düsternis verlaufen
wird. Aber für die Geschichte ist es nicht weniger instruktiv
als das vorangegangene.

VI.
»Es ist einem Gefangenen erlaubt,
fliehen zu wollen«

»In der Osterwoche des vergangenen Jahres wurde mir, als ich auf dem Graben von Melun war, durch meine Stimmen, nämlich durch die heilige Katharina und die heilige Margaretha, gesagt, daß ich gefangen würde noch vor dem Johannistag, und daß es so geschehen müsse. Und daß ich mich darüber nicht entsetzen, sondern alles hinnehmen solle, und Gott würde mir helfen.«

Zwischen dem 22. und dem 29. April erfährt Johanna also, daß sie vor dem Johannistag in Gefangenschaft geraten wird, also innerhalb der nächsten zwei Monate (24. Juni). Aus den Prozeßverhören wissen wir, was es mit dieser Ankündigung auf sich hatte und wie schwer es ihr fiel, hinzunehmen, was »ihre Stimmen« ihr sagten:

»Haben Euch seit Melun Eure Stimmen nicht mehr gesagt, daß Ihr gefangen würdet?«

»Doch, mehrmals; eigentlich jeden Tag. Und ich bat sie, wenn ich gefangen würde, gleich sterben zu dürfen, ohne die lange Qual der Gefangenschaft. Sie antworteten, ich solle alles hinnehmen, es müsse so geschehen. Aber sie sagten mir nicht die Stunde; hätte ich sie gewußt, ich wäre nicht dorthin gegangen. Manchmal habe ich sie gebeten, mir die Stunde zu nennen. Aber sie nannten sie mir nicht.«

»Wenn Eure Stimmen Euch befohlen hätten, diesen Ausfall auf Compiègne zu machen, und Euch gleichzeitig bedeutet hätten, Ihr würdet dabei in Gefangenschaft geraten, hättet Ihr ihnen gehorcht?«

»Wenn ich die Stunde gewußt hätte und daß ich gefangengenommen würde, so wäre ich keineswegs gern gegangen. Doch hätte ich am Ende den Befehl ausgeführt, was auch immer mir zugestoßen wäre.«

»Empfingt Ihr eine Stimme, die Euch den Ausfall unternehmen hieß?«

»Ich wußte nicht, daß ich an jenem Tag gefangen würde, noch hatte ich Befehl auszubrechen, doch war mir immer gesagt worden, es sei mir bestimmt, in Gefangenschaft zu geraten.«

Ein solcher Dialog macht zur Genüge deutlich, wie dramatisch für Johanna das Geschehen des 23. Mai 1430 gewesen ist. Ein, wie sie weiß, unabwendbares Geschehen, gegen das sie sich jedoch mit aller Kraft wehrt und das sie schließlich nur hinnimmt, weil es ausdrücklich Gottes Wille ist.

Unsere Zeit, in der mehr Menschen denn je ihrer Freiheit beraubt wurden, nicht nur im Gefolge der Kriege, sondern auch, weil sie anders dachten, als es den Herrschenden genehm war, die also völlig schuldlos waren – man denke auch an die Geiselnahmen –, sollte in Johanna ebenfalls den Menschen sehen, der alles Elend eines Gefangenenlebens durchgemacht hat... Doch wenn man ermessen will, was ihre Gefangennahme für den Teil Welt, wo sie sich zutrug, bedeutet, sollte man sich drei ganz bestimmte Briefe ansehen. Alle drei spiegeln die Geisteshaltung derer, die von nun an über ihr Schicksal bestimmen.

Zunächst der Herzog von Burgund. Wir haben gesehen, wie frohlockend er an die guten Städte seiner Ländereien einen Rundbrief richtet, um sie von der Gefangennahme zu benachrichtigen. Dieselbe Freude kommt in einem Schreiben an den Herzog von Savoyen zum Ausdruck:

»Und durch den Willen unseres vielgepriesenen Schöpfers geschah es, daß die Frau, die man die Jungfrau nennt, gefangengenommen wurde. (...) Dies schreiben wir zur Benachrichtigung in der Hoffnung, daß Ihr darüber Freude und Trost empfindet, und daß Ihr darob unserem Schöpfer Dank sagt, dem es gefallen hat, unsere Unternehmungen zum Wohle unseres Herrn, des Königs von England und von Frankreich, erfolgreich zu beenden, und zum Trost seiner guten und getreuen Untertanen...«

Schuldig »mehrerer, der Ketzerei naher Verbrechen«

Ein anderer Brief wurde am 26. Mai verfaßt, also drei Tage nach Johannas Gefangennahme, die am späten Nachmittag, vermutlich gegen sechs oder halb sieben Uhr, erfolgte; er kam von der Universität von Paris, die die Nachricht erst erfahren hatte, nachdem sie am 25. Mai, dem Tag, an dem sie im Parlamentsregister eingetragen wurde, in den Straßen der Hauptstadt ausgerufen worden war. Das heißt, man verlor keine Zeit. Die Universität von Paris schreibt im Namen des französischen Inquisitors an den Herzog von Burgund, man möge ihm Johanna ausliefern:

»Da jeder rechtschaffene christliche Fürst und jeder echte Katholik verpflichtet ist, alle gegen den Glauben gerichteten Irrtümer und die Ärgernisse, die sich für das einfache christliche Volk daraus ergeben, auszurotten, und da es derzeit allgemein bekannt ist, daß durch eine Frau namens Johanna, die

165

die Widersacher dieses Königreiches die Jungfrau nennen, in mehreren Märkten, guten Städten und anderen Orten dieses Königreiches verschiedene Irrtümer gesät und verbreitet wurden, so flehen wir Euch, großmächtiger Fürst (...), in Liebe und Zuneigung an, daß besagte Johanna, die unter dem starken Verdacht »mehrerer der Ketzerei nahekommender Verbrechen« steht, uns, sobald sich eine sichere und passende Möglichkeit bietet, als Gefangene zugeführt werde, damit sie vor uns und einem Prokurator der heiligen Inquisition erscheine.«

Dies zeigt deutlich, welcher Art die Absichten der Mitglieder der Pariser Universität waren. Die Meister des Denkens gönnten sich nicht einmal Zeit zum Überlegen. Schon im Mai 1429 hatten sie hinter Johannas Siegen Ketzerei gewittert. Nun, als Gefangene, war sie in ihren Augen mehr denn je »mehrerer der Ketzerei nahestehender Verbrechen« verdächtig. Während dieses ganzen zweiten Jahres, in dem Johanna im Blickpunkt der Öffentlichkeit steht, werden sie die eifrigsten und tatkräftigsten Instrumente einer Rache sein, die an Verbissenheit die Ansichten des Herzogs von Burgund noch übertrifft.

Es sei noch ein drittes Schreiben angeführt, nämlich das des Erzbischofs von Reims, Regnault de Chartes, an die Einwohner der Krönungsstadt, in dem steht, daß Johanna nur deshalb in Compiègne gefangengenommen wurde, »weil sie keinem Rat folgen wollte und alles nach eigenem Willen tat«. Rückblickend findet er alle möglichen Fehler an ihr: »Sie zeigte sich stolz auf die Kleider, die sie trug, und daß sie getan hatte, nicht was Gott sie zu tun hieß, sondern was sie selbst wollte.« Im übrigen habe er selbst jemanden gefunden, der sie ersetzen könne, »einen jungen Hirten aus den Bergen von Gévaudan, der nicht mehr und nicht weniger sagte als die

Jungfrau«; es handelt sich um den unglücklichen Hirten Guillaume, der sich von Gott gesandt glaubte. Ihn mit Johanna gleichzusetzen zeugt wahrhaftig von eher mangelnder Urteilsfähigkeit ...

Wieder einmal war es der »Kronrat«, der in triumphierendem Ton die Befürworter der »Tat auf dem Schlachtfeld« herabwürdigte. Dabei hatte Regnault de Chartres in diesem Mai einige Zeit mit Johanna verbracht, und mit ihrer Hilfe und der des Grafen von Vendôme, Louis de Bourbon, hatten sie den Angriff auf Soissons versucht, der durch Guichard Bournels Verrat mißglückt war. Aber die beiden Herren hatten sich zurückgezogen, als sie von der Übergabe von Choisy-au-Bac erfahren hatten. Sie waren in das Marnetal gezogen, während Johanna nach Compiègne zurückgekehrt war, um den Einwohnern Trost zuzusprechen und zu versuchen, mit ihrer kleinen Truppe Piemonteser die drohende Belagerung zu verhindern. Die Partei der Vorsichtigen in Karls VII. Umgebung war offenbar sehr stark.

Von Beaulieu nach Rouen

Johanna war mit ihrem Intendanten Jean d'Aulon, dessen Bruder Poton dem Burgunder und ihrem eigenen Bruder Pierre in die Festung Clairoix gebracht worden. Lionel de Wamdonne, der ihr Ehrenwort hatte, war, wie wir gesehen haben, ein Stellvertreter Johanns von Luxemburg. Die Gefangene befand sich also in seiner Hand. Zufällig waren beide Männer entstellt; dem ersten war in einem Kampf mit Poton de Xantrailles sechs Jahre zuvor, 1423 in Arras, mit einer Streitaxt das Gesicht zerhackt worden. Das Jahr darauf, in Guise, war er bei einem anderen Kampf verwundet worden und seither »an Arm und Bein« verkrüppelt. Johann von Luxemburg hatte 1420 in der Champagne ein Auge verloren, blieb aber ein beherzter Krieger. Am 21. August 1421 hatte der Herzog von Burgund darauf bestanden, von ihm zum Ritter geschlagen zu werden. Am selben Tag war Johann von Luxemburg in einem Handgemenge mit den Leuten des Dauphin in Mons-en-Vimeu abermals »im Gesicht, quer über die Nase, zerschnitten« worden, wie die Chronisten berichten.

Pierre Rocolle, der Historiker der *gefangenen Johanna*, setzt den Aufbruch von Clairoix auf den 26. Mai an. Der Vortag, der 25. Mai, war der Himmelfahrtstag, an dem folglich die Waffen ruhten; übrigens wurden an diesem 26. Mai rund um Compiègne von den Burgundern neue Vorkehrungen getroffen: Philipp der Gute plante, sich in der Abtei Saint-Corneille festzusetzen, Johann von Luxemburg nahm Quartier in Margny. Er hatte beschlossen, die Gefangene, für die er in jedem Fall ein hohes Lösegeld fordern konnte, im Schloß Beaulieu-lès-Fontaines einzusperren, dessen er sich zu Beginn des Jahres 1430 bemächtigt hatte. Danach hatte er ausgerechnet Lionel de Wamdonne als Burgvogt eingesetzt. Johanna wurde also zusammen mit Jean d'Aulon und ihrem Bruder Pierre nach dem etwa zehn Kilometern nördlich von Noyon gelegenen Beaulieu überführt. Der Überlieferung zufolge soll sie auf dieser Wegstrecke von etwa vierzig Kilometer in Schloß Beaurevoir bei dem Dorf Élincourt, wo sich eine der heiligen Margareta geweihte Priorei befand, haltgemacht haben. Es ist nicht ausgeschlossen, daß sie — so will es ebenfalls die Überlieferung — darum bat, sich einen Augenblick vor der Heiligen, die, wie sie sagte, zu ihr sprach, niederknien und sie verehren zu dürfen, was ihr gewährt wurde.

In Beaulieu zeigt man heute unterirdische Gewölbe, die im 15. Jahrhundert das Fundament des Turmes bildeten, in dem

168

sie höchstwahrscheinlich untergebracht war — übrigens nur für kurze Zeit, da etwas Unerwartetes geschah. Am 6. Juni hatte sich Philipp der Gute mit seiner Gemahlin Isabella von Portugal nach Noyon begeben, und diese hatte den Wunsch geäußert, die Gefangene zu sehen. Man ließ sie kommen, und zweifellos wurde sie dem Herzog und der Herzogin in dem nahe der Kathedrale gelegenen Bischofspalast vorgeführt — man weiß, daß der Bischof von Noyon, Jean de Mailly, sich der burgundischen Sache, also dem König von England, angeschlossen hatte; von ihm wird später noch die Rede sein. Wir besitzen keinen Bericht über die Begegnung der beiden Frauen, und man kann sich, da man nichts darüber weiß, einer kürzlich aufgestellten Meinung anschließen: vielleicht zeigte Isabella von Portugal eine Regung des Mitleids. Die Jungvermählte war im fünften Monat schwanger, als sie, von Péronne kommend, wo sie sich seit Beginn der Angriffe auf Compiègne aufgehalten hatte, nach Noyon begab. Es kann also sein, daß auf ihr Betreiben hin ein anderer Aufenthaltsort für die Gefangene gewählt wurde und man sie nach Schloß Beaurevoir überstellte, das viel größer und wohnlicher war als eine Festung, die bei dem Kommen und Gehen der Soldaten für eine Frau nicht sehr sicher war.

In Beaulieu-lès-Fontaines unternahm Johanna einen Fluchtversuch, der aber mißlang, und wir können uns gut vorstellen, daß er nach dem Besuch von Noyon erfolgte, als die Gefangene erfuhr, daß sie weit weg verlegt werden und von ihrem Intendanten und ihrem Bruder getrennt werden würde. Im Prozeß wird von einer Flucht »zwischen zwei Waldstücken« die Rede sein, und Johanna selbst sagt dazu aus: »In Beaulieu wollte ich meine Wachen im Turm einschließen, wenn mich nicht der Pförtner überrascht hätte.« Da darüber nicht mehr bekannt ist, kann man annehmen, daß sie hoffte, ihre beiden Gefährten befreien zu können, wenn ihre Wächter eingeschlossen wären. Der Versuch schlug also fehl, und die Überstellung nach Beaurevoir erfolgte wahrscheinlich in der ersten Hälfte des Juni 1430.

Man kann sich natürlich fragen, warum kein Chronist die zweite Zusammenkunft in Noyon zwischen Johanna und dem Herzog von Burgund, der von der Herzogin begleitet wird, erwähnt. Man weiß, daß der Graf von Luxemburg und seine Gemahlin, Johanna von Béthune, sich ebenfalls dort befanden. Am 22. Juni nun richtet die Universität von Paris abermals ein Schreiben an den Herzog von Burgund, in dem sie ihn auffordert, ihr die Gefangene auszuliefern. Diesmal vertrat sie ein Mann, den Johanna bald kennenlernen würde: der Erzbischof von Beauvais, Pierre Cauchon — er war inzwischen aus seinem Bistum vertrieben, denn er hatte Beauvais Hals über Kopf verlassen müssen, wie er auch Reims verlassen hatte, als es hieß, daß die französischen Truppen im Anmarsch seien.

An dem Tag, an dem Johannas Gefangennahme bekannt wurde, also am 26. Mai, weilte Pierre Cauchon in Calais. Da er zu den Ratgebern und Vertrauten des Herzogs von Bedford gehörte, stellte er gewiß sofort Überlegungen an, was zu tun sei, damit die Gefangene so rasch wie möglich den Engländern und der Pariser Universität übergeben werde. Doch hatte Philipp der Schöne es sichtlich nicht sehr eilig, den Professoren zu antworten. Vergleicht man diese Haltung mit der Freude, die er an den Tag gelegt hatte, als ihm Johanna nach ihrer Gefangennahme vorgeführt wurde, liegt der Gedanke nahe, daß die zwei Frauen, die sich mit ihm in Noyon befanden, ihm ins Gewissen redeten, so daß sich Erbarmen in ihm regte. Johanna selbst wird später aussagen, daß die Gemahlin Johanns von Luxemburg sie ihrer Anteilnahme versicherte, als sie sie im Schloß Beaurevoir besuchte.

Man hat mit einiger Wahrscheinlichkeit die Stationen der Reise von Beaulieu-lès-Fontaines nach Beaurevoir — es handelt sich um eine Entfernung von etwa sechzig Kilometern — rekonstruieren können und nimmt an, daß sie auf Schloß Ham haltmachte, wo später ein anderer berühmter Gefangener eingesperrt war, der künftige Napoleon III. Danach kam sie wohl durch Saint-Quentin und erblickte vielleicht die wunderschöne Kollegiatskirche, die Anfang des zwanzigsten Jahrhunderts mit knapper Not gerettet wurde, denn sie war vollständig vermint, als die französischen Truppen Ende des Ersten Weltkriegs dorthin gelangten, und sollte gesprengt werden, wie das Schloß Coucy.

Von Schloß Beaurevoir sind nur ein Turm und einige in den benachbarten Besitzungen verstreute Mauern erhalten geblieben. Dabei war es einst eine starke Festung, die zu den Besitzungen der Familie Luxemburg gehörte, als Johanna von Beaurevoir 1270 Waleran I. von Luxemburg ehelichte. Aus dieser Verbindung ging das Geschlecht der Luxemburger hervor. Der Urenkel Walerans I., Guy von Luxemburg, hatte vier Kinder, darunter Johanna von Luxemburg, die 1363 geboren wurde und in der weiteren Geschichte der Jeanne d'Arc eine gewisse Rolle spielt; ein Sohn, Johann II., hatte drei Kinder, Pierre, Louis und Johann III. von Luxemburg, der nämlich, der Johanna gefangenhält. Er hatte Johanna von Béthune geheiratet, die aus einer ersten Ehe eine Tochter, ebenfalls mit Namen Johanna, hatte. Sie trug den Namen ihres Vaters Robert de Bar, der in Azincourt ums Leben gekommen ist.

Die »Damen von Beaurevoir«

Johanna wird also im Traum des Belfrieds von Schloß Beaurevoir eingekerkert, wo drei andere Frauen namens Johanna leben – Johanna von Bar, Johanna von Béthune und Johanna von Luxemburg, die Tante jenes Johann, in dessen Hand das Schicksal der Gefangenen liegt. Ihr Aufenthalt dort dauert, nach ihrer eigenen Aussage, etwa vier Monate. Seine Härte wird von den drei Johannen gemildert, die offenbar sehr gütig zu ihr sind.

Die Art, in der die Gefangene davon sprechen wird, wenn sie in ihrem Prozeß von der Zeit in Beaurevoir berichtet, läßt nicht daran zweifeln. Sie wird erzählen, wie die Damen ihr ein Frauengewand anboten oder den Stoff, um eines daraus anzufertigen, und hinzufügen: »Wenn ich Frauenkleider hätte anlegen müssen, so hätte ich es eher auf Anraten jener drei getan als anderer Damen in Frankreich, die Königin ausgenommen.« Und sie wird auch etwas sehr Schwerwiegendes sagen: »Das Fräulein von Luxemburg hatte vom Herrn von Luxemburg verlangt, daß ich nicht an die Engländer ausgeliefert werde.«

Man kann hier nicht umhin, einige Anmerkungen über die Rolle des Mannes und der Frau in einer solchen Situation zu machen. Frauen wie diese drei adeligen Damen, die sich alle Mühe geben, ihre Gefangene menschlich zu behandeln, findet man zu jeder Zeit. Im 15. Jahrhundert, wo allenthalben der Krieg wütet, bewahren allein die Frauen jenen Zug von Menschlichkeit, den die Achtung vor dem Nächsten gegenüber dem wehrlosesten Menschen gebietet, den man sich vorstellen kann: dem Gefangenen, der einem Stärkeren in die Hände gefallen ist. Eine wichtige Beobachtung, die für alle Jahrhunderte gilt. Natürlich gibt es Ausnahmen: Weibliche

Regierungschefs unserer Zeit haben sich gegenüber politischen Gefangenen von unnachgiebiger Härte gezeigt – und das just in England. Doch in der Vergangenheit war es eine Königin von England, die vermittelnd eingriff und den König bat, den sogenannten Bürgern von Calais das Leben zu schenken. Zu allen Zeiten der Geschichte hat es Frauen gegeben, die den Krieg entscheidend zu beeinflussen verstanden, indem sie, mehr als die Männer, ihre Menschlichkeit bewahrten. Ein großartiges Beispiel, das diese drei Johannen in Beaurevoir mit ihrem Verhalten gegenüber Johanna geben!

Und wahr ist auch, daß ihre Haltung viel mehr als die Johanns von Luxemburg von einer richtigen Beurteilung der Sache bestimmt ist, für die es einzutreten gilt: die des Eroberers oder die des eroberten Landes? Für Johann von Luxemburg, Vasall des Burgunderherzogs Philipp des Guten, scheint nur eines zu zählen: die Treue zu seinem Lehnsherrn. Dieser hat ihn in der Tat mit Ehren überhäuft und ihm am 7. Januar 1430, als er anläßlich seiner Hochzeit mit Isabella von Portugal den Ritterorden vom Goldenen Vlies stiftete, diese Auszeichnung verliehen. Johann von Luxemburg war einer der vierundzwanzig Auserwählten. Deshalb wäre es schwierig für ihn, sich in einer solch brisanten politischen Angelegenheit seinem Herrn zu widersetzen. Er hat ihm den Treueeid geleistet und könnte, prosaischer gesprochen, im entgegengesetzten Fall mit allen möglichen Vergeltungsmaßnahmen rechnen. Die Damen von Beaurevoir hingegen sind freier in ihrem Urteil. Selbst Johanns Gemahlin kann nicht vergessen, daß sie die Witwe eines der vielen Ritter ist, die auf dem Schlachtfeld im Kampf gegen Heinrich V. von Lancaster gefallen sind. Was ihre Tante betrifft, so war sie eine der Hofdamen Isabeaus von Bayern, der Königin von Frankreich, gewesen; darüber hinaus hatte man sie bei der Geburt Karls im Jahre 1403 zu einer seiner Patinnen gewählt: Karl, inzwischen Karl VII., König von Frankreich, der im vorangegangenen Jahr in Reims gesalbt und gekrönt worden war. Wenn Johann von Luxemburg vielleicht zögert, für eine andere Sache einzutreten als diejenige, die – aus Rache! – der Herzog von Burgund gewählt hat, dann vielleicht auch, um seine Tante nicht zu verärgern, deren Erbe er ist. Während Johannas Aufenthalt in Beaurevoir beerbt das Fräulein von Luxemburg – laut einem zeitgenössischen Chronisten damals schon »sehr alt« (sie ist siebenundsechzig) – ihrerseits ihren Großneffen Philipp von Brabant, der am 4. August 1430 in Louvain gestorben ist. Mangels eines anderen Erben erhält sie damit die Grafschaften Saint-Pol und Ligny sowie die Herrschaften, die ihrem Bruder Waleran gehört hatten. Enguerrand de Monstrelet berichtet uns, daß das Fräulein von Luxemburg ein Testament zu Johanns Gunsten niedergelegt oder niederzulegen versprach. »So herzlich liebte sie ihren Neffen, den Herrn Johann von Luxemburg, daß sie ihm einen großen Teil ihrer Herrschaften nach ihrem Hinschied vermachte, worüber der Herr d'Enghien, sein älterer Bruder, nicht sehr erfreut war« – Johann von Luxemburg hatte einen älteren Bruder namens Pierre, der offenbar nicht in demselben Maß wie dieser Johannas Wohlwollen genoß.

Johann von Luxemburg, der handfeste Gründe hatte, weder seinen Lehnsherrn noch seine Tante zu verärgern, war, wie man sich vorstellen kann, in jenem August unentschlossener denn je. Daher die Bedeutung des Aufenthalts in Beaurevoir, wo sich das Schicksal der Gefangenen entscheidet.

Im Hintergrund jedoch gibt es keinerlei Zögern, sondern man ist, ganz im Gegenteil, rege tätig, aber nicht da, wo man es sich erwartet hätte, das heißt in Bourges in der Umgebung des Königs. Man muß sich wohl den Tatsachen beugen: Wir besitzen nicht das geringste Dokument, aus dem hervorgeht, daß der König ein Lösegeld anbot oder irgendwelche Schritte zu unternehmen versuchte, um Jeanne d'Arc zu befreien. Bespiele für solche Undankbarkeit kennen wir in der Geschichte viele, aber wenige liegen so klar zu Tage.

Es war vielmehr die Universität von Paris, die sich ins Zeug legte, zweifellos weil sie fürchtete, daß ihr durch eine Geste des Königs von Frankreich Johanna entgehen würde, die sie bereits seit einem Jahr (noch vor der Krönung König Karls VII.!), seit der Befreiung von Orléans, für sich forderte. Pierre Cauchon, ihr früherer Rektor, durch des Burgunderherzogs Gnaden nach Abschluß des Vertrags von Troyes, dessen wichtigster Unterhändler er gewesen war, zum Bischof von Beauvais ernannt, war während dieses Sommers 1430 ständig unterwegs.

Nachdem er den Monat Juni in Paris verbracht hat, von wo er die oben erwähnten Briefe an Philipp den Guten und an Johann von Luxemburg richtet, um sie zu bitten, »diese Frau dem ehrwürdigen Vater in Gott, dem Herrn Bischof von Beauvais, zu übergeben oder übergeben zu lassen«, begibt er sich nach Calais, wo sich noch immer der Herzog von Bedford mit Heinrich VI. befindet. Trotz seines jugendlichen Alters war dieser in Westminster zum König von England gekrönt worden, und trotz der Ereignisse in Reims hatte man die Hoffnung nicht verloren, ihn eines Tages auch zum König von Frankreich zu krönen, womit die Theorie von der Doppelkrone auf dem Haupt ein und desselben Monarchen Wirklichkeit werden würde. Hier in Calais werden die Bedingungen für den Erwerb der Gefangenen festgehalten: man will ein Lösegeld von sechstausend Livres anbieten und dem Gegner zu verstehen geben, daß man, entsprechend den Regeln jeder Feilscherei, bis zehntausend gehen würde. Lio-

nel de Wamdonne, der sie gefangengenommen hatte, sollte
einen Betrag von dreihundert Livres erhalten. Sofort nach seiner Ankunft am 27. August schreibt Cauchon abermals an
Philipp den Guten und an Johann von Luxemburg, wobei er
ihnen diese neuen Bedingungen klar darlegt. Daß der Herzog
von Burgund seine vorangegangenen Schreiben nicht beantwortet hatte, mochte seine Besorgnis erregt haben.

Am 7. Juli brach er dann nach Compiègne auf und hatte
am 14. desselben Monats eine Unterredung erst mit Philipp
dem Guten und dann mit Johann von Luxemburg, der in
einem Nebenraum auf das Ergebnis des ersten Gesprächs
wartete. Zweifellos wußte er ihn zu überzeugen, denn kurz
darauf brachen die beiden Männer gemeinsam auf, um sich
zum Schloß Beaurevoir zu begeben. Wie Pierre Rocolle
anmerkt, »setzte eine solche Reise den Beginn eines Einver-
nehmens voraus«. Über die Begegnung des Bischofs mit dem
Fräulein von Luxemburg oder der Gefangenen wissen wir
nichts, aber das Resultat scheint nicht positiv gewesen zu
sein. Hingegen wäre es nicht unmöglich — diese Hypothese
wurde von mehreren ernst zu nehmenden Historikern aufgestellt —, daß es dieser Besuch war, der Jeanne d'Arc zu ihrem
zweiten Fluchtversuch bewog.

»Warum seid Ihr in Beaurevoir vom Turm gesprungen?«

»Ich hatte sagen hören, daß die von Compiègne bis zum
Alter von sieben Jahren mit Feuer und Schwert ausgerottet
werden sollten. Ich wollte lieber sterben, als solch Gemetzel
überleben. Das war der eine Grund. Der andere: Ich wußte,
daß ich an die Engländer verkauft war, und ich wollte lieber
sterben als in den Händen meiner Feinde sein (...) Nach
meinem Sprung vom Turm wollte ich zwei oder drei Tage
nichts essen, oder vielmehr war ich derart auf den Boden
gestürzt, daß ich nichts essen und nichts trinken konnte.

Aber ich wurde getröstet durch die heilige Katharina, die mir sagte, ich solle beichten und von Gott Verzeihung für den Sprung erbitten. Und sie sagte, daß die von Compiègne noch vor Sankt-Martin im Winter Hilfe erhielten. Ich begann wieder zu mir zu kommen und aß und wurde bald gesund.«

Sankt-Martin im Winter, das ist der 11. November. Der »Sprung von Beaurevoir« fand also vorher statt.

Gleichzeitig überstürzen sich die militärischen Ereignisse. Ende Juli kehrt Cauchon nach Rouen zurück und trifft dort abermals den Herzog von Bedford und dessen Neffen, den kleinen König. Während der Bischof sich schon jetzt bemüht, eine von den Landständen der Normandie für den König von England bewilligte Abgabe zu erheben, die insbesondere dazu dienen soll, das Lösegeld für die Jungfrau zu zahlen, beschließt der Herzog von Burgund, die Belagerung von Compiègne voranzutreiben, und stellt am 15. August das Unternehmen unter den Befehl Johanns von Luxemburg.

Doch es ist nicht eine Kriegshandlung, die über das Los der Jeanne d'Arc entscheiden wird. Anfang September bereitet das Fräulein von Luxemburg ihre Abreise nach Avignon vor; vielleicht verließ sie, in Anbetracht ihres Alters, das sie zu häufigen Ruhepausen zwang, Beaurevoir früher, möglicherweise kurz nach dem 20. oder 25. August. Fest steht, daß sie nach der Ankunft in der Stadt der Päpste am 10. September 1430 ihr Testament schrieb. Zweifellos machten ihr die Reisestrapazen die Notwendigkeit klar, ihre letzten Verfügungen zu treffen, eine Vorsichtsmaßnahme, die nicht vergeblich war, denn sie starb am 18. September.

Für Johanna von Luxemburg, Gräfin de Ligny, war diese Reise eine Art Pilgerfahrt, die sie alljährlich zum Grab ihres jüngeren Bruders, des heiligen Kardinals Pierre von Luxemburg, zu unternehmen pflegte. Er war am 2. Juli 1387 achtzehnjährig gestorben. Obwohl so jung, waren ihm bereits höchste kirchliche Würden zuteil geworden. Am 20. Juli 1369 in Ligny-en-Barrois geboren und im Alter von zwei Jahren Vollwaise, wurde er wahrscheinlich von seiner älteren Schwester erzogen; mit zehn Jahren war er Chorherr von Notre-Dame zu Paris und mit vierzehneinhalb Bischof von Metz. Dann war er vom Papst (vielmehr vom Gegenpapst) Klemens VII. in Avignon zum Kardinal ernannt worden. In dieser Stadt war er gestorben, und sein Grabmal in der Zölestinerkirche wurde bald eine Pilgerstätte. Das Martyrologium dieser Kirche bescheinigt, daß Johanna von Luxemburg jedes Jahr persönlich dorthin kam. Gemäß ihrem letzten Willen wurde sie in der Abtei von Montcel bei Pont-Sainte-Maxence beigesetzt.

Johann von Luxemburg, der Erbe seiner Tante, ist nun von dem Einfluß befreit, den diese vielleicht auf ihn ausübte. Hingegen unterlag er immer mehr dem seines eigenen Bruders Louis, der seit eh und je ein entschlossener Parteigänger der englischen Sache war: als Bischof von Thérouanne begegnen wir ihm mehrere Male in der Geschichte der Jeanne d'Arc, und es ist recht bezeichnend, daß er nach seiner Ernennung zum Erzbischof von Rouen im Jahr 1436 als Bischof von Ely 1443 in England starb. Mit anderen Worten, er gehört zu jenen Prälaten, die wie Jean de Mailly, Bischof von Noyon, voll und ganz für die englische Sache eintraten.

Es naht jedoch der Augenblick, da sich die Stadt Compiègne nach tapferer Verteidigung befreit. Am 24. Oktober erfolgt durch den Marschall de Boussac, der zur Verstärkung eingetroffen ist und in Verberie liegt, der entscheidende Sturmangriff. Johann von Luxemburg muß sich nach Noyon zurückziehen und verläßt »mit Schimpf und Schande«, wie Monstrelet sagt, die Stätte seiner Niederlage, an der er seine

Schleudermaschinen und Geschütze zurückläßt. Am darauffolgenden Samstag, dem 28. Oktober, ergeben sich die kleinen Festungen rund um Compiègne den Franzosen, und
Johann von Luxemburg kehrt nach Schloß Beaurevoir
zurück, wo fortan nur noch sein Wort gilt. Johanna konnte
über das Los »ihrer guten Freunde von Compiègne« beruhigt
sein, zweifelte aber nun nicht mehr daran, was sie selbst
erwartete:

»Die heilige Katharina warnte mich beinahe täglich«, sagt
sie später aus, »sie sagte, Gott würde mir helfen, und er hülfe
auch denen in Compiègne. Da sagte ich zur heiligen Katharina, wenn Gott denen in Compiègne helfen wollte, so wollte
ich dort sein. Da sagte die heilige Katharina zu mir: ›Es hilft
dir nichts. Du mußt es willig annehmen. Und du wirst nicht
frei kommen, bis daß du den König von England gesehen
haben wirst.‹ Darauf antwortete ich: ›Wahrhaftig, den
möchte ich nicht sehen, und ich wäre lieber tot als in den
Händen der Engländer.‹«

Der Kauf

Dieses erschütternde Zwiegespräch gibt genau wieder, was
geschehen wird. Pierre Cauchons Bemühungen während »siebenmal zwanzig und dreizehn« (153) Tagen, »an denen er im
Dienste des Königs, unseres Herrn, seinen Angelegenheiten
sowohl in der Stadt Calais wie auf mehreren Reisen zum
edlen Herzog von Burgund oder zum Messire Johann von
Luxemburg nach Flandern, zur Belagerung vor Compiègne,
nach Beaurevoir, und dies wegen Johanna, die man die Jungfrau nennt, nachging« — und für die der Schatzmeister der
Normandie, Pierre Surreau, ihm siebenhundertfünfundsech-

zig tourische Livres auszahlt — trugen ihre Früchte. Die Quittung, die er unterzeichnete — der Bischof von Beauvais weiß sich seine Dienste bezahlen zu lassen — trägt das Datum des letzten Septembertages. Und am 24. Oktober, dem Tag der Befreiung von Compiègne, legt der englische Schatzmeister Thomas Blount die für das Lösegeld der Jeanne d'Arc noch fehlenden fünftausend Livres zusammen. Am selben Tag muß sie von der Burg Beaurevoir aufgebrochen sein.

Man glaubt, daß der Schatzmeister Philipps des Guten, Jean de Pressy, sie begleitete. Jedenfalls wird seine Gegenwart in der Folge mehrere Male erwähnt, und zwar in Arras, wo wir Johanna wiederbegegnen, während Philipp der Gute seinerseits am 2. November dort eintrifft. Bekanntlich erhielt Johanna in dieser Stadt das Zehrgeld, um das sie die Bürger von Tournai gebeten hatte, nämlich zweiundzwanzig Goldkronen, »zu verwenden für ihre Bedürfnisse«. Es geht auch die Rede von einem Schotten, der in dieser Stadt ein Bildnis von ihr gemalt haben soll, aber der Richtigstellung Pater Doncoeurs zufolge handelt es sich um einen Irrtum des Schreibers, der Arras las statt Reims; wahrscheinlich entstand dieses Porträt bei der Krönung.

Gesichert scheint, daß am 6. Dezember Johann von Luxemburg dafür bezahlt wurde, daß er Johanna die Jungfrau an die Engländer verkaufte. Das geht aus einer Quittung des Knappen Jean Bruyse hervor, der seinerseits »die zehntausend tourische Livres ... für die Kriegsgefangene Johanna, die sich die Jungfrau nennt« erhalten hat. Der Betrag war ihm von Pierre Surreau ausgehändigt worden. Die Universität von Paris hatte ihrerseits alles in ihrer Macht Stehende getan, um den Handel zu beschleunigen; am 21. November richtete sie ein Schreiben an Pierre Cauchon:

»Wir sehen mit äußerstem Erstaunen, daß sich die Übergabe dieser gemeinhin die Jungfrau genannte Frau zum Schaden des Glaubens und der kirchlichen Rechtsprechung so lange verzögert.«

Das Gerücht von dem Verrat hatte sich rasch verbreitet. Ein in Morosinis Journal eingetragener Brief vom 24. November, der von einem gut informierten Beobachter aus der Niederlassung zu Brügge nach Venedig gesandt worden war, belegt dies:

»Es steht fest, daß die Jungfrau nach Rouen zum König von England gesandt worden ist und daß bei dieser Gelegenheit Messire Johann von Luxemburg, der sie gefangennahm, zehntausend Kronen erhielt, damit er sie den Engländern auslieferte.«

Noch eindeutiger erklärt Nicolo Morosini, der Brügge am 15. Dezember verlassen hat, in Venedig:

»Man hört zunächst, daß sich das Fräulein in den Händen des Herzogs von Burgund befinde, und viele Leute sagten, daß die Engländer sie für Geld bekämen; auf diese Nachricht hin schickte der Dauphin ihm eine Gesandtschaft, ihm kundzutun, er möchte doch um alles in der Welt sich nicht zu einer solchen Machenschaft hergeben, sonst werde er mit den Leuten seiner Partei, die sich in seiner Hand befänden, ähnlich verfahren.«

Ein Gerücht nur, jedoch der einzige Hinweis darauf, daß Karl VII., den die Chronik noch als Dauphin bezeichnet, einen Versuch unternahm, Johanna zwar nicht freizukaufen, aber zumindest zu verhindern, daß sie an den Feind ausgeliefert werde.

Weit weg, in Konstantinopel, wird noch viel später von dem Staunen die Rede sein, das ein Vertrauter des Herzogs von Burgund, Bertrandon de La Broquière, erregte, als er bestätigte, daß die Jungfrau von den Engländern gefangengesetzt worden war: man will ihm einfach nicht glauben. Selbst Morosinis Informant schreibt im August:

»Es heißt, daß dieses Fräulein mit mehreren anderen Fräulein gut bewacht in einer Festung eingekerkert worden sei; aber da keine Bewachung so gut ist, daß Gott nicht nach seinem Willen handeln könnte, sei sie entkommen und zu ihren Leuten zurückgekehrt, ohne daß jemand ihr Ungelegenheiten bereitete.«

Johanna konnte gar nicht gefangengenommen und eingekerkert worden sein, ihre Macht war zu groß, und Gott würde ihr sicher beistehen, damit sie fliehen könne. So etwa dachten die Leute allenthalben; insbesondere in Orléans weigerte man sich zu glauben, daß der Jungfrau ein solches Schicksal zuteil werden könne. Gleichzeitig jedoch ordneten die Geistlichen in den königstreuen Gebieten Gebete für ihre Befreiung an. Bezeugt ist dies für die Stadt Embrun in den Alpen, wo man in drei Gebeten den Herrn bittet, »daß die in den Kerkern des Feindes festgehaltene Jungfrau ohne Schaden befreit werde und es ihr gegeben sei, das Werk zu vollenden, das Du ihr aufgetragen hast«. In Tours, Meaux und Orleans wurden sogar Messen für sie gelesen.

Der Überlieferung nach soll Johanna in Arras in eines der Gefängnisse gebracht worden sein, die sich über dem sogenannten Ronville-Tor befanden. Man kann annehmen, daß sie diesen Ort um den 15. November verließ. Am 21. desselben Monats gibt die Universität von Paris in einem Schreiben an den »vortrefflichsten aller Fürsten, den König von Frankreich und England« Zeugnis von ihrer Freude. Die Magister frohlocken:

»Wir haben neuerdings in Erfahrung gebracht, daß diese Frau, genannt die Jungfrau, nun in Eure Gewalt gegeben wurde, und sind darüber sehr froh, denn wir vertrauen darauf, daß diese Frau auf Euren Befehl hin der Gerechtigkeit übergeben werde, um all die großen Behexungen und Ärgernisse wieder gut zu machen, die bekanntlich durch sie in diesem Königreich vorkamen, zum großen Nachteil der göttlichen Ehre, unseres heiligen Glaubens und Eures gesamten guten Volkes.«

Sie bitten darum, daß die Beute ihnen überstellt werde und man den Bischof von Beauvais betraue, in Paris über sie zu richten. Daraus kann man zumindest schließen, daß die Überführung von Arras nach Le Crotoy um diesen Zeitpunkt stattfand, das heißt in den letzten Novembertagen, denn das war der Termin, an dem das Lösegeld gezahlt werden sollte.

Die wichtigsten Stationen dieser etwa hundert Kilometer langen Strecke waren zweifellos die Burg Lucheux und die Abtei Saint-Riquier. Es kann gut sein, daß auf dieser letzten Wegstrecke Johanna in dem Schloß untergebracht wurde, das sich damals in Drugy erhob und dessen Grundriß noch heute in den Baulichkeiten eines Bauerngutes zu erkennen sind: die heutigen Keller sind sehr wahrscheinlich ein Teil der unterirdischen Gewölbe der besagten Burg, und hier soll es gewesen sein, wo zwei Mönche von Saint-Riquier, der Probst und der Großalmosenier, Johanna besuchten. Wie in mehreren anderen Abteien der Normandie, in Fécamps und selbst am Mont Saint-Michel, stand der Abt auf der Seite der Burgunder, nicht jedoch die Mönche. Hugues Cuillerel, der Abt von Saint-Riquier, war übrigens abwesend, als die kleine Truppe, die die Gefangene begleitete, hier Aufenthalt nahm.

Mit dem Haufen Bewaffneter, die sie eskortierten, muß Johanna am nächsten Tag, nachdem man den großen Wald von Crécy umgangen hatte, die Somme-Mündung erreicht haben. Zum ersten Mal sah sie das Meer, und sein Anblick muß ihr Angst eingejagt haben, denn sie wußte, daß auf der anderen Seite England lag. Wie konnte sie da noch hoffen, jemals zu entkommen?

Geheime Verhandlungen

Inzwischen schritten die geheimen Verhandlungen zügig voran. Im Dezember dann setzte Pierre Cauchon alle Hebel in Bewegung, zum einen, um mit Bedford zu einer befriedigenden Einigung über den Ort zu gelangen, wo die Gefangene vor Gericht gestellt werden würde, und zum zweiten, um eine im Hinblick auf die kirchliche Rechtsprechung gültige Verfahrensweise sicherzustellen. Er brauchte einen Prozeß, der an einem sicheren Ort geführt wurde, und, noch wichtiger, er brauchte einen »schönen Prozeß«.

Um selbst als Johannas Richter auftreten zu können, hätte Cauchon die Erlaubnis benötigt, daß der Prozeß in Beauvais geführt werde. Die Gefangennahme des jungen Mädchens am rechten Oise-Ufer konnte allenfalls seine Zuständigkeit rechtfertigen und glaubwürdig erscheinen lassen, obgleich für Inquisitionsgerichte die Person, die er als Ketzerin zu verurteilen vorhatte, sich in seiner Diözese der Ketzerei hätte schuldig machen müssen; aufgrund des Ortes ihrer Gefangennahme war also der Schein gewahrt... Aber ihr in Beauvais den Prozeß zu machen kam deshalb nicht in Frage, weil sich die Stadt dem König von Frankreich ergeben hatte. Darum entschied Bedford, daß das Verfahren in Rouen stattfinden sollte, wo die englische Besatzungsmacht seit zwölf Jahren fest im Sattel saß. Das Domkapitel zu Rouen suchte in aller Form um eine Gebietsvollmacht nach, die mit Urkunde vom 28. Dezember 1430 selbstverständlich erteilt wurde. Daraufhin entsandte Cauchon unverzüglich einen seiner Leute nach Lothringen mit dem Auftrag, an Ort und Stelle über Johannas Jugend und Kindheit Erkundigungen einzuholen. Der Name des Mannes ist nicht bekannt, aber man weiß, daß er sich nach Chaumont begab, wo ihm ein gewisser Nicolas Bailly als Notar und ein rechtskundiger Geistlicher namens Gérard Petit beigegeben wurden. Die drei Männer reisten nacheinander nach Domrémy, Vaucouleurs und wahrscheinlich auch nach Toul; die Ergebnisse ihrer Nachforschungen lagen erst Ende Januar 1431 in Rouen vor.

Parallel dazu brach auf Cauchons Ansuchen hin eine etwa fünfzig Mann starke bewaffnete Eskorte mit ihm auf, um Johannas letzte Überführung von Le Crotoy in die normannische Stadt zu sichern: zwei »volle Lanzen«, wie man damals sagte, das heißt, etwa zehn Bewaffnete, dazu fünfundzwanzig Bogenschützen sowie weitere Männer für das Gepäck und die Beförderung des Lösegeldes. Dieses wurde wohl um den 15. Dezember vor dem letzten Wegstück übergeben. Die von Pierre Rocolle rekonstruierte Route ist überzeugend. Von Le Crotoy wurde Johanna mit einem Boot nach Saint-Valéry-sur-Somme geschafft, wobei man die bei Hochwasserstand von der Somme in der Mündung gebildete Rinne benutzte, während die Reiter und ihre Tiere — das Gros der Abteilung — den Fluß auf der Brücke von Abbeville überquerten, denn fünfzig Reiter mit Booten überzusetzen wäre recht schwierig gewesen. Wahrscheinlich machte man halt in Saint-Valéry oder vielleicht nur in dem 24 km entfernten Städtchen Eu, wenn die Überquerung der Mündung rasch erfolgte. Es ist anzunehmen, daß die Gruppe danach teilweise der alten Römerstraße folgte, die über Arques und Bosq-le-Hard führte. Schließlich erreichte sie die von König Philipp August erbaute Burg Bouvreuil, wo nun der Mann residierte,

der zum Hofmeister des kleinen Königs Heinrich VI.
ernannt worden war: Graf Warwick. Man gelangte dorthin,
ohne die Stadt Rouen selbst durchqueren zu müssen. Das war
am Tag vor Weihnachten.

VII.
»Ich weiß genau, daß die Engländer
mich töten werden«

Der Turm, in dem Johanna eingekerkert wird, war zu Beginn des 19. Jahrhunderts noch vorhanden; dieser sogenannte »gekrönte« Turm war einer der sieben Türme der Festung Bouvreuil, die einen riesigen Wirtschaftshof umschloß; er sei »den Feldern« zugewandt, sagten einige Zeugen aus, ging also nach außen, und man glaubt, daß sich der Raum, in dem Johanna eingesperrt wurde, im ersten Stockwerk befand. Bei den Grabungen, die jüngst auf dem Gelände der Burg durchgeführt wurden, hat sich herausgestellt, daß das, was man bis dahin über die allgemeine Beschaffenheit der Örtlichkeiten wußte, falsch war, doch liegen bis jetzt noch keine vollständigen Ergebnisse vor. Eines steht fest: das, was heute der Turm der Jeanne d'Arc heißt, ist der stark restaurierte Rest des alten Belfrieds und nicht unbedingt der Ort, wo sie gefangengehalten wurde.

Was den Raum selbst angeht, der als Gefängnis diente, so darf man die von ihm erstellte Rekonstruktion als wahrscheinlich ansehen und sich vorstellen, daß er drei Maueröffnungen enthielt: die eine war ein sicherlich vergittertes Fenster, die zweite ein Abtritt — alle Türme dieser Art waren damit ausgestattet —, während die dritte vermutlich auf den

Treppenaufgang ging und sich wahrscheinlich auf eine Bogenscharte öffnete, so daß man, wenn man sich dort aufhielt, hören konnte, was im Raum gesprochen wurde, ohne selbst gesehen zu werden. Möglicherweise wurde Johanna auch vom zweiten Stockwerk aus, das durch einen Bretterboden von ihrem Gefängnis getrennt war, überwacht. Beaufsichtigt wurde sie in erster Linie von einem Junker des Königs namens John Grey. Ihm zur Seite standen andere Engländer: John Berwoit und William Talbot. Alle drei Männer mußten auf die Bibel schwören, wachsam zu sein und jeden Besuch zu untersagen, der nicht von Cauchon oder Warwick, dem Befehlshaber der Burg, persönlich genehmigt worden war. Ihnen wiederum halfen bei ihrer Aufgabe »fünf Engländer aus niederem Stande, die man auf Französisch *houssepaillers* (Zauser) nennt« (von diesem Wort leitet sich das Verb *houspiller* = zausen, mißhandeln, ab, was recht bezeichnend ist).

In Handfesseln und Fußeisen

Eine kleine geschnitzte Figurengruppe, deren Bemalung sich erhalten hat und die möglicherweise aus dem 15. Jahrhundert stammt — sie befindet sich in den Sammlungen des Schlosses Plessis-Bourré —, zeigt eine an den Handgelenken gefesselte Gefangene zwischen zwei Männern in unbestimmbarer Haltung. Manche beschrieben sie als »Henker, die sie um Vergebung zu bitten scheinen«, andere als Folterknechte der geketteten Johanna. Mag auch die Bedeutung der Gruppe unklar sein, so darf wohl als sicher gelten, daß Johanna in ihrem Gefängnis zu Rouen keine Kränkung erspart geblieben ist. Vorüber sind die Zeiten, in denen die »drei Johannen«

von Beaurevoir ihr ein Frauenkleid anboten und sie freundlich fragten, ob sie es nicht tragen wolle. »Ich sah sie in den Verliesen der Burg von Rouen in einem recht dunklen Raum in Eisen und Ketten«, berichtet der Dominikaner Isambart de la Pierre aus dem Kloster Saint-Jacques von Rouen. Ein gewisser Pierre Daron, Stellvertreter des Vogts von Rouen, gibt an, er habe sie »in der Burg in einem großen Turm, in Ketten, mit einem schweren Holzklotz an den Füßen und von mehreren Engländern bewacht« gesehen. Genaueres wissen wir von dem Gerichtsdiener Jean Massieu, dem es unter anderem oblag, die Gefangene in den Saal zu bringen, wo das Gericht versammelt war. Sie wurde, sagt er, von »fünf Engländern« bewacht, von denen nachts drei bei ihr im Raum blieben und zwei draußen vor der Tür.

»Ich weiß von anderen, daß Johanna mit gefesselten Füßen schlief. Sie war an eine kurze Kette gebunden, die unter den Bettpfosten herlief und an einem großen, fünf oder sechs Fuß langen Holzklotz mit einem Schloß befestigt war.«

Johanna trug also tagsüber Fußeisen, während nachts an diese Fessel eine Kette befestigt wurde, die unter dem Fußende des Bettes an einem Holzstück befestigt war, das sie nicht bewegen konnte. Er fügt jedoch hinzu: »Wenn ich sie vorführte und wieder zurückbrachte, war sie stets ohne Fußeisen.« In der Tat hätte sie die Strecke von ihrem Gefängnis bis zum Gerichtssaal nicht mit Fußeisen zurücklegen können. Bereits bei ihrem ersten Erscheinen vor dem Tribunal beklagte sich Johanna, »gekettet und mit Fußfesseln eingesperrt zu sein«. Cauchon hatte noch ein übriges getan: in seiner Angst, Johanna könne ihm entkommen, hatte er von einem gewissen Étienne Castille einen Eisenkäfig schmieden lassen, in dem sie stehend, »an Hals, Händen und Füßen gebunden«, gehalten werden sollte. Aber er

scheint dann noch darauf verzichtet zu haben, sie darin einzusperren.

Eine körperliche Tortur, die diesem gesunden, an das
Leben im Freien gewohnten jungen Mädchen, das so gern ritt
und so aktiv war, gewiß schwer zu schaffen machte. Sie war
jedoch gering, verglichen mit den seelischen Qualen: dem
Spott der Bewacher, deren geistiges Niveau man sich vorstellen kann − »oft machten sie sich über sie lustig, und sie warf
es ihnen vor« − oder dem Geschrei und den Beleidigungen,
die laut wurden, sobald sie den Burghof betrat. Und vor
allem die Bewachung durch ihre englischen Kerkermeister,
die sie, wie die Männer auf den Wällen von Orléans, »liederli-
ches Frauenzimmer«, »Hure« und »Buhldirne« oder gar
»Hure der Armagnacs« nannten. Man kann gut verstehen,
daß sie ihr Männergewand und ihre »engen und verschnür-
ten« Beinkleider jetzt ebenso benötigte wie während der
Loirefeldzüge, als sie mitten unter den Soldaten schlief − die
sie freilich verehrten und respektierten.

Wie hat sie unter diesen Umständen ihre Unschuld bewahren und »Johanna die Jungfrau« bleiben können? Nach dem,
was später der Notar des Prozesses, Guillaume Manchon, aussagen wird, fürchtete sich das junge Mädchen davor, »daß die
Bewacher ihr nachts Gewalt antäten«. Und »ein- oder zweimal beklagte sie sich beim Bischof von Beauvais, dem stellvertretenden Inquisitor, und bei Magister Nicolas Loiseleur darüber, daß einer der Bewacher sie hatte mißbrauchen wollen«.

Ein Mensch jedoch verwendete sich für sie. Wie schon in
Poitiers, mußte sie sich auch in Rouen einer Jungfräulich-
keitsprüfung unterziehen. Sie wurde unter der Aufsicht der
Anna von Burgund, Herzogin von Bedford, vorgenommen,
während in ihrer Heimat Nachforschungen über sie eingeholt wurden. Da die Herzogin und ihr Gemahl am

13. Januar 1431 Rouen verließen, ist das Datum leicht zu rekonstruieren. Man kennt den Namen zumindest einer der älteren Frauen, die Johanna untersuchten, Anne Bavon, und man weiß, daß ihre Jungfräulichkeit ordnungsgemäß festgestellt wurde; deshalb ließ Anne Bedford den Wärtern verbieten, sie zu belästigen.

Kriegsgefangene oder Gefangene der Kirche?

Die Gesetzwidrigkeit ihrer Haftbedingungen ist schon ab dem ersten Tag im Gefängnis von Rouen offenkundig: da Pierre Cauchon ihr einen Prozeß wegen Ketzerei, also einen kanonischen Prozeß zu machen gedenkt, hätte sie während dessen Dauer in einem kirchlichen Gefängnis mit Frauen als Bewacherinnen und unter besseren Bedingungen gehalten werden müssen – so wie es zu jener Zeit für alle der Ketzerei beschuldigten Frauen üblich war. Johanna jedoch wird während des gesamten Verurteilungsprozesses als Kriegsgefangene behandelt, sie muß Fußeisen tragen und wird von Soldaten bewacht. Um diese Gesetzwidrigkeit zu entschärfen, läßt der Bischof von Beauvais im Einvernehmen mit dem Herzog von Bedford verlauten, daß das Türschloß ihres Kerkers mit drei Schlüsseln versehen werde, deren einen Henri Beaufort, Kardinal von Winchester, in Händen habe, der während des ganzen Prozesses anwesend sein werde, die anderen beiden hätten die Richter, das heißt Cauchon persönlich, oder der Promotor, den er umgehend ernennen werde, Jean d'Estivet, und der stellvertretende Inquisitor, auch er vom Inquisitor Frankreichs, Jean Graverent, ernannt. Dieser Trick konnte nur diejenigen täuschen, die sich täuschen lassen wollten. Er war ebenso unrechtmäßig wie das Verbot, das Cauchon bei

Johannas erstem Erscheinen vor dem Gericht aussprach: »Wir untersagen Euch, ohne unsere Erlaubnis das Gefängnis, das Euch in der Burg von Rouen zugewiesen ist, zu verlassen, da Ihr sonst des Verbrechens der Ketzerei überführt seid.« Was die Gefangene jedoch keineswegs einschüchterte, denn sie erwiderte: »Ich erkenne dieses Verbot nicht an; wenn ich entkäme, so könnte mir niemand vorwerfen, daß ich mein Wort gebrochen hätte.« Die ganze Tragödie beruht also auf dieser Unklarheit: soll sie als Kriegsgefangene verurteilt werden oder als eine von der Kirche der Häresie verdächtigte Ketzerin?

Der tiefere Grund für die Anklage ist, daß man damit nicht nur Johanna in Mißkredit bringen will, sondern auch den König von Frankreich, der ihr seine Krone verdankt, also die Sache, die sie unterstützt. Anders ausgedrückt: Johanna ist der Prototyp des politischen Gefangenen: eines Menschen, der verfolgt wird, weil er der etablierten Macht und der Ideologie, auf die sie sich stützt, ein Dorn im Auge ist; man benötigt um jeden Preis einen Vorwand, ihn verurteilen zu lassen. Unser 20. Jahrhundert weist genügend Bespiele dieser Art auf.

Die »Rechtfertigung« der Professoren

Die Ideologie bestand schon seit langem. Johanna war noch nicht geboren, da hatten die Mitglieder der Universität von Paris durch einen der Ihren, Jean Petit, den Mord an Ludwig von Orléans durch seinen Vetter Johann Ohnefurcht mit Hilfe zahlreicher Argumente gerechtfertigt. Zum erstenmal in unserer Geschichte hatten Intellektuelle politischen Mord gutgeheißen: es sollte nicht bei diesem einen Mal bleiben.

Eine Christine de Pisan hatte mit großem Klarblick die wachsende Bedeutung der Dame Meinung angeprangert, dieser sich überall einmischenden, form- und gesichtslosen Macht, die allenthalben »Aufstände, Debatten, Erschütterungen und Schlachten« zu verursachen fähig war, als Verbreiterin falscher Behauptungen aber auch bewirken konnte, daß »grundlos gehaßt oder geliebt« wurde: sie spaltete das Volk und die Oberschicht in zwei Lager, von denen das des Herzogs von Burgund das weitaus größere war. Er besaß aufgrund geschickten Taktierens die Unterstützung der Professoren einerseits und die der großbürgerlichen Meister des Pariser Metzgerhandwerks, das über ein ganzes Heer von Messerschmieden und Abdeckern gebot (sie waren an der Schreckensherrschaft des Metzgergesellen Caboche beteiligt gewesen) andererseits. Es sind dieselben Intellektuellen, die sich in der durch das Große Schisma gespaltenen Kirche als Herren der Lage geben und von denen die Theorie der »Doppelmonarchie« stammt, die den englischen Anspruch auf Frankreich für rechtmäßig erklärt. Wobei sie sich Pfründe und Ansehen sicherten; denn die Diener der Dame Meinung vergessen niemals ihre eigenen Interessen. Sie verstehen es, sich in klingender Münze bezahlen zu lassen.

Ihr Plan hatte Erfolg. Durch den Vertrag von Troyes, dessen eifrigster Unterhändler Pierre Cauchon, der frühere Rektor der Universität von Paris war, wurde eine neue Gesetzlichkeit wirksam, die auf der brutalen und durch die Kleriker gerechtfertigten Eroberung fußte. Und da tauchte ein armseliges Mädchen weiß Gott woher auf und gefährdete die schöne Konstruktion, indem es die Siegesserie des Eroberers beendete und den Sohn Karls VI. krönen ließ. Aber nun hatte man dieses verflixte Geschöpf in der Hand, und die Universität von Paris konnte den Beifall sogar der universellen Kirche verlangen, die sie ebenfalls zu lenken beabsichtigte. Papst Martin V. mochte zwar wieder der einzige Nachfolger Petri sein und seine Autorität gegenüber dem Konzil behalten, aber die Universität von Paris hoffte, mittels periodischer Konzile die Christenheit weiterhin bevormunden zu können, wie sie es schon zur Zeit der Päpste von Avignon getan hatte, und sie durch ein parlamentarisches Gremium zu beherrschen. Das alles spielte bei der Verurteilung dieses unwissenden Mädchens aus dem Volk, dem man seine Vermessenheit schon austreiben würde, eine wichtige Rolle.

Doch der schöne Prozeß ließ sich schlecht an. Die Prüfung der Jungfräulichkeit, die die Jungfrau der Lüge überführen sollte, war negativ gewesen und gereichte ihr nur zum Vorteil. Und die Ergebnisse der Nachforschungen, die man in ihrer Heimat angestellt hatte, waren für den Bischof von Beauvais schlichtweg katastrophal. Der Gerichtsschreiber Nicolas Bailly hatte bei der Befragung von zwölf oder fünfzehn Personen in Domrémy und in fünf oder sechs nahegelegenen Kirchspielen »nichts über Johanna herausgefunden, was er nicht bei seiner eigenen Schwester hätte herausfinden wollen«. Ein Briefwechsel über diese Informationen bestätigte sie nur, und obwohl vom Vogt von Chaumont als »falsche Armagnacs« bezeichnet, hatten die mit der Untersuchung Beauftragten nichts zu berichten, was Johanna hätte belasten können.

Folglich konnte der Richter paradoxerweise keinen Hauptanklagepunkt vorbringen. Die sehr sorgfältige Studie Pierre Tissets über den Verurteilungsprozeß zeigt dies ganz deutlich: Johanna ist allein aufgrund der Verhöre in Rouen verurteilt worden. Eine offenkundige Schwäche dieses Prozesses, der freilich für den Historiker schon deshalb interessant ist, weil er ein klares Bild der Person Jeanne d'Arc gibt. Nichts konnte gegen sie ins Feld geführt werden, und sie wurde lediglich auf ihre Aussagen hin, die ihre Gegner niederschrieben, verurteilt. Cauchon ahnte nicht, daß er damit der Jeanne d'Arc das einzige Denkmal errichtete, das ihrer würdig ist und das wegen dieser Protokolle, die uns überliefert sind, unvergänglich bleiben wird.

Das macht auch verständlich, warum dieser Prozeß, den Cauchon ebenso wie Bedford gern so rasch wie möglich abgewickelt hätten, so langsam und zäh voranging.

Eine zweifache Ungesetzlichkeit

Die Schwierigkeiten wurden noch vermehrt durch die zögernde Haltung des Vikars des Inquisitors, eines Dominikanermönchs des Klosters von Rouen namens Jean Lemaître, der ganz legal der wichtigere der beiden Richter in dem ordnungsgemäß einberufenen Inquisitionsprozeß sein sollte und der geantwortet hatte, daß »er sich sowohl aus Gewissensskrupeln wie zur Sicherung der Beweisführung im Prozeß nicht mit der Materie befassen wollte«. Er sei, so hatte er ins Feld geführt, nicht dazu ermächtigt, denn sein Vikariat erstreckte sich lediglich auf die Städte der Diözese Rouen, und »dieser Prozeß werde vom Bischof von Rouen« in seinem eigenen Gerichtsbezirk »auf geborgtem Gebiet« geführt. Man mußte also von vorn beginnen, abermals ein Schreiben an den Inquisitor von Frankreich, Jean Graverent, in Paris richten, damit sich Jean Lemaître bereit erklärte, dem Prozeß beizuwohnen, was er erst in der zweiten Sitzung am 22. Februar tat, als die Präliminarien bereits abgeschlossen waren. Obgleich Cauchon darauf bedacht war, die Formen eines Inquisitionsverfahrens zu wahren, gab es eine zweifache

Ungesetzlichkeit: der Inquisitor war nicht anwesend, und die sogenannten »vorangehenden Unterrichtungen« waren anonym und niemandem bekannt, nicht einmal der Hauptperson Johanna. Pierre Tisset nannte es nachdrücklich ein »ganz und gar außergewöhnliches Phänomen[1]«, daß der Prozeß einzig aus den Verhören der Angeklagten bestand und niemand, nicht einmal sie selbst, wußte, was man ihr zur Last legte.

Man versteht nun, warum Cauchon daran lag, ein imponierendes Gericht zu versammeln — in Wirklichkeit eine Geschworenenbank, da ja nur er und der Inquisitor Richter waren —: damit wollte er einmal diese Mängel kompensieren, die er so gut wie kein anderer kannte, zum anderen wollte er Johanna einschüchtern. Er verfaßte zahlreiche offizielle Schreiben und wandte sich insbesondere an das Domkapitel von Rouen, das der König von England von der »Gebietsvollmacht« in Kenntnis gesetzt hatte, die ihm, dem Bischof von Beauvais, gestattete, in Rouen Recht zu sprechen. Außerdem wird, ebenfalls im Namen des Königs von England, die Kriegsgefangene Heinrichs VI. offiziell der Aburteilung durch den Bischof von Beauvais überantwortet, und zwar durch einen Brief, in dem ausdrücklich die von der Universität von Paris an ihn herangetragene Bitte erwähnt wird, daß der Prozeß stattfinden möge. Der Wortlaut enthüllt die wahre Natur des Verfahrens:

»Es ist Unsere Absicht, diese Johanna wieder bei Uns zu haben und zu Uns zu nehmen für den Fall, daß sie des Verbrechens der Ketzerei oder anderer Dinge, die Unseren Glauben berühren oder betreffen, nicht überführt oder für schuldig befunden wird.«

---

1. Verurteilungsprozeß, Bd. III, S. 85

Der politische Charakter des Prozesses kann nicht deutlicher ausgedrückt werden, und es ist unschwer zu erraten, wie er für Johanna enden wird.

»Ich weiß nicht, worüber Ihr mich befragen wollt«

Die erste öffentliche Sitzung beginnt am Mittwoch, dem 21. Februar, etwa um acht Uhr morgens. Es ist der Aschermittwoch, der erste Tag einer Fastenzeit, die für Johanna schon lange vorher angefangen hat ... Sie sieht sich (laut Tagesprotokoll) vierundvierzig Männern gegenüber, darunter neun Doktoren der Theologie, vier Doktoren des kanonischen Rechts, einem Doktor »beider Rechte«, sieben Theologiebakkalarien, elf Lizentiaten im kanonischen Recht, vier im Zivilrecht, dazu dem Promotor Jean d'Estivet. Das junge Mädchen ist allein, kein Anwalt steht ihr bei, was gegen die Gepflogenheiten der Inquisition ist. Die Gefangenschaft scheint ihre Widerstandskraft nicht geschwächt zu haben. Cauchon merkt dies bereits bei der ersten Formalität, der Vereidigung:

»Ich weiß nicht, worüber Ihr mich befragen wollt. Es gibt vielleicht Fragen, auf die ich nicht antworten werde.«

Der Bischof ermahnt sie nochmals:

»Ihr sollt schwören, die Wahrheit zu sagen auf Fragen, die den katholischen Glauben angehen, und anderes, was Ihr wißt.«

»Ich schwöre, die Wahrheit zu sagen auf Fragen nach meiner Herkunft und nach allem, was ich tat, seit ich nach Frankreich kam. Was aber meine göttlichen Offenbarungen angeht, so habe ich darüber nie gesprochen, noch sie irgend jemandem außer Karl, meinem König, anvertraut. Und wollt

Ihr mir den Kopf abschlagen, so würde ich nicht davon reden können, denn meine Stimmen haben es mir untersagt.«

Fragen und Antworten werden noch mehrere Male wiederholt, bis Johanna schließlich niederkniet, beide Hände auf das Evangelienbuch legt und schwört, die Wahrheit auf die Fragen des Glaubens zu sagen.

Diesem unerwarteten Vorspiel folgt die Frage, die auch heute noch jedem Gefangenen oder Angeklagten gestellt wird, nämlich die nach Namen und Herkunft.

»Zu Hause nannte man mich Jeannette, seit ich in Frankreich bin, Johanna (...) Geboren bin ich in dem Dorf Domrémy-Greux, in Greux ist die Hauptkirche. Mein Vater heißt Jacques d'Arc, meine Mutter Isabeau.«

Dann nennt sie die Namen der Paten und Patinnen, des Priesters, der sie getauft hat, ein gewisser Jean Minet, von dem sie vermutet, daß er noch am Leben sei. Schließlich ihr Alter: »Ich glaube, ungefähr neunzehn Jahre.«

Plötzlich taucht ein anderes unerwartetes Hindernis auf. Der Bischof befiehlt ihr, das Vaterunser aufzusagen. Darauf erwidert Johanna: »Wenn Ihr mich in der Beichte hört, will ich es sagen.« Auch nach einer abermaligen Aufforderung weigert sie sich, es aufzusagen, ohne vorher gebeichtet zu haben; es folgen die oben zitierten Antworten zu ihren Haftbedingungen, daß sie von Männern, Engländern, bewacht werde und Fußeisen tragen müsse. Zum Schluß wird ihr mitgeteilt, daß sie am nächsten Tag zur gleichen Zeit vor dem Gericht zu erscheinen habe.

Der Wunsch Johannas, der Bischof möge ihr die Beichte abnehmen, entsprach natürlich nicht den Gepflogenheiten eines Inquisitionsprozesses. Diese Forderung war jedoch recht geschickt und zielte darauf ab, Cauchon an sein Amt als Priester zu erinnern, der gehalten war, in seinem Herzen und Gewissen dem Bußsakrament dieselbe Bedeutung beizumessen, wie Johanna dies ihrerseits tat. Auf jeden Fall wußte sie, falls sie sich in diesem Punkt irgendwelchen Illusionen hingab, sehr schnell Bescheid.

Am nächsten Tag die zweite Sitzung. Der Dialog vom Vortag hinsichtlich des Schwörens wiederholt sich: »Ich habe Euch gestern diesen Schwur geleistet, das muß doch genügen; Ihr belastet mich zu sehr.« Dennoch willigt Johanna ein, »in Dingen, die den Glauben berühren, die Wahrheit zu sagen«.

Danach führt Jean Beaupère, einer der Besitzer, das Verhör. Er scheint prädestiniert für diese Aufgabe: wie Pierre Cauchon war er einst Rektor der Universität von Paris (1412 und 1423), und diese hatte ihn nach Troyes entsandt, um demselben Cauchon bei den Verhandlungen für den Vertrag von 1420 zur Seite zu stehen; er war es auch gewesen, dem 1422 von der Königin von England und dem Herzog von Gloucester die Sonderrechte der Universität bestätigt worden waren. Danach zum Chorherrn von Rouen ernannt, arbeitet er der Besatzungsmacht zu und wird kurze Zeit später offizieller Gesandter des Königs von England beim Konzil von Basel, wohin er sich am 28. Mai 1431 begibt, also noch vor Johannas Hinrichtung. König Heinrich VI. setzt ihm 1435 ein jährliches Einkommen von hundert Livres »für seine guten Dienste in Frankreich und beim Konzil von Basel« aus. Er ist übrigens ein wahrer Pfründensammler: er ist nicht nur Chorherr in Rouen, sondern auch in Besançon, Sens, Paris, Beauvais, Laon, Autun und Lisieux, und dies, obgleich er bei einem mißlichen Abenteuer (einem Raubüberfall auf der Straße von Paris nach Beauvais) eine Verstümmelung an der rechten Hand davongetragen hatte und seine zahlreichen zwischen Burgund und der Normandie verstreuten Ämter in Wirklichkeit gar nicht alle ausüben konnte! Jean Beaupère befragt Johanna also über ihre Jugend, über das, was sie ihre »Stimme« nennt, und über ihren Aufbruch von Vaucouleurs und ihren Ritt nach Chinon. Er befragt sie nicht nach ihren Heldentaten vor Orléans und bei Patay, sondern spricht von Saint-Denis, dem »Scharmützel vor der Stadt Paris«: »War es nicht an einem Festtag?« — »Ja, ich glaube schon, daß es ein Feiertag war.« — »War das rechtens?« — »Fragt mich etwas anderes.«

Der Verhörende übergeht also geschickt die wichtigen Fakten und konzentriert sich auf den Angriff am 8. September 1429, dem Tag der Geburt Mariens, an dem das Saint-Honoré-Tor gestürmt wurde. Nach dieser Sitzung, die lange dauert, wird Johanna für den übernächsten Tag, Samstag, den 24. Februar, geladen.

An diesem Tag erwartete sie eine Überraschung: Unter den Beisitzern befand sich Nicolas Loiseleur. Sie hatte den Mann schon einige Male gesehen: er hatte sie in ihrem Gefängnis besucht und behauptet, ebenfalls aus den Landen an der Maas zu stammen und Gefangener zu sein. Da er Priester war, hatte er ihr angeboten, ihr Beichtvater zu werden, und da sie ihm vertraute, hatte sie ihm gebeichtet. Viel später sollte einer der für diesen Prozeß benannten Notare, ein gewisser Magister Guillaume Manchon, aussagen, daß er mit einem seiner Schreiber, einem gewissen Boisguillaume (»und anderen Zeugen«, fügt er hinzu, ohne diese näher zu benennen), angewiesen worden sei, sich in dem Winkel vor Johannas Raum zu verstecken, wo er alles hören konnte, »was sie sagte oder dem genannten Loiseleur berichtete«. Es gab zwar damals noch keine Abhörmikrophone, aber man bediente sich bereits bei jeder nur passenden Gelegenheit dieses in politischen Affären klassischen Verfahrens.

Johanna muß rasch begriffen haben, daß man ihr mit List

beizukommen suchte. Schon zu Beginn des Verhörs sehen wir sie halsstarrig und weniger denn je bereit, den verlangten Schwur abzulegen. Cauchon selbst und mehrere Beisitzer müssen gemeinsam eine neuerliche Vereidigung gefordert haben, denn Johanna antwortet zunächst gereizt: »Laßt mich reden.« Und man denkt an das, was später der Gerichtsschreiber Jean Massieu berichten wird: Bei diesen Verhören, die im allgemeinen von acht bis elf Uhr dauerten, war es gang und gäbe, daß mehrere Richter gleichzeitig Fragen stellten, so daß sie »mehrere Male zu denen, die sie verhörten«, sagte: »Ihr schönen Herren, einer nach dem anderen.« Jedenfalls sagte sie schließlich: »Ich bin bereit zu schwören, die Wahrheit zu sagen über das, was ich weiß, was den Prozeß angeht.« – Und das Protokoll enthält einen bedeutsamen Zusatz: »Aber ich werde nicht alles sagen, was ich weiß.«

»Wenn die Stimme es mir verbot...«

Johanna bringt sich bei diesem Verhör bewußt in eine für sie höchst gefährliche Lage: sie gibt zu, daß sie mit einer jenseitigen Welt in Verbindung steht, die sie global als »die Stimmen« bezeichnet. Sie gesteht also freimütig den überirdischen Charakter ihres Auftrags. Als Beaupère sie später fragt, ob die Stimme ihr untersagt habe, etwas über ihre Mission zu verraten: »Ist es Euch verboten, Eure Offenbarungen kundzutun?« erwiderte sie: »Wenn meine Stimme es mir verboten hat, was wollt Ihr dann dazu sagen?« Und einen Augenblick danach fügt sie hinzu: »Glaubt mir, es sind nicht die Menschen, die es mir verboten haben.« Sie beharrt darauf, daß die Welt, mit der sie in Verbindung steht, nicht die ist, in der sie lebt: »Ich fürchte mehr, den Stimmen zu mißfallen mit meinem Reden als Euch mit meinem Schweigen.«

Der Ton indes ist nicht der einer Erleuchteten. Der beste Beweis hierfür ist ihr Humor. Sie sagt prahlerisch: »Noch heute nacht hat mir die Stimme viele Dinge zum Wohl des Königs gesagt. Ich wollte wohl, daß sie der König wüßte, und wenn ich keinen Wein bis Ostern trinken dürfte. Es wäre nämlich um so froher bei seiner Mahlzeit.« Und sicher ist es diese provokante Äußerung, die ein wenig später die hinterhältige Frage nach sich zieht: »Hat Eure Stimme Euch zu wissen gegeben, Ihr würdet dem Kerker entkommen?«

»Muß ich es Euch sagen?«

Der Ton wird immer schärfer, bis er jenen Höhepunkt erreicht, der in aller Gedächtnis bleiben wird: »Ohne die Gnade Gottes könnte ich nichts tun.« Worauf die berühmte Frage gestellt wird: »Seid Ihr gewiß, Johanna, im Stande der Gnade zu sein?« Die Antwort darauf mutet an wie eine sich öffnende Blüte: »Wenn ich es nicht bin, möge Gott mich dahin bringen, wenn ich es bin, möge Gott mich darin erhalten! Denn ich wäre der traurigste Mensch auf Erden, wenn ich mich nicht in der Gnade Gottes wüßte.« Der Notar Boisguillaume, der diese Antwort festgehalten hat, sagte später aus: »Diejenigen, die sie fragten, waren über diese Antwort verblüfft.« Nicht zu Unrecht.

Man hat diese Antwort mit einem Gebet verglichen, das in drei Handschriften aus dem 15. Jahrhundert enthalten ist. Ist es denkbar, daß Johanna von diesem Gebet inspiriert wurde? Könnte es nicht, im Gegenteil, sein, daß diese erhaben-schlichte Antwort später als Vorlage für dieses Gebet diente? Die Verblüffung der Beisitzer wäre nicht zu erklären, hätte es sich um eine gebräuchliche Wendung gehandelt. Der Notar fügt hinzu, daß man daraufhin die Befragung abbrach;

eigenartigerweise ist auch im Prozeßprotokoll ein Bruch festzustellen. Johannas vorrangehende Worte wurden, wie
bereits gesagt, in direkter Rede aufgezeichnet; von jetzt an
gibt der Schreiber sie in indirekter Rede wieder: »Dann sagte
sie, wenn sie in der Sünde wäre, käme die Stimme nicht,
denke sie. Möchte doch jedermann das in der gleichen Klarheit erkennen wie sie!«

Doch das Gericht gibt nicht auf. Jean Beaupère, der, was
die »Stimme« angeht, gewisse Vorstellungen haben mag,
befragt sie über den Baum, der in Domrémy als Baum der
Feen bezeichnet wird. Die Nachforschungen im Dorf hatten
vermutlich ergeben, daß, wie gemunkelt wurde (tatsächlich
sagten einige Leute dies aus), Johanna »unter dem Baum der
Feen ihren Auftrag empfangen habe«; ihr eigener Bruder
hatte es ihm erzählt, und »sie sagte ihm das Gegenteil«. Jedenfalls veranlaßt diese Frage Johanna, folgende poetische
Beschreibung von einem Dorffest zu geben:

»Nahe bei Domrémy steht dieser Baum, den man Baum
der Herrinnen, aber auch Baum der Feen nennt. In der Nähe
ist eine Quelle. Es heißt, daß die Fieberkranken dorthin
gehen, das Wasser zu schöpfen und zu trinken, um gesund zu
werden. Das habe ich selbst gesehen. Aber ob sie genesen
oder nicht, wüßte ich nicht zu sagen (...) Es ist ein sehr großer Baum, ›fau‹ genannt, wo der schöne Maien grünt und der
dem Ritter Pierre de Bourlemont gehört. Manchmal trieb ich
mit anderen Mädchen Kurzweil dort, ich wand Kränze für
das Bild Unserer Lieben Frau in Domrémy. Ich habe die
Mädchen Blumengewinde über die Zweige des Baumes hängen sehen, und ich habe es manchmal auch mit ihnen getan.
Bald nahm man die Kränze mit sich fort, bald ließ man sie
dort ... Ich weiß nicht mehr, ob ich unter dem Baum getanzt
habe, als ich erwachsen war; es ist wohl möglich, daß ich dort

mit den Kindern tanzte, aber ich habe mehr gesungen als getanzt.«

Im weiteren spricht sie von dem nahegelegenen Eichenwald. (»Man sieht ihn von der Tür meines Vaters aus, er liegt kaum eine halbe Meile weit entfernt.«) Ohne Scheu spricht sie im Zusammenhang mit diesem Wald von den Weissagungen, die im Umlauf waren; daß von dort ein Mädchen kommen sollte, das Wunder täte. »Aber«, sagte sie, »ich habe nicht daran geglaubt.«

Daraufhin endet dieses recht ergiebige Verhör, und das nächste wird für den folgenden Dienstag, den 27. Februar, anberaumt. An diesem Tag gibt Johanna die Namen der Heiligen preis, von denen sie ihre Offenbarungen hat: die heilige Katharina und die heilige Margareta. Auch diesmal führt Jean Beaupère die Befragung durch. Nachdem er sie, natürlich wie nebenbei, gefragt hat, ob sie während aller Tage der Fastenzeit gefastet habe, verhört er sie wieder zu den Stimmen: »Habe Johanna seit Samstag diese Stimme gehört?« Sie antwortet so, als wollte sie ihn ins Vertrauen ziehen:

»Ich habe die Stimme nicht richtig verstanden, ich verstand nichts, was ich Euch wiederholen könnte, bis ich in meine Kammer zurückgekehrt war.«

»Was hat Euch die Stimme gesagt, als Ihr in Eure Kammer zurückgekehrt wart?«

»Sie hat zu mir gesagt, ich solle Euch unerschrocken antworten.«

Und als er etwas später wissen will: »Ist es die Stimme eines Engels?«, nennt sie die beiden Heiligen, die von nun an zu ihren unsichtbaren Gefährten gehören. Man hat darauf hingewiesen, daß die heilige Katharina, Schutzpatronin der jungen Mädchen, auch die Patronin des nahe Domrémy gelegenen Kirchspiels Maxey-sur-Meuse und im Mittelalter eine sehr volkstümliche Heilige gewesen ist, ebenso die heilige Margareta von Antiochia, die man anzurufen pflegte, wenn eine Frau in Kindsnöten war, und von der noch heute in der Kirche von Domrémy eine Statue steht, die Johanna wahrscheinlich gesehen hat.

Ab jetzt drehen sich die Fragen vornehmlich um das Erscheinen dieser beiden Heiligen, denen an diesem Dienstag Johanna von sich aus den heiligen Michael hinzufügt. Der heilige Michael, sagt sie, sei als erster zu ihr gekommen. »Es war der heilige Michael, den ich vor meinen Augen sah. Er war nicht allein, sondern von Engeln des Himmels begleitet (...) Ich habe sie mit meinen Augen gesehen, wie ich Euch alle sehe. Als sie mich verließen, weinte ich, denn ich wünschte, sie hätten mich mit sich fortgenommen.«

In diesem Verhör erwähnt sie auch erstmals das »Buch von Poitiers«: »Wenn Ihr daran zweifelt, sendet nach Poitiers, wo ich einst befragt wurde.« Zweifellos war es also beim Prozeß von Poitiers um die Erscheinungen gegangen, und Johanna hatte die Namen der Heiligen, die sich ihr offenbarten, bereits genannt. Das Verhör zu diesem Punkt wird fortgesetzt, bis die Angeklagte antwortet: »Ich habe Euch oft genug versichert, daß es die heilige Katharina und die heilige Margareta sind. So wollt es mir doch glauben!« Sie wiederholt auch mit Nachdruck, woran sie den ganzen Prozeß hindurch festhalten wird:

»Ich bin auf Geheiß Gottes nach Frankreich gekommen (...) Lieber hätte ich mich vierteilen lassen, als daß ich ohne Erlaubnis Gottes nach Frankreich gekommen wäre (...) Alles, was ich getan habe, hat Gott mir geboten (...) Nichts von dem, was ich getan habe, tat ich nicht auf Befehl des Herrn.«

Die Mannskleider

Im Lauf dieses Verhörs wird auch eine Frage aufgeworfen, der Johanna zunächst keine Bedeutung beimißt:

»Ist es Gott, der Euch geboten hat, Mannskleider anzulegen?«

»Das Gewand ist gleichgültig; es ist nebensächlich. Ich habe diese Mannskleider auf keines Menschen Rat angelegt. Ich habe weder diese Kleidung angelegt noch sonst irgend etwas getan, was nicht auf Geheiß Gottes und seiner Engel geschehen wäre.«

Andere Fragen hinsichtlich dieses Gewandes beantwortet sie in der gleichen Weise: sie habe nichts getan, was nicht auf Geheiß Gottes geschehen wäre, aber ohne ausdrücklich auf die Männerkleidung einzugehen. Noch ahnt niemand, nicht einmal Cauchon, welche Wichtigkeit diese Kleidung im weiteren Verlauf des Verfahrens annehmen wird.

Dann versucht man – zum erstenmal –, von ihr etwas über die Offenbarungen zu erfahren, die sie, wie sie sagt, in bezug auf den König von Frankreich gehabt hatte:

»Als Ihr Euren König das erste Mal saht, war da ein Engel über seinem Haupt?«

»Bei der Heiligen Jungfrau! Ich weiß es nicht, und ich habe keinen gesehen.«

Doch spricht sie vom Zeichen, das der König empfangen habe und das ihn bewog, ihr Glauben zu schenken, wobei sie präzisiert, daß es »von den Geistlichen« gekommen sei.

Diese Frage leitet über zur Begegnung in Chinon und zum Prozeß von Poitiers. Anscheinend ohne ausdrücklich danach gefragt zu sein, erzählt Johanna, wie ihr Schwert in Sainte-Catherine-de-Fierbois gefunden worden war: »Habt Ihr nie Euer Schwert segnen lassen?« – »Ich habe es nie gesegnet oder segnen lassen und hätte auch nicht gewußt, wie das zu tun wäre.« Nach dem Schwert soll sie das Banner beschreiben, und auf die Frage: »Was war Euch lieber, Eure Fahne oder Euer Schwert?« gibt sie die berühmte Antwort: »Meine Fahne. Sie war mir viel lieber, hundertmal lieber als das Schwert.« Und danach:

»Ich trug meine Fahne selbst, wenn ich angriff; ich wollte vermeiden, daß ein Mensch getötet werde. Niemals habe ich einen Menschen getötet.«

Am Schluß der Sitzung erfolgt, wie immer sehr rasch, ein Hinweis auf die Waffengänge von Orléans und Jargeau.

Das Gericht tritt abermals am Donnerstag, dem 1., und am Samstag, dem 3. März, zusammen, wobei das Verhör auch jetzt öffentlich erfolgt. Es scheint, daß die erste dieser beiden Sitzungen, die vom Donnerstag, von Cauchon selbst geleitet wurde. Er befragt Johanna über einen Punkt, der Johanna vielleicht in Verlegenheit bringen würde, der jedoch vor allem die Pariser Professoren stark beschäftigte: den Papst. Er verliest ein Schreiben des Grafen von Armagnac an die Jungfrau, das eine Frage zum Gegenstand hat, die lange Zeit die Christenheit spaltete: »Welches ist der wahre Papst?« — »Was mich selbst angeht, so glaube ich an den Herrn Papst, der zu Rom ist«, erklärt Johanna ohne Umschweife. Diese hinsichtlich des Glaubens wie der Kirchenlehre einwandfreie Antwort muß die Professoren sehr unangenehm berührt haben, nachdem sie so lange den Papst zu Avignon unterstützt hatten und auch jetzt weit davon entfernt waren, dem in Rom, Martin V., ohne Hintergedanken anzuhängen, denn auf ihr Betreiben hin sollte auf dem Konzil von Basel der letzte Gegenpapst der Geschichte gekürt werden. Was das Schreiben des Grafen von Armagnac angeht, so gab Johanna darauf jedenfalls nur eine hinhaltende Antwort. Und da es in dieser

Sitzung im wesentlichen um ihren Briefwechsel ging, verlas man ihr erstes Mahnschreiben, dessen Text Johanna ohne weiteres als den ihren anerkannte, mit Ausnahme einiger Wendungen, die die Schreiber vielleicht von sich aus hinzugefügt hatten. Bei dieser Gelegenheit sagte sie, provozierender denn je:

»Noch ehe sieben Jahre um sind, werden die Engländer mehr verlieren als vor Orléans, denn sie werden ganz Frankreich verlieren (...) Und das durch einen großen Sieg, den Gott den Franzosen senden wird.«

Als man von ihr zu erfahren versucht (wogegen sie sich sträubt), an welchem Tag, zu welcher Stunde und in welchem Jahr dieser Sieg errungen werde, will man von ihr auch wissen, was sie zu John Grey, ihrem englischen Wächter, in bezug auf den Sankt-Martins-Tag im Winter gesagt habe — das beweist, daß die Wächter bereits die Rolle spielen, die sie auch in späteren Zeiten in politischen Prozessen spielen werden, und daß ihr täglicher Rapport in den Verhören ihrer Gefangenen verwendet wird.

Danach wechselt erneut der Gesprächsgegenstand, und es geht abermals um die Heiligen, deren Stimme Johanna zu vernehmen behauptet: über ihr Aussehen verrät sie nichts Konkretes; sie amüsiert sich über die Frage, ob die Heiligen, die ihr erscheinen, Haare haben. »Das will ich wohl meinen!« Cauchon, der versucht, ihr noch mehr zu entlocken, stellt die Frage: »Spricht die heilige Margareta die Sprache der Engländer?« — »Warum sollte sie englisch sprechen, da sie nicht auf der Seite der Engländer ist?«

Das »Zeichen des Königs«

Immer deutlicher erkennbar wird nun der Hintergedanke des Bischofs, der versucht, sie mit Fragen zur Hexerei zu verunsichern. Es ist die Rede von Ringen, man kommt auf den Baum der Feen und die Quelle von Domrémy zurück, und plötzlich wird gefragt: »Was habt Ihr mit Eurer Alraune gemacht?« — »Ich habe keine Alraune, noch habe ich je eine gehabt.« Und als man weiter in sie dringt: »Ich habe sagen hören, sie ziehe das Geld an. Aber ich glaube nicht daran«, und im selben Atemzug fügt sie hinzu: »Meine Stimmen haben mir darüber nie etwas gesagt.«

Das ist ein Gegensatz, der hinterfragt werden muß. Johanna beruft sich auf »Stimmen«, die ihrer Aussage nach mit den Bedenken ihrer Richter, mit den heilkräftigen Ringen oder aber jenen volkstümlichen Zaubermitteln, bei denen sich die gelehrten Doktores aufhalten, mit denen sie sich auseinanderzusetzen hat, nichts zu tun haben. Belegt wird diese Diskrepanz durch den unerschütterlichen Humor, der die Angeklagte auszeichnet und den sie im Verhör vom 1. März überzeugend unter Beweis stellt:

»Welches Aussehen hatte der heilige Michael, als er Euch erschien? (...) War er nackt?«

»Meint Ihr, Gott habe nichts, ihn zu kleiden?«

»Hatte er Haare?«

»Warum sollte man sie ihm abgeschnitten haben? (...)«

»Hatte er eine Waage?«

»Ich weiß es nicht. Ich habe eine große Freude, wenn ich ihn sehe.«

Zweifellos etwas entmutigt, kommt Cauchon nun wieder auf das »Zeichen des Königs« zurück. »Ich habe Euch schon gesagt, Ihr werdet es nicht von mir erfahren. Fragt ihn selbst danach!« Zum ersten Mal wird mit dem Zeichen die Königskrone in Verbindung gebracht. Johanna ergreift in gewisser Weise die Offensive und gibt an, daß ihm neben der Krone, die der König in Reims vorfand, »eine andere, noch viel reichere, gebracht worden war«. Noch oft wird die Frage nach dieser Königskrone gestellt werden...

Die Vernehmung am folgenden Samstag ist viel länger und behandelt sehr unterschiedliche Themen. Zunächst geht es um die Heiligen, die ihr erscheinen: »Ich habe Euch alles gesagt, was ich weiß, und werde nichts anderes antworten.« Es ist Jean Beaupère, der sie an diesem Tag verhört. Er schreckt nicht davor zurück, im Zusammenhang mit den Stimmen die Frage zu stellen, welches Los Johanna erwartet:

»Haben Euch Eure Erscheinungen zu wissen getan, daß Ihr entkommen werdet?« »Das gehört nicht zu Eurem Prozeß. Wollt Ihr, daß ich gegen mich spreche?«

»(...) Haben Euch Eure Stimmen etwas darüber gesagt?«

»Ja, wahrhaftig! Sie haben mir gesagt, ich würde befreit, aber ich weiß weder Tag noch Stunde. Und ich solle zuversichtlich und guten Mutes sein.«

Befreiung, Befreiung... In der Sprache der Mystiker ist im allgemeinen der Tod damit gemeint, doch wahrscheinlich benutzt Johanna das Wort nicht in diesem Sinne.

Die Taktik wechselnd, befragt Jean Beaupère sie abermals über die Manneskleidung: »Dazu habe ich Euch bereits geantwortet.« Und sie fügt hinzu: »Und es ist in Poitiers niedergeschrieben.« Die Theologen, die sie ein erstes Mal verhört und »an ihr nur Gutes gefunden« hatten, hatten also die Frage bereits angesprochen, jedoch kein Vergehen gefunden. Das zu vermerken erscheint uns von Bedeutung, denn in dieser Sitzung Anfang März machen die Richter die Manneskleidung zum einzigen »handfesten« Anklagepunkt. Johanna kommt es überhaupt nicht in den Sinn, daß ihre Kleidung etwas Schändliches sein könnte, sie will sie keinesfalls ablegen, einmal »aus Gehorsam ihren Stimmen gegenüber«, zum anderen aus einem leicht verständlichen Grund, wenn man bedenkt, daß sie in ihrem Gefängnis, wenn sie auf ihrer Lagerstatt ruhte, an den Beinen gefesselt war.

Bei den nächsten Fragen geht es wieder um den Verdacht der Hexerei, der sich in den Köpfen der Richter festgesetzt hat. Diesmal sind es die Banner und die Schilde der Jungfrau und der Männer ihrer Truppe, die ihren Argwohn erregen: »Wurden sie mit geweihtem Wasser besprengt? (…) Habt Ihr nicht Linnen in feierlicher Prozession um einen Altar oder eine Kirche getragen oder tragen lassen, um dann Fahnen daraus zu fertigen?« Die Antworten, die Johanna darauf gibt, erklären und rechtfertigen Jean Beaupères Groll, der auch noch anhält, als er im Rechtfertigungsprozeß über diese Verhöre sagt: »Sie war recht schlau, typisch weiblich schlau!«

Noch hinterhältiger waren vielleicht die Fragen nach dem Kind in Lagny, das Johanna für kurze Zeit auferweckte, damit es getauft werden könnte, oder nach Catherine de La Rochelle. Doch Johanna beantwortet beide mit entwaffnender Natürlichkeit. Dasselbe gilt für den Sprung vom Turm von Beaurevoir, eine Antwort, die sich dem Gericht wohl ganz besonders einprägte: »Lieber gäbe ich meine Seele Gott zurück, als in den Händen der Engländer zu sein.«

Die Sonderverhöre

Die öffentlichen Verhöre hatten genau elf Tage gedauert.

Acht Tage später, am Samstag, dem 10. März, erschien zu Johannas Überraschung in dem Raum, wo sie gefangen ist,

Pierre Cauchon persönlich, begleitet von drei Herren, die sie bereits mehrere Male unter den Beisitzern gesehen hatte: Nicolas Midy, Gérard Feuillet und Magister Jean de La Fontaine, den der Bischof von Beauvais mittlerweile beauftragt hatte, an seiner Statt die Verhöre durchzuführen. Es erschienen ferner der Gerichtsdiener Jean Massieu — eine ihr bereits vertraute Gestalt, denn er hatte sie stets von ihrem Gefängnis zum Sitzungssaal geführt — und Jean Secard, Domherr von Rouen, der Anwalt der Kirche, der übrigens in den Protokollen nur selten auftaucht.

Nicolas Midy und Gérard Feuillet gehören zu den sechs Magistern, die von der Pariser Universität entsandt wurden, um den Prozeß zu verfolgen, und die in Rouen betreut werden von Jean de Rinel, einem Parteigänger des Königs von England und Gemahl der Nichte Pierre Cauchons, Guillemette Bidault. Nur Jean de La Fontaine, auch er Mitglied der Universität, Magister artium und Lizentiat des Kirchenrechts, wird nicht ausdrücklich als zu dieser Abordnung gehörig bezeichnet. Cauchon wußte wohl im voraus, daß er ein gewissenhafter Mensch war: er führt die Befragungen mit großer Sorgfalt durch, wobei er jedoch bestimmte Dinge bewußt übergeht und sogar, laut der Zeugenaussage des Notars Guillaume Manchon, Johanna darauf hinweist, daß sie sich, wenn sie nicht bereit sei, sich dem Papst und dem Konzil zu unterwerfen, »in große Gefahr« begebe. Als der Bischof davon Kenntnis erhielt, »erregte er sich höchlichst«, und Jean de La Fontaine, der die Gefahr ermaß, verließ unauffällig Rouen. In der Tat führt er kein Verhör mehr durch und wird ab dem 28. März in keinem Protokoll mehr erwähnt.

Bei diesem ersten Sonderverhör befragt Jean de La Fontaine Johanna zunächst über die Umstände ihrer Gefangennahme und über die Warnungen, die sie von ihren Stimmen erhielt:

»Wenn ich die Stunde gewußt hätte, und daß ich gefangengenommen würde, so wäre ich keineswegs gern gegangen. Doch hätte ich am Ende den Befehl ausgeführt, was auch immer mir zugestoßen wäre.«

Und sie sagt weiterhin, »daß es ihr bestimmt gewesen sei, in Gefangenschaft zu geraten«.

Man verlangt auch von ihr genauere Angaben über die Mittel, die ihr zur Verfügung standen: Pferde und Geld (zehntausend bis zwölftausend Taler); sie spricht wieder vom »Zeichen« des Königs. Und dieser letzte Punkt markiert den Beginn einer symbolischen Entwicklung, auf die sie mehrfach zurückkommen wird. Es handelt sich um eine Art Parabel oder ein Bild, das ihr selbst sehr zu gefallen scheint und das sie von einer Vernehmung zur anderen während eines ganzen Monats immer mehr ausschmückt. Es geht wohl auf die Fragen zurück, die ihr am 1. März gestellt wurden, als sie die Krone erwähnte, die »tausendmal reicher« sei als jene, die der König bei seiner Krönung empfing. Die Geschichte dieser Krone wird in Absatz 51 der Anklageschrift des Promotors Jean d'Estivet geschildert:

»Ein Engel gab das Zeichen ihrem König (...) Johanna schwor der heiligen Katharina, über dieses Zeichen nichts verlauten zu lassen (...) Als der Engel ihrem König die Krone überbrachte, versicherte er ihm, daß er mit Gottes Hilfe das gesamte Königreich Frankreich gewinnen werde. Die Krone selbst wurde dem Erzbischof von Reims ausgehändigt, der sie persönlich in Empfang nahm und dem König in Johannas Gegenwart aufs Haupt setzte (...) Der Engel kam auf Befehl des Herrn (...) Er trat vor ihren König und neigte sich ehrerbietig vor ihm (...) In seiner Begleitung befanden sich mehrere andere Engel und auch die heilige Katharina und die heilige Margareta, die den Engel bis in das Gemach des Königs geleiteten (...) Die Krone selbst wurde durch Gott gebracht, und es gibt keinen Goldschmied dieser Welt, der sie so schön und reich zu machen verstände.«

Auf eine neuerliche Frage nach der Krone antwortet sie, sie werde »einen guten Geruch verströmen«, wenn sie gut gehütet werde.

Die meisten dieser Einzelheiten stammen aus dem Verhör vom 13. März, in dessen Verlauf Johanna auch eine sehr geschickte Antwort gibt. Als Jean de La Fontaine sie fragt: »Warum Ihr, und nicht eine andere?«, sagt sie: »Weil es Gott gefiel, durch eine einfache Jungfrau die Gegner des Königs zurückzuschlagen.«

Der Engel und die Krone

Die Symbolsprache im Zusammenhang mit dem Engel und der Krone hat viele Geschichtswissenschaftler und Kommentatoren verwirrt. Sie entspricht jedoch dem Zeitgeist oder besser gesagt dem Geist der vorangegangenen Zeit, die nun zu Ende geht: einer Zeit, in der man sich instinktiv lieber des Sinnbilds bedient, weil es einem bedeutsamer erscheint als jede Definition. Dies nachzuvollziehen fällt uns schwer, da heute bei Darstellungen eines Sachverhalts und in der Argumentation allein die vernünftige Definition zu gelten scheint, während in der gesamten Feudalzeit das Sinnbild als das eigentliche Instrument des Austauschs, der Kommunikation benutzt wurde. In der Feudalzeit stand die heraldische Sprache in voller Blüte: eine eigene Sprache der Zeichen und Farben, deren Regeln erst später festgelegt und getreulich befolgt werden. Zu Johannas Zeit spricht man im Volk noch die Sprache jener vergangenen Zeiten, in denen die Übergabe eines Erdkloßes den Verkauf eines Ackers bedeutete, während die schriftliche Urkunde erst später als Gedächtnisstütze eingeführt wurde; vielleicht hat sich davon noch etwas im Handschlag auf den Märkten erhalten. Die Sprache des Bildes verrät uns sehr viel über diesen geistigen Prozeß. François Garnier, der sie in den Illuminierungen von Handschriften studierte, hat in der bis dahin so dürftigen Miniaturenforschung einen neuen Weg eröffnet: er stellte fest, daß die Miniatur erst ab dem 14. bis 15. Jahrhundert die Wirklichkeit wiedergibt. Bis dahin bedeutet sie diese Wirklichkeit, weil alles darauf symbolisch ist, weil eine erhobene Hand, ein erhobener rechter Zeigefinger besagt, daß ein Befehl gegeben wird, weil die unterschiedliche Größe der Figuren ihre soziale Stellung angibt und so weiter.

Um den Apolog des Engels und der Krone zu begreifen, muß man sich wohl in diese Mentalität versetzen, die zu Johannas Zeit den Intellektuellen, vor allem denen der Pariser Universität, fremd geworden ist. Ihre Sprache ist die der Deduktion, der Definition, der Analyse, mit anderen Worten: die unsere. Die Gefangene mag diesen Apolog in ihrer Einsamkeit ersonnen haben, wobei sie ihre eigene Rolle und das, was sie »in Frankreich« zu tun gekommen war, mit dem Bild des Engels darstellte, der dem König seine Krone überbringt. Im übrigen liefert sie selbst den »Schlüssel« zu dem Apolog, als sie erklärt, daß sie mit dieser Gestalt ihren Auftrag mit der Krone das Geheiß des Herrn veranschaulichen wollte, ihn auf den Thron zu bringen.

Die eigentliche Gerichtsverhandlung

Johanna wird also einer Reihe von Sonderverhören unterzogen: am Samstag, dem 10. März, am Montag, dem 12., vormittags und nachmittags, am Dienstag, dem 13., am Mittwoch, dem 14., vormittags und nachmittags, am Donnerstag, dem 15., am Samstag, dem 17., ebenfalls vormittags und nachmittags. Jean de La Fontaine, der Inquisitor, und mehrere Professoren der Pariser Universität sowie Pierre Cauchon persönlich suchen Johanna am Samstag, dem 24. März, nochmals auf und verlangen von ihr, daß sie sich zu manchen Fragen genauer äußere. Auch am 25. März, dem Palmsonntag, erscheint bei ihr der Bischof mit Jean Beaupère, Nicolas Midy und zwei anderen Männern, auf deren Namen man immer wieder stößt: Pierre Maurice und Thomas de Courcelles, um Johanna zu überreden, ihre Manneskleider abzulegen, da man ihr, wenn sie sie anbehalte, nicht erlauben werde, die Messe zu hören und am Ostersonntag den Leib des Herrn zu empfangen.

Nach dieser Serie sich geradezu jagender Vernehmungen wird das Offizialverfahren – das, was wir die strafrechtliche Voruntersuchung nennen würden – als abgeschlossen betrachtet. Am Montag, dem 26. März, beginnt dann die eigentliche Gerichtsverhandlung. Bei der Lektüre dieser Seiten denke man an eine Tatsache, auf die Pierre Tisset großes Gewicht legt: Johanna konnte lediglich auf ihre eigenen Aussagen hin verurteilt werden, da kein Anklagepunkt gegen sie vorgebracht wurde und die Untersuchungen, die Cauchon während der Monate Januar und Februar angestellt hatte, keinen Grund lieferten, gegen sie vorzugehen.

In diesem Zusammenhang seien einige der wichtigsten Aussagen zitiert, die die Jungfrau im Lauf der Verhöre im Monat

März machte. So etwa fragt der Richter sie nach ihrer angeblichen Verlobung: »Was bewog Euch, in Toul einen Mann vorladen zu lassen wegen Bruchs des Eheversprechens?«, und sie antwortete: »Ich habe ihn nicht laden lassen. Er war es, der mich zu erscheinen zwang. Und ich schwor vor dem Richter, die Wahrheit zu sagen. Ich hatte ihm kein Heiratsversprechen gegeben.«

Sobald ihr klar geworden sei, fügt sie hinzu, daß es die Stimme eines Engels war, die sie im Garten ihres Vaters vernahm, habe sie gelobt, so lange keusch zu leben, wie es Gott für gut befände. Zu jenem Zeitpunkt sei sie etwa dreizehn Jahre alt gewesen.

In der Folge befragt Jean de La Fontaine sie über ihren Aufbruch, ihren Vater und ihre Mutter, denen sie nichts gesagt hatte, und erhält von ihr die unwiderlegbare Antwort: »Da Gott es befahl, mußte ich fort, und hätte ich hundert Väter und hundert Mütter gehabt. Und wäre ich ein Königskind gewesen, ich mußte fortgehen!« Als man am Nachmittag dieses Montags, des 12. März, auf die Vernehmung zurückkommt, sagt sie, daß sie »ihnen in allem gehorchte, nur nicht in der Heiratsangelegenheit, weswegen ich den Prozeß in Toul hatte«. Es waren also ihre Eltern gewesen, die diese »Verlobung« arrangiert hatten, vermutlich, weil sie das Betragen ihrer Tochter in große Besorgnis versetzte. Dazu äußert sie folgendes:

»Ich habe zu meiner Mutter sagen hören, daß mein Vater zu meinen Brüdern sagte: ›Wenn ich glauben müßte, daß das, was ich geträumt habe, wirklich geschähe, so wollte ich, daß ihr sie ertränket. Und wenn ihr es nicht fertigbrächtet, so ertränkte ich sie selbst!‹«

Tatsächlich hatte er mehrere Male geträumt, daß seine Tochter Johanna mit Bewaffneten fortziehe, und man kann sich vorstellen, wie er einen solchen Traum auslegte.

Auch zum Sprung von Beaurevoir soll sie sich äußern:

»Ich tat ihn nicht aus Verzweiflung, sondern in der Hoffnung, meinen Leib zu retten und noch vielen guten Leuten, die in Bedrängnis wären, zu helfen. Nach dem Sprung habe ich gebeichtet, und der Herr hat mir verziehen.«

»Hat man Euch dafür eine Buße auferlegt?«

»Ich habe redlich gebüßt, denn ich hatte mich beim Fallen verletzt.«

Eine schlagfertige Antwort.

In anderen Verhören kommen Dinge zur Sprache wie der Fall des Franquet von Arras, den sie der Gerechtigkeit überantwortete, was ihr offensichtlich nicht die geringsten Gewissensbisse bereitet: es handelte sich um einen Halunken, Verräter und Mörder. Oder zweitrangige Fragen wie die Sache mit dem Zelter, der dem Bischof von Senlis abgekauft wurde und der, wie Johanna erklärt, »nicht für Strapazen taugte«.

Andere, wichtigere Punkte werden angeschnitten, durch die sich für uns Johannas mystisches Leben erhellt. So etwa äußert sie sich bei der Vernehmung am Dienstag, dem 14. März vormittags, wie es scheint, fast aus eigenem Antrieb, über die Gespräche mit ihren Stimmen:

»Die heilige Katharina hat mir versichert, ich würde Hilfe empfangen. Ich weiß nicht, ob ich aus dem Gefängnis befreit werde oder ob während des Prozesses irgendein Aufruhr entsteht, wodurch ich freikommen könnte. Ich denke, es wird das eine oder das andere sein. Meist sagen mir meine Stimmen, daß ich durch einen großen Sieg befreit würde; und danach sagen sie mir: ›Nimm alles auf dich. Hab keine Angst vor deinem Martyrium. Du wirst am Ende in das Paradies eingehen!‹ Und das versichern sie mir unbedingt. Ich nenne ›Martyrium‹ die Drangsal und die Widerwärtigkeiten, die ich in meinem Gefängnis erleide, und ich weiß nicht, ob ich noch mehr erdulden muß; aber ich vertraue auf Unseren Herrn.«

Nie wird Johanna mehr über ihre Stimmen sagen als bei dieser ergreifenden Schilderung, in der zum Ausdruck kommt, was sie selbst sich wünscht oder ersehnt angesichts des Schicksals, das sie erwartet und das sie irgendwie ahnt, als sie das Wort Martyrium ausspricht. Sie will ihm eine andere Bedeutung geben, doch die Warnung der Stimmen trägt sie über sich selbst hinaus. Die nächste Frage lautet:

»Glaubt Ihr, daß Ihr gerettet werdet?«

»Ich glaube fest, was meine Stimme mir gesagt haben: daß ich gerettet werde; ich glaube es so fest, als ob ich es schon sei.«

»Glaubt Ihr, nachdem Eure Stimmen Euch dies gesagt haben, daß Ihr keine Todsünde begehen könnt?«

»Ich weiß es nicht, aber ich verlasse mich in allem auf den Herrn.«

»Das ist eine Antwort von großem Gewicht.«

»Und für mich ist sie ebenfalls ein großer Schatz.«

Die Vernehmung endet mit dieser Äußerung, die gewiß Jean de La Fontaines Entscheidung beeinflußte, Rouen zu verlassen, nachdem er versucht hatte, Johanna zu beraten.

»Ich wäre tot, wäre da nicht die Stimme, die mich jeden Tag tröstet«

Jedenfalls scheint es klar, daß Johanna in ihrem Gefängnis den ständigen Beistand ihrer Stimmen hatte, auf die sie sich bezieht; »und ich brauche ihren Beistand sogar sehr«, seufzt sie an manchem Tag. Oder: »Ich wäre tot, wäre da nicht die Stimme, die mich jeden Tag tröstete.«

Diese tägliche Hilfe ist ein guter Beweis für Johannas unerschütterlichen Glauben. Einen Glauben, der so unvergänglich ist wie ein Diamant: ethymologisch bedeutet Diamant »unbezwingbar«. Johannas Glaube besitzt sehr wohl diese Eigenschaft, sie ist unbeugsam, unempfänglich für jede andere Ideologie (»Ich sage Euch nichts anderes als das, was ich denke«), durchsichtig, kristallen; daneben ist sie von absoluter Schlichtheit.

Das spiegelt auch ihr Gebet, denn am Mittwoch, dem 28. März, betet sie, übrigens ganz unbefangen: »Gütiger Gott, bei Eurem heiligen Leiden bitte ich Euch, mir zu offenbaren, wenn Ihr mich liebt, wie ich diesen Männern der Kirche antworten soll. Was die Kleider anbelangt, so kenne ich wohl das Gebot, warum ich sie angelegt habe; doch weiß ich nicht, auf welche Weise ich sie ablegen soll. Möge es Euch gefallen, mir dies zu sagen.«

Der Gerichtsschreiber hat dieses Gebet in französisch festgehalten, so also, wie Johanna es gesprochen hat.

Unser Herr und die Kirche ist ein und dasselbe

Erstaunlich in diesem Zusammenhang ist die große Vertrautheit mit der Welt der Engel — für uns Heutige, die wir nur die Außerirdischen kennen, einigermaßen verwirrend. Johanna gewinnt dadurch eine gewisse Ähnlichkeit mit den Gestalten der Bibel, denn im Neuen wie im Alten Testament ist immer wieder die Rede von Engeln, die den Menschen mit einer anderen, rein geistigen Welt umgeben. Am 12. März, am späten Vormittag, tut sie im Zusammenhang mit den Engeln folgende erstaunliche Äußerung: »Sie erscheinen oft mitten unter den Gläubigen, ohne daß man ihrer gewahr wird. Ich habe sie wiederholt mitten unter den Menschen bemerkt.« Es ist zu bezweifeln, daß Engel in die von den Professoren anerkannten Kategorien Eingang finden können, doch andererseits konnte ein Inquisitionsgericht einen Angeklagten nicht wegen Ketzerei verfolgen, weil er an Engel glaubte!

Hingegen wähnte sich Cauchon gewiß bereits dem Sieg nahe, als es um die Frage der streitenden Kirche ging. Am 15. März eröffnete Jean de La Fontaine die Vernehmung mit der Frage:

»Wenn Ihr Euch gegen unseren Glauben vergangen habt, werdet Ihr Euch dann der Entscheidung unserer Heiligen Mutter, der Kirche, unterwerfen?«

»Die Geistlichen mögen meine Antworten genau untersuchen; dann möge man mir sagen, ob sich darin etwas findet, das gegen den christlichen Glauben verstößt (...) Wenn ich etwas getan habe, das böse und gegen den christlichen Glauben ist, den Unser Herr verordnet, so wollte ich es nicht aufrechterhalten und wäre bestürzt, dawider zu handeln.«

Ist er es oder einer der beiden anwesenden Professoren – Nicolas Midy und Gérard Feuillet –, der nun der Angeklagten den Unterschied zwischen triumphierender Kirche und streitender Kirche auseinandersetzt? Johanna, die mit den abstrakten Kategorien nicht vertraut ist, antwortet nur: »Ich kann darauf im Augenblick nichts anderes sagen.«

Doch da die Richter zweifellos merken, daß sie damit eine wesentliche Frage angeschnitten hatten, kamen sie unablässig darauf zurück. Mehr als zwanzigmal hintereinander ist von dieser Unterwerfung unter die Kirche die Rede. Am 17. März gibt sie eine Antwort, die gutgläubigen Richtern jegliche Unschlüssigkeit genommen hätte: »Es scheint mir, daß Unser Herr und die Kirche ein und dasselbe ist. Das ist ganz einfach. Warum macht Ihr damit Schwierigkeiten?«

Und abermals beginnt man, ihr diese streitende Kirche zu erläutern, mit der, wie Johanna befürchtet, die Kleriker gemeint sind, die sie quälen, vornehmlich der Bischof, der als ihr Richter auftritt. Man dringt in sie, befragt sie, ob sie sich gehalten glaubt, dem Papst die volle Wahrheit zu sagen. Worauf sie erwidert: »Führt mich zu ihm, und ich will ihm alles sagen, was ich beantworten soll.«

Die Unterwerfung unter die streitende Kirche

Als die eigentliche Gerichtsverhandlung beginnt, weiß Cauchon, daß er einen stichhaltigen Anklagepunkt besitzt: die Unterwerfung unter die streitende Kirche. Wie wir gesehen haben, führt Jean de La Fontaine nicht mehr das Verhör; er ist jedoch am Dienstag, dem 27. März, noch zugegen, als »in einem Zimmer des Schlosses Rouen nahe dem großen Saal« erneut eine öffentliche Sitzung stattfindet, in deren Verlauf Pierre Cauchon die Beisitzer auffordert, zu der inzwischen vom Promotor abgefaßten Anklageakte ihre Meinung abzugeben. Als erstes äußert sich Nicolas de Venderès, Domherr von Rouen, Lizentiat im kanonischen Recht. In den darauffolgenden Sitzungen erweist er sich als besonders eifrig und übernimmt im weiteren eine aktive Rolle. Er verlangt, daß die Angeklagte vereidigt wird: weigert sie sich zu schwören, soll sie exkommuniziert werden. La Fontaine schließt sich seiner Meinung an, und die Mehrzahl der anderen Beisitzer fordern, daß man Johanna die vom Promotor festgehaltenen Punkte vorlese, bevor man sie für exkommuniziert erkläre. Einige, wie Pierre Miget, Prior von Longueville, ein in dem Prozeß besonders eifriger Benediktiner, der jedoch dafür plädiert, sie dem weltlichen Arm zu überantworten, sind der

Auffassung, daß man Johanna bei den Punkten, die sie nicht beantworten könne, zwingen müsse, mit ja oder nein zu antworten, wie es der Brauch war.

Die Anklageschrift wird der Angeklagten am 27. und 28. März vorgelesen: siebzig Punkte in einem feierlich-schwülstigen Stil, verfaßt von Jean d'Estivet, dem nämlichen, dem man wegen seiner unflätigen Sprache den Spitznamen »Tischgebet« gegeben hatte. Man findet darin die meisten der Fragen, die Johanna gestellt worden waren, allerdings stark vergröbert und ohne ihren Antworten Rechnung zu tragen. So etwa heißt es unter Punkt sieben: »Johanna hatte die Angewohnheit, bisweilen eine Alraunwurzel an ihrer Brust zu tragen, in der Hoffnung, dadurch Reichtümer und weltliche Dinge zu gewinnen, denn sie glaubt daran, daß eine Alraune dieser Art solche Wirkung habe.« Das Protokoll verzeichnet aber auch die entschiedene Antwort der Angeklagten: »Diesen Punkt zur Alraune leugnet sie ganz und gar.« Ebenfalls einen der folgenden Punkte bezüglich des jungen Mannes vor dem Offizial von Toul wegen des angeblichen Heiratsversprechens: »Für diesen Prozeß reiste sie mehrmals nach Toul und gab hierfür alles darein, was sie hatte«, und so weiter. Die gesamte Anklageschrift ist in diesem Geist angelegt. Ein weiteres Beispiel: die sehr bestimmte Antwort, die unter Punkt dreizehn in der französischen Urschrift des Protokolls im Zusammenhang mit der Männerkleidung Johannas festgehalten ist, sucht man im lateinischen Prozeßprotokoll vergeblich.

Auffallend ist, daß in dieser Anklageakte die Männerkleidung (»kurz, eng und liederlich«) immer breiteren Raum einnimmt und daß diese Gewandung, die Johanna als ganz selbstverständlich empfand – ebenso die Einwohner von Vaucouleurs, ihre Begleiter auf der ersten Reise, der König und sogar die Prälaten im Prozeß von Poitiers –, für die Richter zur Zwangsvorstellung wird. Am 15. März hatte man, wie wir gesehen haben, Johanna in gewisser Weise sogar erpressen wollen: im Hinblick auf die bevorstehende Karwoche bot man ihr an, daß sie die Messe hören dürfte, wenn sie bereit wäre, die Manneskleidung abzulegen. Worauf sie antwortete: »Laßt mir ein Kleid bis zum Boden anfertigen, ohne Schleppe, und gebt es mir, damit ich zur Messe gehen kann.« Oder: »Gebt mir ein Kleid, wie es die Bürgermädchen haben, nämlich mit einem langen weiten Überrock, und ich werde es anziehen, und gleichermaßen eine Frauenhaube, um zur Messe zu gehen.« Doch ihr Gegenangebot zeitigte keinen Erfolg.

Einige Punkte sind sogar völlig unwahr und beinhalten das genaue Gegenteil von Johannas Aussagen; so der sechsundfünfzigste: »Johanna sprach mehrere Male davon, zwei Ratgeber zu haben, die sie ›Ratgeber des Brunnens‹ nennt und die sie seit ihrer Gefangennahme besuchen.« Hinzugefügt sei – was der Befürchtung der Richter entspricht –, daß laut Catherine de La Rochelle »Johanna mit des Teufels Hilfe dem Gefängnis entrinnen werde, wenn man sie nicht streng bewache«. Es ist verständlich, daß »Johanna zu diesem Punkt antwortete, sie halte an dem fest, was sie früher dazu gesagt habe, und was die Ratgeber des Brunnens betreffe, so wisse sie nicht, was damit gemeint sei«. Außerdem soll sie kleinen Kindern geschmolzenes Wachs auf den Kopf geträufelt und »mit diesem Zauber« zahlreiche »Wahrsagungen« vorgenommen haben. Unerschütterlich leugnet sie diese angeblichen Wahrsagungshandlungen und verweist auf ihre Antworten. In dieser Anklageschrift, in der so mancher Punkt erfunden ist, sind auch Johannas Antworten vom 18. April und später festgehalten. Bei den letzten Punkten geht es um die Unterwerfung unter die streitende Kirche:

»Vorausgesetzt, sie heißt mich nicht etwas Unmögliches zu tun, und unmöglich nenne ich, daß ich widerrufe, was ich getan und gesagt habe und was ich in diesem Prozeß über Visionen und Offenbarungen geäußert habe, die mir durch den Herrn zuteil geworden sind; um nichts in der Welt werde ich sie widerrufen; was Unser Herr mich tun hieß und mir gebot und gebieten wird, werde ich zu tun nicht fehlen für wen auch immer, und im Falle, daß die Kirche möchte, daß ich dem Gebot zuwiderhandle, das Gott mir aufgetragen hat, so werde ich es um nichts in der Welt tun.«

»Wenn die streitende Kirche Euch sagt, daß Eure Offenbarungen Sinnestäuschungen und Teufelswerk sind, werdet Ihr Euch dann an die Kirche halten?«

»Darin werde ich mich stets an Gott halten, dessen Gebot ich stets ausgeführt habe, und ich weiß wohl, daß das, was der Prozeß beinhaltet, auf Geheiß Gottes geschieht, und daß ich das, was ich in dem Prozeß aussage, auf Gottes Geheiß hin getan zu haben, nicht anders hätte tun können. Und im Falle, daß die streitende Kirche mir das Gegenteil zu tun befähle, hielte ich mich an keinen Menschen der Welt außer an unseren König, der mir stets Gutes getan hat.«

»Glaubt Ihr, daß Ihr nicht der Kirche Gottes untersteht, die auf Erden ist, daß heißt unserem Herrn Papst, den Kardinälen, den Erzbischöfen, Bischöfen und Prälaten der Kirche?«

»Ja, aber unserem Herrn an erster Stelle.«

»Haben Eure Stimmen Euch befohlen, Euch nicht der streitenden Kirche zu unterwerfen, die auf Erden ist, oder ihrem Urteil?«

»Ich werde nichts anderes antworten als das, was ich denke, doch das, was ich antworte, wurde mir von meinen Stimmen aufgetragen; sie befehlen mir nicht, daß ich der Kirche gehorche, sondern an erster Stelle Gott.«

Am 31. März wurde Johanna in dem Raum, in dem sie gefangengehalten wurde, einem weiteren Sonderverhör unterzogen, und auch bei dieser Vernehmung stand ihre Unterwerfung unter die Kirche im Mittelpunkt. Die folgenden Tage, vom 2. bis 7. April, waren der Abfassung von zwölf aus den vorangegangenen sechzig herausgezogenen Punkten gewidmet, die den beratenden Doktores und Prälaten nach den Gepflogenheiten der Inquisition zugesandt werden sollten, denn die Anklagepunkte und die Zusammenfassung der Gerichtssitzungen waren unbeteiligten Doktores vorzulegen, damit sie beurteilten, in welchem Maß die Angeklagte schuldig sei.

Johanna verbrachte wohl den Ostertag in ihrem düsteren Gefängnis, ohne die Messe hören zu können. In diesem Jahr fiel die Jahreswende auf den Ostersonntag, den 1. April, und von nun an tragen die Prozeßakten das Datum 1431. Zunächst wurden die Punkte einer gewissen Anzahl von Besitzern zur Begutachtung vorgelegt, unter denen wir natürlich den Abgeordneten der Universität von Paris begegnen, dazu zwei englischen Prälaten, Guillaume Haiton, einem der Männer, die 1490 über die Heirat Heinrichs V. mit Katharina von Frankreich verhandelt hatten, und Richard Prati, der bei seinem Tode Bischof von Chichester war. Dazu gehörte ebenfalls Bruder Isambart de La Pierre, ein Dominikaner, der ab dem 10. März bei den Vernehmungen des öfteren in Erscheinung trat.

Versuchte man, Johanna zu vergiften?

Das nächste Verhör findet am Mittwoch, dem 18. April, in Johannas Gefängnis statt. Sie ist krank, und Cauchon hält es für angebracht, ihr zu sagen, daß »alle diese Gelehrten in christlicher Liebe zu ihr gekommen seien, um ihr beizustehen und sie zu trösten in ihrer Krankheit.«

Näheres über diese Erkrankung wissen wir von den zwei Ärzten, die sie besuchten und die anläßlich des Rehabilitationsprozesses darüber aussagten. Der eine war Jean Tiphaine, der Arzt der Herzogin von Bedford und einer der Beisitzer im Prozeß:

»Als Johanna krank wurde, ließen mich die Richter rufen, daß ich sie untersuche. Ein gewisser d'Estivet führte mich zu ihrem Bett; in seiner Gegenwart und vor dem Doktor der Medizin Guillaume de La Chambre und manchen anderen fühlte ich ihr den Puls, um die Ursache ihrer Krankheit zu erkennen, und fragte sie, was ihr fehle und was für Schmerzen sie habe. Sie antwortete, daß der Bischof von Beauvais ihr einen Karpfen habe schicken lassen, den sie gegessen, und sie fürchte, daß der die Ursache ihrer Krankheit sei. D'Estivet fuhr sie an: ›Du Lästermaul! Du Hure! Du hast Heringe und andere salzige Dinge gegessen, die dir nicht bekommen!‹ Sie entgegnete: ›Nein, das tat ich nicht‹, und sie tauschten beleidigende Reden. Trotzdem hörte ich, besorgt, über die Krankheit mehr zu erfahren, von bestimmten Anwesenden, daß Johanna sich mehrmals erbrochen habe.«

Dieser Karpfen, dem Johanna ihre Unpäßlichkeit zuschreibt, gibt auch dem Historiker einige Rätsel auf. Tatsächlich hören wir bis dahin nie, daß Johanna, die eine außergewöhnlich robuste Gesundheit hatte, je über Beschwerden klagte, trotz der Strapazen und Beschwerlichkeiten auf ihren oft sehr anstrengenden Ritten und Feldzügen sowie während der Gefangenschaft. D'Estivets Zorn angesichts dieser Behauptung macht die Angelegenheit verdächtig. Ließ sich etwa Pierre Cauchon diesen Ausweg einfallen, um mit dem unguten Prozeß zu einem Ende zu kommen?

Giftanschlag oder zufällige Vergiftung? Man wird es nie genau wissen. Man kann sich gut vorstellen, daß diesem Mann, der sich nie Zeit gönnte und alles, was er unternahm, mit großem Nachdruck betrieb — ob es sich nun darum handelte, daß man ihm eine Gefangene auslieferte, oder daß er selbst hinging und das Geld kassierte, das die Stände der Normandie ihm versprochen hatten —, der »Prozeß«, auf den er sich eingelassen hatte, in eine Sackgasse zu geraten schien. Mag sein, daß er in einem Anfall von Ungeduld...

Die Engländer hingegen sahen die Angelegenheit ganz anders. Das ist der Zeugenaussage des anderen Arztes zu entnehmen, der gerufen wurde, um Johanna zu untersuchen. Dieser Arzt war Guillaume de La Chambre:

»Über ihre Erkrankung weiß ich folgendes: Der Kardinal von England und der Graf von Warwick ließen mich holen. Ich erschien vor ihnen mit Magister Guillaume Desjardins und anderen Ärzten. Der Graf von Warwick sagte uns, Johanna sei seines Wissens erkrankt, und er bäte uns, uns ihrer anzunehmen, denn der König wollte um nichts in der Welt, daß sie eines natürlichen Todes stürbe. Dem König war viel an ihr gelegen; er hatte sie teuer gekauft, er wollte nicht, daß sie stürbe, außer durch Richterspruch bei lebendigem Leibe verbrannt; man solle also Klarheit schaffen, sie mit Sorgfalt untersuchen und sie heilen. Dann suchten wir Johanna auf. Mit Desjardins untersuchte ich sie und fand sie fiebrig. Wir kamen über die Notwendigkeit eines Aderlasses überein. Wir gaben unseren Bericht an den Grafen von Warwick weiter, der zu uns sagte: ›Paßt auf bei dem Aderlaß, sie ist listig und könnte sich töten!‹ Dennoch wurde sie zur Ader gelassen und war sofort geheilt. Dann erschien Jean d'Estivet, der sie beschimpfte und sie Hure und Dirne nannte. Johanna empörte sich darüber derart, daß sie erneut Fieber bekam und einen Rückfall erlitt.«

Cauchon war darauf gefaßt, daß viele sein Tun mißbilligen würden. Die Universität von Paris, die am 12. April zu Rate gezogen wurde, pflichtete ihm zwar voll und ganz bei und glaubte jeden der von d'Estivet verfaßten Punkte. Auch ein Großteil der Beisitzer, der Bischof von Lisieux, Zanon von Castiglione, der Bischof von Coutance, Philibert von Montjeu, der Abt von Fécamp, Gilles von Duremort und sein Armenpfleger Jean von Bouesgue — alles Leute, die vom König von England Geld empfingen —, billigten seine Ansichten ohne Vorbehalt. Doch anders verhielt es sich mit den Äbten von Jumièges und Cormeilles, Nicolas Le Roux und Guillaume Bonnel, die zunächst in einem Schreiben darum ersuchten, daß der gesamte Prozeß vor die Universität von Paris gebracht werde, des weiteren, daß man Johanna besser über die Sache unterrichte und ihr die Artikel auf französisch vorlese, wobei man ihr offen erklären solle, was für sie auf dem Spiel stand. Auch elf Advokaten des Offizialats von Rouen meldeten Vorbehalte an, und drei der Beisitzer — Pierre Minier, Jean Pigache und Richard du Grouchet — erhoben Einspruch dagegen, daß Johannas Offenbarungen übelgedeutet worden waren. Ein weiterer, Raoul le Sauvage, meinte, daß der Prozeß dem Heiligen Stuhl unterbreitet werden solle.

Offensichtlich weiß man in Rouen noch nichts vom Tod Papst Martins V., der am 20. Februar dieses Jahres 1431 gestorben war, noch daß es seit dem 3. März einen neuen Papst gab, Eugen IV., der sich viele Jahre lang mit den Vätern des Konzils von Basel würde auseinandersetzen müssen; zu ihnen gehörten die meisten der Beisitzer im Prozeß der Jeanne d'Arc, voran Thomas de Courcelles.

Und da ist die kaum verhüllte Feindseligkeit des Domkapitels von Rouen; bei einer ersten Sitzung am 13. April schützten die Domherren vor, nicht zahlreich genug zu sein, um regelgemäß zu beraten. Am nächsten Tag einigten sie sich darauf, daß die zwölf Punkte Johanna auf französisch vorgelesen werden und man sie über alles, was die Unterwerfung unter die streitende Kirche betraf, besser in Kenntnis setzen sollte. Es ist recht bezeichnend, daß dieser Brief im Prozeßtext nicht erwähnt ist, auch nicht ein anderer, nämlich der des Bischofs von Avranches, Jean de Saint-Avit, der dem Prozeß ganz allgemein ablehnend gegenüberstand — wie einige andere Geistliche von Rouen, zum Beispiel Jean Lohier oder Magister Nicolas de Houppeville, den man kurzerhand ins Gefängnis werfen ließ.

Mit einem Wort, in der Sache Johanna die Jungfrau herrschte also keineswegs Einmütigkeit, und was blieb, wenn man es recht bedenkt, als Anklagepunkt noch übrig? Die Unterwerfung unter die streitende Kirche natürlich. Aber Johanna war bereits von Jean de La Fontaine und zwei Mönchen — einer davon war zweifellos Isambart de La Pierre — aufgefordert worden, ihre Einstellung zu diesem Punkt zu ändern. Was die Männerkleidung betraf, so war sie, wie jedermann und vor allem Cauchon selbst wußte, ein dürftiger Verurteilungsgrund.

Das Anliegen der englischen Besetzer war jedoch eindeutig: Johanna sollte formell verurteilt werden, was für Karl VII. Schimpf und Mißbilligung zur Folge hätte. Cauchon hätte gegen seinen Auftrag verstoßen, hätte er sein Vorhaben nun aufgegeben.

Auf der Sitzung am 18. April richtete man die im Vokabular der Inquisition als *Ex hortatio caritativa* bezeichnete erste Ermahnung an Johanna. Vielleicht hoffte man, das geschwächte Mädchen auf diese Weise dazu zu bringen, eine kompromittierende Äußerung zu tun. Enttäuschung: Johanna dankt dem Bischof für das, was er ihr zu »ihrem Heile« sagt, und fügt hinzu:

»Es scheint mir, angesichts meiner Krankheit bin ich in großer Gefahr des Todes. Wenn dem so ist, daß Gott nach seinem Gefallen mit mir verfahren will, so bitte ich Euch, beichten und den Leib des Herrn empfangen zu dürfen, und auch um ein Begräbnis in geweihter Erde.«

An diese Bitte anknüpfend fährt der Bischof fort:

»Wenn Ihr der Sakramente der Kirche teilhaftig werden wollt, so müßt Ihr Euch wie eine gute Christin in der heiligen Kirche unterwerfen. Dann wird Euch dieses Sakrament gewährt werden.«

»Was immer mir auch bevorsteht, ich werde nichts anderes tun oder sagen, als was ich im Prozeß erklärt habe. Ich bin eine gute Christin und getauft, und ich werde als gute Christin sterben (...) Ich liebe Gott; ich diene Ihm, ich bin eine gute Christin, und ich möchte wohl der heiligen Kirche helfen und sie stützen mit meiner ganzen Kraft.«

»Wollt Ihr, daß wir eine große und schöne Bittprozession vorbereiten, um Euch in den rechten Seelenzustand zurückzuführen, da Ihr nicht darin seid?«

»Ich möchte wohl, daß die Kirche und die Gläubigen für mich beten.«

Bei der zweiten Mahnrede, am Mittwoch, dem 2. Mai, scheint Johanna wiederhergestellt zu sein; diesmal ist es Magister Jean de Châtillon, ein Bakkalaureus der Theologie von der Universität von Paris, Freund Cauchons und Beaupères, der sie verhört. Zum Thema der streitenden Kirche antwortet sie unmißverständlich:

»Ich glaube wohl an die Kirche hier auf Erden (...) Ich glaube wohl, daß die streitende Kirche weder irren noch fehlen kann; aber all mein Tun und Sagen stelle ich Gott anheim, der es mich hieß, so wie ich es schon früher erklärt habe.«

Und als die Rede auf den Papst kommt, antwortet sie: »Führt mich zu ihm. Ich werde ihm antworten.«

Eine Woche später kam Jean Massieu, abermals Johanna abzuholen. Er brachte sie nicht in den gewohnten Sitzungsraum, sondern in den großen Turm des Schlosses, der, schön restauriert, noch heute zu sehen ist – es handelt sich, wie wir gesehen haben, tatsächlich um den ehemaligen Burgfried. Hier fand sich Johanna Auge in Auge Cauchon sowie einigen Beisitzern gegenüber, die sie schon mehrere Male gesehen hatten: Jean de Châtillon, Guillaume Érard, André Marguerie, Nicolas de Venderès, dem Engländer Guillaume Haiton, dem nur zu bekannten Nicolas Loiseleur, Aubert Morel, Advokat am Gerichtshof von Rouen, sowie dem Benediktiner Jean Dacier, Abt von Saint-Corneille zu Compiègne. Und da war auch noch jemand, den Johanna nicht kannte, Maugier Leparmentier, der Henker, mit seinem Gehilfen. Diesmal drohte man ihr mit der Folter.

»Wahrhaftig«, sagt Johanna, »selbst wenn Ihr mir die Glieder brechen und die Seele vom Leibe trennen würdet, ich könnte Euch nichts anderes sagen. Und würdet Ihr mich zu reden zwingen, ich würde immer sagen, daß Ihr mich durch Gewalt zum Reden gebracht.«

Obwohl an die Reaktionen der Jungfrau gewöhnt, hatten sie mit dieser Antwort wohl nicht gerechnet. Cauchon beschloß, die Sitzung zu vertagen und sein Vorgehen von anderen, zahlreichen Personen billigen zu lassen. Zu diesem Zweck versammelte er am folgenden Samstag in seinem Palast ein Dutzend Beisitzer, von denen lediglich drei der Meinung waren, daß es »tunlich« erscheine, bei Johanna die Folter anzuwenden, um »die Wahrheit über ihre Lügen zu erfahren«: Aubert Morek, Thomas de Courcelles und Nicolas Loiseleur, bei dem offenbar mit allem zu rechnen war. Cauchon scheint sich nach der Meinung Raoul Roussels entschieden zu haben, der, als erster befragt, sagte, er sei gegen die Folter, damit »ein so gut geführter Prozeß wie dieser nicht angefochten werden könne.«

Was am nächsten Tag geschah, findet sich nicht im offiziellen Protokoll, und das aus gutem Grund. Auch Johanna spielte dabei eine Rolle. Am Sonntag, dem 13. Mai, veranstaltete Richard Beauchamp, Graf von Warwick, ein großes Mahl, zu dem er mehrere Persönlichkeiten geladen hatte, die mit seinem Fall befaßt waren. Sein berühmtes Rechnungsbuch *(Beauchamp Household Book,* jüngst von Marie-Véronique Clin veröffentlicht) verzeichnet auf zwei Seiten die Ausgaben für dieses Mahl statt auf einer, wie sonst üblich, und erwähnt die Erdbeeren mit Schlagsahne – die ersten der Saison –, die es als Nachtisch gab. Zweifellos wurden auch die verzeichneten Weine bei diesem Mahl, dem seine Tochter Margaret Beauchamp, Gemahlin des seit Patay noch immer gefangenen John Talbot, vorsaß, in Mengen kredenzt. In ausgelassener Stimmung beschlossen die Gäste nach dem üppigen Mahl, sich zu Johanna zu begeben. So kam es, daß sie Johann von Luxemburg, dessen Bruder Louis, den Bischof von Thérouanne, Humphrey Graf von Stafford, einige häufige Gäste des Schlosses, sowie den Grafen von Warwick selbst, begleitet von einem burgundischen Ritter, dem sie bereits begegnet war, Aimond de Macy, bei sich eintreten sah. An dem Mahl nahm, wie in dem Rechnungsbuch ausdrücklich erwähnt ist, auch der Bischof von Beauvais, Pierre Cauchon, teil, ebenso der Bischof von Noyon, Jean de Mailly. Doch hatten diese beiden es nicht für zweckmäßig gehalten, die Gefangene aufzusuchen... Aimond de Macy schildert die Szene so:

»(Ligny) wandte sich an Johanna und sagte zu ihr: ›Johanna, ich bin gekommen, um Euch gegen ein Lösegeld freizugeben — unter der Bedingung, daß Ihr versprecht, nie wieder gegen uns die Waffen zu erheben.‹ Sie antwortete: ›Bei Gott, Ihr spottet meiner: ich weiß wohl, daß Ihr darüber zu befinden weder den Willen noch die Macht habt.‹ Sie wiederholte das zweimal, weil er darauf beharrte, und fügte hinzu: ›Ich weiß wohl, daß die Engländer auf mein Sterben sinnen, denn sie glauben, sie könnten nach meinem Tod das Königreich Frankreich gewinnen. Aber wenn sie auch hunderttausend Goddams mehr wären als jetzt, sie werden das Reich nicht haben.‹ Der Graf von Stafford war darüber sehr empört und zog seinen Degen zur Hälfte aus der Scheide, um sie zu schlagen. Aber der Graf von Warwick hielt ihn zurück.«

Aimond de Macy scheint von Johanna mehr eingenommen gewesen zu sein, als ihm lieb war. Er selbst erzählte, daß er sie zum erstenmal gesehen hatte, als sie im Schloß Beaurevoir gefangen saß, und daß er sich mehrere Male mit ihr unterhalten habe.

»Manchmal habe ich auch aus Plaisanterie versucht, ihre Brüste zu berühren, indem ich meine Hände darauf legte. Johanna konnte es nicht ertragen und stieß mich mit aller Kraft zurück. Sie war von ehrbarer Art, sowohl in Worten wie in ihrer Gesinnung.«

Aimond hatte sie dann einmal in der Burg Le Crotoy wiedergesehen und war sehr angetan gewesen von dem, was der Kanzler der Kirche von Amiens, Nicolas de Queuville, über sie sagte. Er hatte einige Male im Gefängnis die Messe gelesen, der Johanna jeweils beiwohnte: »Er sagte viel Gutes über sie«, berichtet er. Der burgundische Ritter blieb noch längere Zeit in Rouen und war ein wenig später bei der »Abschwörungsszene von Saint-Ouen« zugegen.

Die zwölf Punkte

Offenbar hatte Warwick bei dem Mahl am 13. Mai dem Bischof von Beauvais deutlich zu verstehen gegeben, daß der Prozeß lange genug gedauert habe. Andererseits richteten am nächsten Tag, dem 14. Mai, der Rektor und die Universität von Paris an Pierre Cauchon Briefe, in denen sie ihm mitteilten, daß sie nach zahlreichen Beratungen und Besprechungen als Folge des Besuchs Jean Beaupères, Nicolas Midys und Jacques de Touraine, die ihnen die zwölf in d'Estivets Anklageschrift enthaltenen Punkte vorgelegt hatten, schließlich zu einem »einstimmigen Konsensus« gekommen seien, daß etwas geschehen müsse, »damit die unrechte und schändliche Entmutigung der Menschen unterbleibe«, die durch »eine Frau namens Johanna, die man die Jungfrau nennt«, hervorgerufen worden sei. Es folgten die Erläuterungen zu den zwölf Punkten, die sie natürlich als Abtrünnige, Lügnerin, Schismatikerin und Ketzerin hinstellen. Daraufhin beeilte sich Pierre Cauchon, am Samstag, dem 19. Mai, abermals die Beisitzer zu versammeln, damit sie ihrerseits über die Schlußfolgerungen dieser Magister der ehrwürdigen Fakultäten der Theologie und des kanonischen Rechts »unserer Mutter der Universität von Paris« zu Rate gingen. Am folgenden Mittwoch wurde Johanna ein weiteres Mal in aller Form ermahnt, und sie antwortete auf ihre Weise:

»Das, was ich immer gesagt und aufrechterhalten habe in dem Prozeß, das will ich aufrechterhalten auch jetzt. Wenn ich vor der Verurteilung stünde und sähe das Feuer glühen, die Reisigbündel entzündet und den Henker bereit, das Feuer zu schüren, wenn ich selbst im Feuer wäre, ich sagte nichts anderes; ich würde, was ich im Prozeß gesagt, aufrechterhalten — bis in den Tod.«

Dies antwortete sie dem Magister Pierre Maurice, einem jungen, frischgebackenen Lizentiaten der Theologie (er hatte im Januar 1429 als Bester sein Examen bestanden und weniger als sechs Monate später, im Mai 1429, ebenfalls als Bester seinen Magister gemacht), einem, wie wir sehen, brillanten Theologen. Wahrscheinlich machte diese Antwort großen Eindruck auf ihn. Empfand er aufgrund seiner Jugend Mitleid mit ihr? Jedenfalls findet er, als er sich ganz zum Schluß in Johannas Gefängnis begibt, nachdem diese erfahren hat, welchen Tod sie erleiden wird, und ausruft: »Magister Pierre, wo werde ich heute abend sein?« die passende Antwort: »Setzt Ihr nicht alle Eure Hoffnung auf Gott?«

Auf dem Friedhof von Saint-Ouen

Inzwischen hatte Cauchon beschlossen, nach dem Pfingstfest, am Donnerstag, dem 24. Mai, einen Auftritt zu inszenieren, der der Gefangenen Eindruck machen sollte. Auf dem Friedhof der Abtei Saint-Ouen wurden mehrere Tribünen errichtet, und zwar eine für Johanna, die anderen für die Beisitzer; das Präsidium hat Kardinal Henri Beaufort, der Bischof von Winchester, persönlich. Auch Louis von Luxemburg, Jean de Mailly, der Bischof von Norwich und William Alnwick, Privatsekretär der beiden Könige Heinrich V. und Heinrich VI. und Lordsiegelbewahrer, wohnten der Szene bei. Dazu kamen acht Äbte normannischer Abteien, denn denen von Fécamp, Cormeilles und Jumièges hatten sich die von Saint-Ouen, Bec-Helloin, Mortemer, Préaux und auch von Mont-Saint-Michel und Robert Jolivet angeschlossen; dieser war als einziger aus der Abtei geflohen, die Widerstand leistete und vierzig Jahre lang frei und königstreu bleiben sollte trotz der Sturmangriffe und Bedrohung durch die Engländer, die sich an der Küste festgesetzt hatten. Guillaume Érard, Domherr von Rouen, auch er Magister der Pariser Universität, den der König von England vier Jahre später beauftragen sollte, bei den Unterhandlungen von Arras seine Interessen zu vertreten, richtete an Johanna eine feierliche Ansprache, von der mehrere beim Rehabilitationsprozeß befragte Zeugen einige Passagen in Erinnerung behielten, insbesondere Bruder Isambart und Martin Ladvenu, ein anderer Dominikaner des Klosters von Rouen. Dieser berichtet, wie der Predigende ausrief: »Oh, Haus Frankreich! Noch nie hast du ein solches Ungeheuer gekannt! Aber nun bist du entehrt, indem du dieser Frau, dieser Zauberin, Ketzerin und Abergläubischen Glauben schenkst!« Daraufhin unterbrach Johanna ihn und rief aus: »Sprich nicht von meinem König, er ist ein guter Christ!« Den besten Platz als Beobachter hatte wohl der Gerichtsdiener Jean Massieu, der sich neben Johanna befand und dem der Prediger bedeutete: »Heißt sie schweigen.« Nachdem Guillaume Érard seine Ansprache beendet hatte, wandte er sich an Johanna:

»Hier sind Eure Richter, die Euch zum wiederholten Male aufgefordert und gebeten haben, Euch Unserer heiligen Mutter, der Kirche, zu unterwerfen, die Euch entdeckt und offenbar gemacht haben, daß in Euren Worten und Werken viele Dinge sind, die gemäß der Meinung der Geistlichen unhaltbar und irrgläubig sind.«

»Ich will Euch antworten. Was die Unterwerfung unter das Urteil der Kirche angeht, so habe ich bereits geantwortet. Was mein Tun betrifft, so möge man es vor den Heiligen Vater, den Papst in Rom, bringen, auf welchen ich mich nächst Gott berufe. Meine Worte und Werke habe ich auf Gottes Geheiß vollbracht. Ich lege sie niemandem zur Last:

237

weder dem König noch einem anderen; und wenn daran ein Falsch ist, so fällt es auf mich und auf niemand anderen zurück.«

Und auf eine neuerliche Frage erwidert sie beharrlich: »Ich berufe mich auf Gott und auf unseren Heiligen Vater, den Papst« — wir kennen mehrere Beispiele von Inquisitionsprozessen, in denen die Berufung auf den Papst ausreichte, das Verfahren abzubrechen.

Die Abschwörungsurkunde

Dreimal wiederholte Guillaume Érard seine Ermahnung, während Jean Massieu Johanna ein Schriftstück reichte, eine Abschwörungsurkunde, die sie unterzeichnen sollte. In diesem Augenblick, berichtet Jean Massieu,

»erhob sich lautes Murren unter den Anwesenden. Man hörte den Bischof zu jemandem sagen: ›Sie werden sich bei mir entschuldigen!‹... Inzwischen lenkte ich Johannas Aufmerksamkeit auf die Gefahr, die ihr drohte, was die Unterschrift des Widerrufs betraf. Ich sah wohl, daß sie die Abschwörungsurkunde gar nicht verstand...«

Als sie sich auf den Papst berief, antwortete man ihr nur, »daß es unmöglich sei, den Papst von so weit herzuholen«. Laut Massieus Zeugenaussage erwiderte Guillaume Érard auf Johannas Bitte, daß Geistliche in das Schriftstück Einblick nehmen und sie beraten sollten: »Tu es gleich, ansonsten wirst du noch heute durch das Feuer sterben.«

Der Augenzeuge Aimond de Macy erklärt, daß es der Sekretär des Königs von England, Laurent Calot — eine bekannte Persönlichkeit, da er in der Burg häufig unter Warwicks Gästen anzutreffen ist — war, der aus seinem Ärmel ein kleines Schriftstück zog und es Johanna reichte, damit sie es unterschreibe. Diese zeichnete zum Spott zunächst einen Kreis darauf; Laurent Calot aber führte ihre Hand und ließ sie ein Kreuz unter das Schriftstück setzen.

Was stand in diesem Widerruf? Laut Guillaume Manchon – als Notar mußte er ja registrieren, was das Endergebnis dieser Szene war – lachte Johanna... Man kann sich fragen, ob das Kreuz, das sie da als Unterschrift hingezeichnet hatte (wie wir gesehen haben, hatte sie ab Ende 1429 mehrere Briefe mit ihrem Namen unterschrieben), sie etwa an das Kreuz erinnerten, mit dem sie ihre Kriegsbotschaften versah – ein verabredetes Zeichen, damit derjenige, der ihr Schreiben erhielt, es als null und nichtig betrachtete.

All das ging in einem merkwürdigen Durcheinander vor sich: dem Bischof von Beauvais wurde von den anwesenden Engländern vorgeworfen, daß er Johanna nicht verurteilt habe, während Jean Massieu ihr den Widerruf vorlas. Dieser bestand laut Zeugenaussagen aus sechs oder sieben Zeilen, während in den Prozeßakten das Abschwörungsdokument in der französischen Fassung siebenundvierzig Druckzeilen umfaßt (in der lateinischen vierundvierzig).

»Sie wurde mir ausgehändigt«, berichtet Jean Massieu, »und ich las sie für Johanna. Ich erinnere mich sehr wohl, daß es in dem Schriftstück hieß, sie werde keine Waffen mehr tragen, keine Männerkleidung mehr noch kurzes Haar, und noch andere Dinge, deren ich mich nicht entsinne. Und ich erinnere mich auch, daß die Urkunde ungefähr acht Zeilen umfaßte, nicht mehr. Noch weniger weiß ich, ob es die ist, welche in den Akten aufgeführt ist, ja, die, welche ich gelesen habe und die Johanna unterschrieb, war möglicherweise eine andere als die, die in den Akten steht.«

Diese Szene überraschte alle, »denn die Engländer waren

sehr aufgebracht gegen den Bischof von Beauvais, die Doktoren und die anderen Mitglieder des Tribunals, weil Johanna noch nicht der Ketzerei überführt, verurteilt und hingerichtet worden war«. Ihre Haltung war drohend: »Der König hat sein Geld schön an Euch vergeudet!« Und derselbe Augenzeuge, Jean Favé, Berichterstatter über die Bittschriften im Staatsrat des Königs, fährt fort:

»Es wurde auch berichtet, daß sich der Graf von Warwick nach der ersten Predigt beim Bischof und den Beisitzern beklagte: ›Es mißfällt dem König, wenn diese Johanna entkommt‹, worauf einer erwiderte: ›Herr, sorgt Euch nicht, wir werden sie wieder einfangen!‹«

Über das Ende, was Johanna angeht, berichtet uns der Notar Guillaume Manchon:

»Nach dem Widerruf von Saint-Ouen sagte Loiseleur zur Jungfrau: ›Ihr habt recht getan, Johanna! Wenn es Gott gefällt, habt Ihr Eure Seele gerettet.‹ Sie bat darauf: ›Wohlan, Ihr geistlichen Herren, führt mich in Euer Gefängnis, damit ich nicht mehr in den Händen der Engländer sei!‹, worauf Monseigneur de Beauvais entgegnete: ›Führt sie dahin zurück, wo ihr sie hergebracht habt.‹ So wurde sie ins Schloß abgeführt.«

Bekanntlich konnte nur ein Rückfälliger, das heißt ein Ketzer, der seinen Irrtümern abgeschworen hatte und den Widerruf zurücknahm, von einem Inquisitionstribunal zum Tode verurteilt und »dem weltlichen Arm‹ ausgeliefert werden. Cauchon war es gelungen, als letzten Ausweg und mangels anderer stichhaltiger Anklagepunkte die Manneskleidung zum Kennzeichen des Ungehorsams gegenüber der Kirche zu machen. Mit der Urkunde, in der Johanna versprach, keine Männerkleidung mehr zu tragen, mußte es ein Leichtes sein, eine Rückfällige aus ihr zu machen: man brauchte sie nur in das englische Gefängnis zurückzubringen, wo sie wieder den Mißhandlungen ihrer Wächter ausgesetzt war, und sie würde erneut das Gewand anlegen, das sie schützte...

Eine »tödliche Antwort«

Warum sah sie sich dazu gezwungen? Martin Ladvenu sagt dazu aus: »Ich hörte von Johanna, ein hoher englischer Herr sei heimlich des Nachts zu ihr ins Gefängnis gekommen und habe versucht, ihr Gewalt anzutun.« Jean Massieu gibt eine etwas andere Fassung: Nachdem sie am Donnerstag nach Pfingsten Frauenkleider angezogen hatte, soll sie am nächsten Sonntagmorgen – es war das Fest der allerheiligsten Dreifaltigkeit – beim Aufstehen ihre Frauenkleider nicht gefunden haben; die Engländer hatten sie ihr weggenommen und warfen ihr den Sack hin, der die Manneskleider enthielt; »da zog sie die Männerkleider an, die sie ihr gegeben hatten«. Aus welchem Grund auch immer dies geschehen war, Cauchon erfuhr am Sonntag, dem 27. Mai, daß Johanna wieder Männerkleidung trug, und begab sich unverzüglich am nächsten Morgen in das Gefängnis, begleitet vom stellvertretenden Inquisitor und einigen Beisitzern.

»Johanna war in ein Männergewand gekleidet, in Waffenrock, Schweifkappe, Gippon (kurzer Rock) und andere Männersachen, die sie auf unseren Befehl hin abgelegt, um Frauenkleidung anzulegen. Darum befragten wir sie, um zu hören, wann und aus welchem Grund sie abermals diese Manneskleidung angelegt habe: ›Ich habe sie freiwillig angezogen‹, erklärte Johanna; ›ich habe sie angezogen, weil es dienlicher und ziemlicher ist, wie ein Mann gekleidet zu sein denn wie eine Frau, da ich ja mit Männern zusammen bin;

241

ich habe sie wieder angezogen, weil man sich an das, was man mir versprochen hat, nicht gehalten hat, nämlich daß ich zur Messe ginge und den Leib Christi empfinge und daß man mir die Fußeisen abnehme.‹«

Ein wenig später fährt sie fort:

»Lieber will ich sterben, als in Fesseln sein! Doch wenn man mich zur Messe gehen läßt, mir die Fesseln abnimmt und mich in ein anständiges Gefängnis bringt und eine Frau bei mir läßt (dieses ›eine Frau bei mir läßt‹ steht im Entwurf, jedoch nicht im offiziellen Text der Prozeßakte), dann will ich mich fügen und tun, was die Kirche mich heißt.«

»Habt Ihr seit Donnerstag die Stimmen der heiligen Katharina und der heiligen Margareta gehört?« fragt Cauchon.

»Ja.«

»Was haben sie Euch gesagt?«

»Gott hat mir durch die heilige Katharina und die heilige Margareta den großen Jammer meines Verrats zu wissen getan, in den ich gewilligt habe mit meiner Abschwörung, um mein Leben zu retten.«

Hier notierte der Schreiber am Rand: »Tödliche Antwort.«

Nachdem sie gesagt hatte, daß ihre Stimmen ihr angekündigt hätten, was sie an jenem Donnerstag auf dem Friedhof von Saint-Ouen tun würde, fügt sie hinzu: »Alles, was ich getan habe, war aus Angst vor dem Feuer.« Und weiterhin: »Ich habe nicht versprochen, meinen Erscheinungen, das heißt, der heiligen Katharina und der heiligen Margareta, abzuschwören.« — »Danach«, heißt es im Protokoll, »entfernten wir uns von ihr, um nach der Rechtsraison zu verfahren.«

Zwei Zeugen bestätigen, daß nach Beendigung dieser Sitzung Cauchon fröhlich zu einigen Engländern, darunter Warwick, der ihn im Schloßhof erwartete, sagte: »Fare well, seid guten Mutes, es ist vollbracht.«

»Bischof, ich sterbe durch Euch!«

Am Mittwoch, dem 30. Mai, frühmorgens, betreten zwei Dominikanermönche Johannas Gefängnis: Martin Ladvenu – den sie bereits als Beisitzer in ihrem Prozeß gesehen hatte – und ein junger Bruder namens Jean Toutmouillé, der ihm beistehen soll. Dieser, ein höchst empfindsamer junger Mann, wie wir gleich sehen werden, hat uns von der Szene einen eindrucksvollen Bericht hinterlassen:

»Am Morgen des Tages, an dem Johanna dem weltlichen Arm und damit dem Feuertod überantwortet wurde, war ich bei ihr im Gefängnis, zusammen mit Bruder Martin Ladvenu, den der Bischof von Beauvais geschickt hatte, um ihr den nahen Tod zu eröffnen, sie zur Reue und Buße zu bewegen und ihr die Beichte abzunehmen, was Bruder Martin gewissenhaft und erbarmungsvoll besorgte. Als er dem armen Mädchen den Tod, den es an diesem Tag noch sterben sollte, ankündigte und Johanna inne wurde, wie nahe sie dem furchtbaren Tode war, begann sie herzzerreißend zu schreien; sie raufte sich das Haar und rief: ›O Gott, verfährt man so schrecklich und grausam mit mir! Muß denn mein reiner Leib, der nie geschändet, nie entstellt war, heute verbrannt werden, in Asche verwandelt? Oh, ich würde lieber siebenmal enthauptet als so verbrannt! Wehe! Wäre ich in einem kirchlichen Gefängnis gewesen, von Männern der Kirche bewacht und nicht von meinen Feinden, es wäre mir nicht so furchtbar ergangen! Oh, ich rufe zu Gott, dem großen Richter; man tut mir ungeheuerliches Unrecht an!‹ Und sie beklagte sich über die Unterdrückung und Gewalttätigkeiten, denen sie im Gefängnis ausgesetzt war, und über die Wächter und die anderen, die man zu ihr gelassen hatte.

Noch während sie klagte, kam der Bischof hinzu, und sie

rief ihm entgegen: ›Bischof, ich sterbe durch Euch!‹ Er wies sie zurück: ›Bezähmt Euch, Johanna! Ihr sterbt, weil Ihr nicht gehalten habt, was Ihr verspracht, und weil Ihr in Eure erste Missetat zurückverfallen seid!‹ Und Johanna erwiderte: ›Oh, hättet Ihr mich doch in ein Gefängnis der Kirche gebracht und in die Hände kirchlicher und geeigneter Wachen gegeben, es wäre nichts geschehen! Ich werde Euch deswegen vor Gott anklagen!‹ Ich ging hinaus. Weiter habe ich nichts gehört.«

Der Gerichtsdiener Jean Massieu, ebenfalls vom Bischof von Beauvais zu Johanna gesandt, berichtet, wie diese, nachdem Martin Ladvenu ihr die Beichte abgenommen hatte, ihn bat, »den Leib des Herrn« zu empfangen. Der Dominikaner war unschlüssig: durfte er einer Exkommunizierten die Kommunion geben? Er schickte zum Bischof von Beauvais, um ihn zu fragen, und dieser gab folgende überraschende Antwort: »Man gebe ihr das Sakrament der Eucharistie und alles, worum sie bittet . . .« Darauf holte Massieu selbst eine Stola und eine Kerze, da weder das eine noch das andere vorbereitet worden war, damit sie auf ehrenvolle Weise das Sakrament empfange.

Danach wird Johanna auf den alten Marktplatz gebracht, wo, wie für die Szene auf dem Friedhof Saint-Ouen, mehrere Tribünen aufgerichtet worden waren, denn sie soll sich eine letzte Mahnrede anhören, und zwar diesmal von Magister Nicolas Midy.

Das Rückfälligkeitsverfahren war in der Tat sehr schnell abgewickelt worden. Nachdem Cauchon ordnungsgemäß festgestellt hatte, daß Johanna wieder Manneskleidung trug, berief er umgehend die Beisitzer für den nächsten Tag, den 29. Mai, um sie von diesem Zeichen des »Ungehorsams gegenüber der Kirche« in Kenntnis zu setzen und mit ihnen zu beraten, was zu tun sei. Auf diese Weise hatte er zweiundvierzig Beisitzer versammelt, denen er folgende Frage stellte: »Was ist zu tun mit Johanna, nachdem sie zu den Irrtümern zurückgekehrt ist, denen sie ›abgeschworen‹ hat?«

Im Verlauf dieser letzten Sitzung soll er darüber verärgert gewesen sein, daß neununddreißig von ihnen erklärten, man solle die Urkunde Johanna abermals vorlesen und ihr erklären, wobei man ihr »das Wort Gottes anbieten möge«. Nur drei waren der Meinung, man solle sie ohne weitere Maßnahmen der weltlichen Gerichtsbarkeit überlassen: Denis Gastinel, Nicolas de Venderès und ein gewisser Jean Pinchon, Erzdechant von Jouy-en-Josas und darüber hinaus mit Domherrnpfründen in Paris und Rouen ausgestattet. Dies war ein unvorhergesehenes Hindernis, wenn auch nur der Form nach, denn in jedem Fall hatten die Beisitzer lediglich beratende Funktion; er allein war zusammen mit dem stellvertretenden Inquisitor Jean Lemaître, dessen Name bei dieser letzten Sitzung nicht genannt wird, der Richter. Es war daher nicht schwierig, darüber hinwegzugehen und die Vorbereitungen voranzutreiben: »Dieser Prozeß hatte schon zu lange gedauert.«

»Sie hatte bescheidene neunzehn Jahre noch nicht überschritten«

Mit derselben Eile und der Verfahrensregeln in einem Inquisitionsprozeß nicht achtend, schickt er sie auf den Scheiterhaufen, der schon auf dem alten Marktplatz vorbereitet ist, ohne um den Urteilsspruch eines weltlichen Gerichts nachzusuchen. Eine schwere Ungesetzlichkeit, von der später der Stellvertreter des Amtmanns von Rouen, ein gewisser Laurent Guesdon, Zeugnis ablegen wird:

»Nach dem Urteilsspruch, dem zufolge Johanna dem welt-lichen Arm ausgeliefert wurde, übergab man sie unmittelbar und unverzüglich dem Amtmann und dem Henker, ohne daß ein weiteres Urteil durch den Amtmann oder durch mich, dem es doch obgelegen hätte, verkündet wurde. Man bemächtigte sich ihrer, brachte sie dorthin, wo die Reisigbün-del schon bereitlagen, und sie wurde bei lebendigem Leibe verbrannt.«

Dazu sei vermerkt, daß in einem gleichgearteten Fall ein von der kirchlichen Gerichtsbarkeit verurteilter Verbrecher vor den sogenannten »Haufen« gestellt wurde, das heißt die Versammlung der Amtmannschaft, damit eine ordnungsge-mäße Strafe verhängt werde.

All das ereignete sich in Gegenwart einer beträchtlichen Anzahl Bewaffneter: Jean Massieu spricht von achthundert Männern. Man hat die Zahl oft für überhöht gehalten, und Jean Massicu ist, geben wir es zu, nicht immer sehr genau in seinen Schätzungen. Doch darf man nicht vergessen, daß über die übliche Burgbesatzung hinaus wohl eine große Anzahl Bewaffneter in Rouen zusammengezogen worden war, da ja Louviers angegriffen werden sollte. Der Gerichts-diener erwähnt ausdrücklich, daß man es sehr eilig hatte und auch daß Soldaten zugegen waren und die Richtstätte umringten, um die Menge zurückzuhalten:

»Noch während Johanna ihre Andacht verrichtete, dräng-ten die Engländer und selbst einer ihrer Hauptleute, sie ihnen zu überlassen, damit sie noch früher stürbe; zu mir, der ich Johanna auf der Estrade nach Kräften tröstete, sagte er: ›Was denn, Priester, sollen wir hier noch zu Mittag essen?‹ Dann schickten sie sie unverzüglich, ohne irgendein Urteil, ins Feuer und sagten zum Henker nur: ›Walte deines Amtes!‹ So wurde sie geführt und angebunden; und unter anhaltendem

Wehklagen und Preisen Gottes und seiner Heiligen verschied sie, bis zuletzt noch mit lauter Stimme Jesus rufend.«

Die Eile, das Gedränge, die englischen Bewaffneten, der Henker – er hieß Geoffroy Thérage –, die hin und her laufen, das alles für ein junges Mädchen, das mit lauter Stimme klagt und die Heiligen anruft! Eine Geste des Mitleids jedoch:

»Und Johanna verlangte mit großer Demut ein Kreuz. Als das ein Engländer, der dabeistand, hörte, verfertigte er eines aus einem kleinen Holzstock und gab es ihr; sie empfing es ehrerbietig, küßte es und flehte zu Gott, der am Kreuz gelitten hat, um uns zu erlösen. Sie barg es unter ihren Kleidern an ihrem Leib...«

Auf diese Bitte hin begab sich Bruder Isambart de La Pierre in die nahe Sankt-Laurentius-Kirche, »um ihr von dort ein Kreuz zu bringen; er hielt es ihr empor, vor die Augen, bis zum letzten Atemzug, damit das Kreuz, an dem der Heiland hing, unausgesetzt vor ihrem Blick bliebe, solange noch Leben in ihr war.« Und er sagt aus, daß Johanna,

»während sie schon in Flammen stand, unaufhörlich bis zuletzt mit lauter Stimme den Namen Jesu rief, dann rief sie flehend und unablässig die Heiligen des Paradieses um Hilfe an. Und dann – zum Zeichen ihres inbrünstigen Glaubens an Gott – brachte sie, noch als sie ihr Haupt neigte und ihren Geist aufgab, den Namen Jesus hervor.«

Die Schreie des im prasselnden Feuer stehenden Mädchens, die über den alten Marktplatz gellten und das Stimmengewirr der Menge übertönten, gingen allen Anwesenden und auch einigen Engländern sehr zu Herzen. Mehrere Zeugen berichteten, daß Louis von Luxemburg, der Bischof von Thérouanne, der voll und ganz für die englische Sache eintrat und sein Leben in Ely beschloß, in Tränen ausbrach. Auch der Mann, der in den Burgfried von Rouen gerufen worden war, um sie zu foltern, Maugier Leparmentier, sagt aus:

»Als die Flammen emporschlugen, rief sie mehr als sechsmal: ›Jesu!‹ Und mit ihrem letzten Atemzug schrie sie so laut ›Jesus!‹, daß alle Anwesenden es hören konnten; fast alle weinten vor Mitleid.«

Die Gemütsbewegung ist verständlich; gewiß erfaßte sie auch die Feinde. Isambart hat ein Vorkommnis festgehalten, das Johanna bereits in die *Legenda aurea* rückt:

»Einer der Engländer, ein Krieger, der sie besonders verabscheute und geschworen hatte, mit eigener Hand ein Reisigbündel auf Johannas Scheiterhaufen zu legen, hielt, als er dies tat und Johanna mit ihrem letzten Atemzug den Namen Jesu rufen hörte, betroffen inne und stand da wie in Ekstase; man führte ihn in eine hinter dem alten Marktplatz gelegene Taverne und gab ihm zu trinken, damit er wieder zu sich käme. Und nachdem dieser Engländer mit einem Predigerbruder gespeist hatte, gestand er diesem, der Engländer war, schwer gesündigt zu haben, und daß er bereue, was er Johanna angetan, die er für eine Heilige halte; denn ihn, den Engländer, dünke es, als habe er, in dem Augenblick, da Johanna ihren Geist aufgab, auf französischer Seite eine weiße Taube auffliegen gesehen. Und am selben Tag, nach dem Essen, kam der Henker in das Kloster der Predigerbrüder und sagte zu mir sowie zu Bruder Martin Ladvenu, er befürchte sehr, der Verdammnis anheimzufallen, denn er habe eine Heilige verbrannt.«

Und Pierre Cusquel, der sie mehrere Male gesehen hatte, als er an der Burg Maurerarbeiten ausführte, berichtet seinerseits, obwohl er nicht dabei gewesen war (»weil mein Herz es nicht hätte ertragen können, ein solches Mitleid hatte ich mit ihr«):

»Ich konnte Magister Jean Tressart, den Sekretär des englischen Königs, bei seiner Rückkehr von der Verbrennung unterwegs klagen hören über das, was man mit Johanna getan, und über das, was er soeben gesehen: ›Wir sind alle verloren!‹ sagte er, ›wir haben eine Heilige verbrannt!‹ Er fügte hinzu: ›Ich glaube, ihre Seele ist in Gottes Hand, denn noch während sie in den Flammen stand, hat sie nicht aufgehört, den Namen Jesus zu rufen.‹«

Selbst einer der Beisitzer, Magister Jean Alespée, Domherr zu Rouen, der bei der Übergabe von Rouen 1419 einer der Vertrauensmänner des Königs von England gewesen war, weinte heftig und sagte nach Aussagen der Zeugen: »Wollte Gott, meine Seele wäre dort, wo ich glaube, daß die ihre ist!«

Johannas Herz

Warwick ordnete an, ihre Asche einzusammeln und in die Seine zu streuen: man wollte nicht, daß das Volk daraus eine Reliquie mache. Doch schon hatte sich ein Gerücht gebildet, das sich in Windeseile ausbreitete. Jean Massieu berichtet darüber:

»Jean Fleury, der Kanzlist des Amtmanns, sagte uns danach, der Henker habe nach seinen eigenen Erklärungen festgestellt, daß trotz der Verbrennung des Körpers, der bald in Asche verwandelt war, Johannas Herz unversehrt geblieben war und blutgefüllt. Man hieß mich, die Asche und das, was von ihr verblieben war, zu sammeln und alles in die Seine zu werfen. Was ich auch getan habe.«

Bruder Isambart fügt hinzu, daß der Henker versicherte und beteuerte:

»Trotz des Öls, der Schwefels und der Kohle, die er zur Ver-

brennung der Eingeweide und des Herzens hinzugetan habe, habe das Feuer diese nicht verzehrt und weder die Eingeweide noch das Herz in Asche verwandelt, worüber er sich sehr erstaunte, wie vor einem offensichtlichen Wunder.«
Sie hatte ihre bescheidenen neunzehn Jahre überschritten. Nur um fünf oder sechs Monate, da wurde die Asche ihres Fleisches verstreut in alle Winde.

VIII.
Karl der Siegreiche

In den Tagen nach der Verbrennung zu Rouen trifft Cauchon einige Maßnahmen, die eine gewisse Nervosität verraten. Da es im Sankt-Jakobs-Kloster der Stadt — dem der Mönche Isambart de La Pierre und Martin Ladvenu — zu hitzigen Debatten gekommen war, befiehlt er den Verantwortlichen für die Unruhe, Bruder Pierre Bosquier, zu sich. Dieser hatte gesagt, Johannas Richter hätten schlecht gehandelt; Cauchon verurteilt ihn zu einer zehnmonatigen Gefängnisstrafe, also bis zum folgenden Osterfest, bei Brot und Wasser!

Am 7. Juni versammelt der Bischof dann einige der Beisitzer, seine Vertrauensmänner und Getreuen: Nicolas de Venderès (er hatte die Abschwörungsurkunde verfaßt); Nicolas Loiseleur (er hatte versucht, Johanna auszuhorchen, indem er sich als ihr Landsmann ausgab, und er hatte bei keiner Sitzung des Prozesses gefehlt, in dessen Verlauf er dafür gewesen war, daß sie der Folter unterworfen werde); Pierre Maurice, den brillanten jungen Professor; Thomas de Courcelles, der damit betraut wird, die notariellen Tagesprotokolle zu übersetzen, zu ordnen und zur authentischen Prozeßakte zusammenzufassen (er nutzt dies, seinen Namen aus der Liste derer, die für die Folter gestimmt hatten, zu streichen); einen Professor namens Jacques le Camus, Domherr zu Reims, der seine Stadt Hals über Kopf verlassen hatte und als Entschädigung vom König von England die Dreifaltigkeit-Pfarrei von Falaise erhält. Cauchon hatte ihn wegen des Rückfälligkeitsverfahrens kommen lassen, und er hatte ihn am Morgen der Hinrichtung ins Gefängnis begleitet; außerdem Bruder Martin Ladvenu und Bruder Jean Toutmouillé. Cauchon hatte auch den Notar des Prozesses, Guillaume Manchon, vorgeladen, aber dieser hatte sich geweigert, zu kommen: da der Prozeß abgeschlossen sei, sei auch seine Aufgabe beendet, alles, was jetzt hinzugefügt werde, sei ungesetzlich, und als offizielle vereidigte Persönlichkeit habe er kein Recht, sich daran zu beteiligen. Laut seiner späteren Zeugenaussage war er bei Johannas Hinrichtung tief bewegt gewesen:

»Ich selbst habe bei allem, was mir je geschah, nie so sehr geweint; ich konnte mich während eines ganzen Monats nicht recht beruhigen. So habe ich für einen Teil des Geldes, das ich für den Prozeß bekam, ein kleines Missal erstanden, damit ich für sie betete. Ich besitze es noch immer.«

Pierre Cauchon will erreichen, daß die Beisitzer bezeugen, Johanna habe sich in aller Form von ihren Stimmen losgesagt. Es erübrigt sich zu sagen, daß alle sofort bestätigten, sie hätte es ausdrücklich getan:

»Sie begriffen und wußten, daß sie von ihnen getäuscht worden sei (. . .) Die Stimmen und Erscheinungen, die zu ihr kamen und von denen im Prozeß die Rede gewesen war, hatten sie getäuscht, denn nachdem diese Stimmen ihr versprochen hätten, sie werde befreit und aus dem Gefängnis geführt, sei sie sich des Gegenteils gewahr geworden (. . .) Es stimmt, daß sie getäuscht worden sei (. . .), und weil sie sie dermaßen getäuscht hatten, glaube sie, daß es keine guten

Stimmen oder Geister seien (...) Ich will diesen Stimmen keinen Glauben mehr schenken...«

Und Nicolas Loiseleur behauptet sogar, daß sie »mit reuigstem Herzen die Engländer und Burgunder um Nachsicht bat, weil sie, wie sie selbst zugab, sie töten lassen, in die Flucht geschlagen und ihnen vielfachen Schaden zugefügt habe«.

Im übrigen ist es wahrscheinlich kein Zufall, daß diese Angaben am 7. Juni zusammengestellt wurden, denn am nächsten Tag richtet der König von England einen offiziellen Brief an den Kaiser, die Könige, Herzöge und anderen Fürsten der gesamten Christenheit. Dieser Text ist ein kleines Meisterwerk. Nachdem Johanna »das Volk verführt« habe, sei sie endlich durch das Walten göttlicher Gnade »in unsere Hände und unsere Gewalt gegeben worden (...) Indes hatten wir in keiner Weise die Absicht, die erlittene Schmach zu rächen oder diese Frau auf der Stelle der weltlichen Gerichtsbarkeit auszuliefern, damit sie bestraft werde«; als sie jedoch auf Ersuchen des kirchlichen Würdenträgers der Diözese, wo man sie gefangengenommen hatte, der Kirche überantwortet worden sei, habe man sie zahlreicher Vergehen gegen den Glauben für schuldig befunden und daß sie »keinen irdischen Richter anerkenne«. Schließlich habe sie ihren Irrtümern abgeschworen, doch »das Feuer ihres Stolzes loderte in abscheulichen Flammen wieder auf«, so daß sie der weltlichen Macht übergeben wurde. Aber in jenem Augenblick habe die Unglückliche »unmißverständlich zugegeben, daß die Geister, die sie so oft gesehen zu haben behauptet hatte, böse Geister gewesen seien, die sie belogen hätten (...) Sie gestand, zum Narren gehalten und getäuscht worden zu sein«. Die Inszenierung vom Vortag war also notwendig gewesen, um zu diesem Ergebnis zu gelangen.

Etwa desselben Inhalts ist das offizielle Schreiben, das der König von England am 28. Juni »an die Würdenträger der Kirche, an die Herzöge, Grafen und anderen edlen Herren und Städte des Königreichs Frankreich« richtete, mit der Aufforderung, »durch Predigten, öffentliche Verlautbarungen und auf andere Weise« kundzutun, was es mit Johanna der Jungfrau auf sich hatte und wie sie schließlich zugab, daß ihre Geister ihrer gespottet hätten. Auch schrieb die Universität von Paris in diesem Sinne an den Papst und an das Kardinalskollegium.

Inzwischen hatte sich am 12. Juni Cauchon vom König von England »Garantiebriefe« für sich selbst, für Louis von Luxemburg und für Jean de Mailly, den Bischof von Noyon, ausstellen lassen:

»Auf Unser königliches Wort, wenn eine der Personen, die beim Prozeß mitgewirkt haben, wegen dieses Prozesses oder im Zusammenhang mit ihm belangt werden sollte (...), so werden Wir diesen Personen auf Unsere eigenen Kosten beistehen und sie verteidigen, ihnen helfen und sie verteidigen lassen, sei es vor Gericht oder außerhalb.«

Im gesamten besetzten Teil des Reichs fanden die Predigten und Prozessionen statt, um die der König von England gebeten hatte, vor allem in Paris, wo der Inquisitor von Frankreich am 4. Juli (Fest Saint-Martin-le-Bouillant) eine feierliche Ansprache und eine allgemeine Prozession in Saint-Martin-de-Jean veranstaltete. Das *Tagebuch eines Bürgers von Paris* — es wurde bekanntlich von einem Schreiber der Universität verfaßt, der ganz offen mit den Burgundischen sympathisierte — gibt eine Zusammenfassung dieser Ansprache, in der es hieß, daß Johanna »inmitten von Feuer und Blut und Christenmord lebte, bis sie verbrannt wurde«. Ebenso wird darin die Verbrennung von Rouen beschrieben, und auch die Kommentare, die dazu abgegeben wurden, hat der Verfasser festgehalten:

»So manche Leute am Ort und anderswo sagten, sie sei eine Märtyrerin, und sie habe sich für ihren wahren Fürsten geopfert. Andere verneinten dies und meinten, daß derjenige, der sie so lange geschützt hatte, schlecht daran getan habe. So sprach das Volk, doch ungeachtet dessen, ob sie gut oder schlecht gehandelt hatte, wurde sie an jenem Tag verbrannt!«

Auch im Register des Clément de Fauquembergue, des gewissenhaften Parlamentschreibers, findet man eine Eintragung:

»Am 30. Tag des Mai 1431 wurde Johanna, die sich die Jungfrau nennen ließ und bei einem Ausfall aus der Stadt Compiègne von den Leuten des edlen Herrn Jean de Luxemburg gefangengenommen wurde, (...) in der Stadt Rouen verbrannt (...), und der edle Herr Pierre Cauchon, Bischof von Beauvais, sprach das Urteil.«

In den darauffolgenden Monaten wurde das Prozeßprotokoll, wie bereits gesagt, von Thomas de Courcelles übersetzt und in Form gebracht. Pierre Cauchon muß noch mit einiger Nervosität auf seine Nominierung im Erzbistum von Rouen gewartet haben, und er war wohl sehr enttäuscht, als er im Januar 1432 nur das Bistum Lisieux erhielt; es war Louis von Luxemburg, dem dann 1436 das begehrte Erzbistum zugesprochen werden sollte; noch früher, als er gerechnet hatte, mußte er Frankreich verlassen und nach England fliehen, wo er sofort das Bistum Ely erhielt; er starb dort 1443.

Bezeichnenderweise wurden sofort nach Johannas Tod die Kriegshandlungen wieder aufgenommen. Natürlich sah man im Volk darin mehr als nur einen Zufall: »Da die Engländer im allgemeinen abergläubisch sind«, erklärte später der Prior des Benediktinerklosters Saint-Michel bei Rouen, Thomas

Marie, »glaubten sie, daß bei Johanna Zauberei im Spiel war«; und »sogleich nach ihrer Verbrennung gingen sie hin und belagerten Louviers, denn sie meinten, daß sie, solange sie am Leben war, keinerlei Kriegsglück hätten«.

Sofort nach Johannas Tod wird die Belagerung von Louviers vorbereitet. Der Graf von Warwick läßt Proviant herbeischaffen, als er sich in den ersten Junitagen dorthin begibt, und der Sekretär des Königs von England, Laurent Calot – der nämliche, der die Abschwörungsurkunde, die er Johanna zu unterzeichnen zwang, indem er ihre Hand führte, aus seinem Ärmel gezogen hatte – weist den Schatzmeister bereits am 2. Juni an, die für die Waffenhandlungen vor der Stadt nötigen Geldbeträge zu transferieren.

Folgendes hatte sich ereignet: auf Betreiben La Hires, der zum Generalkapitän für diese Provinz ernannt worden war, hatte man im Dezember 1429 in der Normandie einen Feldzug begonnen. Der Bastard von Orléans war genau zu der Zeit, als Johanna der Prozeß gemacht wurde, nämlich im März 1431, zu ihm gestoßen. Doch die Mühe war vergeblich, und am 28. Oktober mußte Louviers kapitulieren. Dazu sei gesagt, daß inzwischen am 30. Juni frische englische Truppen in Calais gelandet und in der Normandie eingesetzt worden waren.

Ein weiteres Mißgeschick für König Karl VII.: am 2. Juli 1431 war König René von Anjou, sein Schwiegersohn, der, wie er hoffte, das Erbe Herzog Karls von Lothringen (der Johanna gebeten hatte, ihn zu besuchen, und der im Januar 1431 gestorben war) antreten würde, besiegt und in der blutigen Schlacht von Bulgnéville, in der auch Arnaud Guilhem de Barbazan, genannt »Feinsilberherz, Blüte des Rittertums« sein Leben ließ, gefangengenommen worden. Dazu kam eine weitere Niederlage des Königs in der Champagne: zwischen

Beauvais und Savignies kam es zu einer Schlacht, für die Regnault de Chartres — wir haben seine Haltung bei Johannas Gefangennahme gesehen — seinen berühmten Schäfer vom Gévaudan, Guillaume, einsetzte, von dem er behauptete, »daß er nicht mehr und nicht weniger tue als Johanna die Jungfrau«! Er wurde von Warwick gefangengenommen, während die Franzosen sich in ihrem Schreck verstreuten. Noch schlimmer: auch Poton de Xaintrailles wurde in der sogenannten Schäferschlacht gefangengenommen. Ende Juli 1431 mußte sich der König von Frankreich eingestehen, daß ihm das Glück abermals den Rücken kehrte...

Die »Krönung« Heinrichs VI.

Die Engländer indes merkten, daß sich das Blatt zu ihren Gunsten gewendet hatte, doch brauchte es ihrer Meinung nach ein aufsehenerregendes Ereignis, damit sich ihre Macht in Frankreich wieder festigte. Nachdem man mit der Person Johannas die Umstände, unter denen Karl in Reims gekrönt worden war, in Verruf gebracht hatte, lag es mehr als nahe, ihm einen anderen König entgegenzustellen, der ordnungsgemäß zum König von Frankreich geweiht werden würde, nachdem er die Krone Englands empfangen hatte. Der am 6. November 1429 in Westminster gekrönte junge Heinrich VI. wurde also nach Frankreich gebracht. Reims kam als Krönungsort nicht in Frage, deshalb entschied man sich für Notre Dame in Paris, wo aus diesem Anlaß eine erhabene und zugleich volkstümliche Feier stattfinden sollte.

Der Graf von Warwick und sein Hofstaat fuhren also mit dem neunjährigen König die Seine aufwärts zur Hauptstadt. In dem Zug, der sich am Saint-Denis-Tor und im Dorf La

Chapelle in Marsch setzte, befanden sich natürlich die Kirchenfürsten, die diese Krönung vornehmen würden: Louis von Luxemburg, Pierre Cauchon, Jean de Mailly, der »Kardinal von England« Henri Beaufort, der Bischof von Norwich, William Alnwick und auch die Bischöfe von Paris und Évreux. Desgleichen sah man den Regenten von Frankreich, Bedford, und seine Gemahlin, Anna von Burgund, sowie zahlreiche englische Adelige, die in Frankreich lebten, wie Humphrey, Graf von Stafford.

Der Zug war nach altem Brauch gebildet worden: auf die Spielleute, Herolde und Persevanten sowie die Knappen, die die Attribute der königlichen Majestät – Hermelinmantel, Schwert der Gerechtigkeit – trugen, folgte unter anderem inmitten der Bogenschützen der unglückliche kleine Schäfer Guillaume, der vor sechs Monaten gefangengenommen worden war; man würde ihn danach in einen Ledersack einnähen und in die Seine werfen...

Der kindliche König ritt einen weißen Zelter; am Eingang des Dorfes La Chapelle ergriffen die Schöppen und der Profos der Kaufmannschaft den mit goldenen Lilienblüten besticken dunkelblauen Thronhimmel, um ihn während dieses feierlichen Einzuges über sein Haupt zu halten. So bewegte er sich durch die Stadt, vom Châtelet und dem Rathaus bis zum Tournelles-Palast, wo der Herzog von Bedford residierte und er selbst während seines Aufenthaltes Wohnung nehmen sollte. Nach altem Brauch lösten sich die Vertreter der verschiedenen Pariser Zünfte beim Tragen des Thronhimmels jeweils nach einer bestimmten Zeit ab: es waren vertreten die Tuchmacher, die Spezereihändler, die Wechsler, Goldschmiede, Kürschner, Pelzhändler und auch die Meister des Metzgerhandwerks. Am Wegrand wurden an verschiedenen Punkten lebende Bilder und Szenen aus

Mysterienspielen dargestellt, um den Prinzen und das Volk zu zerstreuen, wie es bei königlichen Einzügen seit alters gebräuchlich war. Auf dem Friedhof der Unschuldigen sah man sogar eine fingierte Parforcejagd, während am Châtelet ein lebendes Bild ein auf einem Thron sitzendes Kind im Alter Heinrichs VI. zeigte, über dessen Kopf zwei Kronen schwebten.

Am ergreifendsten war jedoch der Augenblick, als der Zug vor dem Saint-Paul-Palast vorüberkam, in dem die Königin Isabeau von Bayern wohnte. Im *Tagebuch eines Bürgers von Paris* heißt es, daß »der junge Heinrich, Sohn ihrer Tochter, als er sie in ihrem Hause erblickte, sogleich seine Kappe abnahm und sie grüßte und sie sich gleichzeitig sehr untertänig zu ihm hin verneigte, eh sie sich weinend abwandte« ... Es war ihr Enkel, der da vorüberritt, der Sohn ihrer Tochter Katharina.

Am Sonntag, dem 16. September 1431, fand dann die Krönungszeremonie in Notre-Dame statt. Auch hier hielt man sich streng an das althergebrachte Ritual, doch fehlte natürlich das heilige Salbgefäß von Reims, was diejenigen, die auf die Tradition hielten, zu der Bemerkung bewog, daß man diese Krönung nur als eine Parodie ansehen könne. Das anschließende Festmahl in der »Marmortafel« — dem heute tiefer gelegenen großen Saal in dem immer noch so genannte Palais der Île de la Cité — trug nicht gerade zur Beliebtheit des kleinen Königs bei, glaubt man, was der eigentlich ganz zur englischen Sache stehende Bürger von Paris darüber berichtet: »Niemand war von dem Essen begeistert. Der Großteil des Fleisches, insbesondere jenes, das man für das niedere Volk vorgesehen hatte, war am vorhergehenden Donnerstag gegart worden, was den Franzosen sehr seltsam erschien«; hingegen war es für die Beutelschneider und

Taschendiebe höchst einträglich, und es wurde eine große Anzahl von Gürtelschließen gestohlen. Selbst die Siechen des Krankenhauses Hôtel-Dieu, für die man stets einen Teil des Festmahls zurückbehielt, fanden es nicht nach ihrem Geschmack. Gelungener war zweifellos die Musik dieser Krönung; derselbe Bürger ist der Meinung, daß »sehr wohlklingend« gespielt wurde. Das gewählte Thema war den Psalmen entnommen: *Ich habe meinen Engel entsandt...* (Die Notenseiten werden im Nationalarchiv aufbewahrt.)

Enttäuschend war das Lanzenbrechen am Tag nach der Krönung; eine armselige Darbietung, über die der Bürger von Paris schreibt, daß jeder beliebige Einwohner der Stadt mehr ausgegeben hätte, um seine Tochter zu verheiraten, als die Engländer, um ihren König zu krönen[1].

Das Unternehmen hatte seine Wirkung verfehlt; der kleine König reiste nach Rouen zurück, auch diesmal auf dem Wasserwege und unter der Obhut seines Erziehers, des Grafen von Warwick, der sich mit seinem gesamten Anhang unverzüglich nach Calais begab, um den Ärmelkanal zu überqueren und nach England zurückzukehren.

Im darauffolgenden Jahr, 1432, erlebten die Engländer in Frankreich weitere Mißerfolge. In einem kühnen Handstreich gelang es am 3. Februar einem Söldnerführer namens Ricarville, sich mit hundert Gefährten der Burg von Rouen zu bemächtigen – der Burg Bouvreuil, die im vorangegangenen Jahr gleichzeitig Jeanne d'Arc, Bedford und den Grafen Warwick beherbergt hatte. Die Engländer hatten zwar die Besatzung verstärkt, doch nur einige konnten sich unter der Führung des Grafen von Arundel in einen befestigten Raum

---

1. Siehe Einzelheiten E. Bourassin, *La France anglaise,* Paris, 1981, Seite 200 ff.

in einem der Türme zur Stadt hin verschanzen. Hier hielt am Morgen Arundel eine Ansprache an die verdutzte Einwohnerschaft, als ein verirrter Pfeil, den einer der Freischärler abgeschossen hatte, ein Kind in der Menge tötete; das war für die vor der Festung versammelten Leute das Zeichen, sich auf der Stelle den Engländern anzuschließen. Der Graf von Arundel ließ sich daraufhin in einem Korb in den Graben abseilen, sammelte alle seine verfügbaren Streitkräfte und belagerte nun seinerseits die Burg, die er mit seiner Schleudermaschine unter Beschuß nahm. Nach einigen Tagen mußte sich Ricarville mit seinen Gefährten ergeben, und alle wurden auf dem alten Marktplatz enthauptet.

Ein wenig später indes, am 20. Februar, gelang es dem Bastard von Orléans dank der Kriegslist eines Orleaner Fischhändlers, die Stadt Chartres zurückzuerobern; unter dem Vorwand, den Einwohnern der Stadt Salz und Alsen zu liefern, versperrte er mit seinen Karren die Zugbrücke, während »widerständige« Franzosen die Wachen an anderen Stadttoren niedermachten. Auch der Bischof Jean de Fétigny wurde getötet; die Einwohner und ein Teil der Besatzung lauschten zu diesem Zeitpunkt in der Kathedrale der Predigt eines Jakobinerbruders, der den Anschlag inszeniert hatte: am selben Abend gehörte Chartres wieder den Franzosen.

Einige Monate später sah sich der Herzog von Bedford gezwungen, die Belagerung von Lagny, eines wichtigen befestigten Platzes, von dem aus man die Transportzüge zwischen Paris und der Champagne aufhalten konnte, abzubrechen. Zum Feiertag des 15. August kehrte er in die Hauptstadt zurück, »um zu beichten«, wie die Leute sagten. Noch einige Monate später, am 14. November 1432, verlor er seine Gemahlin und wertvollste Gehilfin, Anna, eine Schwester Philipps des Guten, Herzog von Burgund, der es so oft gelungen war, die Schwierigkeiten auszuräumen, die in dem anglo-burgundischen Bündnis nicht ausbleiben konnten. Bedford tat große Trauer kund, verheiratete sich jedoch bereits zu Beginn des Jahres 1434 mit der Tochter des Grafen von Saint-Pol, der siebzehnjährigen Jacqueline von Luxemburg.

Inzwischen war am französischen Hof eine Art Palastrevolution ausgebrochen: La Trémoïlle war überfallen worden und hatte dabei einen Säbelstich in den Bauch abbekommen, doch dank seines Fettwanstes keine schwere Verletzung erlitten. Die Attentäter waren drei junge Männer, Jean de Bueil, Prigent de Coëtivy und Pierre de Brézé, die im Einverständnis mit der Königin Jolante von Sizilien und deren Tochter, Königin Maria von Anjou, handelten; das ereignete sich in Chinon in demselben Schloß Le Couldray, wo Johanna vier Jahre zuvor aufgenommen worden war. La Trémoïlle wurde gefangengesetzt, dann teilte man ihm mit, daß er den Hof zu verlassen habe, während Arthur de Richemont sich wieder der Gunst des Königs erfreute; in der Lenkung der Staatsgeschäfte kündigte sich eine aktive Phase an.

Es war auch an der Zeit. Ein Jahr später unternahmen die Engländer einen Großangriff auf den Mont Saint-Michel. Thomas, Messire de Scales, verfügte über eine starke Artillerie und versuchte, da sich das Kloster nicht in Schußweite befand, zumindest in die Umwallung der Stadt eine Bresche zu schlagen. Es gelang ihm sogar, das in vier Felder geteilte Banner mit den Lilien und den Leoparden auf einem der Bollwerke aufzupflanzen, doch Louis d'Estouteville, der Verteidiger von Le Mont, riß es eigenhändig aus dem Boden und warf es in den Graben. Acht Tage später folgte ein erneuter Sturmangriff von solcher Heftigkeit, daß die Einwohner sich in der Abtei verschanzen mußten; gemeinsam mit den Mönchen boten sie dem Gegner die Stirn, der den Kampf um den Marktflecken bald aufgab. Die Engländer flohen in Unordnung, und man zeigt noch heute den Touristen, die alljährlich, wenn auch auf friedliche Weise, den Mont Saint-Michel stürmen, die beiden Bombarden, die »Michelettes«, die sie zurückließen. Eine Zeitlang befestigten sie dann das Inselchen Tombelaine, auf dem sie sich halten konnte, bis Louis d'Estouteville sie vertrieb und auch Granville zurückeroberte. Der Mont Saint-Michel war unbezwingbar.

Die Franzosen zeigen wieder Unternehmungsgeist

Im selben Jahr, 1434, begehrte das normannische Bessin gegen die Forderungen Bedfords auf, der dreihundertvierundvierzigtausend Livres verlangte, die ihm die Stände der Normandie als Steuern bewilligen sollten. Die Provinz litt immer mehr unter den räuberischen Söldnerbanden, jenen Männern, von denen sich in der französischen Sprache die Bezeichnung *brigand* herleitet, von *brigandine* = Brünne, die der Kämpfer trug. Die Ethymologie ist hier recht kennzeichnend: die Truppen, deren Disziplin immer mehr nachließ, die Hauptleute, die niemandem mehr Rechenschaft ablegten, wurden zu gefürchteten Plünderern und Halsabschneidern, den sogenannten »Ecorcheurs« (Schindern). Der Chronist Thomas Basin gibt eine erschreckende Beschreibung von diesem Zeitabschnitt, in dem in der Normandie niemand mehr seines Lebens sicher war; da und dort schlossen sich Bauern zusammen, versuchten entweder den Engländern oder den Räubern zu entgehen. Mit Hilfe Jean de Bueils belagerte der Herzog von Alençon erfolglos Avranches, das er nach einigen Tagen aufgeben mußte. Hingegen wurde ein Feldzug des Grafen von Arundel in das Land von Caux von La Hire und Poton de Xaintrailles aufgehalten, und es kam bei Gerberoy zu einem grausamen Handgemenge; Arundel wurde dabei verletzt und starb in Gefangenschaft in Beauvais.

Uns Heutigen erscheint es fast unvorstellbar, daß zur gleichen Zeit die Stadt Orléans ein Mysterienspiel in Szene setzte, an dem alle Bürger mitwirkten, und zwar mit verschiedenen Stationen, das heißt Bühnen, die an jedem Stadttor errichtet wurden. Das Mysterienspiel der Belagerung von Orléans, dessen Text erhalten geblieben ist, muß ein großartiges Spektakel gewesen sein. In den Rechnungsbüchern der Stadt findet sich auch ein Vermerk über die Teilnahme eines von Johannas Gefährten: Gilles de Rais.

Während die diplomatische Offensive ihren Fortgang nahm, bemühte sich René von Anjou, der in Dijon gefangen war, um die von seiner Mutter Yolante gewünschte Versöhnung mit Philipp dem Guten. Der Herzog von Burgund seinerseits hatte für den Regenten Bedford nie eine große persönliche Sympathie empfunden, und wie sein Chronist Olivier de La Marche schreibt, »kochte ihm das französische Blut im Magen und rund um das Herz«. Am 16. Januar 1435 begannen in Nevers Unterhandlungen, und die französischen und burgundischen Abgeordneten trennten sich nach drei Wochen, nachdem sie verabredet hatten, in Arras noch einmal zusammenzukommen.

Am 5. August 1435 fand dann in der Abtei von Saint-Vaast eine feierliche Sitzung statt, die sowohl Franzosen wie auch Burgunder und Engländer vereinte. Aber letztere verließen schon bald die Konferenz; außerdem traf die Nachricht ein, daß Johann von Bedford in der Burg von Rouen, in der man Johanna eingesperrt hatte, gestorben war. Nach Bedford, der am 12. September 1435 verschieden war, starb am 24. auch

Isabeau von Bayern. Mittlerweile, am 21., war zwischen Frankreich und Burgund der Vertrag von Arras geschlossen worden: der Gesandte Karls VII., Magister Jean Tudert, hatte im Namen seines Königs dem Herzog von Burgund öffentlich Abbitte geleistet. Der Herzog seinerseits schwor, wegen der Ermordung seines Vaters in Montereau keinerlei Groll mehr zu hegen. Das Abkommen wurde endgültig am 28. Oktober besiegelt und von Karl VII. am 10. Dezember in Tours bestätigt. Der schreckliche Riß, der Frankreich gespalten hatte, existierte nicht mehr, Armagnacs und Burgundische fanden wieder zusammen. Es war der »gute, feste, lang anhaltende Friede«, den Jeanne d'Arc angestrebt hatte.

»Der größere Einsatz...«

Ein Jahr noch, und die Engländer verloren »einen größeren Einsatz, als sie je in Frankreich gehabt haben«. Auch das hatte Johanna vorausgesagt. Am 17. April 1436 zog der Konnetabel von Richemont in Paris ein.

Begonnen hatte die Aktion mit der Einnahme von Meulan, dann mit der von Pontoise im Februar 1436; fortan wurden die wichtigsten Wasserläufe von den Franzosen kontrolliert, Melun an der Seine ebenso wie Lagny an der Marne. In Paris herrschte Hungersnot, und Louis von Luxemburg, den Bedford vor seinem Tod zum Statthalter bestimmt hatte, wurde wegen seines Hochmuts und seiner Härte von der Bevölkerung gehaßt. Zweitausend Engländer, die zur Verstärkung geschickt worden waren, wurden in der Ebene Saint-Denis am 6. April 1436 vernichtend geschlagen. Mit der Unterstützung des Bastards von Orléans und des burgundischen Hauptmannes Villiers de l'Isle-Adam belagerte daraufhin

Arthur de Richemont die Stadt, die diesmal die Widerständischen von innen halten konnten, die durch das Saint-Jacques-Tor eingelassen worden waren. Während die Engländer sich lauthals über den Verrat beschwerten, warfen, so wird berichtet, die Pariser Bürger ihre Möbel, Truhen oder Schemel, aus den Fenstern auf die vorüberziehenden Truppen. Der Konnetabel versprach den »abtrünnigen« Franzosen im Namen des Königs Straffreiheit. Die Engländer flüchteten sich in den Saint-Antoine-Zwinger, doch bald trieb sie der Hunger dazu, um eine Unterhandlung zu bitten, und man erlaubte ihnen, die Stadt zu verlassen und sich auf der Seine nach Rouen einzuschiffen. Die Menge rief den Abziehenden zu: »Seht den Fuchs mit dem Schwanz!« Der König jedoch sollte erst ein Jahr später, am 12. November 1437, seinen Einzug in die zurückeroberte Stadt halten und zur großen Enttäuschung der Pariser nur drei Wochen dort verweilen.

Noch ein anderes Ereignis verbindet sich mit der Geschichte Johannas: die Rückkehr Karls von Orléans im Jahr 1440 nach fünfundzwanzigjähriger Gefangenschaft in England: »Ich hätte genug Engländer gefangen, um ihn zurückzubekommen«, sagte sie vor Gericht; denn sie betrachtete die Rückkehr des Herzogs als Teil ihres Auftrags.

Wahrscheinlich ist es kein Zufall, daß in diesem Jahr 1440 im Juli Johannas Mutter Isabelle Romée nach Orléans kommt. Es scheint, daß sie nach dem Tod ihres Ehemannes und ihres ältesten Sohnes in Armut oder zumindest in großer Bedürftigkeit lebte. Als die Bürger von Orléans dies erfuhren, boten sie ihr an, sich in ihrer Stadt niederzulassen; von diesem Zeitpunkt an ist in den Rechnungsbüchern monatlich eine Rente von achtundvierzig Sous verzeichnet, die man ihr zahlt, und die Stadt übernimmt auch die Kosten für den Arzt, der sie besucht, wenn sie krank ist. Sie wohnt nicht weit von der Kollegiatskirche Saint-Pierre-le-Puellier entfernt, die, restauriert, heute noch steht. Auch ihr Sohn Pierre, der lange mit Johanna gefangen gewesen war, läßt sich mit Frau und Sohn Jean in Orléans nieder. Im Jahr 1443 schenkt ihm der Herzog von Orléans die sogenannte Ochseninsel in der Loire.

Inzwischen war in Orléans eine Abenteuerin namens Claude aufgetaucht, die sich als Johanna ausgab und behauptete, aus einem englischen Gefängnis entkommen zu sein. Wie die Chronik des Dechanten von Saint-Thiébault zu Metz berichtet, spielte sie »ihre Person so gut, daß mehrere Leute sich täuschen ließen«. Erstmals war sie in der Gegend von Maas aufgetreten; unter anderem wurde sie von Elisabeth von Görlitz empfangen, einem weiteren Mitglied der Familie Luxemburg, und es scheint, daß Johannas dritter Bruder, der Jean oder Klein-Jean genannt wurde, aus freien Stücken oder auch nicht, die Situation ausnützte und sich von der Stadt Orléans eine Unterstützung – einen Betrag von zwölf Francs – unter dem Vorwand zahlen ließ, er wolle »seine Schwester besuchen«. Die falsche Johanna heiratete einen Herrn Robert des Armoises und fand sogar Mittel und Wege, in Orléans empfangen zu werden, wo die Rechnungsbücher unter dem 28. Juli 1439 verzeichnen, daß ihr ein Ehrenwein angeboten wurde. Der Bürger von Paris erzählt in seinem *Tagebuch,* wie sie im Palast öffentlich entlarvt wurde. Es wird noch von zwei anderen Abenteurerinnen berichtet, die es in diesen wirren Zeiten verstanden, die Gutgläubigkeit der Menschen auszunutzen und sich als die auszugeben, von der man nicht glauben mochte, daß es den Engländern gelungen war, sie einzusperren und zu töten.

Doch erst 1449 tritt ein im Zusammenhang mit der Geschichte der Jeanne d'Arc entscheidendes Ereignis ein: die
Wiedergewinnung der Normandie. Der Vorwand dafür war
die Einnahme der Burg Fougères durch einen aragonesischen
Söldnerführer, der im Dienste der Engländer stand, François
de Surienne. Das bedeutete den Bruch des Waffenstillstandes
zwischen Frankreich und England, der zur allgemeinen
Erleichterung fünf Jahre zuvor, am 28. Mai 1444, bei der Verlobung König Heinrichs VI. und der französischen Prinzes-
sin Margareta von Anjou, Tochter Renés von Anjou und
Nichte der Königin Maria, beschlossen worden war. Das
Ereignis war in ganz Europa als wichtiger erster Schritt auf
dem Weg zu einer Aussöhnung zwischen den beiden Königreichen begrüßt worden. Die Hochzeit war im darauffolgen-
dem Februar in Nancy gefeiert worden, und die Krönung der
jungen Königin hatte ein Jahr nach dem Abkommen am 28.
Mai 1445 in Westminster stattgefunden.

Zu der Zeit, als der Handstreich auf Fougères den endlich
wiederhergestellten Frieden in Frage stellte, verfügte
Karl VII. über ein neugeordnetes Heer mit einer starken
Artillerie. Das Kräftegleichgewicht hatte sich nun zu seinen
Gunsten verändert, während der König von England einige
Mühe hatte, sich bei seinen eigenen Vasallen durchzusetzen.

Am 17. Juli 1449 begann der Angriff auf die Normandie.
Schon waren die Franzosen durch eine List in Pont-de-
l'Arche eingerückt. Ein Landsknecht namens Robert de
Flocques bemächtigte sich der Ortschaft Conches; dann leitete dank der Unterstützung eines Einwohners von Verneuil
(des Müllers, dessen Mühle an den Wall gebaut war) ab
August Karl VII. persönlich alle Unternehmungen und

nahm in Louviers Quartier. Auf die Nachricht hin, daß die Einwohner von Rouen rebellierten, begab er sich in die Stadt und hielt am 10. November 1449 dort feierlichen Einzug. Dem englischen Statthalter Somerset war freier Abzug gewährt worden, nachdem er mehrere Geiseln freigelassen und eine Reihe von Orten wie Caudebec und Honfleur zurückgegeben hatte. Von Caen aus versuchte er, die englischen Streitkräfte zu sammeln, von denen in der Normandie jedoch nur noch einige Abteilungen anwesend waren.

Auf die Meldung von der Ankunft eines neuen englischen Heeres, das von Heinrich VI. mit letzter Kraft aufgestellt worden war — er hatte dafür die Kronjuwelen verpfändet — und unter der Führung eines Hauptmannes namens Thomas Kyriel in Cherbourg landen sollte, griffen die Franzosen an. Das Unternehmen, das unter der Leitung des Grafen von Clermont stand, wäre fast gescheitert, wäre nicht Arthur de Richemont mit fünfzehnhundert Bewaffneten eingetroffen. Daraufhin trugen die Franzosen am 15. April 1450 in Formigny einen glänzenden Sieg davon.

Die Wiedereröffnung des Verfahrens

Doch in der Zwischenzeit war in der Angelegenheit der Johanna etwas geschehen. Der Entschluß, den er kurz nach seinem Einzug in Rouen faßte, ist vielleicht die einzige Geste der Dankbarkeit Karls VII. gegenüber der Jungfrau. Als er in der Stadt weilte, mußte er wohl gehört haben, daß die Leute von Rouen noch immer von Johannas Hinrichtung sprachen, und zweifellos ließ er sich die Prozeßakten vorlegen, die im Erzbistum aufbewahrt wurden. Am 15. Februar 1450 diktierte er an seinen Ratgeber Guillaume Bouillé ein Schreiben, das ein neues und entscheidendes Kapitel für die Forschung einleiten sollte:

»Da es schon eine gute Weile her ist, daß Johanna die Jungfrau gefangengenommen, ergriffen und in diese Stadt Rouen gebracht wurde von unseren alten Feinden und Gegnern, den Engländern, welche durch gewisse, damit betraute und von ihnen bestellte Personen den Prozeß gegen sie anstrengen ließen, in welchem sie mancherlei Fehler gemacht und Regelwidrigkeiten begangen haben, so daß infolge des besagten Prozesses und des tiefen Hasses unserer Feinde Johanna schändlich und widerrechtlich und überaus grausam sterben mußte, und da wir die Wahrheit über den besagten Prozeß wissen wollen und über die Art, wie er angelegt war und fortgeführt wurde, geben wir Euch zu wissen, verordnen und befehlen Wir ausdrücklich, daß Ihr Euch darüber erkundigt und eingehend und sorgfältig über das, was gesagt wurde, informiert und das von Euch in Erfahrung Gebrachte Uns und den Mitgliedern des Kronrats wohlverschlossen und versiegelt zustellt und übersendet (...), und um das zu tun, geben Wir Euch durch das vorliegende Schreiben Vollmacht, Auftrag und Befehl (...)

Gegeben zu Rouen am 15. Tag des Februar im Jahr der Gnade 1449.« (Diese Jahreszahl bedeutet für uns 1450).

Jedenfalls leitete Guillaume Bouillé sofort eine Untersuchung ein, die allein bereits »die Wahrheit über den besagten Prozeß«, der neunzehn Jahre zuvor geführt worden war, an den Tag brachte. Gehört wurden der Notar des Verurteilungsprozesses Guillaume Manchon, den man einen ganzen Tag lang, am 4. März, befragte, und am nächsten Tag sechs weitere Zeugen: vier Dominikanermönche aus dem Kloster Saint-Jacques, von denen zwei Johanna zum Scheiterhaufen begleitet hatten: Isambart de La Pierre und Martin Ladvenu, und zwei weitere, Guillaume Duval und Jean Toutmouillé, die freilich nur eine Nebenrolle gespielt hatten. Man verhörte auch den Gerichtsschreiber Jean Massieu und aufgrund eines glücklichen Zufalls Magister Jean Beaupère, der bei den Vernehmungen so oft Cauchons rechte Hand gewesen war. Er hatte sich nicht gescheut, nach Rouen zu kommen, um die Einkünfte aus seinem Kanonikat zu fordern, während er sonst zurückgezogen in Besançon lebte.

Schon diese erste Untersuchung war aufschlußreich, was die Art und Weise betraf, in der der Prozeß geführt worden war; sie reichte aus, die Parteilichkeit der Richter aufzuzeigen, die es fertiggebracht hatten, einer Kriegsgefangenen das Verbrechen der Ketzerei anzulasten und sie dann unter den fragwürdigsten Bedingungen als Rückfällige zu verurteilen.

Da Johanna jedoch durch ein Inquisitionsgericht verurteilt worden war, konnte sie vom Verbrechen der Ketzerei nur durch die Kirche selbst reingewaschen werden. Es ist daher unerläßlich, zumindest in groben Zügen zu skizzieren, was in der Christenheit geschehen war zwischen dem Zeitpunkt, da die von den Magistern der Pariser Universität aufgestellte Theorie zu dem politischen Prozeß in Rouen geführt hatte, und dem Moment, da diese Theorie zusammenbrach, nachdem die christliche Welt erkannt hatte, daß es wahrscheinlich nicht die Universität von Paris war, die den »Schlüssel zur Christenheit« besaß.

Nach schweren inneren Unstimmigkeiten während des gesamten 14. Jahrhunderts, die den Aufenthalt des Papstes in Avignon zur Folge hatten, war bekanntlich die Kirche während etwa vierzig Jahren von der Krise geschüttelt worden, die man das Große Schisma nennt. Von 1378 bis 1417, dem Jahr, in dem Martin V. zum Papst gewählt wurde, hatten sich zwei, manchmal sogar drei Päpste die Tiara streitig gemacht, der eine zu Rom, der andere in Avignon, unterstützt von der Pariser Universität, die ganz allgemein davon ausging, daß die Autorität in der Kirche von periodischen Konzilien ausgeübt werden sollte, also einer Art parlamentarischer Versammlung, und nicht von einer Persönlichkeit, nämlich der des Papstes als Nachfolger Petri. Zu diesen die Doktrin betreffenden und institutionellen Streitigkeiten kamen noch finanzielle Forderungen, zum Beispiel was die Vergabe von Pfründen anging. Da durch die Pest und die Kriege viele Vakanzen entstanden waren, war es zu einer Anhäufung von Benefizien gekommen, wie wir bei bestimmten Beisitzern des Johanna-Prozesses gesehen haben.

Eine größere Anzahl dieser Beisitzer hatte sich bereits im Juli 1431 auf dem Baseler Konzil versammelt, wo sie von Eugen IV. erwirkten, daß er per Dekret auf seine Rolle bei der Verleihung von Pfründen verzichtete und einige der Zuwendungen, derer sich die römische Kurie erfreute, aufhob. Angesichts der Forderungen der Versammlung hinsichtlich der Vorrechte der Pontifices beschloß Eugen IV. jedoch, diese Entscheidung erst in Ferrara beziehungsweise in Florenz zu treffen, wo 1439 eine Abordnung des byzantinischen Kaisers den Zusammenschluß der griechischen und der römischen Kirche proklamieren sollte – ein Zusammenschluß, der im Orient übrigens ebensowenig akzeptiert und bestätigt wurde wie der von einem anderen Konzil bekanntgegebene knapp zwei Jahrhunderte vorher im Jahre 1274. Unterdessen setzten die in Basel verbliebenen Konzilsväter Eugen IV. ab und wählten an seiner Statt einen Laien, Amadeus VIII., Herzog von Savoyen, der unter dem Namen Felix V. der letzte Gegenpapst der Geschichte sein sollte. Thomas de Courcelles, der bei dieser Wahl eine entscheidende Rolle gespielt hatte, ließ sich von ihm umgehend den Kardinalshut zusprechen.

Erst zehn Jahre später, 1449, sollte der Gegenpapst abdanken; einer der Unterhändler, denen es gelang, ihn von dieser Notwendigkeit zu überzeugen, war ein aus der Geschichte der Johanna wohlbekannter Mann, nämlich Jean, Graf von Dunois. Mittlerweile hatte Karl VII. einseitig eine Reihe von Maßnahmen getroffen. Diese waren von Frankreichs Geistlichkeit beschlossen worden, die er 1438 in Bourges versammelt hatte: es war die sogenannte Pragmatische Sanktion, der Versuch, eine nationale Kirche zu errichten. Unter anderem wurden die vom Papst von den Pfarreien oder Bistümern Frankreichs erhobenen Steuern abgeschafft, die Verleihung von Benefizien wurde ihm entzogen, und die Autorität des Konzils, das alle zehn Jahre zusammentreten sollte, wurde über die des Papstes gestellt. Die Pragmatische Sanktion hat der Papst niemals akzeptiert, und als Ludwig XI. 1461 den Thron bestieg, schaffte er sie ab.

Trotz all dieses Unfriedens und des Anspruchs, das geistige Leben der Christenheit zu bestimmen, zeigte jedoch das Papsttum eine erstaunliche Stärke anläßlich des Jubeljahres 1450, in dem Scharen von Pilgern nach Rom strömten, deren Frömmigkeit im krassen Gegensatz zu den Tumulten auf den Versammlungen der kirchlichen Würdenträger und Universitätsprofessoren zu Basel und anderswo stand.

Um diese Zeit entsandte Papst Nikolaus V. — der St. Peter zu Rom neu zu erbauen beschloß — den päpstlichen Legaten Guillaume d'Estouteville, eine der Stützen Papst Eugens IV. während seines unruhigen Pontifikats, nach Frankreich. Dieser Guillaume war der Bruder jenes Louis d'Estouteville, der den Mont Saint-Michel so wirksam verteidigt hatte. Er war zudem ein naher Verwandter König Karls VII., denn seine Großmutter mütterlicherseits war die Schwester des »weisen Königs« Karl V. Keiner konnte besser als er verstehen, daß nach dem langen, aufreibenden Kriegsgeschehen, den Leiden und Spaltungen, die das Volk vor dem er die päpstliche Autorität vertrat, erlebt hatte, noch immer der Prozeß der Johanna, Sinnbild der durch den Eindringling bewirkten und die Theorie der Universität genährten Spaltung Frankreichs, einer Klärung bedurfte.

Nachdem Guillaume d'Estouteville im Februar 1452 als päpstlicher Legat in Tours vom König empfangen worden war, reiste er zwei Monate später nach Rouen. Die Normandie war bereits befreit und der Feldzug gegen die Guyenne schon längst begonnen. Dieser stand unter dem Befehl des Mannes, der nun nicht mehr der Bastard von Orléans war, sondern Graf von Dunois, und der unterstützt wurde von der Artillerie, die die Brüder Jean und Gaspard Bureau reorganisiert hatten. Der Inquisitor Frankreichs war nun der Normanne Jean Bréhal, Prior des Klosters Saint-Jacques in Paris.

Die Untersuchung

Am 2. Mai 1452 fand die erste offizielle Untersuchung statt. Eröffnet wurde sie von Guillaume d'Estouteville und Jean Bréhal in der Stadt Rouen, deren Einwohnerschaft laut Pfarrregister während der schlimmen Zeit der englischen Besetzung von 14 992 auf 5976 Seelen geschwunden war. Nach dem Studium des Protokolls des Verurteilungsprozesses hatten sie unter Mithilfe zweier italienischer Prälaten, Paul Pontanus und Théodore de Leliis, die zum Gefolge des Legaten gehörten, für das Verhör ein Schema erstellt. Die erste Vernehmung umfaßte zwölf Punkte, entsprechend den zwölf Punkten, aufgrund derer Johanna verurteilt worden war. Bei der Anhörung der fünf am 2. und 3. Mai erschienenen Zeugen – es handelte sich um Guillaume Manchon, den Notar, um Martin Ladvenu und Isambart de La Pierre sowie einen der Beisitzer des ersten Prozesses, Pierre Miget, und einen Bürger von Rouen, den Maurermeister Pierre Cusquel – stellte sich sehr schnell heraus, daß die zwölf Fragen den Umständen, unter denen der Verurteilungsprozeß abgelaufen war, nicht vollständig gerecht wurden. Der Fragenkatalog wurde also ab dem 4. Mai auf siebenundzwanzig Punkte erweitert, die in der Folge bei sämtlichen Vernehmungen als Grundlage dienten: sie bezogen sich auf die Parteilichkeit im Prozeß, auf den Haß, den die Engländer der Angeklagten entgegenbrachten, auf die Befangenheit der Richter und Notare, auf das Fehlen eines Verteidigers, was gegen die Gepflogenheiten eines Inquisitionsprozesses war, auf Johannas Haftbedingungen, auf ihre wirklichen Gefühle – insbesondere was ihre Unterwerfung unter den Papst und die Kirche betraf – und auf die Nichtübereinstimmung des lateinischen und des französischen Protokolls (der Notar Guillaume Manchon hatte die von ihm selbst auf französisch geschriebenen Texte mitgebracht). Der Fragenkatalog sprach auch die Sachkenntnis der Richter an, den Verfahrensablauf mit seinen Gesetzwidrigkeiten, Johannas Verhalten während ihrer letzten Stunden, schließlich den wahren Grund für das Urteil, nämlich den Wunsch, das Ansehen des Königs und des französischen Königshauses zu schädigen.

Die Untersuchung wurde am 8. Mai fortgesetzt. Bei den meisten Zeugen handelte es sich um Beisitzer des ersten Prozesses, doch die wichtigsten Personen waren bereits tot: Cauchon war zehn Jahre zuvor, am 14. Dezember 1442, plötzlich verschieden, und Nicolas Midy, der an dem Morgen von Johannas Hinrichtung auf dem Alten Markt die Predigt gehalten hatte, war ungefähr um dieselbe Zeit am Aussatz gestorben, nachdem er die Ehre gehabt hatte, im Dezember 1431 vor dem kleinen König Heinrich VI. bei seinem Einzug in Paris eine Ansprache zu halten. Der Promotor Jean d'Estivet war am 20. Oktober 1438 ertrunken in einer Kloake aufgefunden worden. Von dem stellvertretenden Inquisitor Jean Lemaître, der in dem Prozeß eine so untergeordnete Rolle gespielt hatte, weiß man nicht genau, ob er noch lebte – jedenfalls ist er in den Texten nach dem Jahr 1452 nicht mehr erwähnt.

Im Anschluß an diese Untersuchung schrieb Jean Brénal eine Zusammenfassung, das sogenannte *Summarium,* das entsprechend den Gepflogenheiten bei kirchlichen Gerichten Experten – Juristen, Doktores des kanonischen Rechts, Theologen – vorgelegt werden sollte, damit sie sich zu der Problematik des Falles äußerten. Es wurden in und außerhalb Frankreichs Gutachten eingeholt; das *Summarium* ging sogar einem Theologen der Universität von Wien, Leonhard von Brixenthal, zu.

Guillaume d'Estouteville wurde 1453 – ein ereignisreiches Jahr! – zum Erzbischof von Rouen ernannt. Talbot, der greise Talbot (er war inzwischen einundachtzig Jahre alt), den Johanna einst in Patay gefangengenommen hatte, sammelte in Bordeaux alle, die nicht aufgehört hatten, die Engländer in der Guyenne, auf die sie tatsächlich einen Anspruch hatten und wo sie nicht wie im übrigen Frankreich Eroberern und Eindringlingen gleich aufgetreten waren, als ihre Herren anzusehen. Aber er wurde am 17. Juli 1453 in der Schlacht von Castillón, die über das Los dieser Provinz entschied, getötet. Zur gleichen Zeit erfuhr man in Frankreich und in Rom vom Fall Konstantinopels, nach dem die Osmanen den Nahen Osten überfluteten, bevor sie Europa bedrohten.

Inzwischen bemühte sich Jean Bréhal weiterhin um einen Rehabilitationsprozeß. Er reiste nach Rom und erreichte dank eines Reskripts des Papstes Kalixtus III., der am 8. April 1455 auf Nikolaus V. folgte, daß ein neues Verfahren eröffnet wurde. Drei Prüfer wurden benannt, die im Namen des Papstes die Angelegenheit verfolgen sollten: der Erzbischof von Reims, Jean Juvénal des Ursins, der Bischof von Paris, Guillaume Chartier, und der Bischof von Coutance, Richard Olivier.

Am 7. November 1455 fand in Notre-Dame von Paris eine erschütternde Zeremonie statt: Johannas Mutter Isabelle Romée trat zusammen mit einer Gruppe von Einwohnern der Stadt Orléans, die darauf bestanden hatten, sie zu begleiten, vor die drei vom Heiligen Stuhl bestellten Würdenträger und brachte ihr Anliegen vor:

»Ich besaß eine Tochter, einer rechtmäßigen Ehe entsprungen, die gebührlich die Sakramente der Taufe und der Firmung empfangen und die ich in der Furcht Gottes und der Achtung vor der Überlieferung der Kirche erzogen habe, wie es ihr Alter und ihr einfacher Stand erlaubten. Und obwohl sie inmitten der Felder und der Weiden aufgewachsen war, besuchte sie häufig die Kirche und empfing sie trotz ihrer Jugend jeden Monat nach schuldiger Beichte das Sakrament der Eucharistie, sie fastete und betete mit großer Andacht und großer Inbrunst für die große Not, in der sich damals das Volk befand, und hatte von ganzem Herzen Mitleid; und dennoch (...) haben sie gewisse Feinde (...) in einem Glaubensprozeß vor Gericht gezerrt (...) und ohne ihrer Unschuld irgendeinen Beistand zu geben in einem falschen, gewaltsamen und widerrechtlichen Prozeß ohne den Schatten eines Rechts (...) in verdammenswürdiger und verbrecherischer Weise verurteilt und höchst grausam des Feuertodes sterben lassen.«

Der echte Prozeß

Nun begann Johannas echter Prozeß.

Unter der Leitung der päpstlichen Abgeordneten sagten die Zeugen der vorangegangenen Untersuchungen, dazu noch einige mehr, die darum gebeten worden waren — insgesamt wurden hundertfünfzehn befragt —, aus, welche Rolle sie im Verurteilungsprozeß und bei den damit verbundenen Ereignissen gespielt hatten. Karl VII. war so großzügig gewesen, sogenannte »Begnadigungsbriefe« für sie auszustellen. Das Gericht reiste von Paris, wo ab dem 17. November die ersten Vernehmungen stattgefunden hatten, nach Rouen, wo man sie vom 12. bis 20. Dezember im großen Saal des erzbischöflichen Palastes verhörte. Ab dem 28. Januar 1456 zog man dann Erkundigungen in Johannas Heimat ein; dazu kamen noch Ermittlungen in Orléans, wo zwischen dem 2. Februar und dem 16. März zahlreiche Menschen sich begeistert der Befreiung ihrer Stadt erinnerten. Johannas Familie wurde von dem Angeklagten Pierre Maugier und verschiedenen Anwälten vertreten, deren bedeutendster Guillaume Prévosteau war. Die zwei protokollführenden Gerichtsschreiber Denis Lecomte und François Ferrebouc setzten vorschriftsmäßig ihre Unterschrift auf jede Seite der Prozeßakte, die in drei Ausfertigungen (sie sind alle erhalten geblieben) erstellt wurde.

Aus der Gesamtheit dieser Zeugenaussagen ergibt sich ein ganz anderes Bild der Johanna; jede Aussage hat ihre eigenen Nuancen und ihren eigenen Beiklang, denn neben den Beisitzern des Verurteilungsprozesses — die oft an einem merkwürdigen Gedächtnisschwund leiden — treten die alten Waffengefährten oder Jugendfreunde auf, Prinzen von Geblüt wie Dunois oder der Herzog von Alençon, dazu einfache Bürger von Orléans. Es ergibt sich ein Porträt der Jungfrau, das Punkt für Punkt mit dem übereinstimmt, das sich aus Johannas Worten zusammenstellt, als sie ihren Richtern antwortet. Zwei Bilder — ein und dieselbe Person.

Am 7. Juli 1456 wurde im großen Saal des erzbischöflichen Palastes zu Rouen feierlich die Nichtigkeit des ersten Prozesses verkündet und vor der Menge ein Exemplar des Protokolls dieses ersten Prozesses symbolisch zerrissen. Danach fanden mehrere Feiern statt, zunächst auf dem Alten Marktplatz, dann in verschiedenen Städten Frankreichs, so am 27. Juli in Orléans in Anwesenheit Guillaume Bouillés, der die erste Untersuchung eingeleitet hatte, und Jean Bréhals, der sich des Falles von Anfang bis Ende angenommen und die *Recollectio* verfaßt hatte, in der alle Anklagepunkte aufgrund der Zeugenaussagen widerlegt werden konnten.

In der Menge befand sich auch Isabelle Romée. Nach der Überlieferung starb sie zwei Jahre später, am 28. November 1458, in dem kleinen Dorf Sandillon.

IX.
»Wie die anderen«

Erst durch den Rehabilitationsprozeß erhalten wir genauere Kenntnis von Johannas Jugend.

Am Morgen des 28. Januar 1456 nahmen im Pfarrhaus der Kirche von Domrémy vier Persönlichkeiten Quartier, während sich auf dem Dorfplatz die Einwohner versammelten. Am vorangegangenen Sonntag waren sie von der Kanzel dazu aufgerufen worden; alle, die Johanna die Jungfrau gekannt hatten, waren gebeten, vor dem Gericht der Kirche auszusagen, was sie über Johanna wußten. Verantwortlich für die Untersuchung war Magister Simon Chapitault, Promotor im Revisionsverfahren des Inquisitionsprozesses und eigens dafür aus Paris gekommen; die anderen waren von den päpstlichen Bevollmächtigten entsandt: Magister Réginald Chichery, Dechant der Kirche Notre-Dame von Vaucouleurs, ein Domherr der Kathedrale von Toul namens Wautrin Thierry und ein junger Geistlicher derselben Kathedrale, der als Gerichtsschreiber fungieren sollte, Dominique Dominici.

1456 war es genau siebenundzwanzig Jahre her, daß Johanna von Domrémy ausgezogen war. Zu diesem Zeitpunkt wäre sie etwa vierundvierzig Jahre alt gewesen. Die zu Vernehmenden sind ebenfalls in einem Alter, in dem die

Kindheitserinnerungen zu zählen beginnen; wenn man sich den Fünfzig nähert, steigen diese Erinnerungen aus den Tiefen des Gedächtnisses an die Oberfläche und gewinnen an Bedeutung; in eben diesem Alter, in dem man sich zu erinnern anfängt, befinden sich Johannas Zeugen; für junge Leute ist die Kindheit nicht so wichtig, noch weniger für Männer oder Frauen zwischen zwanzig und vierzig, die voll im Leben stehen: erstere sind zu sehr mit ihrer Jugend beschäftigt, letztere mit ihrer Arbeit, ihren Plänen, ihren emotionalen Bindungen. Die Kindheit zeigt sich in ihrer ganzen Frische und Farbigkeit erst ab den Fünfzigerjahren und überlagert nach und nach die jüngeren Erinnerungen, die sich, je älter der Mensch wird, immer schneller verwischen.

Die Einwohner von Domrémy, Johannas Nachbarn beiderlei Geschlechts, dürfen über sie sprechen. Und dazu sind sie auch bestens in der Lage, haben sie doch sechzehn oder siebzehn Jahre lang in ihrer unmittelbaren Umgebung gelebt, und man kann sich auf ihre Erinnerungen verlassen.

Die Leute von Domrémy

Da ist Jean Moreau, ein Bauer aus dem Weiler Greux, um die siebzig Jahre alt, dessen Aussage besonders ausführlich ist. Jeannette, wie man sie nennt, kennt er seit ihrer Geburt, er war dabei, als sie in der dem heiligen Remigius geweihten Kirche getauft wurde, denn er war einer der Paten des Kindes, dessen Patinnen er auch nennt: die Frau des Etienne Royer, Béatrice, die Witwe des Estellin (alle beide leben in Domrémy), und Jeannette, die Witwe des Tiercelin aus Viteau, die in Neufchâteau lebt. Er war gut bekannt mit ihrem Vater Jacques d'Arc und ihrer Mutter Isabellette, beide Bauersleute wie er, jedoch in Domrémy. Gute und getreue Christen, ordentlich und wohlbeleumundet. Fast alle Einwohner von Domrémy mochten Jeannette; ja, sie wurde geziemend im Glauben und in den guten Sitten erzogen, sie kannte das Credo wie die anderen Kinder auch! Sie war »gut gehalten«, wie ein kleines Mädchen, dessen Eltern »nicht sehr reich sind«, nur sein kann. Man sah sie pflügen und manchmal auf den Wiesen die Tiere hüten, und sie verrichtete auch »alle weiblichen Arbeiten wie Spinnen und alles andere«. Auffallend war ihre große Frömmigkeit: »Johanna ging aus freien Stücken häufig zur Kirche«; wenn sie zur Messe läuten hörte und auf dem Feld war, kehrte sie ins Dorf zurück, um die Messe zu hören. Das, so versichert Jean Moreau, habe er selbst gesehen. Er spricht von der Einsiedelei Notre-Dame in Bermont, die Jeannette aus freien Stücken aufsuchte – fast jeden Samstagnachmittag, sagt ein gewisser Colin, Sohn des Jean Colin aus Greux, der einer von Jeannettes Jugendfreunden gewesen war und sie mit seinen Gefährten oft wegen ihrer Frömmigkeit hänselte; ein anderer Jugendfreund, inzwischen Bauer in Burey, Michel Lebuin, begleitete sie oft dorthin:

»Als ich jung war, bin ich mehrere Male mit ihr zu der Einsiedelei Notre-Dame von Bermont gepilgert. Sie ging fast jeden Samstag mit ihrer Schwester zu dieser Einsiedelei und stellte dort Kerzen auf.«

Zum Zeitpunkt dieser Vernehmung ist er genauso alt wie Johanna – vierundvierzig – und erklärt mit einem Anflug von Stolz: »Ich war ihr Freund.« Zu Ostern und anderen hohen Festtagen ging sie zum Pfarrer der Gemeinde, Hochwürden Guillaume Front, zur Beichte. Dieser war inzwischen tot, doch einer seiner Amtsbrüder, der Pfarrer von Roncessey bei Neufchâteau, ein gewisser Etienne de Sionne, bestätigt, daß Hochwürden Guillaume Front wiederholt zu ihm gesagt habe:

»Johanna, die Jungfrau genannt, war ein einfaches, gutes, frommes Mädchen, unbescholten und gottesfürchtig, wie es ihresgleichen in Domrémy nicht gab. Sie habe oft bei ihm gebeichtet. Er sagte, Johanna hätte, wenn sie Geld für sich gehabt, dieses ihrem Pfarrer gegeben, um eine Messe lesen zu lassen. Derselbe Pfarrer sagte, sie sei jeden Tag, wenn er die Messe las, dagewesen.«

Laut dem bereits genannten Jean Colin sagte er, daß es »kein besseres Mädchen in seiner Pfarrgemeinde gab«.

Ihre engsten Freundinnen Mengette und Hauviette äußern das gleiche: Johanna war ein einfaches Mädchen, dessen Leben von größter Frömmigkeit geprägt war, was ihre Umgebung in Erstaunen versetzte und verunsicherte. Hauviette — seit Péguy Johannas Busenfreundin! —, die einen Bauern von Domrémy namens Gérard de Syonne geheiratet hatte, ist sichtlich glücklich, von ihrer Freundin erzählen zu dürfen:

»Seit meiner Jugend habe ich Johanna die Jungfrau gekannt, die den Eheleuten Jacques d'Arc und Isabellette, ehrbaren Bauersleuten und wohlbeleumundeten gläubigen Christen zu Domrémy, geboren worden war. Ich weiß das, weil ich sehr häufig mit Johanna zusammen war und als ihre Freundin oft im Haus ihres Vaters weilte.«

Sie fügt hinzu, daß Johanna etwas älter war als sie: »Drei oder vier Jahre, wie es hieß.« Darin liegt ein Widerspruch, denn sie hatte dem Geistlichen erklärt, sie selbst sei »so um die fünfundvierzig«.

Die Verfechter der törichten Hypothese, daß Johanna ein »Bastard der Orléans« gewesen sei, weisen in diesem Zusammenhang natürlich darauf hin, daß Johanna also möglicherweise früher zur Welt kam, als allgemein angenommen wird, und lassen sie ohne Rücksicht auf den ersten Teil von Hauviettes Zeugenaussage ganz einfach vor 1407, dem Todesjahr Ludwigs von Orléans, zur Welt kommen. Völlig grundlos behaupten sie, dieser sei Johannas Vater gewesen, wobei sie den Anfang von Hauviettes Zeugenaussage außer Acht lassen, die wie alle anderen ganz eindeutig über Johannas Abstammung spricht.

Hauviettes Erinnerungen sind schlicht:

»Johanna war ein gutes, bescheidenes und sanftmütiges Mädchen; sie ging häufig und aus freien Stücken in die Kirche und an andere heilige Orte, und oft schämte sie sich, weil die Leute sagten, daß sie mit solcher Hingabe zur Kirche gehe (...) Sie tat dasselbe wie alle anderen jungen Mädchen, verrichtete Hausarbeiten und spann; manchmal — dabei habe ich sie selbst gesehen — hütete sie die Herden ihres Vaters.«

»Wie die anderen...« In jeder Zeugenaussage kehren diese in ihrer Schlichtheit fast ärgerlichen Worte wieder: sie war wie die anderen, sie tat alles wie die anderen, kaum daß sie sich irgendwie von ihrer Umgebung unterschied. Zum Beispiel liebte sie es, die Kirchenglocken läuten zu hören. »Wenn ich nicht zur Komplet läutete, sprach Johanna mich darauf an und schalt mit mir, sagte, ich sei pflichtvergessen.« Perrin Drappier, der Küster von Domrémy — er geht zu diesem Zeitpunkt auf die sechzig zu — erinnert sich, daß Johanna ungehalten war, wenn er die Glocken zu läuten vergaß: sie versprach ihm kleine Geschenke, damit er es zuverlässiger tue. Ihren Nachbarn war auch aufgefallen, daß sie sehr mildtätig war: »Sie gab viele Almosen«, berichtete derselbe Perrin Drappier. Auch Mengette erinnert sich dessen, die Frau, deren Haus fast an das von Jeannettes Vater stieß und die oft mit ihr zusammen spann oder mit ihr andere Hausarbeiten verrichtete. Desgleichen Michel Lebuin: »Sie gab freiwillig und aus Liebe zu Gott alles, was sie besaß«; Isabellette, die Frau des Gérard d'Épinal, geht sogar noch weiter: »Sie gab bereitwilligst ihr Scherflein und nahm sich der Armen an. Ja, sie schlief lieber in der Küche, damit jene in ihrem Bett schlafen konnten.« Noch mehr berührt einen die Erinnerung eines vierundvierzigjährigen Bauern, Simon Musnier, der in seiner Kindheit zart und kränklich gewesen war: »Sie pflegte die Kranken und gab den Armen Almosen; das konnte ich selbst erfahren: als ich klein war, ging es mir nicht gut, und Johanna kam, um mich zu trösten.«

»Aus freien Stücken, bereitwillig«

Doch es ist vor allem die beispielhafte Frömmigkeit, die Johanna von den anderen unterscheidet, und auch das, was in jeder Zeugenaussage wieder auftaucht: »bereitwillig« oder »aus freien Stücken«.

»Sie ging häufig und aus freien Stücken zur Kirche und an andere heilige Orte (...), sie ging häufig und aus freien Stücken zur Kirche (...), sie kümmerte sich bereitwillig um die Haustiere ihres Vaters (...), sie ging bereitwillig zur Beichte (...), sie arbeitete aus freien Stücken und beschäftigte sich auf mannigfachste Weise, spann, verrichtete die Hausarbeiten, half bei der Ernte und hütete manchmal, wenn es nötig war, die Tiere, wobei sie spann (...), sie arbeitete aus freien Stücken, sie ging bereitwillig zur Kirche...«

Kein Ausdruck wiederholt sich so oft in diesen Zeugenaussagen wie dieser. Sie gleichen einander stark und ergeben das Bild eines friedlichen, aber auch fröhlichen Alltags. Daß dieses Mädchen, dem ein solches Schicksal beschieden war, sich so sehr ihrer Mitmenschen annahm und sich von ihnen so wenig unterschied, daß keiner etwas vom Geheimnis ihres Lebens ahnte, ist vielleicht das Erstaunlichste, was wir aus den Erinnerungen der Leute von Domrémy erfahren.

Und welche Enttäuschung für diejenigen, die sich den »Volksglauben« als ein Gespinst aus Aberglauben, törichten kleinen Ritualen, winzigen Teufeleien vorstellen, die die armen ungebildeten Menschen in ihrer Tumbheit begingen! Dieser Volksglaube – der in so vielen gelehrten Abhandlungen, Forschungsarbeiten und Kolloquien aller Art in unserer Zeit untersucht worden ist, jedoch stets mit einer unendlichen Verachtung, in die sich nur da und dort etwas Nachsicht mischt – : worin könnte er sich besser spiegeln als in den Aussagen der Bauern, wenn sie im Dorf von einer der Ihren sprechen? Gewiß, sie wären ebensowenig wie Johanna selbst in der Lage gewesen, die streitende Kirche zu charakterisieren, doch welche Redlichkeit liegt in ihrer Art, sich auszudrücken, zu urteilen, sich zu erinnern! Wie klar ist ihnen, was das Wesentliche des »Glaubens« ist! Und was das Wesentliche des Lebens angeht, wie richtig erscheint ihnen, daß die Eucharistie, das Gebet, die Zuflucht zu den Sakramenten und insbesondere zur häufigen Beichte das Wesentliche eines christlichen Lebens sind! Und wie selbstverständlich erscheint es ihnen auch, daß die Nächstenliebe und die Achtung vor dem anderen Menschen, die Bereitschaft, einander zu helfen und beizustehen, die Mühen des Alltags fröhlich zu bewältigen, mit einer tief empfundenen Frömmigkeit Hand in Hand gehen! Man kann an dieser Stelle nur den treffenden Satz von Francis Rapp zitieren: »Bei ihnen fließt das Christentum aus der Quelle.« Hier hat das Evangelium bis in den kleinsten Lebensbereich seine Früchte getragen, und es ist nicht verwunderlich, daß hier eines Tages eine seltene und vollkommene Frucht heranreifte.

Der für die Vernehmungen von Domrémy vorbereitete Fragebogen hatte diese Punkte zum Inhalt, die geeignet waren, pedantische Intellektuelle vor den Kopf zu stoßen: »Der Baum der Feen« zum Beispiel oder die Tänze »neben dem Brunnen«. Wir erinnern uns an die poetische Beschreibung, die Johanna von diesen heiter-unbeschwerten Begegnungen der Dorfjugend gemacht hat, die sich unter dem Baum traf, um zu singen und zu tanzen: es ist auffallend, daß diese Erinnerung bei allen Dorfbewohnern die gleiche ist und daß sie völlig unbefangen von den Legenden, die sich um den Baum der Feen ranken, und von dem festlichen Treiben erzählen, das alljährlich die jungen Leute dorthin lockt; sie schöpfen aus dieser alten Folklore eine Kultur, die ihnen eigentümlich ist und die sie von einer Generation zur anderen vererben. So etwa gibt Johannas Pate voller Freude wieder, was er über diesen »Baum der Damen« gehört hat:

»Manchmal habe ich gehört, daß Frauen und Zauberinnen, die man Feen nannte, einst unter diesem Baum tanzten, doch sollen sie, seit man das Evangelium des heiligen Johannes liest, nicht mehr dorthin kommen. Heutzutage ist es so, daß an dem Sonntag, an dem man als Introitus der Messe *Laetare Jerusalem* singt, die jungen Mädchen und die jungen Männer von Domrémy zu diesem Baum hinaus wandern und manchmal dort essen; auf dem Rückweg gehen sie zum Froschbrunnen, und während sie herumspazieren und singen, trinken sie daraus, spielen und pflücken Blumen.«

Und Johannas Patin Béatrice fügt hinzu: »Es ist ein sehr schöner Baum«; ein anderer Zeuge, Gérardin d'Épinal, sagt: »Der Baum ist schön wie eine Lilie. Seine Blätter und Zweige reichen herab bis zur Erde.« Keiner von ihnen käme also auf den Gedanken, daß dabei Teufelswerk oder Zauberei im Spiel sein könnte!

Was ahnten sie von Johannas Geheimnis? Einer ihrer Altersgenossen, der Bauer Jean Waterin, erzählt:

»Ich habe sie oft gesehen, Johanna die Jungfrau. Früher, als ich mit ihr hinter dem Pflug herging für ihren Vater, und auf der Wiese war ich mit ihr und den anderen Mädchen zusammen. Oftmals, während wir alle fröhlich beisammen waren, entfernte sich Johanna, und es schien mir, daß sie beten wollte zu Gott.«

Und er setzt hinzu: »Dann – dann machten wir uns lustig über sie.« Einen anderen, Michel Lebuin, hatte sie ins Vertrauen zu ziehen begonnen, und der Mann, der sie als Knabe oft nach Notre-Dame von Bermont begleitet und auch oft gesehen hatte, wie sie zur Beichte ging, erinnert sich sehr gut:

»Einmal – es war am Tag vor dem Johannistag – hat Johanna mir selbst gesagt, es gebe eine Jungfrau zwischen Coussey und Vaucouleurs, die, noch ehe ein Jahr um sei, den König von Frankreich krönen werde; und innerhalb dieses Jahres wurde der König in Reims gekrönt. Und anderes weiß ich nicht.«

Dieses Geständnis vom Tag vor Johanni, zweifellos abgegeben, während man sich an den Freudenfeuern dieser Nacht ergötzte, ist eine Erinnerung, die ihm geblieben ist. Und da ist auch der »Burgundische« von Domrémy, der furchterregende Gérardin d'Épinal, von dem Johanna – gewiß zum Spaß – sagte: »Ich wäre froh gewesen, wenn man ihm den Kopf abgehauen hätte!« Wobei sie schnell hinzufügte: »Wenn es Gott gefiele!« Eines Tages hatte sie zu ihm gesagt: »›Gevatter, wären Sie nicht ein Burgundischer, würde ich Ihnen etwas sagen‹; ich glaubte, es handelte sich um einen Gefährten, den sie heiraten wollte.« Obwohl Burgunder, begab er sich dennoch zusammen mit anderen zur Krönung nach Reims, um Johanna und den königlichen Festzug zu sehen; die vier Bauern trafen sie in Châlons.

Lauterkeit

Man kann diese Vernehmungen von Domrémy in Greux lesen und immer wieder lesen: der Eindruck, den sie vermitteln, ist der von Lauterkeit, derselben Lauterkeit, die man in den Worten, dem Handeln, der Persönlichkeit »Jeannettes« findet. Doch diese Lauterkeit im Alltag, der ihren Hintergrund bildet, wird bei ihr zur Lauterkeit im Handeln für Gott. Unter all diesen herzensreinen Menschen ist sie von besonderer Reinheit und so etwas wie ein Widerschein jener unsichtbaren Welt, mit der sie in Verbindung steht.

Der Prophet des Alten Testaments sah sich als Überbringer einer Botschaft, die nicht die seine war: er übermittelte, was ihm eingegeben worden war. In ihrer Zeit galt Johanna als biblische Heldengestalt. Und eben das ist der Eindruck, den sie erweckt: gleich einem Propheten übermittelt sie, was sie die Botschaft ihrer Stimmen nennt, ohne etwas hinzuzufügen oder wegzulassen. »Ich sage Euch nichts anderes als das, was ich denke«, sagt sie zu ihren Richtern. Während des Prozesses hat man ständig das Gefühl, daß sie vor allem Angst hat, mehr zu sagen, als ihre Stimmen sie geheißen haben. Sie fürchtet, kein genügend zuverlässiges Werkzeug zu sein, und es ist vor allem ihre Reinheit, die sie in die Lage versetzt, den Menschen zu übermitteln, was ihr von anderswo zufließt. »Ich bitte darum, daß man mich zu Gott zurückschickt, von dem ich gekommen bin«, sagte sie eines Tages. Diese angeborene Reinheit ist freilich verständlicher bei einem Mädchen, das unter Menschen aufwuchs, die zwar sicherlich nicht mehr als Durchschnittsmenschen waren, die jedoch rechtschaffen waren und Redlichkeit zu schätzen wußten: »Es war nur Gutes in ihr.«

Dieser Volksglaube, für den zu jener Zeit die Herren von der Sorbonne nur Verachtung übrig hatten und den manche in unserer Zeit mit einem Achselzucken abtun, worin besteht er eigentlich? Man ist überrascht, welche Bedeutung alle diese Einwohner von Domrémy der Taufe beimessen; sie ist für sie nicht allein ein einfacher Ritus, man braucht nur zu sehen, welchen Wert sie darauf legen, Pate oder Patin zu sein. Eine der Zeuginnen sagt von Johanna: »Sie war meine Gevatterin«, was soviel heißt, daß die beiden Frauen Patinnen eines Knaben namens Nikolaus waren. Das war wichtig für sie. »Ich bin eine gute Christin und getauft«, protestierte Johanna selbst. Und das einzige, was man an ihrem Tun als wunderbar ansah, war die Tatsache, daß sie ein totgeglaubtes Kind ins Leben zurückrief, damit es getauft werden konnte – die Episode von Lagny. Getauft sein heißt in der Tat, ausdrücklich für die Kirche da zu sein: man gehört dieser Gemeinschaft an, die sich dazu bekennt, durch das Blut Christi erlöst worden zu sein. Die Kirche des 16. bis 18. Jahrhunderts ist streng hierarchisch gegliedert: sie besteht aus dem Papst, den Bischöfen, den Priestern und einer anonymen Menge, die ihnen folgt. Zu Johannas Zeit jedoch ist man sich im Gegenteil bewußt, zur Gemeinschaft der Getauften zu gehören, die von Gott geliebt werden und dank der Taufe am göttlichen Leben teilhaben. So steht es in den Texten des Zweiten Vatikanischen Konzils. Heute hat die Kirche wieder die gleiche Bedeutung wie im Mittelalter zur Zeit der Bauern von Domrémy, für die ein guter Christ jemand ist, der seiner Taufe treu bleibt, und es ist ihr Verständnis für die Forderungen der Taufe, das ihr Handeln, ihre Achtung vor dem Nächsten, ihre tägliche Ethik, ihre Zuflucht zu den Sakramenten der Kirche bestimmt – jedoch ohne daß sie deswegen auf die Freuden verzichten, die ihnen dieser Alltag bietet, selbst in den schlimmsten Zeiten, wenn sie ausziehen, um unter diesem Baum der Feen zu tanzen; das hat nicht das geringste mit Aberglauben zu tun, sondern sie machen das einfach deshalb, weil der Baum schön ist, weil sich Legenden um ihn gebildet haben und er zu ihrem natürlichen Rahmen gehört, den sie lieben.

Aus diesem gleichen christlichen Verständnis heraus verehren sie Johanna, jenes Mädchen, das unter ihnen lebte wie viele andere auch und das alles aus freien Stücken tat, ehe es im Angesicht der Theoretiker — jener, die mit Definitionen oder mit Denkgebäuden zu Werke gehen — den deutlichsten Beweis für ihren Glauben gibt, indem sie vor der stummen Menge auf dem Alten Marktplatz Rouen in den Flammen stehend schreit: »Jesus«.

Zweiter Teil
Die Personen der Handlung

Die Personen, die hier in kurzen Biographien vorgestellt werden, waren entweder im Leben der Jeanne d'Arc von Bedeutung oder haben die Geschichte Frankreichs zur Zeit Johannas geprägt.

Da ist zunächst »ihr« König, Karl VII., Erbe des Königreiches, dem Johanna die Hoffnung zurückgegeben hat. Dann kommt der Vetter des Königs, der dichtende Prinz Karl von Orléans, dem Johanna nie begegnete, aber dessen Herzogtum sie rettete. Der Mann, der beim Aufbruch Johannas von Domrémy und Vaucouleurs eine entscheidende Rolle spielte, ist Robert de Baudricourt. Es folgen die Waffengefährten. Gaucourt wurde gewählt, weil er der Stadtkommandant von Orléans war. Die nächsten sind La Hire und die ihr treu ergebenen Hauptleute Étienne de Vignolles und Poton de Xaintrailles, ferner ein Prinz von Geblüt, Jean d'Alençon, ihr »schöner Herzog «. Schließlich der berühmte Dunois, der »Bastard von Orléans«, Sohn Prinz Ludwigs.

Auch drei Engländer werden dargestellt: Salisbury, der Orléans belagerte, dem aber Johanna nie begegnet ist, John Talbot, der ihr nach dem Sieg von Patay sein Schwert übergab, und schließlich Richard Beauchamp, Graf von Warwick, ihr Kerkermeister in Rouen.

Eine typische Gestalt des ausgehenden 15. Jahrhunderts ist der Landsknecht Perrinet Gressart, der Johanna eine Niederlage bereitete und der eine Schlüsselfigur im anglo-burgundischen Kampf war. Ein Mann, über den man noch nicht viel weiß und der unsere Aufmerksamkeit verdient, ist Johann von Luxemburg, der die Gefangene vier Monate bewachte und sie den Engländern auslieferte. Nicht vergessen wurde natürlich der Richter Pierre Cauchon. Auch die jüngsten Entdeckungen, die man in bezug auf die Prozeßakten des Verurteilungsprozesses gemacht hat, kommen zur Sprache.

Robert de Flocques ist eine der Persönlichkeiten des ausgehenden Mittelalters, die einen großen Teil ihres Lebens im Krieg verbracht haben. Er war kein Gefährte Johannas, aber wir können seinen Lebenslauf während der von ihr eingeleiteten Rückeroberung des Königreiches verfolgen: Dieser Lebenslauf ist charakteristisch für alle Gefährten Johannas. Jacques Gélu und Jean Gerson schließlich führen uns Johannas tiefe Gläubigkeit und die Haltung eines Teils der Kirche gegenüber diesem Bauernmädchen vor Augen.

I.
Karl VII.

Die Historiker sind oft streng mit ihm ins Gericht gegangen. Seine offenkundige Schwäche während der ersten Regierungsjahre, die Feigheit, mit der er Johanna im Stich ließ, seine Undankbarkeit gegenüber Jacques Coeur und schließlich die letzte Zeit seines Lebens, die er mit üppigen Festen vertändelte, statt sich seinen Herrscherpflichten zu widmen, lassen ihn als eine wenig sympathische Figur erscheinen. Darüber darf man freilich nicht vergessen, was er alles unternahm, um das Königreich wiederherzustellen.

Der burgundische Chronist Georges Chastellain schildert das Frankreich des beginnenden 15. Jahrhunderts so: »Es ging alles drunter und drüber.«

Ganz anders sieht das Erbe aus, das Karl VII., als er 1461 nach 39 Regierungsjahren stirbt, seinem Sohn hinterläßt: »Er ließ bei seinem Ableben sein Königreich in einem so friedlichen, gerechten und ruhigen Zustand zurück, wie er zur gleichen Zeit König Chlodwigs, des ersten Christen, geherrscht hatte.«[1]

Karl, den seine Feinde als einen Bastard seiner Mutter, der

----

1. *Chronique abrégée jusqu'à Louis XII,* B.N.Ms fr. 4954

Königin Isabeau, hinzustellen versuchten, wurde nach der von Johanna gewünschten und ermöglichten Krönung in Reims »König von Frankreich durch Gottes Gnaden« und erhielt auf diese Weise die Bestätigung seiner Legitimität. Sofort ging er an die Rückeroberung des Reiches, die mit der Versöhnung zwischen Armagnacs und Burgundern im Frieden von Arras 1435 ihren Abschluß fand. Dann entledigte sich der König der Söldnerbanden (Écorcheurs), indem er sie auf die Schlachtfelder in der Schweiz und in Deutschland schickte. Vor allem aber legte er durch die Ordonnanz von Orléans 1439 die Grundlage für ein stehendes Heer und schuf die Freischützen, aus denen später die Gendarmen hervorgingen.

Seine Militärreformen wurden von seinen Zeitgenossen nicht sofort verstanden und akzeptiert, denn die Einlagerung von Truppen und die Ernennung der Truppenführer durch den König entsprachen dem Geist des Mittelalters in keiner Weise. 1440 kommt es zu einem Aufstand der Großen des Reiches, der Praguerie. Karl VII. bewirkt mit Hilfe der großen Ordonnanzen von Montils-lès-Tours im Jahre 1436 eine Justizreform. 1454 befiehlt er die Niederschrift des Gewohnheitsrechts und kehrt zu dem alten Dreikammersystem zurück: der Großen Kammer, der Kammer der Untersuchungen und der Kammer der Bittschriften. Durch die Pragmatische Sanktion von Bourges regelt er 1439 die Beziehungen zwischen der Kirche Frankreichs und dem Papst, wobei dessen Macht eingeschränkt wird, denn jetzt ist es der König selbst, der die Bischöfe und die Klosteroberen ernennt. Der Rehabilitationsprozeß der Johanna (1450–1456) schließlich ist ein Werk persönlicher Gerechtigkeit und steht für die Befriedigung der Franzosen unter sich.

Der König, von seinen Zeitgenossen der »Siegreiche« genannt, wurde 1429 von den Bewohnern der Châlons als »sanft, anmutig, voll Erbarmen und Mitgefühl, ein schöner Mensch, von edler Haltung und großem Verständnis[1]« beschrieben. Erbarmen und Mitgefühl seinen Untertanen gegenüber, das sind zwei Charakterzüge, die seine Biographen immer wieder hervorheben. Johanna selbst sagte während ihres Prozesses: »Redet nicht über meinen König, er ist ein guter Christ.« Doch seinen Günstlingen gegenüber grenzt seine Güte häufig an Schwäche. Georges de La Trémoïlle gehört zu denen, die sich auf höchst geschickte Weise Vollmachten und vielerlei finanzielle Zuwendung zu verschaffen verstehen.

Jean Juvénal des Ursins, einer der großen Bischöfe seiner Zeit, hat ebenfalls ein Porträt des Königs gezeichnet: »Sein Leben, seine Regierung ist gut, aufrichtig und gottgefällig.« Karl VII. war ein gebildeter Mann; er konnte gut Latein und glänzte in Geschichte und den Religionswissenschaften, er konnte charmant sein und hatte eine angenehme Stimme; er liebte die Künste, spielte oft Harfe, fand hingegen wenig Gefallen an der Jagd.

Manchmal litt der König unter schrecklichen Angstzuständen, die auf Ereignisse in seiner Kindheit und seiner frühen Jugend zurückgingen. So etwa konnte er keinen Fußboden über sich ertragen, da ihn das an den Unfall von La Rochelle erinnerte; er konnte auch nicht mehr über eine Holzbrücke reiten – der Mord von Montereau verfolgte ihn sein ganzes Leben lang. Der Anblick von Fremden brachte ihn völlig aus der Fassung; Berichten zufolge starrte er an seiner Tafel jemanden, den er nicht kannte, während der ganzen Mahlzeit an und vergaß darüber zu essen.

Sein Äußeres scheint nicht besonders anziehend gewesen

---

1. Brief an die Einwohner von Reims, zitiert von Quicherat, Bd. IV, S. 298.

zu sein: »Er war stark pockennarbig, mager und schwächlich gebaut und hatte einen merkwürdig ungelenken Gang«, schreibt Chastellain. Er war mittelgroß, seine Gliedmaßen schlecht proportioniert, die Knie unter seinen kurzen Kitteln nach innen gedreht. Nur in einer langen Robe wirkte er majestätisch.

Die Bildnisse, die wir von ihm besitzen, zeigen einen Mann mit trauriger, sorgenvoller Miene, ein Gesicht nicht ohne Charme, aber geprägt von Leid und Überdruß. Sie geben genau das wieder, was Zeitgenossen über ihn sagten: »Er war einsam, es genügte ihm, die Zeit mit Leben zuzubringen.« Hinzuzufügen wäre noch, daß er der erste französische König war, der eine offizielle Geliebte hatte: Agnès Sorel.

Sein ganzes Leben hat Karl VII. es einzurichten verstanden, daß man ihm »gut diente«. Sogar seine Feinde wußten seine Qualitäten zu schätzen. So der Graf von Suffolk: »Ich habe beim König von Frankreich viel große Ehr' erfahren und möchte, daß jeder weiß, daß ich ihm gegen jeden zur Seite stehen werde, außer gegen die Person meines Herrn.« Diese Äußerung stammt aus dem Jahr 1445, als die Bemühungen um eine Versöhnung zwischen Frankreich und England in vollem Gang waren. Obwohl leicht schmeichlerisch, zeigt sie doch, welch gute Meinung seine Zeitgenossen, ob gegnerisch oder nicht, von »Karl dem Gutbedienten« hatten.

II.
Karl von Orléans,
der Prinz und Dichterfürst

Als Johanna die Belagerung von Orléans aufhebt, ist Karl noch immer (seit der Schlacht von Azincourt am 25. Oktober 1415, wo man ihn zurückgelassen hatte, weil man ihn tot glaubte) in England gefangen. Er ist zu diesem Zeitpunkt 24 Jahre alt. Mit der Kraft der Verzweiflung hatte er in der vordersten Linie gekämpft; nachdem er verwundet zwischen den Gefallenen gefunden worden war, sollte er 25 Jahre in der Gewalt der Sieger bleiben.

Heinrich V. von England war sich der Bedeutung dieser Beute vollkommen bewußt, denn er legte in seinem Testament fest, »daß das rechtmäßige Oberhaupt der Armagnac-Partei auf keinen Fall freigelassen werden darf«. Karl von Orléans begegnete in England seinem dort schon gefangenen Bruder, dem Grafen von Angoulême; der Jüngste der Familie, der Graf von Vertus, sollte wenig später sterben. Also wurde sein Halbbruder Johann, der spätere Graf von Dunois, Bastard von Orléans, Familienoberhaupt in Frankreich.

Das erste Schloß, in dem er gefangengehalten wird, ist Windsor. 1421 wird er von Pontefract in das Schloß Fotheringay in Northampton gebracht, und im Mai 1422 befindet er sich in Bolinbroke. Schließlich wird er 1430 nach London überführt.

Einer Urkunde vom 27. Mai 1422 zufolge wurden seine Wächter mit 20 Sous pro Tag entlohnt. Aber die englische Regierung fand diese Belastung für den Staatshaushalt zu hoch und schrieb seine Bewachung aus: Der Graf von Suffolk – derselbe, der von Johanna und dem königlichen Heer in Orléans und Patay geschlagen worden war – übernahm die Bürgschaft und zahlte 15 Sous 4 Denier pro Tag für die Bewachung des Gefangenen. Seinen Unterhalt zahlte der Herzog natürlich selbst. Karl von Orléans beendete seine Gefangenschaft auf Schloß Wingfield, wo er von 1435 bis 1440 untergebracht war.

Von seinen verschiedenen Wohnsitzen aus kümmert er sich, so gut es geht, um seine Geldangelegenheiten. So etwa läßt er seinen Schmuck und seine Edelsteine verkaufen, um das Lösegeld für einige seiner Gefährten im Unglück zu bezahlen. Er verwaltet seine Einkünfte optimal für den Tag seiner eigenen »Freilassung« und ermahnt seine Beamten, absolut korrekt zu sein und zu sparen. Dabei verläßt er sich hauptsächlich auf seinen Kanzler und seinen Schatzmeister, die unter der Oberaufsicht des Bastards stehen. Dieser scheut keine Mühe, Karls Vertrauen gerecht zu werden, und wie den Rechnungsbüchern der Stadt Orléans zu entnehmen ist, reist er ständig im Herzogtum umher. Der Kanzler, Raoul de Gaucourt, und der Schatzmeister, Jacques Boucher, begeben sich mehrmals nach England, doch die regelmäßige Verbindung zwischen dem dichtenden Prinzen und seiner Stadt wird durch einen Knapper aufrechterhalten.

Vom Beginn seiner Gefangenschaft und damit auch von der Wiederaufnahme der Feindseligkeiten zwischen Frankreich und England an bemüht sich der Herzog von Orléans darum, daß die Soldaten die Bevölkerung nicht allzusehr schädigen. Seine Truppen erhalten den Befehl, sich an das Reglement zu halten, und er fordert auch, daß sie mit Rücksicht auf die Städte seines Herzogtums und speziell seiner Hauptstadt Orléans auf Kämpfe verzichten. Diese hätte ohnehin von den Engländern verschont werden müssen, da ihr rechtmäßiges Oberhaupt gefangen war, aber Ende des 15. Jahrhunderts war man bereits weit davon entfernt, sich an den Ritterkodex früherer Jahrhunderte zu halten. Von 1424 bis 1426 findet man in den Abrechnungen der Stadt immer wieder entsprechende Eintragungen:

»Weitere Anleihen durch die genannte Stadt für deren Angelegenheiten aufgenommen. Von Herrn Pierre Framberge, ehemals Prokurator der Stadt, durch Guillaume Garbol als Vormund der Kinder Oudin du Loich die Summe von hundert Goldtalern geliehen, um sie an Herrn de La Trémoïlle weiterzugeben (...) Diese Summen wurden ihm von den Bewohnern der genannten Stadt Orléans und der Grafschaften Blois und Dunois zugebilligt, damit der Herzog von Burgund auf kriegerische Handlungen in den genannten Gebieten verzichte (...)«

Es werden noch zahlreiche weitere Anleihen erwähnt: »Von meinen Herren Dechanten und dem Kapitel der Heiligkreuzkirche (...), von Jacques Boucher (...) für den Verzicht auf kriegerische Handlungen durch den Herzog von Burgund oder durch den König von England.« Ein erster Vertrag wird am 17. Juli 1427 in London von dem Herzog, dem Bastard und Burgund unterzeichnet, aber Bedford lehnt diesen Vertrag ab, und so kommt es, daß die Feindseligkeiten wieder aufleben. Die Stadt Orléans muß sich also verteidigen können. Wieder einmal verfolgt der Herzog die Vorbereitungen sehr genau: Er läßt in seinen Schlössern, Festungen und Städten Listen über die Anzahl der verfügbaren Armbrüste, Wurfspieße, Pulvervorräte und Kanonen erstellen. Die Wachen werden neu geordnet, die Befestigungen instand gesetzt und die Vorstädte geschleift. Der Feind kann angreifen: die Stadt ist bereit, sich zu verteidigen, was dann auch sieben Monate lang geschieht.

Im Zusammenhang mit der Geschichte Johannes gibt es ein sehr ergreifendes Detail: Es handelt sich um das Geschenk, das der Herzog der Befreierin seiner Stadt als Belohnung überreichen läßt (dagegen spricht Karl von Orléans, der sich sonst sehr ausführlich äußert, in den Handschriften, die auf uns gekommen sind, nie von Johanna). Doch zurück zu dem Geschenk: Als sie am 20. Juli 1429 nach den Siegen von Jargeau, Meung, Beaugency und Patay zurückkehrt, läßt man ihr zum Dank für ihre guten Dienste festliche Kleidung in den Farben von Orléans anfertigen. Im Mittelalter war es häufig Brauch, Kleidung oder Livreen mit Wappen zu schenken.

Die Rechnungsbücher der Stadt Orléans sind in dieser Beziehung höchst aufschlußreich: »An Jacquet Compaing für eine halbe Elle zweier Grüns, um daraus die Nesseln der Jungfrau zu fertigen, 36 Pariser Sous.« Diese Ausgabenbescheinigung trägt das Datum 16. Juni 1429. Unter dem Datum vom 30. September 1429 steht vermerkt:

»Karl, Herzog von Orléans und Valois, Graf von Blois und Beaumont und Herr von Coucy, entbietet unseren geschätzten und getreuen Vermögensverwalter Gruß und Segen. Wir fordern Euch auf, die Summe von 13 Goldtalern im Gewicht von 60 und 4 Marcs, gezahlt und übergeben von unseren wertem und getreuen Schatzmeister Jacques Boucher im letzten Juni, an den Kaufmann Jean Lhuiller und den Schneider Jean Bourgeois, wohnhaft in Orléans, für ein Kleid und einen

Umhang, die unsere Ratsherren für Johanna die Jungfrau in unserer Stadt Orléans haben anfertigen und ihr überreichen lassen; in Anbetracht ihrer guten, getreuen und wohlgetanen Dienste, die die Jungfrau uns im Kriege gegen die Engländer, die ehemaligen Feinde unseres Herrn Königs und unserer selbst erwiesen hat.«

Dieser Vermerk ist eindeutig: Der Herzog von Orléans hat ein Kleid und einen Männerumhang anfertigen lassen, um sich bei Johanna für die Befreiung der Stadt zu bedanken. Das Ende des Textes liefert weitere Erklärungen:

»Und zwar an den erwähnten Jean Lhuiller für zwei Ellen feinen purpurroten Brüsseler, aus dem das gesamte Kleid hergestellt wurde, zum Preis von 4 Goldtalern die Elle, 8 Goldtaler, für das Futter desselben 2 Goldtaler: und für eine Elle dunkelgrünen Stoffs zur Herstellung des genannten Umhangs 2 Goldtaler und für den genannten Jean Bourgeois für den Zuschnitt des genannten Kleides und Umhangs und für weißen Satin, Sandal und weiteren Stoff insgesamt einen Goldtaler...«

Diese Anweisung war am letzten Tag des September im Jahre des Heils 1429 in Orléans ergangen. Der feine Brüsseler ist ein sehr schönes, in der gleichnamigen Stadt hergestelltes Tuch, und Sandal ist aus Seide gemacht. Beides sind hochwertige Stoffe.

In einem hervorragend recherchierten Buch[1] hat Adrien Harmand diese Kleidungsstücke beziehungsweise die mutmaßlichen Schnittmuster des Gewandes und des Umhangs rekonstruiert. In jener Zeit reichten die Kleider der Männer bis zum Knie. In einer ausführlichen Studie über die Kleidung, Haartracht, Schuhe und die militärische Ausrüstung

---

1. Adrien Harmand, *Jeanne d'Arc, ses costumes, son armure, Paris, 1929.*

folgert Adrien Harmand, daß »Johanna von Orléans von wohlproportionierten Gliedern, kräftig, schön und gut gebaut und etwa 1,58 m groß gewesen sein muß, da die Länge ihres Kleides aus feinem Brüsseler 80 cm betrug.«

Anzumerken wäre noch, daß das Nesselblatt in dieser Zeit eines der Embleme des Geschlechts der Orléans gewesen ist; das Dunkelgrün erklären einige Autoren damit, daß die Herzöge von Orléans in jener Zeit die Gewänder zum Zeichen ihrer Trauer, daß ihr rechtmäßiges Oberhaupt in England gefangen war, aus dunkelgrünen Stoff machen ließen. Zur Rekonstruktion der Kleidung Johannas fehlt uns nur eine einzige Angabe: Die Herkunft des Pelzes, mit dem der Umhang und das Kleid eingefaßt waren. Beide Kleidungsstücke wurden nicht zwangsläufig zusammen angelegt: Man trug den Umhang direkt über der Unterkleidung oder über der Rüstung, um von den Soldaten, von seiner Truppe erkannt zu werden, aber auch, um nicht geblendet zu werden, wenn sich die Sonne auf dem blanken Metall spiegelte.

Der Herzog von Orleans zeigt sich auch gegenüber seinem Bruder, dem Bastard, Generalstatthalter des Königs im Kriege für das Gebiet von Orléans, sehr großzügig; er erhält eine jährliche Apanage und 1439 für seine Dienste nacheinander die Oberaufsicht über Romorantin und Blois sowie die Grafschaft Dunois und damit das Recht, den Titel Graf von Dunois zu führen. Der Bastard hat auch alle Vollmachten gegenüber den Ständen von Orléans und Tours sowie bei den Verhandlungen in Arras, Calais und Gravelines.

1435 schöpft der Gefangene neue Hoffnung. Zwanzig Jahre nach seiner Gefangennahme in Azincourt spüren die Engländer allmählich die Auswirkungen der Niederlage von Orléans: immer mehr verlieren sie in Frankreich an Boden. Der

Vertrag von Arras, geschlossen zwischen dem König von Frankreich und dem Herzog von Burgund, der Tod des Regenten Bedford, die zwischen dem Grafen von Charolais, Sohn Philipps des Guten, und der Tochter Karls VII. vereinbarte Heirat, die Belagerung von Calais durch Herzog Philipp von Burgund persönlich, das alles läßt den Konflikt in einem neuen Licht erscheinen und das Ende des Hundertjährigen Krieges in greifbarere Nähe rücken. Der Gefangene Karl von Orléans wird zum Vermittler zwischen Frankreich und England. Er begleitet die englische Abordnung zu den Verhandlungen in Arras, doch seine Bitte um Befreiung — selbstverständlich gegen ein hohes Lösegeld — wird abermals abgelehnt, und er muß im Mai 1436 in ein Gefängnis in Wingfield zurückkehren. Die Herzogin von Burgund, Isabella von Portugal, der das Unglück der Prinzen sehr zu Herzen geht, bemüht sich mit Unterstützung des Kardinals von Winchester, eines der einflußreichsten Mitglieder des Rates von London, um die Befreiung des Dichters.

Doch es vergehen noch fünf lange Jahre, bis es soweit ist. Während dieser Zeit geschieht sehr viel: Der Konnetabel von Richemont stellt sich in den Dienst des siegreichen Königs; der Bastard, Xaintrailles und Gaucourt setzen das von Johanna begonnene Werk fort, und nach und nach gelangen die Städte und Festungen wieder in den Besitz des Königs. Paris wird 1437 befreit, 1439 werden in Orléans die Generalstände einberufen; bei dieser Gelegenheit fordert man den endgültigen Friedensschluß zwischen den beiden Königreichen. Ende 1439 finden Verhandlungen statt, um den Vertrag aufzusetzen.

Eine gute Nachricht erreicht Orléans. Ein Bote meldet, daß der Herzog in Calais gelandet ist. In allen Pfarreien der Stadt wird öffentlich gebetet, auf Wunsch der Prokuratoren werden Prozessionen veranstaltet, um Gott zu bitten, »daß er den Frieden und die glückliche Befreiung des Herrn von Orléans gewähren möge«. Wieder einmal appelliert man an die Freigiebigkeit der Einwohner von Orléans und zwingt sie auch, »2000 Goldtaler an den Herrn Schatzmeister zu übergeben, mit der Bitte, sie persönlich und ohne Verzug dem Herzog in Calais zu überbringen[1].« Aus verschiedenen Gründen muß man sich jedoch noch einige Monate gedulden, bis der so dringlich ersehnte Waffenstillstand Wirklichkeit wird.

Zu Beginn des Jahres 1440, im Februar, werden die Verhandlungen in Gravelines wieder aufgenommen, und die Freilassung des Herzogs wird endgültig genehmigt. Das Lösegeld in Höhe von 120 000 Goldtalern, eine für diese Zeit beträchtliche Summe, wird sofort gezahlt. Einige Jahre zuvor hatte der Herzog von Burgund angeboten, ein Viertel davon aus seiner Tasche zu zahlen; der Dauphin und einige Adlige bürgen für den Restbetrag. Der Prinz wird daraufhin auf Ehrenwort entlassen. Nach 25 Jahren kann Karl von Orléans endlich nach Frankreich zurückkehren. Acht Monate später, am 16. November 1440, heiratet er ihre Tochter Maria von Kleve, und aus Anlaß dieses Ereignisses werden prunkvolle Feste gefeiert. Am 24. Januar 1441 ziehen der Herzog und seine Gemahlin in seine Hauptstadt ein.

Die Bewohner von Orléans feiern mit Würde und Freude die Rückkehr ihres Herzogs. Der König von Frankreich hat den Stadtrat bevollmächtigt, für die Kosten dieser Feierlichkeiten eine Steuer von 2000 Livres und eine weitere von 4000 Talern zu erheben[2]. Die Bevölkerung führt Mysterienspiele

---

1. Rechnungsbuch der Gemeinde Gillet Morchoasne vom 30. Dezember 1439.
2. Rechnungsbücher der Gemeinde Gillet Morchoasne 1438–1440; Brief Karls VII. vom 21. Dezember 1440.

auf, unter anderem das damals sehr beliebte Stück *David und Goliath* sowie ein weiteres mit dem Titel *Die moralischen Tugenden*. Tische, die sich unter der Fülle der Speisen biegen, stehen an den Straßenecken, und aus zwei Brunnen fließen Rotwein und Milch. Lautenspieler, begleitet von zahlreichen Spielleuten, ziehen musizierend durch die Straßen. Ein goldener Baldachin, verziert mit 6 Ellen Sandal und Seidenfransen wird für den Empfang des Herzogs und der Herzogin angefertigt. Alle Kirchenglocken läuten, die Reliquien der Stadtheiligen Aignant und Euverte werden in Dankprozessionen durch die Stadt getragen. Diese schenkt Karl von Orléans ein Gefäß mit 4000 Goldtalern sowie silbernes Geschirr mit einem Gewicht, das den Wert von 211 Marcs übersteigt, als er Orléans verläßt, um sich nach Blois zu begeben. Das Geschirr ist auf Anordnung des »Herrn Generalschatzmeisters«, Jacques Boucher, mit den Wappen des Herzogs und der Herzogin graviert.

Der Herzog von Orléans ist also frei, aber er muß die Mittel auftreiben, um sein Lösegeld zu bezahlen. Wieder einmal wird der Oberschatzmeister, dem Étienne Le Fuselier, der Berater des Herzogs, zur Seite steht, gerufen, und er bemüht sich, seinen Herrn zufriedenzustellen. Wie wir uns erinnern, war ein Teil des Herzogtums auf den ausdrücklichen Befehl Karls, als er noch in London gefangen war, durch mehrere Schreiben vom 2. April 1437 verpfändet worden. Andererseits wissen wir, daß Philipp der Gute sich erboten hatte, einen Teil des Lösegeldes zu übernehmen, und daß Karl VII. seinerseits aus den Einkünften des Königreiches Schenkungen in beträchtlicher Höhe vornahm. In Orléans sind Urkunden mit dem Datum vom 20. April 1440 erhalten, nach denen der König erwägt,

»wegen der großen Kosten und Belastungen seines geliebten

Vetters Karl, Herzog von Orléans, verursacht durch den Krieg, während dessen er und der Graf von Angoulême, sein Bruder, lange Zeit in England gefangen waren, ihm beizustehen, indem er ihm ein Jahr lang, beginnend mit dem 1. Oktober 1440 und endend am letzten Tag des September 1441, alle Gewinne und Erträge aus dem Salzhöfen und Salzlagerstätten im Herzogtum Orléans und Valois, den Grafschaften Blois und Dunois und anderen Ländereien und Herrschaften, die ihm und seinen Bruder innerhalb des Königreiches gehören, schenkt und gewährt«.

Die Kornhändler der Herzogtümer, Grafschaften und Herrschaften sind also gehalten, die Gelder aus den Salzhöfen an Jacques Boucher auszuzahlen. Die Stadt Orléans wird durch Karl VII. ermächtigt, eine Steuer von 3000 Livres zu erheben, um einen Teil des Lösegeldes zu begleichen. Diese Schreiben sind in den Rechnungsbüchern der Stadt von 1438 und 1440 festgehalten. Am 24. August 1440 bewilligen die Prokuratoren mittels einer Anleihe eine weitere Summe von 6000 Livres als »Beitrag zum Lösegeld des Herzogs«. Schließlich genehmigt ihnen der König in einem Schreiben vom 6. Dezember 1441 aus Saumur, nachdem er an die Entbehrungen der Bevölkerung von Orléans erinnert hat, unter sich eine Steuer von 4000 Livres umzulegen, damit ihrem Herzog »sowohl hinsichtlich seines Lösegeldes, als auch was die Stärkung seiner Stellung betrifft« geholfen werde. Diese Summe wird Jacques Boucher übergeben.

Seine letzten Jahre verbringt Karl von Orléans in Blois, von wo aus er dafür sorgt, daß Karl VII. und Philipp der Gute sich endgültig versöhnen. Später vermittelt er auch zwischen dem Herzog von Burgund und Karl von Bourbon sowie zwischen Karl VII. und dessen Sohn, dem Dauphin Ludwig.

In seinem Schloß empfängt er alle Fürsten Frankreichs, angefangen natürlich beim Bastard von Orléans, dem Herzog von Bourbon und dem Herzog von Savoyen. Da er selbst kinderlos ist, hat er Pierre de Beaujeu, den Sohn Herzog Karls von Bourbon, der in Blois erzogen wurde, praktisch adoptiert.

Karl steht auch in einem Briefwechsel mit seinem Bruder, dem Grafen von Angoulême. Nach sechzehn Ehejahren wird dem Herzogpaar eine Tochter geboren, Maria, darauf folgt ein Sohn, Ludwig, der eines Tages als Ludwig XII. den Thron von Frankreich besteigen wird und dessen Taufpate Ludwig XI. ist. Das dritte Kind ist wieder eine Tochter, Anna, die später Äbtissin von Fontevraud wird.

Karl von Orléans starb in der Nacht vom 4. auf den 5. Januar 1465 im Alter von 69 Jahren. Er befand sich in Amboise, da er gerade von der von Ludwig XI. einberufenen Versammlung in Tours zurückkehrte. Sein Leichnam wurde nach Blois überführt und in der Saint-Saveur-Kirche beigesetzt. Dem Trauerzug voran schritt der Bräutigam der kleinen Maria von Orléans, der berühmte Herr von Beaujeu, Pierre von Bourbon; ihm folgte der Hofstaat des Verstorbenen, bestehend aus 43 Edelleuten, 5 Priestern, 13 Sängern und dem Organisten — dann der Generalkanzler für das Geldwesen, begleitet von den Schatzmeistern, die Diener, die Apotheker, die Barbiere. Maria von Kleve, seine Witwe, trug ein langes Kleid aus feinem schwarzem Goldtuch, eine Trauerhaube und einen mit weißem Lamm gefütterten langen Mantel mit Borten aus Grauwerk und einem Besatz aus weißem Hermelin. Die Ammen führten die Kinder; die kleine Maria, mit sieben Jahren schon verlobt, trug einen Mantel und ein Kleid aus schwarzem Rouener Tuch; Ludwig von Valois, zweieinhalb Jahre alt, begleitet von zwei Pagen, war

in schwarzes, mit dunklem Lammfell gefüttertes Tuch gekleidet. Die kleine Anna mußte getragen werden, denn sie war
erst einige Monate alt. Es folgten der Hofstaat der Herzogin,
ihre Hofdamen, Waschfrauen und Zimmermädchen. Maria
von Kleve ließ in Orléans zum Gedenken an ihren Gemahl
jährlich eine Messe lesen und machte in seinem Namen verschiedene Schenkungen.

Ludwig XII. erwies sich in der Folgezeit seiner Mutter
gegenüber außerordentlich ehrerbietig, und bei ihrem Tod
vereinte er die sterblichen Überreste seiner Eltern im
Zölestiner-Kloster bei Paris.

III.
Robert de Baudricourt, Stadthauptmann von Vaucouleurs

Robert de Baudricourt trat 1415 die Nachfolge seiner Onkel Guillaume, Bastard von Poitiers, und Jean Daunois als Amtmann von Chaumont und Stadthauptmann von Vaucouleurs an. Er war auch der Ratgeber des René von Anjou.

René, zweiter Sohn des Louis von Anjou und der Jolante von Aragon, war vom Herzog von Bar adoptiert und mit der Tochter Karls II., des Herzogs von Lothringen, verlobt worden. Er hatte zahlreiche Schwierigkeiten zu überwinden. Da er zwangsläufig Heinrich VI. für den Teil seines Herzogtums, der von der Krone Frankreichs stammte, den Lehnseid leisten mußte, wurde er mehrere Male aufgefordert, seinen Pflichten als Vasall nachzukommen. Seine Ablehnung brachte ihn in eine schwierige Lage; er stellte sich offen gegen Ludwig, Kardinal von Bar, und gegen Karl I., seinen Schwiegervater, der große Sympathie für den Herzog von Burgund hegte. Auf Vermittlung seines Onkels, des Kardinals, leistete René am 29. April 1429 Bedford seinen Eid. Aber kurz nach der Weihe sagte er sich wieder los.

Robert de Baudicourt und der junge René von Anjou waren enge Freunde, und es ist anzunehmen, daß Johannes Reise nach Nancy zu Herzog Karl vom Stadthauptmann und dem Herzog von Bar organisiert und abgesprochen worden war. Hatte René nicht Ende 1429 seinen Schwiegervater in Nancy[1] aufgesucht? Man weiß auch, daß er am 29. Januar eine Botschaft an Robert von Baudricourt sandte, und man kann sich zu Recht fragen, ob der Briefwechsel zwischen den beiden Männern nicht von dem Wunsch geleitet war, Johanna auf die Probe zu stellen. Bevor sie sie zum Dauphin Karl schicken, wollten beide wissen, wozu sie imstande wäre.

Robert de Baudricourt blieb dem Herzog von Bar eng verbunden. Man weiß, daß er in der Schlacht von Bulgnéville am 2. Juli 1431 an seiner Seite kämpfte; diese Schlacht war so schlecht eingeleitet worden, daß sie mit einer Katastrophe endete: alle wollten kämpfen, doch unter dem Oberbefehl eines Herzogs, der fähig war, zu befehlen. Barbazan selbst war sofort klar, wie schwierig ein Angriff sein würde, aber die jüngsten und eifrigsten Hauptleute wollten unbedingt kämpfen. Sie sagten: »Wer Angst vor den Blättern hat, der gehe nicht in den Wald.« Guilhem von Barbazan fiel, und Robert de Baudricourt konnte sein Heil nur in der Flucht suchen, was sicherlich das beste für ihn war. Wir glauben nicht, daß er den Beinamen »Flüchtling von Bulgnéville« verdient, der ihm manchmal gegeben wurde[2].

Jedenfalls war er einer von denen, die gleich zu Beginn an Johanna geglaubt hatten. Es war verständlich, daß er ihrer ersten Aufforderung nicht sofort Folge leistete und vorsichtshalber kompetente Meinungen einholte, vor allem, daß er einen Boten nach Chinon schickte, um anzufragen, ob man sie empfangen würde.

1. Siméon Luce, *Jeanne d'Arc à Domrémy*, Paris, 1886.
2. Henri Bataille »Qui était Baudricourt?« *Revue lorraine populaire*, 1983, a. 9, Nr. 51, Seiten 140-2; Nr. 52, Seiten 184-8.

IV.
Raoul de Gaucourt,
Stadthauptmann von Orléans

Raoul de Gaucourt, der seine Laufbahn als Vorschneider Karls VI. begonnen hatte, zog 1396 zum ersten Mal in den Krieg. Als Kammerherr des Herzogs von Orléans nahm er an der Belagerung von Harfleur teil, wo er in Gefangenschaft geriet. Er blieb dann zehn Jahre in England. Sein Vater, der Amtmann von Rouen war, wurde von aufständischen Einwohnern der Stadt ermordet. Raoul de Gaucourt mußte an Heinrich V. soviel Lösegeld zahlen, daß er sich materiell zugrunde richtete; er besaß in Frankreich nur noch die Güter seiner Frau Jehanne de Preuilly in der Touraine und im Berry.

Später nimmt er an mehreren Schlachten teil: Wir finden ihn an der Seite La Hires bei der Einnahme von Montargis, was ihn teuer zu stehen kommt, denn er muß eine edelsteingeschmückte Goldkrone, die er bei Turnieren über seinem Helm trägt, verpfänden. Der König belohnt ihn mit dem Posten des Stadthauptmanns von Chinon. 1428 ernennt er ihn zum Amtmann von Orléans. Später wird er, assistiert von seinem Stellvertreter Jean Juvénal des Ursins, Statthalter der Dauphiné. 1449 befindet er sich an der Seite Karls VII., als dieser nach Rouen kommt, denn er gehört zum Kronrat.

Später wird Karl VII. Raoul de Gaucourt bitten, sich wegen der Wiederaufnahme des Prozesses von Johanna zu Papst Calixtus III. zu begeben.

Zum Zeitpunkt des Rehabilitationsverfahrens war Gaucourt achtzig Jahre alt, und seine Aussage ist eine der ausführlichsten.

V.
Étienne de Vignolles,
genannt La Hire

Étienne de Vignolles, bekannter unter dem Namen La Hire, gehört zum Bilderschatz Frankreichs: Er ist der Herzbube im Kartenspiel. Sein Beiname wird oft als ein Charakterzug interpretiert, denn »hire« bedeutet Wut. Er war also ein heftiger, leicht erregbarer Mensch; die Engländer nannten ihn spöttisch »Heiliger Zorn Gottes« oder »Herr Gotteswut«, aber nur aus der Ferne; sich ihm zu nähern wagten sie nicht.

Der in Préchacq-les-Bains[1] geborene Gascogner besaß aufgrund seiner durch die Kämpfe gegen die Engländer chaotischen Kindheit einen starken Freiheitsdrang; er liebte das Waffenhandwerk und kümmerte sich wenig um die geistige, geistliche oder gefühlsmäßige Seite des Lebens.

Seine ersten Erfahrungen auf dem Schlachtfeld machte er mit dem Konnetabel von Armagnac. Ob in Azincourt oder anderswo, wissen wir nicht. 1418 schloß er sich zusammen mit seinem treuen Gefährten Poton de Xaintrailles dem Thronfolger Karl an. Seine erste große Heldentat war die Rückeroberung von Coucy, seine künftige Devise lautete:

---

1. Francis Rousseau, *La Hire de Gascogne, Étienne de Vignolles*, 1380–1443, Mont-de-Marsan, 1968.

»König bin ich nicht, auch kein Fürst, kein Herzog, kein Graf: Ich bin der Herr von Coucy.« Im darauffolgenden Jahr hinterging ihn eine Kammerfrau, indem sie burgundische Gefangene befreite, und diese ergriffen sofort wieder Besitz von dem Schloß. Dieser Verlust schadete seinem Ansehen jedoch nicht. Karl VII. setzte den »beherzten Hauptmann« auch bei weiteren militärischen Unternehmungen ein.

La Hire und Poton kämpften in der Folge im Vermandois und im Laonnois, später in Lothringen, wo sie im Sold des Kardinals von Bar stehen. Dann begegneten wir Étienne de Vignolles 1421 in Beaugé wieder. Im Verlauf des gleiches Jahres brach er sich ein Bein, jedoch nicht im Kampf: Er hatte in einer Herberge geschlafen, und der Kamin war über ihm zusammengebrochen. Er war danach für sein ganzes Leben behindert, er hinkte, was ihn jedoch nicht davon abhielt, weiterhin das Leben eines Abenteurers und Landknechts zu führen.

Am Montag, dem 25. Oktober 1428, »kamen nach Orléans mehrere Herren, Ritter, Hauptleute (...) und Étiennne de Vignolles, genannt La Hire, der hohes Ansehen genoß, und tapfere Krieger befanden sich in seiner Gesellschaft, um die Stadt zu unterstützen, zu retten und ihr zu helfen[1]«. Anhand des *Tagebuchs der Belagerung von Orléans* kann man seine Wege während der Jahre 1428/29 verfolgen. Es ist der Statthalter des Vermandois, der beauftragt wird, dem König den Verlust der Festung Tourelles zu melden und ihn um Verständnis und weitere Kriegsgelder zu bitten. Die Anweisungen des Schatzmeisters von Chinon, Pierre de Fontenil, bezeugen die Achtung, die Karl ihm entgegenbrachte:

»An Étienne de Vignolles (...) 100 Goldtaler und 825 l. t.

---

1. Journal du Siège d'Orléans.

(tourische Livres), die auf Befehl und Anordnung des Königs mehrmals und an verschiedenen Orten ausgezahlt und übergeben wurden (...) An Xaintrailles und Étienne de Vignolles , genannt La Hire, sowohl für ihre Ländereien wie für die Bezahlung von 59 Pagen die Summe von 512 l. t.[1]«

In Orléans ist La Hire sehr aktiv; am 3. Februar verfolgt er zusammen mit Jacques de Chabannes die Engländer bis zum Saint-Laurent-Bollwerk. Doch am »Heringstag«, am Samstag, dem 12. Februar, befindet sich La Hire »in kläglicher Verfassung«: Er hatte die Befehle des Grafen von Clermont nicht verstanden, in denen er aufgefordert wurde, dessen Ankunft abzuwarten, ehe er angriff, was den Engländern Zeit ließ, sich zu sammeln und die Verteidigung neu aufzubauen. Poton und La Hire können nur noch den Rückzug decken.

Der unermüdliche La Hire reist daraufhin weiter zwischen Orléans und Chinon hin und her, um Gelder aufzutreiben. War er in Chinon, als Johanna eintraf? Auf jeden Fall gehörte er zu den ersten, die ihr »aus vollem Herzen vertrauten«, und wurde einer ihrer treuesten Gefährten. Sie übte auf ihn einen gewissen Einfluß aus. So etwa zwang sie ihn, zur Beichte zu gehen: »Ich beobachtete, daß auf ihr Drängen La Hire und viele andere ihrer Truppe zur Beichte gingen.«[2] Es war auch dem Umgang mit Johann zu verdanken, daß La Hire nur noch bei seinem »Stock« schwor.

Der tapfere Hauptmann nimmt danach an allen Operationen zur Befreiung von Orléans und des Loiregebietes teil. Zum Dank ernennt ihn Karl VII. zum Generalkapitän der Normandie. Als Johanna auf dem Scheiterhaufen stirbt,

---

1. Chambre des comptes, Ms. fr. 2342, jol. 42, zitiert von Vallet de Viriville.
2. Rehabilitationsprozeß, Aussage von Magister Pierre Compaing.

befindet sich La Hire als Gefangener in Dourdan. Karl VII. zahlt einen Teil seines Lösegeldes an die Burgunder, so daß er das Leben eines Landsknechts im Sold des Königs fortsetzen kann.

Nachdem er Kälte, Seuchen und mancherlei Verletzungen ausgehalten hat, erkrankt er bei der Rückeroberung des Südwestens in Montauban und stirbt am 11. Januar 1442.

Sein Gebet ist uns überliefert: »Tu für La Hire das, was du von La Hire für dich getan sehen möchtest, wenn du La Hire wärest und La Hire Gott wäre.«

VI.
Jean II. d'Alençon,
der »Schöne Herzog«

»Ich ergebe mich, ich bin Alençon[1].« Es war zu spät, Herzog Jean I. d'Alençon starb auf dem Schlachtfeld von Azincourt; er wollte sich Heinrich V. ergeben, aber schon hatten sich zwanzig Arme erhoben, um ihn totzuschlagen.

Sein Sohn Jean II., 1415 achtzehn Jahre alt, wird Herzog von Alençon, als sein älterer Bruder Pierre, Sohn der Maria von der Bretagne, im gleichen Jahr stirbt. Die Herzogin von Alençon muß nach dem Tod ihres Gemahls das Herzogtum — das an Bedford übergeht — verlassen und vertraut ihren Sohn Jean dem Dauphin Karl an, denn der Herzog von der Bretagne, den sie gebeten hatte, sich bei Johann Ohnefurcht, zu jener Zeit Herr von Paris, wegen der Beschlagnahme ihrer Güter zu verwenden, schenkt ihr kein Gehör.

Von dieser Zeit an lebt der Herzog von Alençon am Hof des Kronprinzen, der ihn 1420 im Alter von dreizehn Jahren zum Generalleutnant des Herzogtums Alençon ernennt[2]; dies ist die Antwort auf die Übergabe des Herzogtums durch Heinrich V. an seinen Bruder Bedford.

---

1. Monstrelet, *Chroniques.*
2. Brief Karls VII. vom 23. Juni 1420; Arch. de la Manche, H. 15344, veröffentlicht von Siméon Luce, *Chroniques du Mont-Saint-Michel.*

In der Schlacht von La Broussinière erlebt Jean d'Alençon seine Feuertaufe. Am 6. August 1424 wird er in Verneuil verwundet und gerät in Gefangenschaft. Inzwischen hat Karl VII. ihn zum Taufpaten seines kleinen Sohnes, des künftigen Ludwig XI., gemacht. Als Jean d'Alençon vom Herzog von Clarence gefangengenommen wird, muß er ein hohes Lösegeld aufbringen, dessen Bezahlung ihn sein ganzes Leben lang belasten und auf das ein großer Teil seiner späteren Schwierigkeiten zurückzuführen sein wird. Diese Schuld, die sich auf 80 000 Goldsalute beläuft, wird erst am 21. Februar 1429 beglichen. In der Zwischenzeit muß der Herzog die Mittel auftreiben; seine Frau Johanna, Tochter des Herzogs von Orléans, der sich schon in Gefangenschaft befindet, verpfändet ihren Schmuck; er selbst muß seine Freiherrschaft Fougères an den Herzog von der Bretagne, seinen Onkel, und seine Grundherrschaft Saint-Christophe in der Touraine an Ardouin de Bueil, den Bischof von Angers, abtreten. Er wird im Mai 1429 nach der Schlacht von Orléans auf Ehrenwort freigelassen[1].

Beim Rehabilitationsprozeß im Jahr 1456 erinnert sich Jean d'Alençon sehr gut an seine erste Begegnung mit Johanna: »Als Johanna vor dem König erschien, war der König in Chinon und ich in Saint-Florent; da ich mich auf der Wachteljagd befand, kam einer meiner Träger zu mir und meldete, eine Jungfrau sei vor dem König erschienen und behauptete, daß sie von Gott gesandt sei, um die Engländer zu vertreiben und die Belagerung von Orléans aufzuheben[2].«

---

1. Quittung Bedfords vom 15. Mai 1429, B. N., ms Gr. 18945, zitiert von Pierre Gourdin »Ihre Gnaden von Alençon, der Schöne Herzog Johannas in der Touraine.« *Bulletin de la Société archéologique de Touraine*, 1980.
2. Aussage des Herzogs von Alençon, éd. Raymond Oursel, *Procès de Réhabilitation*, S. 329.

Daraufhin begibt sich der Herzog von Alençon unverzüglich nach Chinon, wo er Johanna am nächsten Tag sieht. Er erinnert sich, daß sie bei seinem Anblick stutzig wurde und den Dauphin Karl fragte, wer er sei. Der folgende Ausspruch Johannas ist uns überliefert: »Ihr seid mir sehr willkommen. Je mehr königliches Blut beisammen ist, desto besser.« Sie verbirgt ihre Freude nicht, beim Dauphin dem zu begegnen, den sie in Zukunft nur noch ihren »schönen Herzog« nennen wird.

Johanna und der Herzog von Alençon üben sich gemeinsam im Lanzenbrechen; der Herzog, überrascht und entzückt von Johannas Geschicklichkeit, schenkt ihr ein Pferd. Der Herzog ist auch zugegen, als Johanna zum Dauphin sagt, er solle keine Angst haben, er werde sein Reich zurückerhalten, und er müsse es »dem König des Himmels« schenken. Er ist es auch, der das Heer im Loirefeldzug bei der Einnahme von Jargeau anführt. In Patay trägt Johanna gemeinsam mit ihm den Sieg davon. Man weiß auch, daß Johanna mit seiner Mutter und seiner Gemahlin, die ebenfalls Johanna hieß, in Saint-Florent bei Saumur zusammentraf; das muß zwischen dem 22. Mai und dem 2. Juni[1] gewesen sein. Bei dieser Gelegenheit verspricht die Jungfrau Johanna von Orléans, daß sie ihr den Gemahl heil und gesund und sogar »in besserem Zustand als zuvor« zurückschicken werde.

Jean d'Alençon erinnert sich beim Rehabilitationsprozeß auch an eine Szene in Jargeau: »Die Herolde schrien: ›Auf zum Sturm!‹ Und Johanna selbst sagte zu mir ›Vorwärts,

---

1. Pierre Gourdin, *Le Commandement de Jean II. d'Alençon et la date du voyage de Jeanne d'Arc en Anjou,* Akten des 5. Nationalen Kongresses der Sociétés savantes, Caen, 1980.

mein lieber Herzog, auf zum Sturm!‹ Mir hingegen dünkte dies verfrüht. Johanna erwiderte: ›Habt keine Angst, dies ist die Stunde, da es Gott gefällt; und wenn Gott es will, dann ist der Augenblick zu handeln! Hilf dir selbst, dann hilft dir Gott!‹ Und sie fügte hinzu: ›Mein lieber Herzog, hast du Angst? Weißt du nicht, daß ich deinem Weib versprochen habe, dich heil und gesund zu ihr zurückzubringen?‹«

Johannas Gefährte erinnert sich ebenfalls daran, daß sie ihm das Leben gerettet hat. Als er sich gerade an einer bestimmten Stelle befand, sagte sie zu ihm, er möge beiseite treten, was er auch tat. Er fügte hinzu: »›Sonst‹, sagte sie und deutete auf eine auf uns gerichtete Steinschleuder in der Stadt, ›wird diese da dich töten.‹« Tatsächlich wurde einige Sekunden später der Sire de Lude getötet. Der Schöne Herzog erinnert sich weiter: »Ich bekam nachträglich einen großen Schrecken und verwunderte mich sehr über die Worte der Jungfrau.«

Jean d'Alençon reitet mit zur Krönung und wird am Krönungstag in Reims, am 17. Juli 1429, durch Karl VII. zum Ritter geschlagen. Ebenso wie Johanna möchte er weiter gegen die Engländer kämpfen, und beide belagern Paris am Saint-Honoré-Tor, aber Karl VII. schickt einen Befehl: Sie müssen den Kampf aufgeben und nach Gien kommen, wo das Heer am 21. September aufgeteilt wird.

Der Herzog führt weiterhin Krieg im Maine, im Anjou und in der Normandie. Sein Verhältnis zu Karl VII. ist gespannt. Johanna wäre gern mit ihm den Belagerten in Mont-Saint-Michel zur Hilfe geeilt, doch man schickt sie an die Loire, nach La Charité.

Noch fast zwanzig Jahre, bis 1444, kämpft Jean d'Alençon und stellt sich während der sogenannten »Praguerie« gegen den König. Erst 1449 kann er unter dem Beifall der Bevölkerung in seine Stadt zurückkehren. Aber er ist vollkommen ruiniert.

Schon seit einiger Zeit hatte er den Plan, Catherine, seine Tochter mit Marie von Armagnac, die er nach dem Tod seiner Gemahlin im Jahre 1435 zur Frau genommen hatte, mit dem ältesten Sohn des Herzogs von York zu verheiraten. Dieses Vorhaben paßt Karl VII. in keiner Weise; er geht sogar so weit, ihn während des Rehabilitationsprozesses der Johanna verhaften zu lassen. Dunois wurde mit der heiklen Mission betraut, und er sollte sagen: »Gnädiger Herr, es mißfällt mir außerordentlich, was der König mir bezüglich Eurer Person aufgetragen hat; ich muß Euch jetzt zu seinem Gefangenen machen, und mithin lege ich in seinem Namen Hand an Euch[1].« Jean d'Alençon wird dem König vorgeführt, der ihn in der Festung von Aigues-Mortes einsperren läßt.

1458 wird er von den Pairs in Vendôme verurteilt. Gleich nach dem Urteil wird er nach Loches gebracht. Sein Bewacher ist Guillaume de Ricarville, der sehr strenge Anweisungen erhält: »Der Gefangene darf niemals allein sein, mit niemandem außer mit seinen Wächtern sprechen und Briefe weder empfangen noch schreiben; er darf jedoch lesen und mit seinen Bewachern Schach spielen, doch darf er niemals Geld bei sich tragen.«

Nach dem Tod Karls VII. 1461 befreit Ludwig XI. seinen Paten und setzt ihn wieder in seine Rechte ein, doch muß dieser ihm versprechen, ihm drei befestigte Orte zu überlassen, ebenso die Aufsicht über seine Kinder René und Catherine, bis der König beschließt, sie nach seinem Gutdünken zu verheiraten.

---

1. Georges Chastellain, *Chroniques,* éd. Kernyn de Lettenhove, 1864, Bd. III., S. 100.

Damit ist der Herzog überhaupt nicht einverstanden, er kann diesen Vorschlag nicht gutheißen. Er wird aufs neue verhaftet und in das Schloß Rochecorbon, dann nach Loches und schließlich nach Paris gebracht. In einem neuen Prozeß vor dem Parlament wird er am 18. Juli 1474 zum Tode verurteilt. Aber er wird nicht hingerichtet, sondern stirbt 1476 als Gefangener im Louvre. Ludwig XI. seinerseits vereint das Herzogtum Alençon umgehend mit der Krone, zieht in die Stadt Alençon ein und vertreibt Marie von Armagnac, die sich nach Mortagne flüchtet, wo sie 1473 stirbt.

VII.
Poton de Xaintrailles

Poton de Xaintrailles (oder Saintrailles) ist einer jener Abenteurer, die ihr ganzes Leben unter Waffen verbringen. Er und sein Gefährte La Hire werden von Karl VII. »wegen ihrer Tapferkeit«, wie Martial d'Auvergne erklärt, zu Heerführern ernannt.

1424 nimmt Poton unter burgundischem Banner am Kampf gegen die Engländer im Hennegau teil, dann wieder befindet er sich auf der Seite der Armagnacs; man weiß, welche Rolle er an der Seite Johannas im Kampf gegen die Feinde des Königreiches gespielt hat. Weniger bekannt ist, daß er von den Engländern in der »Schäferschlacht« am 11. August 1431 gefangengenommen und danach wie die Jungfrau nach Rouen gebracht wurde. Vom nächsten Tag an gehörte er zu denen, die im Schloß Bouvreuil an Warwicks Tafel speisen.

Die Rechnungsbücher der Hofhaltung Richards Beauchamps, des Herzogs von Warwick, für die Jahre 1431/32[1] sind auf uns gekommen. Jeden Tag vermerkt der Haushof-

---

1. *Le registre des comptes de Richard Beauchamp, comte de arwick, 14 mars 1431–15 mars 1432,* Diplomarbeit von Marie-Véronique Clin-Meyer an der Hochschule für Sozialwissenschaften.

meister die Namen der Personen, die an den gemeinsamen Mittag- und Abendmahlzeiten im Schloß teilnehmen. Die Eintragung »Poton prisoner cum 1 scutifero« kann man etwa so übersetzen: Gefangener Poton mit 1 Schildknappen. Dieser Poton ist Poton de Xaintrailles. A. J. Pollard hat in seiner Doktorarbeit[1] nachgewiesen, daß Richard Beauchamp zuerst den Herrn von Barbazar freilassen wollte, um seinen Schwiegersohn Talbot zurückzuerhalten. Als aber La Hire seinen Gefährten in Château-Gaillard befreite, beschloß Warwick, Xaintrailles gegen Talbot auszutauschen. Der Truppenführer war hinter den dicken Mauern der Festung von Rouen besser aufgehoben als in einer anderen Stadt, wo man ihn hätte befreien können. Dieser Vermerk ist auch in bezug auf Johanna interessant, denn er zeigt den ganzen Unterschied zwischen ihr, die eine Bürgerliche ist, und Poton de Xaintrailles, der wie Johann von Luxemburg mit den Großen von England und dem kleinen König Heinrich VI. unter dem Vorsitz von Talbots Gemahlin Margaret, der Tochter Warwicks, im Schloß speisen darf.

Die Geschichte von Potons Gefangenschaft ist bekannt. Man weiß, daß er am 15. November nach Dieppe gebracht wird; ein paar Tage später bricht die gesamte Familie Richards Beauchamps nach Paris auf, um der Krönung Heinrichs VI. beizuwohnen. Sie sehen ihn am 14. Februar in Dieppe wieder. Unter diesem Datum steht geschrieben: »Item in 4 equis emptis pro Poton prisoner cum 1 scutifero 2 valletis cum illo de Depe ad Abville ...« Man hat also vier Pferde gekauft: für Poton, für seinen Schildknappen und für zwei Bedienstete, als die ganze Familie sich nach Abbeville

---

1. A. J. Pollard, *The Family of Talbot, Lords Talbot and earls of Shrewsburry in the fifteenth century,* London, 1956.

begibt, wo sie am 17. Januar abends eintrifft. Am 21. sind Warwick und sein Gefolge in Montreuil und erreichen am 23. zur Mittagsstunde Calais. Am 9. Februar schiffen sie sich ein, doch von diesem Datum an verschwindet Poton aus den Abrechnungen. Man kann annehmen, daß auch er nach England gebracht wurde...

Im Jahre 1435 taucht er an der Spitze einer Bande von Écorcheurs[1] auf, die im Verlauf des sogenannten »Aufstandes der Normandie« die revoltierenden Bauern unterstützen. Dann wird er von Karl VII. zum Amtmann von Bourges ernannt, was ihn nicht daran hindert, weiterhin mit seinen Freunden Robert de Flocques oder La Hire oder Pierre de Brézé Raubzüge zu unternehmen. Auf diese Weise, berichtet Jean Chartier, erwirbt er »eine große Menge Vieh, sowohl Horn- als auch Wollvieh, und eine große Menge Gefangener verschiedenen Standes«.

Poton de Xaintrailles wird namentlich vom König erwähnt, als dieser die Écorcheurs verpflichtet, von ihren Untaten abzulassen.

Der Dauphin, der künftige Ludwig XI., schätzt ihn als Freund und Mann, der sowohl befehlen als auch dienen kann, denn er ernennt ihn zum Junker und nimmt ihn in dieser Eigenschaft 1444 mit nach Deutschland. Doch Poton hört nicht auf zu rauben und zu plündern: er gehört zu den Truppen, die Metz einschließen. Aber nach diesem Feldzug ändert er sein Leben und nimmt an der Rückeroberung der Normandie teil. Mit dem großen Schwert in der Hand reitet er an der Seite des Königs, als dieser am 10. November 1449 seinen feierlichen Einzug hält.

---

1. Räuberbanden, wörtlich: Schinder (d. Ü.)

VIII.
Jean, Graf von Dunois,
Bastard von Orléans

Sein Name ist untrennbar mit der Geschichte Johannas und der Regierung Karls VII. im allgemeinen verbunden. Er wird im selben Jahr wie der König, also 1403, geboren und entstammt der ehebrecherischen Verbindung Ludwigs von Orléans mit Mariette d'Enghien. Unter der Aufsicht seiner Erzieherin Jeanne du Mesnil tut er im Schloß Beauté-sur-Marne seine ersten Schritte. Während seiner ersten zehn Lebensjahre wächst er zusammen mit dem Dauphin Karl auf, und diese Freundschaft überdauert die gesamten harten Jahre des Krieges. Noch lange nachdem sie der Kindheit entwachsen sind, im Augenblick der »Wiederherstellung des Königreiches Frankreich«, erinnert sich Karl VII.:

»Was die Dienste angeht, die Unser geschätzter und geliebter Vetter Jean, Bastard von Orléans, Graf von Dunois und Oberkämmerer von Frankreich Uns Zeit seines Lebens sowohl in Unserer Umgebung, wo er lange genährt wurde, als auch in Unseren Kriegen gegen Unsere ehemaligen Gegner und Feinde in mehreren Heeren und Truppenteilen von frühester Jugend an und seit er Waffen und Harnisch tragen konnte erwiesen hat, so widmete er sich stets in hohem Maße und mit großer Beflissenheit, voller Eifer und mit ganzer Kraft der Widerherstellung unserer Herrschaft.«

Dieser Text umreißt mit wenigen Worten Dunois' Werdegang. »Genährt« (aufgezogen) wurde er mit Karl, und bereits mit sechzehn Jahren kämpfte er für die Rettung des Königreiches. Sein Vater wurde bekanntlich 1407 durch die Söldner des Herzogs von Burgund getötet. Valentine Visconti übernimmt die Erziehung dieses Kindes, das nicht das ihre ist; sie begegnet in ihm einem sehr frühreifen Jungen, der, wie sie annimmt, seinen Vater rächen wird — doch sie stirbt ein Jahr nach ihrem Mann. Im Jahr 1415 erhält Jean, da sein Bruder, der Herzog Karl, bei den Engländern gefangen ist, einen neuen Auftrag: Er soll alles versuchen, um das Lösegeld für die Befreiung des Herzogs aufzutreiben. Am 21. September 1417 greift er angesichts der Streitkräfte des Burgunderherzogs Johann Ohnefurcht wieder zu den Waffen.

Der Bastard wird von den Burgundern gefangengenommen und verbringt zwei Jahre unter ihrer strengen Bewachung. In dieser Zeit wird während des Aufstandes der Cabochiens Paris in Schutt und Asche gelegt; die Pariser befinden sich vollständig unter der Herrschaft des Herzogs von Burgund. Endlich wird Johann aus Schloß Saint-Germain befreit und vereint sich mit seiner Familie in Blois, aber die Freude ist nur von kurzer Dauer: Sein Halbbruder Philipp von Vertus stirbt, so daß von nun an er für das Haus Orléans verantwortlich ist. Andererseits kommt es wieder zu Kampfhandlungen mit Heinrich V. In Beaugé nimmt der Bastard von Orléans an seiner ersten richtigen Schlacht teil, in der er sich hervorragend bewährt; er wird zum Ritter geschlagen, noch bevor er das erforderliche Alter von 21 Jahren erreicht hat; nun ist er befugt, einen Trupp zu befehlen, an der Tafel des Königs zu speisen und das Schwert am Gürtel zu tragen; wenn er einen Prozeß gewinnt, erhält er die doppelte Entschädigung (doch wenn er ihn verliert, muß er zweifach zahlen). Außerdem darf er einen Waffenrock mit seinem Wappen über der Rüstung tragen. Nach Beaugé kämpft er mit den Truppen des Dauphins Karl, der sich 1422 nach Bourges geflüchtet hat. In dieser Stadt heiratet er die Tochter des Vorstehers Louvet.

Viele Jahre hat der Bastard von Orléans mit finanziellen Schwierigkeiten zu kämpfen. Das Lösegeld für Karl von Orléans ist sehr hoch, das durch den Krieg verwüstete Land bringt nicht den gewünschten Ertrag, und die Solde für die Hauptleute belasten das Budget stark.

Ein weiteres unerwartetes Ereignis: Auf Befehl des künftigen Karl VII. wird er in die Provence verbannt. Der Dauphin hat sich mit dem Vorsteher Louvet entzweit, und damit ist die ganze Familie in Ungnade gefallen. Der König steht jetzt unter dem Einfluß anderer Berater, wie des Sire Giac. Aber bald veranlaßt ihn ein erneuter Angriff der Engländer, Jean zurückzurufen. Die Verbannung hat etwa ein Jahr gedauert.

Im Jahr 1427 nähern sich die Engländer dem Herzogtum Orléans und umzingeln Montargis. Der Bastard von Orléans, zu dieser Zeit zwanzig Jahre alt, ein vollendeter Ritter und mutiger Heerführer, wird beauftragt, die Stadt zu verteidigen und die Engländer daran zu hindern, sie einzunehmen. Am 5. September werden Montargis und sein Schloß befreit: der Weg ins Berry ist gesichert. Dann belagern die Engländer Orléans. Bekannt ist die Episode in Chécy, wo Johanna mit Dunois in heftigen Streit gerät; dennoch wird er im Rehabilitationsprozeß sehr gut über Johannas Taten in Orléans sprechen und seine Bewunderung für sie ausdrücken. Die Stadt Orléans wird für immer die Namen Johannas und des Bastards miteinander verbinden.

Nach Johannas Tod kämpft der Bastard weiter für die Wiederherstellung des Königreichs. Karl VII. ernennt ihn zum Lohn für seine Taten zum Oberkämmerer, also zum Ersten Beamten der Kammer des Königs, wo er Georges de La Trémoïlle ablöst.

Jean, »einer der besten Redner, die es in der Sprache Frankreichs gibt«, wie Jean Chartier über ihn schreibt, bereitet den Vertrag von Arras zwischen Frankreich, England und Burgund vor. Er ist es auch, den Karl VII. beauftragt, das Große Schisma zu beenden, indem er Amadeus VIII. von Savoyen, den Gegenpapst Felix V., zwingt, sein Amt niederzulegen, und am 11. Oktober 1447 Nikolaus V. ernennen läßt.

Der Bastard von Orléans, dessen erste Gemahlin gestorben ist, heiratet 1440 in der Kathedrale von Orléans Marie d'Harcourt, Gräfin von Tancarville. Das Paar richtet sich in Beaugency ein, denn ein Leben in der rauhen Festung Châteaudun kommt nicht in Frage. Marie d'Harcourt macht es wie Valentine Visconti, das heißt, sie nimmt in ihrem Heim den natürlichen Sohn Dunois' mit Isabelle de Dreux auf. Sie selbst schenkt ihm im November 1440 eine Tochter namens Marie.

In Blois beginnen die Vorbereitungen zum Empfang des fürstlichen Dichters, der endlich von den Engländern freigelassen worden ist. Der unermüdliche Dunois dient auch als Vermittler zwischen dem Dauphin Ludwig, dessen väterlicher Berater er ist, und Karl VII. Auch nimmt er an dem ersten Kriegszug Ludwigs nach Dieppe teil und rettet die Stadt am 11. August 1448, was die Unterwerfung der gesamten Normandie und 1449 die Einnahme von Rouen nach sich zieht. Dunois ist zu dieser Zeit Vater eines Sohnes, der seine Volljährigkeit nicht erreichen wird.

Doch im Augenblick befindet er sich noch in Verhandlungen mit Karl von Orléans über das Lösegeld für seinen Bruder, Jeans d'Angoulême, der immer noch Gefangener der Engländer ist.

Dunois wird zum Grafen von Longueville ernannt und setzt sich für den Wiederaufbau seiner Hauptstadt Châteaudun ein. Er hätte gern das Schloß bezogen, aber die erforderlichen Instandsetzungsarbeiten sind zu umfangreich.

Der Bastard, jetzt über fünfzig, muß abermals das Schwert gurten und sich in die Guyenne begeben.

Nach dem Tod Karls VII. am 22. Juli 1461 entzweit sich Dunois mit dem neuen König, der ihn als Person gering achtet und vom Hof entfernt. Seine Gemahlin erkrankt, während er sich in der Bretagne aufhält, um Streitigkeiten zwischen Jeans d'Angoulême, Karl von Orléans und Ludwig XI. zu schlichten; er muß sehr schnell zurückkehren, denn sie liegt im Sterben – bald wird sie in Cléry begraben. Dunois selbst stirbt am 23. November 1468, versöhnt mit Ludwig XI., der endgültig die Stellung des Hauses Orléans-Longueville bestätigt. Nach seinem Willen wird Dunois in der für ihn in der Stiftskirche Notre-Dame in Cléry erbauten Gruft beigesetzt.

IX.
Thomas von Montaigu,
Graf von Salisbury

Der burgundische Chronist Monstrelet berichtet vom Tod des Grafen von Salisbury, während er von der Höhe des Forts der Tourelles aus die Stadt Orléans betrachtete: »Er beobachtete mit höchster Aufmerksamkeit die Bewegungen ringsumher, um sich ein Bild zu machen, wie er die Stadt einnehmen und bezwingen könne. Als er am Fenster stand, kam plötzlich von der genannten Stadt her ein Steingeschoß aus einer Schleudermaschine geflogen; es traf das Fenster, an dem der Graf stand; dieser zog sich schon wegen des Knalls, den der Schuß verursachte, zurück; nichtsdestoweniger wurde er schwer und tödlich getroffen, und ein Teil seines Gesichts wurde ihm weggerissen[1].«

Dieser Tod ereignete sich knapp drei Tage nach Beginn der Belagerung der Hauptstadt des Herzogtums durch die Engländer und erschien allen wie ein Gottesurteil. Der Graf hätte nämlich die Stadt, deren rechtmäßiger Herr sich auf der anderen Seite des Ärmelkanals in Gefangenschaft befand und sie daher nicht verteidigen konnte, verschonen müssen; hatte er nicht auch seine Soldaten die Kirche Notre-Dame von

---

1. Enguerrand de Monstrelet, *Chroniques,* Paris, 1835.

Cléry plündern lassen? Die *Chronique de Normandie* berichtet, daß im Jahr 1428, als Salisbury seine Truppen in Chartres versammelt und ihnen seine Absicht mitgeteilt hatte, daß er Orléans belagern wolle, »ein Zauberer« namens Magister Jean de Meung gesagt habe, »er solle auf seinen Kopf aufpassen«. Er war also gewarnt!

Thomas von Montaigu, einer der höchstgeschätzten und beliebtesten englischen Heerführer, gilt als »der feinsinnigste, erfahrenste und glücklichste aller Heerführer der Engländer«. Schon früh nimmt er am Hundertjährigen Krieg teil. 1414 wird er Ritter des Hosenbandordens, und im darauffolgenden Jahr kämpft er an der Seite Heinrichs V. in Azincourt, dann bei den Belagerungen von Caen, Harfleur und Rouen. 1414 wird er zum Generalleutnant des Königs in der Normandie ernannt. Auf diese Weise erhält er zahlreiche Besitztümer, wie das Land und die Domäne von Neubourg (die Yves von Vieux-Port gehört hatten), die Grafschaft Perche, das Land von Longwy; Bedford schenkt ihm dann im Namen Heinrichs VI. alle Besitztümer Johanns V., die sich außerhalb des Herzogtums Bretagne befinden[1].

Salisbury ist an der Ausarbeitung des Vertrags von Troyes beteiligt, später begegnen wir ihm bei der Belagerung von

---

1. Heinrich V. und später der Herzog von Bedford für Heinrich VI. verteilen so die Ländereien der Armagnacs an ihre englischen Heerführer. In der Normandie werden zahlreiche Domänen von Heinrich V. selbst vergeben: So schenkt er seinem »lieben Vetter« William de La Poole, Graf von Suffolk, die Domänen Bricquebec und Hambye — aus dem Besitz des »verstorbenen Foulques Paynel« — und schädigt damit seine Gemahlin Johanna. Ein weiterer Gefährte Heinrichs V., Lancelot de L'Île, erhält die Grundherrschaft Nohant, Henri Fitz-Hugh erhält vom König das Schloß L'Aigle und den Burgfried Chambois. Das Herzogtum Alençon wird Bedford übereignet. Zahlreiche weitere Lehen werden verteilt, sowohl in der Normandie als auch in der Pikardie, in der Beauce und in Paris selbst, wo Bedford, Warwick, Stafford usw. die Paläste des Marais erhalten.

Melun und im Jahr 1420 wieder in Paris, auf dem Schlachtfeld von Beaugé, wo er an die Stelle des gefallenen Herzogs von Clarence tritt. Er wird dann Statthalter in der Champagne und der Brie, siegt 1423 in der Schlacht von Cravant und nimmt im darauffolgenden Jahr unter dem Befehl Bedfords an der Schlacht von Verneuil teil. Schließlich kehrt er »unter großem Pomp und versehen mit großen Reichtümern« nach England zurück, um Verstärkung zu holen. Man sagt, er sei an einem Komplott mit Gloucester und Bedfort gegen Philipp den Guten beteiligt gewesen, weil dieser seiner Gemahlin, der schönen Eléonor von Quent, den Hof gemacht hatte. Er widmet sich der Ausweitung seiner Besitztümer auf dem Kontinent, vergißt aber darüber nie seine englischen Domänen, und seine Gemahlin ist sehr reich.

1428 überquert Salisbury an der Spitze eines Heers erneut den Ärmelkanal. Er hat soeben, am 24. März 1428, in Westminster mit dem Kronrat eine »endenture«[1] unterzeichnet.

---

1. Die »endenture« (Zähnung, Perforation) ist eine Besonderheit des englischen Heers, eine Art Militärdienstvertrag. Der Name stammt von der praktischen Vorrichtung analog der eines Abreißblocks: Der Text wird zweimal auf das gleiche Pergament geschrieben, das anschließend entlang einer perforierten Linie durchtrennt wird; jeder der Vertragsunterzeichner erhält eine Ausfertigung. Es genügt dann, die beiden Stücke zusammenzufügen, um ihre Echtheit zu beweisen. Die Vertragspartner haben jeweils den Teil unterschrieben, der dem anderen ausgehändigt wurde. Die beiden Texte gehen sehr ins Detail, sie enthalten Angaben über die Truppenstärke, die Ausrüstung der Soldaten und deren Bezahlung, die Zahl und die Art der Kämpfer, ihren Einsatz, den Sold, verschiedene Verpflichtungen; sie enthalten ebenfalls Hinweise auf die Belohnungen, die die Soldaten beanspruchen können, und schließlich die Dauer der Anwerbung. Diese konnte 40 Tage dauern, manchmal ein Trimester, manchmal ein Jahr, manchmal zwei, oder »so lange, wie es dem König gefällt«; die Solde wurden im voraus bezahlt, meistens für ein Halbjahr. Auf der französischen Seite entsprach der »endenture« die »Abzugsbescheinigung«, die wesentlich unpräziser war und sich von einem Vertrag dadurch unterschied, daß sie die Dauer der Dienstverpflichtung nicht festlegte.

Das Heer steht ihm ab dem 30. Juni 1428 für sechs Monate zur Verfügung, und er hat im Prinzip Anrecht auf sechs Bannerträger, 34 Edelknappen, 559 Bewaffnete und 1800 Bogenschützen, wobei es ihm freisteht, einen Bewaffneten durch drei Bogenschützen zu ersetzen. Aus der Abrechnung der »endenture« geht aber hervor, daß er nur einen einzigen Bannerträger, acht Edelkappen, 440 Bewaffnete und 2250 Bogenschützen hatte. Unter den Bewaffneten waren vier Kanoniere, die einen etwas höheren Sold bezogen, und unter den Bogenschützen zehn Minierer und 80 Zimmerleute, Maurer, Pfeil- und Bogenmacher usw.

Salisbury »endenture« enthielt übrigens eine recht sonderbare Vereinbarung:

»Sollte besagter Graf jemanden als Bewaffneten oder Bogenschützen in seine Dienste nehmen oder nehmen lassen, der sich heute im Königreich Frankreich befindet, oder einen von denen, die ohne Erlaubnis Johans, Herzog von Bedford, Oheim des Königs, unseres obersten Herrschers und Regenten seines Königreiches Frankreichs, aus dem Königreich England gekommen sind und Ländereien, Renten, Pachtzins oder andere Einkünfte, beziehungsweise anderes Eigentum im genannten Königreich Frankreich besitzen, sind diese verpflichtet, dem König, unserem Herrn, Kriegsdienste zu leisten.«

So braucht man die Leute sozusagen nicht zweimal zu bezahlen. Wenn sie schon ein gesichertes Einkommen auf dem Kontinent haben, können sie nicht ein zweites Mal entlohnt werden, da sie ihrem König gegenüber dienstverpflichtet sind. Im Anhang der »endenture« sind noch die Strafen bezeichnet, die denjenigen erwarten, der sich erneut mit Salisbury verbindet. Der Text erwähnt noch einige besondere Verfügungen bezüglich des Soldes für Tote oder Kranke:

»Außerdem: Wenn ein Soldat im Dienste des Königs, unseres Herrn, stirbt oder getötet wird, soll im folgenden halben Jahr kein Abzug von seinem Sold erfolgen.«

Ein Prüfer muß sich an Ort und Stelle einfinden und bestätigen, daß der Soldat auch wirklich krank ist.

Mit dem neuen Heer nach Frankreich zurückgekehrt, erobert Salisbury Rambouillet, Meung, Beaugency und Jargeau und beginnt am 12. Oktober die Belagerung von Orléans.

Im *Tagebuch der Belagerung* steht unter dem Datum 27. Oktober, daß »der Graf von Salebris in der Stadt Meung-sur-Loire nächtens eindrang (...); sein Tod überraschte und betrübte die Engländer sehr«. Tödlich verwundet wurde der englische Heerführer in die Stadt Meung gebracht, wo er am 3. November starb. Sein Leichnam wurde nach England überführt und in seiner Priorei Bisham an der Seite seines Vaters bestattet. Er hatte keinen männlichen Erben, und so ging der Titel des Grafen von Salisbury auf seinen Schwiegersohn, Robert Nevill, über.

X.
John Talbot

John Talbot, Graf von Shrewsbury, ist in der englischen Literatur unter dem Namen »Achilles« bekannt. Der König verleiht ihm den Titel »Vetter«, und er ist einer der großen Befehlshaber des Heers.

1373 in Blechmore in England geboren, wird er dem König mehr als sechzig Jahre dienen und achtzigjährig mit der Waffe in der Hand sterben. Seine Familie soll aus dem Land von Caux stammen und während der normannischen Eroberung nach England gekommen sein. Finanziell war Talbot außerordentlich gut gestellt dank seiner Heirat mit Maud Neville, seiner ersten Frau, die ihm drei Kinder gebar. Zwei seiner Söhne fielen während des Rosenkrieges 1450 in der Schlacht von Northampton. Margaret Beauchamp, seine zweite Gemahlin, schenkte ihm zwei weitere Töchter und drei Söhne, von denen der älteste, John, 1453 in Castillon an seiner Seite starb.

Schon sehr jung beginnt er seine kriegerische Laufbahn, als er zwischen 1404 und 1407 von Heinrich IV. von Lancaster den Auftrag erhält, gegen die Waliser zu kämpfen. Als Heinrich V. den Thron besteigt, ist Talbot im Tower von London gefangen, aber er wird sehr bald entlassen und vom König als

Statthalter nach Irland geschickt, wo sich die Krone von England zahlreichen Schwierigkeiten gegenübersieht. Später folgt er seinem Herrn nach Frankreich, nimmt an den Belagerungen von Caen und Rouen teil und kehrt dann nach England zurück; unter Heinrich VI. ist er wieder auf dem Kontinent. Für seine Teilnahme an der Schlacht von Verneuil erhält er den Hosenbandorden. Ein zweites Mal geht er als Statthalter des Königs nach Irland. Wieder ruft Bedford ihn zurück. Und jetzt erwirbt er sich seine höchsten Auszeichnungen.

Er nimmt an der Schlacht von Montargis teil, die Warwick verliert, dann an der Einnahme von Laval, an der Rückeroberung von Le Mans, 1428 an der Belagerung von Orléans und wird in Patay schließlich gefangengenommen. 1433 erhält er die Freiheit wieder. Bedford überhäuft ihn mit Ehrungen: Als Generalstatthalter des Königs und des Regenten wird er für die Teilnahme am Krieg in der Ile-de-France und in den Gebieten zwischen Seine, Oise und Somme mit der Grafschaft Clermont-en-Beauvaisis belohnt und zum Stadthauptmann von Saint-Germain-en-Leye und Poissy ernannt. Außerdem setzt ihm der Regent eine Rente von 300 Goldsaluten aus.

Nach Bedfords Tod am 14. September 1435 und dem Vertrag von Arras zwischen Karl VII. und Philipp dem Guten muß Talbot immer wieder eine Niederlage Englands verhindern. Er verteidigt die Normandie, unterstützt den Grafen von Willoughby bei der Einnahme von Ivry und Pontoise, kann jedoch den Vormarsch der französischen Truppen nicht aufhalten. Vergebens bemüht er sich, Meaux zu retten, und unterwirft Harfleur, doch im darauffolgenden Jahr, 1441, geht Pontoise verloren. Bei der Belagerung von Dieppe erleidet er eine weitere Niederlage; er muß sich wieder nach Irland einschiffen, wo er erneut Statthalter wird. Nachdem

Rouen 1449 kapituliert hat, überquert er ein weiteres Mal den Ärmelkanal; die Engländer übergeben ihn Karl VII. als Geisel, der ihn jedoch im folgenden Jahr freiläßt. Von Heinrich VI. zum Generalstatthalter in der Guyenne ernannt, unterwirft er sofort diese Provinz; doch seine militärische Laufbahn endet in der Schlacht von Castillon 1453, wo er zusammen mit seinem Sohn John getötet wird. Talbot wurde von den Engländern, jedoch auch auf französischer Seite hoch geschätzt, »weil er auf ehrbare Weise Krieg führte«.

Immer wieder wird bei der Belagerung von Orléans sein Name genannt. Er bringt am 1. Dezember Verstärkung, besetzt am 30. des selben Monats die Burg Saint-Laurent und baut später die Saint-Loup-Bastion um. Nach dem Ende der Belagerung verteidigt er Meung und Beaugency. In Patay hätte er lieber angegriffen, statt auf Falstolf zu hören. Seine »Abzugsbescheinigung« für die Belagerung von Orléans, unterschrieben am 29. Januar 1429, nach der er über 58 Männer und 100 Bogenschützen verfügte, ist erhalten.

Talbot hatte zahlreiche Besitzungen in Frankreich, aber auch in England, wo er sich sein ganzes Leben lang bemühte, seine Erblande zu arrondieren, vor allem das der Berkeley, deren direkte Erben er beraubte. Wie so viele hochgestellte Persönlichkeiten Englands wollte auch er unbedingt Baron werden. Das höchste Streben der Talbots galt der Annäherung an den König und der Erweiterung ihres Einflusses.

XI.
Richard Beauchamp,
Graf von Warwick

Unter den englischen Großen, denen Johanna begegnete, hat einer besondere Bedeutung: ihr Kerkermeister Richard Beauchamp, Graf von Warwick.

Aus einer alten englischen Familie stammend, schlägt Richard Beauchamp unter Heinrich V. die militärische Laufbahn ein und ist einer der Berater des Königs, als dieser sich um die Sicherung seiner Legitimität bemüht, und einer seiner besten Freunde. Darum ernennt ihn Heinrich V., als er seinen Tod nahen fühlt, zum Erzieher seines Sohnes.

Als Johanna am 23. Dezember 1430 in Rouen eintrifft, steht sie vor der von Philipp August erbauten imposanten Festung, der Burg Bouvreuil; sie ist die Gefangene des Burghauptmannes und der Stadt Rouen[1]. Warwick nimmt diese Stellung seit dem Jahr 1427 ein.

---

1. Als sich die Stadt 1419 nach einer schrecklichen Belagerung, die einem Drittel der Bewohner das Leben kostete, Heinrich V. ergab, verlangte der Sieger außer einem riesigen Lösegeld, daß man eine neue Burg, das spätere »Neue Palais«, baue. Es wird sofort mit dem Bau begonnen, aber die Arbeiten ziehen sich über viele Jahre hin, und der englische König sieht sein Werk niemals vollendet. Johanna wird also in Bouvreuil, in »dem Turm zu den Feldern« eingesperrt – der Turm, der in Rouen heute Jeanne-d'Arc-Turm heißt, ist, wie wir gesehen haben, in Wirklichkeit der Bergfried.

Richard Beauchamp wird 1380 geboren. Mit sechzehn Jahren wird er Ritter des Bath-Ordens und nach dem Tod seines Vaters 1401 Ritter des Hosenbandordens. 1408 bricht er zu den Heiligen Stätten auf; sein Weg führt ihn über Paris, wo Karl VI. ihn empfängt. Im November desselben Jahres wird ein Festmahl zu seinen Ehren gegeben. Ausgerüstet mit einem Passierschein für fünfzehn Tage, schifft er sich in Venedig nach Jaffa ein, um nach Jerusalem pilgern zu können. Über Malta nach England zurückgekehrt, findet er in London einen neuen König, Heinrich V., vor. Ihre Schicksale sind von nun an miteinander verbunden. Warwick stellt sein Schwert und seinen flinken Geist in den Dienst des Königs von England. Er gehört auch zu denen, die die Heirat des Herrschers mit der schönen Katherina von Frankreich betrieben. Wenn er sich auch tatkräftig um die Angelegenheiten seines Herrn kümmert, so vergißt er doch sich selbst darüber nicht und heiratet eine der reichsten Erbinnen Englands, Elizabeth Berkeley, die ihm drei Töchter schenkt; eine davon, Margaret, wird den berühmten Talbot ehelichen. Nach dem Tod Elizabeth Berkeleys heiratet er 1423 eine weitere Erbin, Isabel Despenser, die ihm einen Sohn und eine Tochter schenken wird.

In Frankreich führt Richard Beauchamp Krieg für den jungen Heinrich VI.; 1427 befehligt er die Truppen in Montargis, wo übrigens noch lange »Warwicks Banner« aufbewahrt wird. Während all dieser Jahre reist er häufig zwischen England und dem Kontinent hin und her, um Hilfsgelder zu erbitten, militärische Unternehmungen vorzubereiten und seine eigenen Nachfolgeprobleme zu regeln.

Die Beziehungen zwischen der Jungfrau und ihrem Kerkermeister sind uns nicht bekannt; doch Johannas Vernehmungen finden in der Burg statt, also unter Warwicks Oberbefehl; Bedford, aber natürlich auch Warwick bezahlen die Richter von Rouen. Beauchamp schreitet ein, als Johanna in ihrem Gefängnis von Wachsoldaten niederer Herkunft angegriffen wird. Er schreitet auch ein, als sie krank ist, damit sie nicht an einer Krankheit, sondern auf dem Scheiterhaufen stirbt.

Durch ein vollkommen unparteiisches Dokument − es handelt sich um Beauchamps Abrechnungen, *The Beauchamp household book* − weiß man, daß Johanna nie an Warwicks Tafel sitzt, während ihre Richter, darunter Cauchon, sehr wohl eingeladen sind. So wird am 13. Mai unter Vorsitz des Erziehers von Heinrich VI. ein großes Festmahl veranstaltet, zu dem unter anderen Cauchon, der Bischof von Thérouanne, der burgundische Ritter Haimond de Macy und Stafford, der Kanzler von England, geladen sind. Dieses Dokument ist auch deshalb bewegend, weil darin Xaintrailles auftaucht, der zwei Monate nach dem Tod Johannas seinerseits Warwicks Gefangener ist. Anders als die junge Schäferin darf aber Xaintrailles an der herrschaftlichen Tafel speisen.

Richard Beauchamp stirbt 1439 in Rouen, und seine sterblichen Überreste werden nach England überführt, wo sie in der Kapelle des Städtchens Warwick beigesetzt werden. Sein Name sollte in der Geschichte fortleben dank seines Schwiegersohnes Richard Neville, der beim Tod des letzten direkten Erben des Erziehers von Heinrich VI. den Namen Warwick annimmt: Ihn nennt man den »Königsmacher«.

XII.
Perrinet Gressart

Perrinet Gressart ist ein Abenteurer im Solde Englands, dessen Leben ziemlich typisch ist für das eines Landsknechts.

Ob sie sich an den König von Frankreich, den König von England oder den Herzog von Burgund verdingen, oder ob sie gar von einem zum anderen überlaufen oder auf eigene Rechnung handeln, ein Perrinet Gressart, ein La Hire, ein François de Surienne oder ein Robert de Flocques ist nur an einem interessiert: am Krieg, der die Möglichkeit bietet, zu plündern, Lösegeld zu erpressen, die Bevölkerung zu terrorisieren. Sicherlich verfolgt der eine oder andere auch ein höheres Ideal, doch für die meisten zählen nur das Abenteuer und das Kriegshandwerk.

Perrinet Gressart ist Stadthauptmann von La Charité-sur-Loire, als Johanna vor der Festung auftaucht. Ende September 1429 beginnt Jeanne d'Arc mit den Vorbereitungen für einen neuen Feldzug. Der Herbst erweist sich als geeignete Jahreszeit, da sich auf der von Regenfällen angeschwollenen Loire die Ausrüstungen für das königliche Heer und der Proviant für die Truppen bestens transportieren lassen. Auf diese Weise reist die »Schäferin«, wie eine der bei der Belagerung von Orléans eingesetzten Steinschleudern genannt wird, von

Jargeau, wo sie drei große Türme der Stadt zerstört hatte, hierher. Die Schleudermaschine trifft gleichzeitig mit Johannas und d'Albrets Truppen ein, doch Perrinet Gressart bemächtigt sich ihrer und leiht sie anschließend dem Herzog von Burgund. Der Nachschub bildet eine riesige Kolonne. Die »Schäferin« ist in zwei Teile zerlegbar, den Lauf und die Kammer. 29 Pferde, geführt von 12 Fuhrleuten, transportieren den Lauf, und 7 Pferde die Kammer. Dafür müssen die Brücken verstärkt und die Straßen ausgebessert werden. An diesem Beispiel kann man ermessen, welche enormen Anstrengungen notwendig waren, um eine Stadt zu belagern.

In La Charité hat Charle d'Albret, Halbbruder des Georges de La Trémoïlle und vom König zum Generalstatthalter ernannt, den Befehl über das Heer. Ludwig von Bourbon, Graf von Montpensier, und Johanna stehen ihm zur Seite. Die Jungfrau traf Ende Oktober in der Stadt Saint-Pierre-le-Moûtier ein, die sehr schwer zu belagern war. Deswegen beschlossen Johanna und Charles d'Albret, sich unverzüglich nach La Charité zu begeben, und während ihres Aufenthaltes in Moulins forderten sie vom Herzogtum Bourbon Verstärkung an. Das Heer zog dann in Richtung Norden, wo die Männer des Marschalls Boussac zu ihr stießen. Die Belagerung kurz von dem 24. November 1429 endete mit einer Niederlage, für die man das schlechte Wetter und die zu geringe Truppenstärke verantwortlich machte. Perceval de Cagny äußert sich dazu so: »Die Belagerung wurde nicht aufgehoben, weil der König weder Lebensmittel noch Geld sandte.« Man beschuldigte auch Le Trémoïlle, die für das Heer bestimmten Gelder für sich behalten zu haben, aber man sollte anerkennen, daß die Stadt von Perrinet Gressart sehr heftig verteidigt wurde. Da er sich im Solde Englands befand, war er vom Herzog von Burgund abhängig. Und da mit Burgund ein Waffenstillstandsabkommen bestand, das auch für das Nivernais galt, erhielt Gressart nicht mehr Hilfe als Johanna und Charles d'Albret.

Wer war dieser Perrinet Gressart? Seine Herkunft liegt weitgehend im dunklen[1]. Er stammt aus dem Volk, nennt sich aber 1417 plötzlich »Edelmann« und versieht seine Urkunden mit einem eigenen Wappensiegel — ein Balken mit drei Fingerkräutern —; ist also »durch das Wappen geadelt«. Heißt es nicht, daß »das Wappen einen Mann adelt, wer immer er auch sei[2]?«

Perrinet Gressarts Aufstieg beginnt in der Pikardie. Ermutigt von der zweideutigen Haltung des Herzogs von Burgund, Johann Ohnefurcht, der die burgundischen Abenteurer auf die Schlachtfelder des Sancerrois ausschwärmen läßt, wird Perrinet Bandenführer. Er verkauft sich an den Meistbietenden und vergrößert auf Kosten der Bauern sein Vermögen. Wir begegnen ihm im Nivernais wieder, wo er sich auf Lösegelder spezialisiert hat. Dennoch dient er vornehmlich dem Herzog von Burgund. 1420, als die Armagnacs dem Herzogtum immer gefährlicher werden, tritt Perrinet in Paray-le-Monial an der Spitze einer vom Herzog bezahlten Truppe gegen sie an. Mit einem seiner Gefährten verteidigt er das Charolais. Der Landsknecht steigt auf der sozialen Leiter immer höher, erwirbt 1426 die kleine Festung La Motte-Josserand und nennt sich fortan Herr von La Motte-Josserand. Er ist ein Mann, der sich Respekt zu verschaffen weiß und von den Räubern, de er anführt, geachtet wird. Er

---

1. Siehe die sehr interessante Dissertation von André Bossuet: *Perrinet Gressart et François de Surienne, agents de l'Angleterre; contribution à l'étude des relations de l'Angleterre et de la Bourgogne avec la France, sous le règne de Charles VIII.*, Paris, 1936.
2. Jean de Bueil, *Le Jouvencel, Paris*, 1887, Vol. II, S. 80.

geht hart mit ihnen um, beschützt sie aber auch und sorgt dafür, daß sie Begnadigungsbriefe erhalten, wenn sie eine Region verlassen müssen. Er kümmert sich auch um die Familie: Er heiratet eine gewisse, offenbar vermögende Huguette de Corvol, und sein Kampfgehilfe, François de Surienne heiratet eine seiner Nichten.

1426 läßt sich Gressart in La Charité-sur-Loire nieder, um die Bevölkerung dieser Stadt zu schützen und auch um für seine Überfälle im Nivernais einen Stützpunkt zu haben. La Charité-sur-Loire ist eine wichtige Festung in strategisch günstiger Lage: Sie liegt an einem der wenigen Übergänge über die Loire in dem Gebiet, wo der Fluß von Steilufern gesäumt ist. Aus dem Abenteurer Perrinet Gressart wird ein Grundherr im Dienste des Herzogs von Burgund, und man darf nur mit ihm direkt oder mit seinem Kanzler Nicolas Rollin verhandeln.

Da die Gelder des Herzogs von Burgund recht unregelmäßig fließen, begnügt Perrinet Gressart sich nicht mehr mit dem Posten eines Oberbrotmeisters Philipps des Guten und tritt in den Dienst des Regenten von England. Bedford spielt diese Waffe Burgund gegenüber aus. Burgund wiederum legt größten Wert darauf, daß La Charité und Gressart auf seiner Seite bleiben, denn es möchte verhindern, daß die Engländer zu mächtig werden. Das geht so weit, daß es mit Perrinet Verträge abschließt und sich bemüht, ihm zu zahlen, was es ihm schuldet, nämlich den Unterhalt der Garnison, 2400 Livres im Monat.

Perrinet Gressart macht jedoch nicht nur Geschäfte mit den Burgundern, sondern auch mit den Armagnacs, in erster Linie mit Richemont, der die Waffenstillstandsverhandlungen initiiert, und dann natürlich mit La Trémoïlle. 1427 wird das Waffenstillstandsabkommen ordnungsmäßig vor zwei

Notaren unterzeichnet und mit dem Siegel Perrinets verse-hen, der sich verpflichtet, dem Land kein Lösegeld abzuneh-men. Aber für ihn ist dieser Vertrag nur ein Blatt Papier, und bald erheben sich überall Klagen: Er plündert im Berry und verschont auch nicht die Bewohner des Nivernais. Er nimmt sogar La Trémoïlle, Haupt einer Delegation der Armagnacs, bei seiner Durchreise durch La Charité in Gewahrsam, obwohl sich dieser im Besitz eines Geleitbriefes befindet und vom Marschall von Burgund sowie von mehreren Beamten des herzoglichen Hofstaates begleitet wird. François de Surienne und er verlangen noch am Tag seiner Gefangen-nahme, am 30. Dezember 1425, daß er eine Quittung über ein Lösegeld von 14 000 »schwergewichtigen« Talern unter-zeichnet. La Trémoïlle unterschreibt, denn er möchte so schnell wie möglich wieder frei sein, da er befürchtet, an die Engländer ausgeliefert zu werden. Von La Charité aus bittet er seinen Bruder, Jean de Vecel, und den Marschall von Frankreich, ihn rasch zu befreien und auf Gressarts Forde-rungen einzugehen. Er bedankt sich sogar für seine Behand-lung und überhäuft Perrinets Gemahlin Huguette de Corvol mit Geschenken.

Als Perrinet Gressart La Trémoïlle festnahm, wußte er, daß der Herzog von Burgund diese Tat mißbilligen würde, aber er dachte an alles und forderte von La Trémoïlle, ihn schrift-lich zu entlasten. Die Gefangenschaft des Herzogs dauerte nicht lange, denn wir begegnen ihn bald wieder in Tournai bei Philipp dem Guten, er sich nach seinem Sieg über Jako-bäa von Bayern auf dem Rückzug in seine Provinzen befand.

Im Juli 1426 ist er bei Karl VII., der ihn bevollmächtigt, sämtliche Steuern und Abgaben all seiner Besitztümer im Poitou, Limousin, Anjou, Berry und im Herzogtum Orléans einzutreiben. Diese Gelder sollten ihn großzügig für seine

Ausgaben entschädigen, ihm sein Lösegeld zurückbringen und ihn so über die erlittenen Ängste und Schrecken hinwegtrösten.

Perrinet seinerseits setzt sein Leben als Räuberhauptmann fort, wobei er es einmal eher mit England, dann wieder mehr mit Burgund hält. So kommt es, daß ihm, als La Hire vor Montargis die Engländer zum Nachgeben zwingt und die Franzosen sich in Gien neu sammeln, Bedford eine Verstärkung von 400 bis 500 »Engländern aus England[1]« verspricht. Aber Perrinet Gressart wagt nicht, diesen Zuzug zu akzeptieren. Er fürchtet, damit den Herzog von Burgund zu verärgern, was ihn aber nicht daran hindert, die Güter anzunehmen, die ihm die Engländer anbieten. Der Räuber ist auf diese Weise durch feudale Bande an Heinrich VI. von England gebunden und unterliegt wie ein Vasall der Lehenspflicht.

Während der Belagerung von Orléans besetzen Perrinet Gressart und seine Truppen für die Engländer einen Teil des Nivernais: Sie halten Saint-Pierre-le-Moûtier und zahlreiche Festungen wie Rosemont – ein Loireübergang zwischen Decize und Nevers –, das an der Straße von La Charité nach Versy gelegene Passy, Dompierre-sur-Nièvre und La Motte-Josserand im Tal des Nohain, von wo aus Perrinet Gien bedrohen kann. Das zeigt, wie stark seine Position ist.

Die Lage ändert sich von Grund auf, als die französischen Truppen ihre ersten Erfolge verbuchen. Doch wenn Frankreich von den Siegen gegen die Engländer profitieren will, muß Burgund neutral bleiben. Also bemühen sich die Ratgeber Karls VII. um ein Waffenstillstandsabkommen; so kommt es, daß man auf dem Weg nach Reims Auxerre

---

1. Archive der Côte-d'Or, B 11916.

nicht im Sturm nimmt, sondern sich an den Verhandlungstisch setzt. Auch die Burgunder zeigen sich versöhnlich und lassen die Truppe, die zur Krönung marschiert, ungehindert passieren. Am Tag danach wird der Waffenstillstandsvertrag unterzeichnet; er soll bis Weihnachten in Kraft bleiben. Der Vertrag mit dem König von Frankreich bedeutet in keiner Weise den Abbruch der guten Beziehungen zwischen Burgund und England. Die Burgunder sind besorgt: die königlichen Truppen sind an der Grenze ihres Herzogtums aufmarschiert und haben wichtige Orte entlang der Oise eingenommen: Compiègne und Creil, die Hauptorte der Pikardie, und beinahe hätte Paris das Lager gewechselt; die Normandie selbst ist für die Engländer keine wirklich sichere Festung mehr.

Perrinet Gressart hat dem Herzog von Burgund das Mißgeschick verziehen, das ihm widerfuhr, als er in den Palast von Artois gerufen und bis Paris von dem Berater des Herzogs, dem Schildknappen Jean de Mazilles, begleitet wurde. Er berichtet von der Episode in einem Brief an Guillaume de Vienne:

»Ich begab mich an diesen Ort (in den Palast von Artois), man steckte mich in ein Zimmer und sagte mir, daß ich nicht mit ihm (dem Herzog) sprechen dürfe, worüber ich sehr erschrocken war, und nicht ohne Grund, wenn man bedenkt, daß er mich hatte kommen lassen und mich nun in diesem Zimmer wie ein Gefangener hielt, solange er in der Stadt Paris war[1].« Während die Burgunder Gressart dergestalt schlecht behandelten, überhäufte Bedford ihn mit Geschenken. Als Johanna die Stadt belagerte, fürchtete Gressart einen Augenblick, La Charité zu verlieren. Er wußte genau, wem

---

1. Archive der Côte-d'Or, B 11916.

diese Aktion zu verdanken war. »Diese Stadt wurde auf Ansuchen meines Herrn La Trémoïlle belagert«, sagt er[1]. Dieser hatte ihm seine Gefangennahme und die Forderung eines Lösegeldes nicht verziehen. Außerdem mußte der König das Berry schützen, wo der Landsknecht und seine Banden noch immer raubten und plünderten. Das Bourbonnais des Grafen von Clermont war genauso bedroht, und man versteht, daß La Trémoïlle und Clermont Gressart gern das Handwerk gelegt hätten. Schließlich war La Charité eine wichtige Stadt an der Loire, und der dortige Handel blühte, obwohl er durch die Angriffe der Landsknechte stark beeinträchtigt war.

Nachdem Johanna die Armagnacs angespornt hatte, das Land zurückzuerobern, und als Karl VII. stark genug ist, um die Waffenstillstandspolitik aufzugeben und seine Siege zu nutzen, wird die Lage Burgunds schwierig. Die Herzogin muß in Genf bei einem Geldverleiher ihr Geschmeide verpfänden, und der Schatzmeister des Herzogs, Jean Abonnel, macht sich auf, um im ganzen Herzogtum Geld aufzutreiben. Am 22. November 1435 erfolgt der Friedensschluß zwischen Perrinet und Karl VII., der ihm seine früheren Besitztümer zurückgibt und auf Lebenszeit zum Stadthauptmann von La Charité mit einem Gehalt von 400 Livres pro Jahr aus den Erträgen der Kornernten von La Charité und Cosne ernennt. Außerdem müssen ihm innerhalb von drei Monaten 2000 Goldsalute gezahlt werden; 8000 erhält er von Burgund, dessen Herzog sich sogar verpflichtet, ihm die 1000 Salute zu zahlen, die der König von England Gressart schuldet. Obgleich sich Gressart im klaren ist, daß sich das Blatt gewendet hat, gewährt er den Burgundern und den Armagnacs keinen

---

1. Perrinet Gressart, *Lettres,* Archive der Côte-d'Or, B 11918.

Zahlungaufschub. Er geht sogar so so weit, daß er die Kolonnen mit dem für ihn bestimmten Geldstücken gegen die Engländer schützt[1].

Fortan verhandelt Gressart nicht mehr mit dem Herzog von Burgund, sondern mit dem König von Frankreich selbst. Er wird Offizier des Grafen von Nevers und befreit das Land von Plündererbanden — obwohl er selbst ein Plünderer ist —, und er bittet Karl VII. um Unterstützung gegen sie. Die letzten Angaben über Gressart stammen vom September 1438; zweifellos ist er in dieser Zeit gestorben.

Es ist erstaunlich, daß weder die Engländer noch der Herzog von Burgund es verstanden haben, sich Perrinet Gressarts militärisches Talent zunutze zu machen. Der burgundische Chronist Jean de Wavrin zeichnet ein sehr schmeichelhaftes Porträt von ihm:

»Perrinet führte zeit seines Lebens einen so erbitterten Kampf gegen König Karl wie kein anderer seines Standes; denn er war weise, klug und von großem Unternehmungsgeist und jeder Lage gewachsen. Ich selbst, der Verfasser dieses Werkes, habe mit ihm an mehreren Unternehmungen, die ihm zur Ehre gereichten, teilgenommen[2].«

Sicher besaß er eine gewisse Begabung, denn er wußte sich zwölf Jahre lang gleichzeitig gegen die Engländer, die Burgunder und trotz Johannas Bemühungen sogar gegen die Armagnacs zu behaupten, und es gelang ihm, sich ein gewisses Vermögen und einen gewissen Ruhm zu erhalten.

Ein weiterer Abenteurer, der aber seine Chance nicht rechtzeitig zu nutzen verstand, war der Aragonier Surienne.

---

1. Archive der Côte-d'Or, B 1660.
2. Jean de Wavrin, Éd. de la Société de France, Bd. I, S. 264, zitiert von Bossuat, S. 250.

Er war sozusagen ein Ersatz für den Sohn, den Gressart nie hatte. Dieser lehrte ihn alles und machte ihn bei seiner Hochzeit mit seiner eigenen Nichte zu seinem Erben. Doch François folgte dem Beispiel seines Onkels, der sich 1435 von den Engländern lossagte, nicht konsequent. Im Gegenteil, er setzte sich noch stärker für sie ein. Gressart selbst entzog ihm sein Vertrauen und änderte 1432 sein Testament zugunsten einer anderen Nichte — die aber nicht in den Genuß des Erbes kam, da die Güter an Jean Juvénal des Ursins, einen Vertrauten Karls II., übergingen.

Der Aragonier taucht wieder in Montargis auf, wo er den Engländern immer noch treu ist. Von dort aus unternimmt er zahlreiche kühne Überfälle. Die Bevölkerung von Orléans, die sich an die Zeit erinnert, als er an Gressarts Seite kämpfte, fürchtet ihn sehr. Von Montargis aus, einem recht bequemen Schlupfwinkel, unternimmt er auch Raubzüge bis in die Île-de-France. Doch 1437 sucht ihn Xaintrailles mit einem Geleitbrief auf und schließt mit ihm ein Abkommen, nach dem er im Namen Karls VII. zum Amtmann von Saint-Pierre-le-Moûtier ernannt wird und ein Gehalt von 12 000 Goldrealen erhält. Bis zur ersten Zahlung soll Surienne das Schloß Montargis mit seinen Truppen behalten, die Stadt soll neutral werden, und die Franzosen sollen sich darin festsetzen. Doch er akzeptiert die Angebote des Königs nur scheinbar und versucht, mit der englischen Seite zu verhandeln; 1438 bestätigt Heinrich VI. ihn für ein weiteres Jahr als Hauptmann der Stadt und des Schlosses Montargis. Der Bastard von Orleans seinerseits übergibt ihm im Namen der Armagnacs die vorgesehene Summe, und der Aragonier verläßt das Schloß, nimmt aber sofort sein Landsknechts- und Abenteurerleben im Dienste Talbots und des Herzogs von York wieder auf.

Da die Engländer ihm die Bewachung von Verneuil anvertraut haben, möchte er sich in der Normandie niederlassen, wie sein Onkel es im Nivernais getan hatte. Er verheiratet seine Töchter an Nachkommen normannischer Adelsfamilien, und einer seiner Söhne lebt in England in der nächsten Umgebung des Herzogs von Gloucester. Er ignoriert immer noch den zwischen Frankreich und England geschlossenen Waffenstillstandsvertrag, fährt fort zu plündern und fordert Lösegeld in Dreux. Zum Zeichen ihrs Wohlwollens ernennen ihn die Engländer ohne Zögern zum Ritter des Hosenbandordens und zum Berater König Heinrichs VI. mit einem Gehalt von jährlich 1000 Livres, gewähren ihm zahlreiche Ehrengehälter und schenken ihm das Schloß Porchester in Hampshire. Auch er wird Vasall des Königs von England.

Trotz des Waffenstillstandsvertrags und in voller Kenntnis der Sachlage – er weiß, daß seine Familie enthert werden wird – greift er Fougères an und veranstaltet bei seiner Einnahme ein entsetzliches Gemetzel. Die Plünderer verschonen niemanden, die Beute beläuft sich auf die enorme Summe von 2 Millionen Livres, von der ein Teil nach England geschickt wird. Doch die Stadt wird bald zurückerobert, da die Truppen des Aragoniers nicht ausreichen und die Bevölkerung ihm feindlich gesinnt ist.

Die Lage wird prekär, als die Truppen Karls VII. einen Sieg erringen und Verneuil zurückgewinnen: Der Aragonier kapituliert mit einer Zahlung von 10 000 Goldtalern; im November 1449 rücken die bretonischen Truppen in Fougères ein. Mit der Kapitulation der Engländer in der Normandie verliert Surienne alle Güter, die er dort besaß. Er wird von Karl VII. empfangen, aber da es ihm nicht gelingt, vom König irgend etwas zu erhalten, beschließt er, sich mit seinen Kindern und seiner Frau (die erkrankt ist) in seine Heimat Aragon zu begeben, und Karl VII. gewährt ihm für sechs Monate sicheres Geleit. Um die Einnahme von Fougères zu rechtfertigen, versichert er vor einem Aufbruch, daß er auf Befehl gehandelt habe, und schickt den Engländern den Hosenbandorden zurück, auf den er so stolz gewesen war.

Als Alfons V. von Aragonien Karl VII. in einem Schreiben bittet, François de Surienne seine gesamten Güter zurückzugeben, kehrt dieser nach Frankreich zurück, kauft dem Herrn von Arguel Pixy im Auxerros ab und wird so Vasall Karls VII.[1] Doch weder die Franzosen noch die Engländer wollen etwas von ihm wissen, so daß ihm nichts anderes übrigbleibt, als nach Burgund zu gehen und dem Herzog seine Dienste anzubieten: An der Seite des Bastards von Burgund schlägt er die Genter. Er wird Stadthauptmann von Gâvre in Flandern und behält diesen Posten bis 1457. Als Berater und Kämmerer des Herzogs von Burgund und seit 1452 Herr von Châtelgérad residiert er jedoch in Pisy. Damit waren die Zuwendungen, die ihm die Engländer einst gewährt hatte, wieder ausgeglichen.

---

1. A.N.P.P. 110 g., Urkunde vom 20. September 1461.

XIII.
Johann von Luxemburg

Johanna war in Compiègne vom Bastard von Wamdonne gefangengenommen worden, der sie als Vasall Johanns von Luxemburg diesem übergab. Es ist fraglich, ob der Luxemburger die Möglichkeit hatte, sie nicht an die Engländer zu verkaufen. Hätte er sie gegen die Zahlung eines Lösegeldes an Karl VII. zurückgeben können?

Johann von Luxemburg ist dem Herzog von Burgund treu ergeben, aber er steht auch im Sold des Königs von England, von dem er jedes Jahr einen Beitrag von 500 Livres als Berater Heinrichs VI. erhält, und sein Bruder Ludwig, Kardinal von England, sitzt im Kronrat. Am Abend der Gefangennahme Johannas benachrichtigt er seinen Bruder, der das Schreiben am 25. Mai in Paris erhält. Johanna bleibt vier Monate lang gefangen. Offenbar blieb Johann von Luxemburg nichts anderes übrig, als den König von England, dessen Vasall er war, zu verständigen. Er hätte sogar seine Gefangene unverzüglich ausliefern müssen.

In Beaurevoir wird Johanna von der Tante des Grafen, Johanna von Luxemburg, und von seiner Gemahlin Jeanne de Béthune freundlich aufgenommen. Es heißt sogar, daß Johanna von Luxemburg, die Taufpatin Karls VII. war, ihren

Neffen ausdrücklich darum bat, Johanna nicht an die Engländer zu verkaufen, daß aber Luxemburg nicht zögerte, das Versprechen, das er seiner Tante bei ihrer Abreise nach Avignon gegeben hatte, zu brechen; er konnte ja nicht wissen, daß sie am 18. September 1430 dort sterben würde.

Pierre Cauchon seinerseits verlor keine Zeit. Am 26. Mai 1430 trifft ein Schreiben der Pariser Universität in Beaurevoir ein, in dem Johannas Auslieferung an die Inquisition gefordert wird; möglicherweise steckte der Bischof von Beauvais hinter diesem Schreiben. Am 14. Juli wird eine weitere Aufforderung zur Auslieferung der Gefangenen abgeschickt. Am 4. August 1430 genehmigen die Stände der Normandie eine Steuer von 120 000 tourischen Livres für die Weiterführung des Krieges, und 10 000 werden bewilligt, um Johanna freizukaufen. Der Bischof von Beauvais besucht die Gefangene zweimal und versucht, Johann von Luxemburg zum Nachgeben zu bewegen. Er gibt ihm zu verstehen, daß er gegen Christenpflicht verstoße, wenn er die Jungfrau nicht ausliefere, die aus religiösen Gründen von der Universität verurteilt werden müsse. Doch dann sind es die Engländer, die Johanna kaufen. Sie täuscht sich nicht, als sie zu Cauchon sagt: »Bischof, ich sterbe durch Euch!« Cauchon handelt nicht nur im Namen der Universität, sondern auch im Interesse König Heinrichs VI.

Der Ausdruck Lösegeld ist irreführend. Die Geldsumme ist eher eine Sicherheit, die die Engländer denen geben, die Johanna gefangengenommen haben. Hatte das »Lösegeld« im Mittelalter nicht den Sinn, die Freiheit der Gefangenen herbeizuführen? Johann von Luxemburg scheint also keine andere Wahl gehabt zu haben, als Johanna dem Bischof Cauchon zu überstellen. Dabei ist zu bemerken, daß er vier Monate lang zögerte, bevor er die Gefangene auslieferte. Gestehen wir ihm also zu, daß er zumindest Bedenken hatte.

XIV.
Pierre Cauchon

Wahrscheinlich wurde er um 1371 in Reims geboren. Entstammte er einer Winzerfamilie, wie Jean Juvenal des Ursins vermutet, oder war er Sproß einer adligen Familie, die sich nach der Templer-Affäre in Reims niedergelassen hatte? Die Frage kann nicht sicher beantwortet werden. Es sind jedoch zwischen Pierre Cauchon und Jean de Rinel, dem künftigen Sekretär Heinrichs VI., Familienbande festzustellen. Als Ehemann seiner Nichte Guillemette de Bidault war dieser sein Großneffe. Ihr ganzes Leben lang wirkten sie gemeinsam für den Ruhm des Königs von England.

Nach einem glänzenden Studium wird Pierre Cauchon Rektor der Universität von Paris. Dank seiner juristischen und rednerischen Fähigkeiten wird der Lizentiat im kanonischen Recht 1407 zum Botschafter bestellt, damit er dem Großen Schisma ein Ende bereite. Dann wird er zum Domherrn von Reims und Beauvais ernannt, obwohl er diese beiden Funktionen eigentlich nicht nebeneinander hätte ausüben dürfen[1]. Als Viztum (Vermögensverwalter) der Kirche

---

1. Die Anhäufung von Pfründen ist eines der großen Probleme der Kirche jener Zeit: durch die von der Schwarzen Pest hinterlassenen Lücken sind viele Pfründen frei geworden, die sich geschickte Geistliche zuteilen lassen, ohne deren Funktionen auszuüben.

von Reims tut sich Pierre Cauchon mit dem Herzog von Burgund, Philipp dem Guten, zusammen. In Paris, wo er am herzoglichen Hof ein häufiger Gast ist, wird er einer der Rädelsführer des Aufstandes der »Cabochiens«. Von ihm angefeuert, versucht der Pariser Mob, sich der Bastille zu bemächtigen, verwüstet die Paläste von Guyenne und Artois, dringt bis in das Schlafgemach des Dauphin vor und bemächtigt sich seiner Beamten. In der Folgezeit ändert sich die Volksmeinung, und die Große Fleischerei von Paris wird dem Erdboden gleichgemacht. Am 27. September 1423 zieht der Graf von Armagnac in die Hauptstadt ein, und Cauchon wird aus der Stadt verbannt. Der Herzog von Burgund schickt ihn daraufhin zum Konzil von Konstanz, wo er die Thesen Jean Petits vertritt, der sich nach dem Tod des Herzogs von Orléans zum Verfechter des Tyrannenmordes erhoben hat.

Cauchon, inzwischen zum Berichterstatter über die Bittschriften ernannt, führt nun einige Aufträge der Universität von Paris aus; dabei begegnen wir ihn zusammen mit seinem Neffen Jean de Rinel in Troyes, wo er den berühmten Vertrag ausarbeitet, der den Dauphin Karl seines Erbes beraubt. Aufgrund der Krisensituation und der Zwietracht, die zwischen den Armagnacs und den Burgundern herrscht, mischt sich Heinrich V. immer mehr in die französische Politik ein. Die Burgunder erobern Paris zurück, und ein Blutbad ist nicht zu verhindern; Tanguy de Châtel rettet den Dauphin, indem er ihn nächtens nach Vincennes bringt. Pierre Cauchon wird Fürstbischof von Beauvais und steht unter dem Schutz des Herzogs von Burgund, dem er mit ganzer Kraft dient, indem er das Domkapitel von Paris zerschlägt: Auf Betreiben Bedfords läßt er den Bischof von Paris, Courtecuisse — der immerhin vom Papst ernannt worden ist — nach Genf bringen. Damit erwirbt er sich auch das Vertrauen des Regenten. Mit voller Unterstützung der Universität von Paris vertritt Cauchon diese bei Papst Martin V. und ist gleichzeitig der Gesandte des Königs von England. Er wird neun Jahre lang Bischof von Beauvais sein.

1429, nach der Befreiung von Orléans, führt Johanna den König nach Reims. Ein paar Tage vor der Krönung war Cauchon selbst in Reims gewesen, wo er während der Fronleichnamsprozession am 26. Mai das Allerheiligste trug. Er flieht aus der Stadt in sein Bistum und muß wohl in Rouen Zuflucht gefunden haben, als die Einwohner von Beauvais die Engländer und die Burgunder vertrieben. Als Berater des englischen Königs Heinrich VI. erhält der Bischof ein Gehalt von 100 tourischen Livres pro Jahr[1]. Von diesem Augenblick an versucht Bedford, ihn zum Bischof von Rouen ernennen zu lassen, jedoch vergebens: Cauchon erhält nur das Bistum Lisieux. Der Klerus von Rouen hatte sich widersetzt, und Bedford, der mit beiden Parteien auskommen wollte, ließ den Dingen ihren Gang.

Im Namen Heinrichs VI. bemüht sich Cauchon, Johanna zurückzukaufen, um sie in der Hauptstadt des »englischen Frankreich« vor ein Inquisitionsgericht zu stellen. Dabei beruft er sich auf seine Eigenschaft und sein Recht als Bischof von Beauvais, des Gebiets, in dem Johanna gefangengenommen wurde. Er begibt sich nach Compiègne, dann nach Beaurevoir zu Johann von Luxemburg. Nach monatelangen Bemühungen gelingt es ihm schließlich, einen Prozeß wegen Ketzerei gegen sie anzustrengen.

Nach Johannas Tod nimmt Cauchon am 16. Dezember

---

1. Paris, B. N. ms. gr. 20882, fol. 61, (Rechnungsbuch Pierre Surreau).

1431 an der Krönung Heinrichs VI. in Paris teil, wie der Chronist Monstrelet bezeugt:

»Bei ihm waren vom englischen Volke sein Onkel, der Kardinal von Winchester, und der Kardinal von York, sein Onkel, der Herzog von Bedford, und der reiche Herzog von York, die Grafen von Warwick, Salisbury, von Suffolk und andere edle Ritter und Schildknappen des französischen Hofes, es waren anwesend die Bischöfe von Thérouanne mit dem Namen Messire Ludwig von Luxemburg und von Beauvais, Magister Pierre Cauchon sowie aus Noyon Magister Jean de Mailly«[1].

Bedford hatte erreicht, daß die seinem König günstig gesinnten Pairs von Frankreich bei der Krönung zugegen waren, und der Bischof nahm an dem feierlichen Mahl teil, das auf die Messe und die Zeremonie folgte:

»Und an der Seite der Parlamentskammer an jener Tafel saßen der Kardinal von Winchester und Magister Pierre Cauchon, der Bischof von Beauvais, Magister Jean de Mailly, der Bischof von Noyon, sowie Pairs von Frankreich.«[2]

Als Bischof von Lisieux erhält Cauchon in Rouen das Herrenhaus des Palasts Saint-Cande oder des Palastes von Lisieux, was die Geistlichkeit von Rouen in keiner Weise billigt. Dennoch widmet er sich weiterhin seiner Aufgabe als Botschafter Heinrichs VI. und begibt sich 1433 nach Calais, um wegen der Befreiung des Herzogs von Orléans zu verhandeln, dann 1435 zum Konzil von Basel. Er befindet sich in guter Gesellschaft, denn er begegnet Thomas de Courcelles, Jean Beaupère und Nicolas Loiseleur wieder, die während Johannas Prozeß Beisitzer und Helfershelfer gewesen waren. Nach dem

---

1. Monstrelet, *Chroniques*, I. Kap. 109.
2. Monstrelet, ebenda.

Tod Bedfords, kurz darauf gefolgt vom Tod des Erzbischofs von Rouen, wird Ludwig von Luxemburg seinerseits zum Bischof der Hauptstadt der Normandie ernannt, wobei ihn der Richter Johannas stark unterstützt. Die beiden Männer weilen gerade in Paris, als die Stadt von den Truppen Karls VII. eingenommen wird, und müssen nach England und Rouen flüchten.

Cauchon stirbt noch vor dem endgültigen Zusammenbruch der englischen Stellungen am 18. Dezember 1442 in Rouen. Er erlebt also Johannas Rehabilitation nicht mehr, aber seine Familie muß zu seinem Vorgehen Stellung nehmen: Seine Urgroßneffen, die zu dieser Zeit über sein Erbe verhandeln, wollen sich an der Polemik nicht beteiligen und senden über den Staatsanwalt Jean de Gouvis an die Richter des Rehabilitationsprozesses ein Schreiben, in dem sie alle Schuld auf den Gegner abwälzen:

»Wir haben gehört, daß Johanna die Jungfrau trotz ihres christlichen, reinen und unbefleckten Lebens Opfer des Hasses der Engländer wurde, die ihr nicht vergaben, daß sie ihnen im Kriege großen Schaden zugefügt und dem König von Frankreich gut gedient hat.«

Die Erben möchten in dem großen Haus an der Rue de la Cayne in Ruhe ihr Leben fortsetzen. Der Prozeß betrifft sie nicht, sagen sie, »denn wir waren damals kleine Kinder oder noch nicht einmal geboren.« Die Familie will sich unter keinen Umständen mit der neuen Regierung des Königreiches anlegen und weist jede Verantwortung entschieden von sich.

XV.
Robert de Flocques

Er unterzeichnet mit Floquet, trägt den Vornamen Robinet und nennt sich Robert de Flocques. Es handelt sich um einen der berühmtesten Écorcheurs. Das Wort Écorcheur (deutsch: Schinder) geht auf die Tatsache zurück, daß »alle Leute, die ihnen begegneten, ob auf ihrer Seite oder auf der anderen, ausgezogen wurden bis aufs Hemd«. Wegen dieser Bewaffneten gehören die Jahre 1435 bis 1444 zu einem der dunkelsten Kapitel der französischen Geschichte. Écorcheurs-Banden setzten sich aus sehr unterschiedlichen Männern zusammen: Nachkommen großer französischer Familien, wie Chabannes, kleine Adelige, die ihr Lehen verloren hatten, wie Robert de Flocques, Bauern, die das Elend dazu trieb; ehemalige Priester und Dirnen vervollständigten diese Trupps. Sie fordern Lösegelder, vergewaltigen, töten und plündern im Hennegau, in der Touraine, im Auxois und auch noch in der Champagne. Was sie tun, würden wir heute als räuberische Erpressung bezeichnen, denn sie fordern von einem Dorf, einer Stadt oder einer Einzelperson Geld dafür, daß sie sie nicht plündern; ist das Geld nicht rasch genug zur Stelle, holen sie sich das Entsprechende.

Aber Robert de Flocques bleibt ebenso wie seine Spießge-

sellen La Hire, Chabannes und Xaintrailles Karl VII. treu. Zu
»plündern und Lösegelder zu fordern erschien ihnen um so
weniger verwerflich, als sie die auf diese Weise erworbenen
Beträge dazu verwendeten, sich für einen Krieg des Königs
zur Verfügung zu halten«[1].

Über Robert de Flocques' frühe Aktivitäten weiß man sehr
wenig. War er in Orléans? Kämpfte er an Johannas Seite im
Loirefeldzug? War er in Compiègne? Die Fragen bleiben
offen. Das erste Mal erscheint sein Name 1432 im Beauvaisis:
er preßt einen burgundischen Dichter frei, der auf Befehl
Karls VII. hingerichtet werden soll. Seine Helfershelfer bei
dem »Geschäft«, das ihm tausend Goldsalute einbringt, sind
La Hire und Poton de Xaintrailles.

1437 taucht er in Tancarville auf, wo er sich gegen die Engländer stellt – übrigens wird er sein ganzes Leben lang Krieg
gegen die Besetzer führen. Doch um Mittel aufzutreiben, ist
er gezwungen, sich an den Ländereien des Herzogs von Burgund schadlos zu halten; das gefällt diesem in keiner Weise,
und er führt bei Karl VII. Klage darüber, daß die Vereinba-
rungen von Arras nicht eingehalten werden. Die Antwort des
Königs läßt nicht auf sich warten; in einem Schreiben tadelt
er seine Hauptleute und fordert sie auf, ihre Plünderungen
einzustellen. Gerichtet ist dieses Schreiben unter anderem an
Poton de Xaintrailles, Gauthier de Brussac, den Bastard von
Bourbon, Antoine de Chabannes und Robert de Flocques.

Die Stände von Burgund zahlen ihrerseits mehr als 6000
Goldsalute, damit die Écorcheurs ihr Land verlassen. Diese
ziehen nun nach Lothringen und dann ins Elsaß, wo sie ebenfalls Angst und Schrecken verbreiten. Da sie die gut verteidig-

---

1. André Plaise, *Un chef de guerre au XVe siècle, Robert de Flocques, bailli
royal d'Évreux*, Évreux, 1984.

ten Städte Straßburg und Basel nicht angreifen können, brandschatzen sie auf dem flachen Land mehr als hundert Dörfer. Dann fallen sie wieder in Burgund ein. Dieses Mal reagiert Karl VII. mit dem Erlaß vom 2. November 1439: »Die Heerführer und Bewaffneten beziehen Standort an der Grenze.« Es gibt ab jetzt nur noch vom König ausgewählte und ernannte Hauptleute, die auch von ihm bezahlt werden. Damit schuf Karl VII. das erste stehende Heer; doch diese »revolutionäre« Neuerung wurde nicht von allen verstanden und akzeptiert, denn bis dahin war der Krieg Sache der Adeligen und Fürsten gewesen. Gegen die Écorcheurs statuiert Karl VII. ein Exempel an dem ehemaligen Chorherrn Alexandre von Bourbon, dem Gefährten des Rodrigue de Villandrando, den er 1441 festnehmen und nach einem kurzen Prozeß in einem Sack von der Brücke in Bar-sur-Aube in den Fluß werfen läßt. Acht seiner Spießgesellen werden gehängt und zwölf geköpft. Für den Augenblick ist die Wirkung dieser Verurteilungen groß, aber die Écorcheurs nehmen sehr schnell ihr wüstes Leben wieder auf.

Konnte Karl VII. wirklich auf diese Männer verzichten? Die Praguerie scheiterte letztlich, weil die Écorcheurs sich wie Rodrigue de Villandrando mit ihm verbündeten. Xaintrailles, Pierre de Brézé und Robert de Flocques beteiligten sich ebenfalls an den ersten Unternehmungen: sie verfolgten die Rebellen bis in die Auvergne hinein. Doch als für 22 Monate (vom 1. Juni 1444 bis zum 1. April 1446) ein Waffenstillstand vereinbart wurde, stand man vor einem Problem: Was sollte mit den Écorcheurs geschehen? Karl VII. beabsichtigte, sie unter dem Vorwand, daß Ferdinand III. von Österreich in einem Konflikt mit den Schweizer Grafschaften und René d'Anjou mit den Metzern stehe, weit fort zu schicken. Die Tatsache, daß er ihnen half und den Dauphin Ludwig an ihre Spitze setzte, störte den Herzog von Burgund außerordentlich, und er war darüber sehr verärgert.

Die schrecklichen Metzeleien, die nun folgten, sind bekannt. Die Rückkehr der Écorcheurs nach Frankreich verläuft ebenso blutig: Nach dem Elsaß plündern und verwüsten sie Burgund. Doch schließlich wird für die Rückeroberung der Normandie ein königliches Heer gebildet, und es gelingt dem König, sie davon zu überzeugen, daß sie an bestimmten Standorten bleiben: Da sie bezahlt werden, haben sie es nicht mehr nötig, für ihren Unterhalt zu plündern. Bei der Rückeroberung der Normandie kommt es zwar zu einigen Gewalttätigkeiten, doch wird sie »mit Meisterhand durchgeführt«.

Robert de Flocques nimmt an allen Rückeroberungen von Städten teil, die aus englischer Sicht durch »Verrat«, aus französischer Sicht durch »Schlauheit« erobert werden. Robert de Flocques und seine Freunde hatten in der Tat in jeder Stadt Spione und Leute, auf die sie sich verlassen konnten. Flocques wurde von Karl VII. sehr gut entlohnt, er erhielt unter anderem den Palast aus Talbots Besitz in Honfleurs. Am festlichen Einzug des Königs in Rouen nahm er nicht teil, da er sich ein Bein gebrochen hatte. Ein hübsches Detail: Die Domherren der Kathedrale schickten ihm, um ihn seine Schmerzen vergessen zu lassen, Chorknaben, damit sie ihm Choräle vorsängen.

Bis an sein Lebensende blieb er einer der großen Truppenführer Karls VII. Er hatte etwa 100 Bewaffnete und 200 Bogenschützen unter seinem Befehl und erschien mit ihnen bei den regelmäßig alle drei Jahre veranstalteten »Schaustellungen«.

Der Lebenslauf Robert de Flocques' zeigt die typische Geschichte eines jener Écorcheurs, die anfangs nur einfache Räuber waren und am Ende ihres Lebens in einer Reihe mit einem Dunois oder Pierre de Brézé standen.

XVI.
Jacques Gélu

Ebenso wie Gerson hat Jacques Gélu eine Abhandlung über die Jungfrau geschrieben. Der Erzbischof von Embrun stand in hohem Ansehen. Jean Girard, der Vorsitzende des Parlaments von Grenoble, und Pierre Lhermite, der persönliche Berater Karls VII., hatten ihn in einem Schreiben um seine Meinung über die »wunderbare« Ankunft Johannas in Chinon gebeten. Sie teilten ihm mit, daß das bereits in Poitiers von Gelehrten der Kirche untersucht worden sei. Gélu warnte den Dauphin davor, sich von einer Spitzbübin betrügen zu lassen; er führte weiter aus:

»Man darf sich mit der Rede eines Mädchens, einer Bäuerin, aufgewachsen in der Einsamkeit, vom schwachen Geschlecht und anfällig für Sinnestäuschungen nicht einfach abfinden; man darf sich vor fremden Staaten nicht lächerlich machen; die Franzosen sind schon genügend verschrien dafür, daß sie sich leicht hintergehen lassen.«

Über Lhermite empfiehlt Gélu dem König, Andachten zu halten, um erleuchtet zu werden, und fordert ihn auf, das Mädchen genauestens prüfen zu lassen. Drei Dinge machen sie verdächtig, fügt er hinzu: Erstens, daß sie aus dem pays Lothringen stammt, dem Grenzgebiet zwischen den verfeindeten Ländern Burgund und Lothringen; zweitens, daß sie eine Schafhirtin ist, »die man leicht verführen kann«; drittens, daß sie ein Mädchen ist und »es ihr weder ansteht, mit Waffen umzugehen und Hauptleute anzuführen, noch Predigten zu halten, Recht zu sprechen und Rabulisterei zu betreiben«. Er rät ihm jedoch, sie nicht fortzuschicken und respektvoll zu behandeln.

Gélu war ein hochkultivierter Mann, dessen Meinung bei den Zeitgenossen etwas galt. Er war im Herzogtum Luxemburg geboren, hatte in Paris studiert und wollte Anwalt werden. Hier fiel er dem Herzog von Orléans auf, der an ihm Gefallen fand. Nach dem Tod seines Bruders ernannte Karl VI. ihn zum Vorsteher der Provinz Dauphiné, aber Gélu wollte lieber Geistlicher werden und bat ihn um das Kanonikat von Embrun. Karl VI. rief ihn jedoch an den Hof zurück und übertrug ihm die Verantwortung für das Geldwesen, bevor er ihn zum Konzil von Konstanz entsandte, wo er die sehr heikle Aufgabe hatte, Benedikt XIII. von seinem Entschluß abzubringen – ohne Erfolg. Er suchte ihn dann in Perpignan auf und handelte ein Bündnis zwischen dem König von Frankreich und Kastilien aus. Zurück in Konstanz, erhielt er bei der Wahl des neuen Papstes einige Stimmen, doch gewählt wurde Martin V. In Paris opponierte Gélu mit alles Kraft gegen den Vertrag von Troyes: Er schrieb an den König von England und einige bretonische Grundherren, die für England Partei ergriffen hatten. Aber als er sah, daß seine Aktion gescheitert war, kehrte er nach Rom zurück und wurde dort zum Erzbischof von Embrun ernannt.

Nachdem ihm klar geworden war, daß die Jungfrau ein »Wunder vollbracht hatte«, bezog er deutlich Stellung für sie. Er verfaßte eine Abhandlung, die er Karl VII. widmete und die so beginnt: »Die Wunder, die zum ewigen Ruhm Eurer

Hoheit und des Hofes von Frankreich geschehen sind, klingen in allen Ohren wider, ein ganz junges Mädchen hat sie bewirkt.« Und der Erzbischof griff noch einmal die gesamte Fehde um Johanna auf, damit Karl VII. sah, wohin sein Weg führen müsse. Er erinnerte ihn daran, daß er selbst Zweifel gehabt hatte, und strich noch einmal die Tatsachen heraus, die nicht zu widerlegen waren: Johannas Tun lasse die Hand Gottes erkennen. Er zählte die Mißgeschicke Frankreichs und die Schrecknisse auf, die durch die Engländer über das Volk gekommen waren, schilderte, wie diese das Königreich aufgeteilt hatten und wie der König in solche Bedrängnis geraten war, daß es ihm und seinem Hof am Nötigsten fehlte. Er könne nicht mehr auf menschliche Hilfe hoffen, und es seien die Bedrängnis und das Elend, die Gott bewogen hätten, das junge Mädchen in »Manneskleidern« zu schicken — denn er habe nichts gegen Johannas Kleidung einzuwenden. Anschließend bestand er darauf, daß Karl VII. der rechtmäßige Herrscher Frankreichs sei: Seine Eltern könnten ihm den Thron nicht vorenthalten, das wäre gegen das natürlich, göttliche und menschliche Gesetz. Er erinnerte den König auch an die ruhmreichen Verdienste seiner Vorgänger. Trotz all der durch den Krieg entstandenen Wirren, schrieb er, sei das Volk niemals an der Güte und Barmherzigkeit Gottes verzweifelt.

Gélu berichtet schließlich, um sie zu widerlegen, von den Gerüchten, nach denen Johanna vom Teufel gesandt war: »Der Beweis ist, daß Gott kurzweg, aus eigenem Antrieb gehandelt hat (. . .). Die Jungfrau hat ihr Werk schon vor langem begonnen, aber es noch nicht zu Ende geführt.«

Zum Schluß bittet er den König, sie jedesmal zu rufen, wenn er ein Problem zu lösen habe, da sie eine Gottgesandte sei — aber auch nicht die menschlichen Mittel außer acht lasse —, und empfiehlt ihm, »jeden Tag etwas besonders Gottgefälliges zu tun und es mit der Jungfrau zu besprechen«.

Jacques Gélu starb einige Monate nach Johanna.

XVII.
Jean le Charlier de Gerson

Jean le Charlier, nach seinem Geburtsort meist Gerson genannt, ist einer der größten Theologen seines Jahrhunderts. Jean Gerson, wie er sich nennen ließ, wird am 14. Dezember 1363 in den Ardennen geboren und stirbt 1429 kurz vor Johanna. Aber er hat genügend Zeit, Stellung zu beziehen und ihr Tun zu beurteilen.

Sehr früh fällt er dem Pfarrer seines Dorfes als begabtes und fleißiges Kind auf, und so kann er, obwohl aus bescheidenen Verhältnissen stammend, studieren. Er tritt in das berühmte Collège de Navarre in Paris ein und wird dort 1388 mit 25 Jahren Doktor der Theologie. Im gleichen Collège wird er Professor und mit 32 Jahren Kanzler der Schule.

Er hat zahlreiche Abhandlungen geschrieben, in denen er den Götzendienst, die Magie, die Astrologie und den Aberglauben streng verurteilt. Er setzt sich für eine Reform der Volksbildung ein und verfaßt einige Studien zu dieser Frage in französischer Sprache, um von jedermann verstanden zu werden. Beim Konzil von Konstanz gehört er zu denen, die den Wirrungen des Papsttums ein Ende setzen. Er schreibt über dieses Thema ein kleines Werk, *De la suppression du Pape par l'Église* (Über die Abschaffung des Papstes durch die Kirche), in dem er aufzeigt, daß ein Papst, selbst wenn er gesetzlich gewählt ist, dem Urteil des Konzils unterworfen werden kann. Aufgrund seines Einflusses wird Johannes XXIII., Nachfolger Alexanders V., am 29. Mai 1415 abgesetzt, dankt Gregor XII. ab und muß Benedikt XIII. nach mancherlei dramatischen Ereignissen im Juli 1417 abtreten. Das Wahlkollegium wählt Marin V., womit das Schisma, das 36 Jahre gedauert hatte, beendet ist.

In Konstanz erfuhr Gerson auch, daß der berühmte Verfechter des Mordes an dem Herzog von Orléans, Jean Petit, den der Herzog von Burgund unterstützt und gegen den er immer opponiert hatte, verurteilt worden war. Dieser Gegnerschaft wegen war er während der Aufstände der Cabochiens in Paris verfolgt worden und dem Mob nur entkommen, weil er in einem der Türme von Notre-Dame Zuflucht fand. Aus Angst vor dem Herzog von Burgund begab er sich, ohne den Beschluß des Konzils über Petit abzuwarten, nach Lyon, wo Bischof Cauchon und einige seiner Anhänger bereit waren, ihn zu verstecken.

Doch was uns hier mehr interessiert, ist seine Apologie der Johanna.

In Lyon hatte er eine Anfrage über einen der Prüfer im »Prozeß von Pitiers« erhalten, einen gewissen Gérard Machet, Beichtvater des Königs und sein Freund und Schüler. Gersons Schrift fand große Beachtung; sie wurde in allen Ländern, ja sogar in Italien gelesen, da der Kaufmann Morosini je ein Exemplar an seine Familie und an den Dogen von Venedig gesandt hatte. Sie trug den Titel *De mirabili victoria cuiusdam Puellae de postfoetantes receptea in ducem belli exercitus Francorum contra Anglicos*[1] (Über den bewundernswerten Triumph einer gewissen Jungfrau, die von der Schäferin zur Heerführerin des Königs von Frankreich im Krieg gegen die

Engländer aufstieg[2]). Gerson legt die Tatsachen dar und zeigt auf, daß »die Jungfrau« sich weder verbotener Zauberkunststücke noch betrügerischer Machenschaften bediente und daß sie kein persönliches Interesse verfolgte. Im Gegenteil, um ihren Glauben zu beweisen, setze sie ihr Leben aufs Spiel; man könne sie in aller Sicherheit und Frömmigkeit unterstützen, schließt er. Man sehe doch, fährt er fort, in welcher Lage sich das Königreich Frankreich befinde: es müsse unter allen Umständen gelingen, die Engländer daraus zu vertreiben.

Am Schluß nennt der Theologe drei Gründe, die »das Tragen von männlicher Kleidung« rechtfertigen. Es ist interessant, daß schon vor dem Prozeß der Johanna das Gerücht umgegangen war, daß sie »keine anderen Kleider tragen dürfe als die, die ihr als Frau anstehen«. Daß ein Mitglied der Universität für sie eintrat und gegen ihre Männerkleidung nichts einzuwenden hatte, beweist: Wäre sie vor ein echtes kirchliches Gericht gestellt worden und nicht vor ein politisches, wäre sie zweifellos gerettet oder diese Frage zumindest anders gelöst worden. Es sei nicht verboten, solche Kleidung zu tragen, sagt er, denn Johanna trete hier als Kriegerin und als Bewaffnete auf: Sie habe recht getan, sich das Haar abschneiden zu lassen, denn sie mußte ja einen Helm tragen. Zwei Monate nach der Niederschrift dieser Verteidigungsrede, die den Vermerk »In Lyon, 1429, am 14. Mai, am Abend vor Pfingsten, nach dem Sieg von Orléans und dem Ende der Belagerung durch die Engländer, wurde diese Schrift von Kanzler Gerson aufgesetzt« trägt, starb Gerson. Bei seinem Tod am 12. Juli ging es wie ein Lauffeuer durch die Straßen von Lyon: »Der Heilige ist tot!«

1. Bibliothèque nationale, ms. lat. 14904 (Vict. 516): 14905 (Vict. 699), s. auch Dupin; ms. lat. 5970, s. auch Quicherat.
2. Dom. J.-B. Monnoyur, *Traité de Jean Gerson sur la Pucelle*, Paris 1930.

DRITTER TEIL
ZUM VERSTÄNDNIS DER ZEIT

I.
Der Name Jeanne d'Arc

»Zu Hause nannte man mich Jeannette. Seit ich nach Frankreich kam, Johanna«, antwortete Johanna bei der ersten öffentlichen Sitzung des Verurteilungsprozesses, als man sie nach ihrem Namen und Vornamen *(nomen et cognomen)* fragt.

Zu ihrer Zeit wurde Johanna nie Jeanne d'Arc genannt. Im allgemeinen trägt man im 15. Jh. nur einen Vornamen, dem man den Namen des Wohn-, Aufenthalts- oder Herkunftsortes hinzufügt, manchmal auch einen Beinamen. Johannas Mutter Isabelle heißt in den Texten Isabelle Romée; diesen Beinamen erhielt sie wegen einer Pilgerreise, die sie einmal unternommen haben soll. Johanna gibt auch an, daß in ihrer Gegend die Mädchen den Namen ihrer Mutter tragen. Sie selbst läßt sich »Johanna die Jungfrau« nennen. Auf diesen Beinamen ist sie stolz, sie betrachtet ihn als Symbol ihrer Sendung.

In dem Brief an die Engländer, den sie am 22. März 1429 in Poitiers diktiert, schreibt sie an den Regenten und dessen Vertreter: »Übergebt der Jungfrau, die von Gott, dem König des Himmels, gesandt ist (...) Und seid gewiß, daß der Himmelskönig der Jungfrau (...) mehr Macht sendet.« Am

5. Mai 1429 notiert ein Schreiber nach ihrem Diktat in einem Fehdebrief an die Engländer: »Der Himmels König sagt und bittet Euch durch mich, Johanna die Jungfrau.« Gegenüber den Einwohnern von Tournai am 22. Juni 1429, denen von Troyes am 4. Juli desselben Jahres und auch gegenüber Philipp dem Guten, Herzog von Burgund, am 17. Juli 1429 nennt sie sich stets »Johanna die Jungfrau«.

Die Reimser im August 1429 und der Graf von Armagnac am 22. desselben Monats kennen sie ebenfalls unter diesem Namen. Alle drei von ihr eigenhändig gezeichneten Briefe, die erhalten geblieben sind, unterschrieb sie mit »Jehanne«. Für die Armagnacs, die Bürger von Orléans und ihre Waffengefährten ist sie »Jeanne die Jungfrau«. Sie ist es auch für ihre Feinde wie Johann, Herzog von Bedford *(»called the Pucelle«)*, für den Herzog von Burgund (»jene, die man die Jungfrau nennt«), für ihren ärgsten Gegner Chauchon (»Jehenne, die man die Jungfrau heißt«) und für die Universität von Paris: *»Mulier quae Johannam se nominebat«*.

Ob mit den Armagnacs oder den Burgundischen sympatisierend, kein Chronist, weder Jean Chartier noch William Caxton, der das *Tagebuch der Belagerung von Orléans* schrieb, weder Antonio Morosini noch Georges Chastellain kennt eine »Jeanne d'Arc«. Für die Dichter wie Christine de Pisan oder François Villon ist sie »Die Jungfrau«, »Jehanne die gute Lothringerin«, »Die Jungfrau von Frankreich« oder »die Jungfrau Gottes«.

Auf den Namen »Jeanne d'Arc« stößt der Historiker erst bei der Eröffnung des Rehabilitationsprozesses. 1455 nennt Calixt III. im Reskript ihre Brüder »Pierre und Jean Darc« und ihre Schwester *quondam johanna Darc*. Der Erzbischof vom Reims wiederum erwähnt die Familie Darc: »Isabelle Darc, Pierre und Jean Darc, Mutter und Brüder *defunctae quondam Jeannae Darc, vulgariter dictae la Pucelle*«, während man in der Bittschrift der Familie liest: »*Ysabellis Darc, mater quondam Johannae vulgariter dictae la Pucelle*«. Die Bezeichnung »Jungfrau von Orléans« taucht im 16. Jh. auf. Johannas erste große Biographie, die von Edmond Richer, erschien 1630 unter dem Titel *Geschichte Johannas, der Jungfrau von Orléans.*

Wie schrieb sich der Familienname ihres Vaters und ihrer Brüder wirklich? Die großen Historiker Quicherat, Siméon Luce, Ayroles und Champion schreiben d'Arc. Auch Pierre Tisset verwendet in der Übersetzung des Verurteilungsprozesses die Schreibweise d'Arc. Pierre Duparc in der des Rehabilitationsprozesses entscheidet sich ebenfalls für diese herkömmliche Schreibung.

In den Originaltexten indes findet man alle nur erdenklichen Schreibweisen: Darc und d'Arc, aber auch Dars, Day, Dai, Darx, Dare, die Tarc, Tard oder Dart: Zu Johannas Zeit gab es also keine festgelegte Schreibung. Im 15. Jh. war der Apostroph noch nicht üblich: Dalebret, Dalençon oder Dolon schreiben sich in einem Wort; erst die moderne Orthographie führte eine Konnotation des Herkunftsortes oder der Zugehörigkeit zu einer Adelsfamilie ein. Es heißt also im Französischen: der Herzog von Alençon, der Herzog von Armagnac, während Jean d'Aulon, Jean d'Auvergne, Guillaume d'Estivet den Herkunftsort anzeigen.

Bei der Familie der Jungfrau gingen die Nachforschungen in beide Richtungen. Je nach den Ergebnissen gab man Johanna eine bürgerliche oder eine adelige Herkunft.

In seiner *Summarischen Abhandlung sowohl über den Namen und die Waffen wie die Geburt und Verwandtschaft der Jungfrau von Orléans und ihrer Brüder, verfaßt im Oktober 1612 und durchgesehen 1628* schreibt Charles du Lys in Kapitel II: »Wegen des Wappens der Eltern selbst und anderer Abkömmlinge des besagten Jacques Darc, das einen durch drei Pfeile gespannten Bogen aufwies.« Die Nachfahren Johannas setzen also keinen Apostroph und schreiben einfach Darc. Charles du Lys, »ein aufgeklärter Mann, der bei Ludwig XIII. vorstellig wurde, um die Erlaubnis zu erhalten, das Wappen des älteren Zweigs der Familie mit seinem eigenen zu verbinden, schreibt in seiner Abhandlung, die als Rechtfertigung für sein Ersuchen dient, stets das »von« seines Familiennamens du Lys getrennt; wenn er kein einziges Mal Darc mit einem Apostroph versah, dann deshalb, weil kein Anlaß dazu bestand[1]«.

Mit dem Wappen »goldener Bogen als Balken auf blauem Grund«[2], das man dem Vater der Jungfrau zuweist, will man der Familie adelige Herkunft geben. Dabei stellt sich die Frage, warum Karl VII. der Familie, als er sie adelte, ein neues Wappen verliehen haben soll. Solche redenden Wappen gab es nicht vor der Erhebung in den Adelsstand, sie kamen erst in späterer Zeit auf.

Pater Doncoeur folgert: »Wir nehmen an, daß es ohne Adelsnachweis keinen Grund gibt, Darc in d'Arc zu zerlegen. Die lateinischen Texte, in denen dieser Name vorkommt, sind ein eindeutiger Gegenbeweis. Würde der Familienname einen Herkunftsort anzeigen, dann hätte im Lateinischen vor dem Ortsnamen die Präposition *de* gestanden. Zum Beispiel schrieb sich Guillaume Destouteville im Lateinischen *Estoutevilla*, Guillaume Destivet *Estiveto*, Georges von Amboise *de Ambasia* oder *Ambasianus*. Jacques d'Arc hätte sich auf Latei-

---

1. Bouquet, »Faut-il écrire J. Darc ou J. d'Arc?« Arbeiten der Akademie Rouen, 1865.
2. Baron de Coston, »Origines éthymologiques et signification des noms propres et des armoiries«.

nisch *de Arco* geschrieben wie ein gewisser Pierre Darc, Kanoniker in Troyes, der 1342 als *Petrus de Arco*[1] aufgeführt ist.« Im übrigen begegnet man nirgends dieser Schreibweise.

Was den Apostroph betrifft, so hat er für manche eine aristokratische Konnotation. Sehen wir uns die Schlußfolgerung des *Moniteur du soir* aus dem Jahr 1866 zur Polemik über die Schreibweise des Names von Jeanne d'Arcs Vater an: »Aus alledem geht also hervor, daß die Schreibung Darc allen anderen vorzuziehen ist, da sie den ethymologischen Regeln und der bürgerlichen Herkunft des jungen Mädchens, das durch seinen Mut und seine Vaterlandsliebe Ruhm erlangte, mehr entspricht!«

Ein interessantes Dokument ist übrigens die in Orléans aufbewahrte *Minute française*, in der entsprechend der harten lothringischen Aussprache die Form Tart verwendet wird.

---

1. Père Doncoeur, »Nouvelles Littéraires«, Nr. 1198, 1950.

II.
Orléans während der Belagerung

Als die englischen Truppen am 12. Oktober 1428 vor Orléans aufmarschieren, sehen sie eine der schönsten Städte des Königreichs vor sich liegen, einen befestigten Ort, umgeben von Wällen, auf denen sich in regelmäßigen Abständen Türme erheben.

Orléans, die frühere galloromanische Stadt, zu der im 14. Jh. der alte Marktflecken Avenum hinzukam, wird 1345 die Hauptstadt des Herzogtums, das Philipp VI. von Valois seinem zweiten Sohn Philipp als Apanage aussetzte. Nach dessen Tod im Jahr 1375 fällt das Herzogtum an die Krone zurück und wird 1392, zum zweiten Mal, Ludwig, dem Bruder Karls VI., als Apanage gegeben. Diesmal kam es zu Unruhen, denn die Orléaner waren fest entschlossen, ihre Rechte geltend zu machen. So war es ihnen gelungen, einen Freibrief zu erhalten, kraft dessen sie ihre zwölf Prokuratoren in einer Abstimmung mit zwei Wahlgängen selbst wählen durften.

Ludwig von Orléans erreichte jedoch mit viel Geschick, daß die Bevölkerung ihn akzeptierte. 1393 gab er ein glanzvolles Fest »am hellichten Tage«, zu dem er auch die Prokuratoren seiner Hauptstadt lud. Geschmeichelt leisteten die Beamten der Einladung Folge und brachten ihm im Auftrag der Einwohnerschaft »mehrere Gänse und vierzehn halbe Scheffel gebündelter Rüben«[1]. Anlaß für dieses Fest war die Geburt des herzoglichen Sohnes; bei dieser Gelegenheit rief Ludwig von Orléans den Stachelschweinorden ins Leben, mit dem er mehrere hohe Beamte der Stadt auszeichnete.

Die Einzüge des Herzogs in seine gute Stadt waren jedesmal Festtage für die Orleaner. Die Fenster wurden mit Vorhängen, Teppichen und Blumengirlanden geschmückt, und an den Straßenkreuzungen flossen aus Brunnen Wein, Milch und Duftwasser.

Orléans verließ sich darauf, daß sein Herzog es schützte. Ab Mitte des 14. Jhs. war die Lage schwierig, und man erinnerte sich an die Überfälle, die Robert de Knowles in der Umgebung der Stadt 1358 unternommen und die bei der Bevölkerung panische Angst ausgelöst hatten. 1367 hatten die Truppen des Prinzen von Wales sie in Furcht und Schrecken versetzt, und man hatte die Kollegiatskirchen und Kapellen der Vorstädte, die außerhalb der Stadtmauer lagen, niedergerissen; zahlreiche Gebäude wurden dabei in Mitleidenschaft gezogen, so die Saint-Evortius-Kirche, die bereits im 11. Jh. durch die Normannen zerstört, dann wieder aufgebaut und 1358 abermals abgebrochen worden war. Nach einigen Jahren las man wieder Messen darin, doch 1428 wurde sie ein weiteres Mal verwüstet, als die Engländer die Stadt zu belagern begannen.

Die Lage verschärfte sich 1380 mit dem Einfall des Herzogs von Buckingham. Verständlicherweise wandten sich die Orleaner an ihren rechtmäßigen Beschützer Ludwig und

---

1. Rechnungsbücher der Stadt Orléans, zitiert von Lemaire in »*Histoire d'Orléans*«.

sorgten auch selbst für ihre Verteidigung. Die Ausgabenbücher der Stadt bezeugen es.

Der Mauergürtel rund um die Stadt mit seinen fünf Toren wird regelmäßig instand gesetzt, und auch die Tore werden ständig überprüft: das Burgund-Tor, wo die Straße nach Gien beginnt; das Parisis-Tor in der Nähe des Krankenhauses, das während der Belagerung so zugemauert wird, daß es nur von Fußgängern benutzt werden kann; das Bernier-Tor, das sich auf die Straße nach Paris öffnet, und das Renard-Tor, in dessen Nähe das Hôtel Jacques Bouchers liegt, wo Johanna untergebracht wird und von wo aus die Straße nach Blois führt; schließlich das Sainte-Catherine-Tor über dem Flußufer mit dem Brückenzugang. Jede Brücke wird von zwei Türmen mit Fallgattern flankiert und ist durch eine Zugbrücke mit einem durch eine Brustwehr aus Erde und durch Palisaden geschützten Bollwerk verbunden.

Die Brücke über die Loire wurde auf der Stadtseite bewacht vom Chatêlet-Turm und am linken Ufer durch das Befestigungswerk der Tourelles, bestehend aus zwei Türmen, der eine mit abgestumpften Ecken, der andere rund und im Fluß selbst errichtet. Die Brücke begann an der Rue des Hostelleries und der Rue de la Porte Sainte-Catherine; sie besaß zwölf ungleichmäßige Bögen und überspannte zu jener Zeit eine zweigeteilte Insel: la Motte aux Poissonniers und auf der anderen Seite la Chapelle und l'Aumône Saint-Antoine-du-Pont.

Die ständige Sorge der Orleaner wird deutlich in den Aufwendungslisten für Festungsarbeiten, wo die Zahlungen für die Reparaturen der Wälle und Brücken festgehalten sind:

»An besagten Gilles für zwei Tage Zimmerleute, die zwei Leitern wieder aufzurichten hatten, eine am Champ-Hégron-Turm, die andere am Saint-Flo-Turm (...) je fünf Sous vier

Denier pro Mann und Tag, insgesamt zehn Sous acht Denier.« (Einige Türme der Umwallung waren nur über eine Leiter zu betreten, die sich an der Außenseite des Bauwerks befand). Man sicherte auch die Brücke: »Ein Schloß für das Fallgatter der Brücke, zu dem Jehan Mahy den Schlüssel hat, fünfzehn Sous.«

Worauf die Orléaner in dieser unruhigen Zeit ebenfalls größten Wert legten, ist die Bewachung: »An Bernard Josselin, der Wächter von Saint-Pair-Empont, für den Monat April.«

»An Jacquet le Prestre für Ausgaben am Freitag, dem siebenundzwanzigsten Tag des April, für Besichtigung und Sicherheit der Stadt, um die Speicher und Kornmengen zu sehen beziehungsweise die Personen, die damit zu tun haben: das heißt acht Prokuratoren, acht Bürger, acht Notare und acht Büttel.«

Nichts wird vergessen, man denkt sogar daran, es den Wächtern so bequem wie möglich zu machen:

»An Jacquet Champon am vierundzwanzigsten Tag des Mai für den Kauf eines Ruhelagers mit Federbett, Kissen, Steppdecke (...), auf dem zwei Bürger im Neuen Turm schlafen können«[1].

Natürlich werden im Lauf der Zeit solche Maßnahmen immer häufiger; zur Zeit der Belagerung selbst ist die Instandhaltung der Wälle eine tägliche Sorge:

»An Jean Boudeau für hundertundachteinhalb Pfund übergebenes Eisen für die Stadtschmiede (...) An Humbert François, Maurer, für vier Tage seines Handwerks, in denen er die Eisen der Bohle des Benier-Tors befestigte (...) An Jean

---

1. Diese Ausgabenvermerke stammen aus dem Rechnungsbuch des Jacques Deloynes CC 549, 1425–1427.

Chomart, am besagten sechzehnten Tag des April für überge-
benes Silber für den Kauf eines Klafters Holz (...) und von
Nägeln für den Fußboden des Heaume-Turms (...) An
André Godet, Schlosser, für ein Schloß am Eingangstor des
Bollwerks des Bernier-Tores (...) An Jean Coust, Zimmer-
mann, für zwei Tage von ihm und zwei weiteren Zimmerleu-
ten, die den Auftrag hatten, am Bollwerk des Parisis-Tors die
Gestelle für die Geschütze zu bauen«[1].

Die Prokuratoren bereiten jedoch nicht nur die Verteidigung vor, sondern rüsten auch für den Angriff. Es sind ebenfalls die Rechnungsbücher der Stadt über Festungsausgaben,
die uns über die Käufe von Bombarden und Kanonen und
ihre Aufstellung genaue Kenntnis geben:

»An Jean Chomart (...) für siebzehn Tage von Zimmerleuten, die die Kanonengestelle gebaut und die Kanonen an
einen anderen Ort gebracht haben (...) An Jean Volant für
von ihm überbrachtes Silber für elf Tage von Zimmerleuten
und vier Tage von Maurern, die das Geschütz von Montargis
zum Turm der Obstgärten von Saint-Sanson zu schaffen hatten,« etc.

Man kauft Blei und stellt Schießpulver her:

»An Jehan Savore (...) für acht Tage Kanonenpulverschla-
gen (...) An Jacques Boucher, Schatzmeister des hohen
Herrn von Orléans, für den Kauf von zweihundert Pfund
Kanonenpulver, erworben durch ihn für die Stadt, das Pfund
zu hunderteinundzwanzig Goldtalern«[2].

Man sorgt auch dafür, daß genügend Armbrustbolzen vor-
rätig sind; ein Artillerist für die Verteidigung der Stadt wird
bestellt. Es handelt sich um Colin den Lothringer. Aus den

---

1. Festungsausgaben CC 50.
2. Rechnungsbuch CC 500 von Jean Hilaire.

Schriftstücken geht hervor, daß eine etwa zweihundert Mann starke Garnison in Orléans lag.[1]. Über dem Sitzungssaal der Prokuratoren befindet sich ein Raum, in dem Armbrustbolzen und das Schießpulver lagern. Jeder hilft mit, die Stadt in Verteidigungsbereitschaft zu versetzen, alle Handwerkergilden legen mit Hand an, als die Aufschüttungen und die Palisaden verstärkt werden; nur die Mitglieder der Universität behaupten einmal mehr, von der Pflicht, an solchen Arbeiten mitzuwirken, befreit zu sein, und wollen sich an den Unkosten nicht beteiligen. Karl VII. sieht sich gezwungen, in Offenen Schreiben daran zu erinnern, daß jeder Einwohner ohne Ausnahme zum Wachdienst und zur Zahlung der Abgaben für die Befestigung verpflichtet ist. Um ihre Stadt noch besser verteidigen zu können, zögern, wie bereits erwähnt, die Orleaner nicht, die Vorstädte zu zerstören. Die Engländer ihrerseits errichten Basteien, die ihnen den Zugang zu den wichtigsten Straßen ermöglichen, und nennen sie London-, Rouen- und Paris-Bastei nach den Städten, die noch in ihrem Besitz sind. Diese Basteien sind durch Palisaden und verstärkte Bollwerke miteinander verbunden, so daß die Stadt von der Außenwelt abgeschnitten ist. Jedenfalls sind drei Tore blockiert: das Parisis-Tor, das Bernier-Tor und das Renard-Tor; nur das Burgund-Tor ist noch offen. Daß die Engländer gerade Orléans belagerten, ist kein Zufall. Im ausgehenden Mittelalter war es eine besonders schöne Stadt mit einer bekannten Rechtsuniversität und ein wichtiges Handelszentrum. Es war auch einer der wichtigen Loire-Häfen. Und außerdem war Orléans mit ca. 30 000 Einwohnern eine für die damalige Zeit große Stadt.

---

1. Françoise Michaud-Fréjaville, Colloquium über mittelalterliche Geschichte, Orléans, Oktober 1979; »Eine Stadt in Gefahr: die ›Wälle der Treue‹ von Ludwig von Orléans bis Karl VII. nach den Rechnungsbüchern für Festungsausgaben der Stadt 1391–1427.«

III.
Der Heringstag
(12. Februar 1428)

Von Oktober 1428 an, als die Engländer begannen, Orléans zu belagern, bis zu Johannas Ankunft am 29. April 1429 scheint es zu keinen Kampfhandlungen gekommen zu sein, obwohl das *Tagebuch der Belagerung von Orléans* mehrere Waffengänge verzeichnet[1].

Dieses Werk wurde von einem Orleaner, vielleicht einem Geistlichen, geschrieben und faßt die Ereignisse jener Zeit zusammen; der Bericht beginnt mit der Ankunft der Engländer und endet mit der Befreiung der Stadt durch Johanna. Er enthält eine Reihe von Einzelheiten über die Truppenstärke des Gegners, das Kommen und Gehen der Herolde des Königs oder der Adeligen, die für den Schutz der Stadt verantwortlich sind. Darüber hinaus vermittelt er uns eine Vorstellung von den Befestigungen, der Arbeit der Einwohner und vor allem von der Stimmung der Belagerten: die Bedeutung, die dem Eintreffen eines Schweine- oder Schaftransports beigemessen wird, zeigt, wie wichtig solche Dinge im täglichen Leben der ausgehungerten Stadt waren.

---

1. *Tagebuch der Belagerung von Orléans*, Charpentier und Cuissard, Orléans, 1896.

Im *Tagebuch der Belagerung* finden wir auch viele kleine Hinweise, die Aufschluß geben über die Kriegsführung im ausgehenden Mittelalter, über die strikt eingehaltenen Waffenstillstände, wie etwa den von Weihnachten, bei dem die Spielleute ein Ständchen bringen und tatsächlich die Waffen ruhen. Es schildert auch, wie die Mächtigen Englands und die vom Dauphin mit der Verteidigung der Stadt beauftragten Hauptleute sich gegenseitig zum Abendessen einladen, Geschenke austauschen usw.

Ebenfalls darin verzeichnet sind Nachrichten, wie gleich zu Beginn der Belagerung der Tod des Grafen von Salisbury am 27. Oktober oder das Eintreffen eines Vertreters, John Talbot, an der Spitze eines englisches Heers am 1. Dezember. Dieser wird begleitet von mehr als dreihundert gut mit Proviant und Munition ausgerüsteten Kämpfern; sie bringen vor allem mehrere Bombarden mit, die sofort eingesetzt werden und ihre Ziele nicht verfehlen, denn am Monatsende sind mehrere Häuser beschädigt:

»Sie schossen gegen die Mauern von Orléans und in die Stadt hinein beständiger und stärker als vordem zu Lebzeiten des Grafen von Salisbury, denn sie schleuderten achthundertvierundzwanzig Pfund schwere Steine, die großen Schaden an mehreren Wohnhäusern und schönen Bauwerken der Stadt anrichteten (zur allgemeinen Überraschung wurde niemand getötet, fügt der Verfasser hinzu, denn) in der Rue aux Petits souliers (fiel ein Steinbrocken) in eine Herberge und auf den Tisch eines Mannes, der dort zu Abend speiste.«

Einer der Verteidiger der Stadt, Jacques de Chabannes, wird bei einem Ausfallversuch am Fuß verwundet; an einem anderen Tag, dem 2. Januar, versuchen die Engländer, das Bollwerk auf der Höhe des Renard-Tors mit Leitern zu überwinden, doch die Wache schlägt sofort Alarm, und die Engländer werden bedrängt, daß sie kehrt machen müssen. »Alles, was sie erreichten, war, daß sie naß wurden, denn es regnete sehr stark um diese Zeit.« Am 6. Januar ist ein Ausfall der Orleaner verzeichnet; fünf Tage danach gelingt Meister Jean, dem Feldschlangenkanonier von Orléans, ein Treffer, ein Teil des Daches der Tourelles stürzt ein und erschlägt fünf Gegner. Am Ende desselben Monats beobachtet die Wache auf dem Wall, wie die Engländer die Rebpfähle der Weinberge Saint-Ladre und Saint-Jean-de-la-Ruelle ausreißen, um sich an Feuern aus diesem Holz zu wärmen. Die Orleaner nutzen die Gelegenheit, die Stadt zu verlassen und einige Gefangene zu machen. Am selben 30. Januar bricht der Bastard von Orléans nach Blois auf, um dort Karl, den Grafen von Clermont, Sohn des Herzogs von Bourbon, zu treffen.

Ein paar Tage danach rücken Jacques de Chabannes und La Hire aus der Stadt aus und stellen sich den Engländern gegenüber auf, doch diese lassen sich nicht auf einen Kampf ein, und beide Seiten ziehen sich hinter ihre Mauern zurück. Die englischen Truppen erhalten bald Verstärkung durch Falstolf, der mit 1200 Soldaten eintrifft; die Orleaner ihrerseits haben die Freude, John Stuart, den Konnetabel von Schottland, an der Spitze von tausend Mann zu begrüßen. Auch der Herr d'Albret und La Hire bringen Verstärkung.

Da erfahren die Orleaner, daß ein Transport mit Proviant für die englischen Truppen von Paris aufgebrochen ist. Auf etwa 300 Wagen und Karren hat er Bolzen, Kanonen, Bogen, aber auch Heringsfässer geladen, denn bald beginnt die Fastenzeit, und die Soldaten sind gehalten, die Kirchenvorschriften zu respektieren, nach denen man während dieser Zeit nur Fisch essen soll. Der Transport, der am Samstag 12. Februar mit dem Herrn »John Fascot« und dem Herrn »Simon Maurier«, Profoß von Paris, sowie mehreren englischen Rittern und Knappen Paris verlassen hat, wird von mehr als 1500 Engländern, Pikarden und Normannen begleitet.

Daraufhin unternehmen die Verteidiger von Orléans einen Ausfall unter dem Befehl des Marschalls von Sainte-Séverère und Dunois'; der Graf von Clermont seinerseits führt 4000 Mann herbei; doch die beiden Truppen werden sich nicht vereinigen... Clermont begibt sich nach Rouvray-Saint-Denis, während La Hire und Poton beschließen, dem Gegner den Weg abzuschneiden und ihn anzugreifen. Da die Vorhut der Engländer die Truppenbewegungen beobachtet hat, bringen diese ihre Kolonne zum Stehen und »bilden einen Pferch aus den Wagen in der Art eines Walles«. Rundherum pflanzen sie spitze Pflöcke auf, um einen Angriff der französischen Reiterei zu verhindern. Alle warten zu Pferd, außer den Bognern und den schießbereiten Armbrustschützen. Als der Graf von Clermont dies sieht, sendet er eine Botschaft nach der anderen, in denen er jeden Angriff vor dem Eintreffen seiner Verstärkung untersagt. Doch der Konnetabel von Schottland verliert die Geduld und schlägt mit dem Bastard von Orléans, William Stuart, dem Herrn von Mailhac und etwa 400 Kriegern los.

»Sehr beherzt, doch es brachte ihm wenig ein, denn als die Engländer sahen, daß die große Streitmacht, die noch recht fern war, sich nur langsam näherte und nicht mit dem Konnetabel und den Fußsoldaten verband, brachen sie eilends aus ihrem Pferch (der Wagenburg) aus, rückten gegen die Franzosen, die zu Fuß waren, vor, lösten Verwirrung unter ihnen aus und schlugen sie in die Flucht.«

Die Franzosen verlieren 400 Mann. Die Engländer verfolgen die Fußsoldaten in größter Unordnung, denn, so berichtet *Das Tagebuch der Belagerung*, »sie waren voneinander so

weit entfernt, daß man ihr Feldzeichen in weniger als Schußweite einer Armbrust von der Stelle, wo die Franzosen angegriffen hatten, erblicken konnte«. La Hire und Poton wollen
das nicht hinnehmen. Mit etwa sechzig Soldaten verfolgen sie
die verstreuten Engländer und »töten mehrere«. Während es
den beiden tapferen Gaskognern gelang, einige Männer zu
sammeln, war der Graf von Clermont untätig geblieben und
dann abgezogen. »Zahlreiche edle und tapfere Hauptleute
und Truppenführer fielen«, heißt es im *Tagebuch*, »unter
anderen Guillaume d'Albret, Herr John Stuart, Konnetabel
von Schottland, und Jean Chabot, der Herr von Verduran.«
Ihre Leichname werden nach Orléans gebracht und in der
Heiligkreuzkirche beigesetzt, wo eine schöne Messe für sie
gehalten wird. Unter den vielen Verwundeten war der
Bastard von Orléans, dessen Fuß ein Armbrustgeschoß
durchbohrt hatte, das »herauszuziehen zwei Bogner große
Mühe kostete«. Die Haltung des Grafen von Clermont, den
man am selben Tag zum Ritter schlug, wurde von den Orleanern sehr übel vermerkt: »Sie machten sich auf den Weg nach
Orléans: doch nicht frohgemut, sondern beschämt.«

Die Engländer verfolgten die Truppe nicht, und die Karren
rollten weiter zu den Basteien. Bei der Rückkehr in die Stadt
nach der »Schlappe« des Heers waren alle sehr niedergeschla-
gen. La Hire, Poton und Jamet du Tillet betraten als letzte die
Stadt, denn sie wollten sichergehen, daß »die von den
Basteien«, also die Engländer, ihre Stellungen nicht verließen
und das Heer aufrieben.

Dies war die einzige größere Kriegshandlung während der
siebenmonatigen Belagerung. Die Orleaner, schon jetzt von
ihren Verteidigern enttäuscht, sollten es einige Tage später,
am 18. Februar, noch viel mehr sein:

»Es brach auf von Orléans der Graf von Clermont, wie er

sagte, um nach Chinon zum König zu reisen, der sich gerade dort aufhielt; er nahm mit sich den Herrn de La Tour, Messire Louis de Culan, den Admiral, Messire Regnault de Chartres, Erzbischof von Reims und Kanzler von Frankreich, den aus Schottland stammenden Messire Jean de Saint-Michel, Bischof von Orléans, La Hire und mehrere Ritter und Knappen aus der Auvergne, dem Bourbonnais und aus Schottland und 2000 Soldaten. Die von Orléans, die ihn davonreiten sahen, waren darüber nicht erfreut.«

Um die Einwohner zu beruhigen, sagt man ihnen, daß man bei der Rückkehr Hilfe in Form von Lebensmitteln und Soldaten bringen würde. Nur der Bastard und der Marschall von Saint- Sévère blieben in der Stadt zurück. Da erfaßte die Einwohner große Angst und sie sandten Poton de Xaintrailles zum Herzog von Burgund, Philipp dem Guten, und zu Johann von Luxemburg mit der Bitte, für sie einzutreten und ihnen Schutz zu gewähren, da ihr Herzog gefangen sei. Bedford lehnte die Lösung ab, und Philipp der Gute zog seine Truppen zurück, was den Regenten sehr verdroß.

Eine Persönlichkeit der Stadt, die während der Belagerung kaum in Erscheinung tritt, ist ihr Bischof, der Schotte Jean de Kirk-Michael (oder de Saint-Michel), der bei der Zernierung der Stadt durch die Engländer nach Blois geflüchtet war. Der Dauphin Karl hatte ihn ernannt, um die Schotten zu ehren, die stets bereit waren, ihm zu Hilfe zu eilen. 1420 waren mehr als 6000 Schotten unter dem Befehl John Stuarts, des Kronfeldherrn von Schottland, und William Stuarts, des Grafen von Buchan, in Frankreich gelandet. Der erstgenannte ist ein Sohn des Herzogs von Albanien, Regent des Königreiches Schottland und Onkel des in England gefangenen Jakob Stuart, der zweite ein Sohn Alexanders, Herzog von Darnley; ihm schenkte der König zum Dank den Grundbesitz Aubigny in Berry 1423 und kraft Urkunde vom 26. Januar 1426 die Grafschaft Evreux. Diese beiden Adligen werden in Orléans immer freundlich empfangen. 1420 beispielsweise schenken ihnen die Prokuratoren Tresterwein, der Graf von Buchan erhält zwei »Bodenhölzer« Wein, der Kronfeldherr von Schottland eines. 1421 stiftet dieser in der Heiligkreuzkathedrale eine Messe, die vom Kinderchor täglich gesungen werden soll. Am 24. September 1425 sind es 37 Pinten Wein und 4 fette Kapaune, die man dem Kronfeldherrn zum Geschenk macht. Später ließen sich zahlreiche Schotten in der Gegend nieder, und bis ins 19. Jh. gab es bei Henrichemont im Wald von Saint-Palais eine schottische Gemeinde.

Die schottischen Truppen erlitten in den Kämpfen mit den Engländern große Verluste: ein Teil von ihnen fiel 1423 in der Schlacht von Cravant, und 1424 in Verneuil zählte man unter den Soldaten, die Karl VII. treu ergeben waren, zwischen 500 und 600 Schotten.

Das *Tagebuch der Belagerung* berichtet von ihrer Ankunft: »Mehrere sehr tapfere, wohlgekleidete Kriegsmänner zogen in Orléans ein, darunter William Stuart, Bruder des Konnetabels von Schottland.« John und William Stuart sollten beide wenige Tage später in der Heringsschlacht ums Leben kommen.

Die Schotten werden auch Johanna bei ihrem Auftrag begleiten. Sie nehmen an dem Provianttransport teil, der Blois am 27. April verläßt und etwa 1000 schottische Bewaffnete und 400 Bogenschützen umfaßt, die von Patrick Ogilvy, dem Konnetabel des schottischen Heers in Frankreich[1], befehligt werden. Der Bischof Jean de Saint-Michel, der mit der schottischen Verstärkungstruppe eingetroffen war, schrei-

---

1. B. N., fond français Ms 7858, fol. 50 v°.

tet am 8. Mai bei der Danksagungsprozession, die in der befreiten Stadt von Kirche zu Kirche zieht, neben Johanna.

Die Schotten werden Karl VII. treu bleiben, und diese Verbindung wird noch gefestigt werden durch die Heirat des Dauphins Ludwig mit Margarete von Schottland, die im Frühjahr 1436 in Tours befreit wird. Doch die kleine Thronfolgerin stirbt bereits im August 1444. Auf ihrem Totenbett faßt sie in einem Satz zusammen, was ihr Leben in Frankreich gewesen war: »Pfui über dieses Leben! Man spreche mir nicht mehr davon!«[1]. Zunächst in Châlons-sur-Marne beigesetzt, wurden ihre sterblichen Reste später nach Saint-Denis überführt.

1. *Liber pluscardensis*, Verl. Felix J. H. Skene, Edinburgh, 1870–1880, Bd. II, S. 288 (zitiert von Élie de Comminges, *Charles VII. et les Écossais*, »Cahier d'archéologie et d'histoire du Berry«, Nr. 43, Dezember 1975).

IV.
Die Rüstung zur Zeit
der Jeanne d'Arc

Nach der Untersuchung von Poitiers stellte Karl VII. Johanna nicht nur ein Haus zur Verfügung, sondern ließ ihr auch eine Rüstung anfertigen. Das Ausgabenbuch seines Schatzmeisters Haimon Raguier weist im April 1429 unmißverständlich auf den Kauf dieser Rüstung hin: »Von dem besagten Schatzmeister wurden an den Waffenschmied für einen vollständigen Panzer für die besagte Jungfrau 100 tourische Livres gezahlt.« Mit diesem »Panzer« war Johanna also ausgestattet wie alle Bewaffneten ihrer Zeit. Jean Chartier gibt an, daß sie »gewappnet war mit einem ganzen Panzer, gewappnet gleich einem Ritter in den Truppen des Königlichen Hofes«. Sie war ausgestattet wie ein höhergestellter Ritter, denn 100 tourische Livres waren eine beträchtliche Summe. Man hat geschätzt, daß die Ausrüstung eines Bewaffneten die Löhnung von ungefähr zwei oder drei Jahren kostete.

Ist diese Rüstung oder dieser Panzer der Jeanne d'Arc erhalten geblieben? Jean-Pierre Reverseau, Konservator am Musée de l'Armée, meinte, daß »alle zwanzig Jahre eine Rüstung der Jeanne d'Arc[1] entdeckt wird«. Im Katalog der Sammlung

---

1. J.-P. Reverseau, *Armement au temps de Jeanne d'Arc*, Vortrag, Orléans, November 1984.

alter Waffen im Schloß Amboise ist 1499 unter Ziffer 31 ein »Panzer der Jungfrau, dazu garde-drap, ein Paar Handschuhe, ein Kopfschutz, wo es ein Halsstück aus Maschen gibt mit vergoldetem Rand, das Innere mit karmesinrotem Atlas gefüttert, ebenfalls plattiert« erwähnt. Ob es sich tatsächlich um den Panzer handelte, den Johanna trug, ist nicht gesichert, doch kann man sich vorstellen, daß es ein Panzer dieser Art gewesen sein mag. Andererseits decken sich die Beschreibungen der Chronisten mit den Zeugenaussagen im Rehabilitationsprozeß. Ihr Page Louis de Coutes, der Herzog Jean d'Alençon und auch Jean d'Aulon bestätigen bei der Vernehmung übereinstimmend, daß »zum Schutz ihres Leibes der besagte hohe Herr für die besagte Jungfrau einen eigens ihrem Körper angepaßten Panzer fertigen ließ«. Der Ratsschreiber von Albi, der sie gesehen hat, weiß zu berichten: »Jeanne war ganz in Eisenblech von Kopf bis Fuß.« Ähnlich lauten auch die Aussagen von Gui und André de Laval, die sie bei Romorantin zu Pferde sahen, »ganz in Eisen gerüstet, außer am Kopfe, in der Hand eine kleine Axt, auf einem großen schwarzen Streitroß«.

Ein Stück der Rüstung, die vielleicht Johanna gehört hatte, ist die »Beckenhaube« im New Yorker Metropolitan Museum of Art, die aus der Sammlung Dino-Talleyrand-Perigord stammt. Sie soll ein Weihegeschenk an die Kirche Saint-Pierre-du-Martroi in Orléans gewesen sein. Die Beckenhaube galt im Mittelalter als eine »Wehr«, das heißt ein Schutz, der nicht unbedingt zur Rüstung gehörte — unter Rüstung verstand man die Bekleidung des Körpers zum Schutz gegen Verwundungen, und man sprach von »Kopf«- wie von »Bein«-Schutz. Wie aus den Rechnungsbüchern der Waffenschmiede hervorgeht, wurde jedes Stück einzeln in Auftrag gegeben: eine Bein- oder Armschiene, ein eiserner Handschuh (Gantelet) usw.

Im Inventar von Amboise war der Kopfschutz eine Kopfbedeckung, genauer gesagt, ein Halsstück aus Maschengeflecht mit »vergoldetem Rand«. M. Reverseau zufolge deutet diese Beschreibung auf eine Beckenhaube hin: seiner Meinung nach sind mit »vergoldetem Rand« entweder die Verzierungen an Johannas Beckenhaube gemeint oder das aus mehreren messingnen Querschienen gebildete Kehlstück: wegen des Farbkonstrasts setzte man gern Messing gegen das häufig gebläute Kehlstück. Der gebräuchlichste Kopfschutz war eine andere Art Helm, der Schaller. Er besaß zusätzlich ein kleines bewegliches Visier, einen etwas verstärkten Nackenschirm und am Scheitel einen Kamm. Johanna trug auch eine breitrandige Sturmhaube, so genannt, weil man sie meist bei der Erstürmung eines befestigten Platzes anlegte. Doch den Zeitgenossen fiel auch auf, daß sie oft barhäuptig ging, was nicht verwunderlich ist, da hochrangige Kriegsherren häufig nur eine einfache Schweifkappe oder einen Hut trugen.

Johanna trug ferner ein Kriegskleid orientalischer Herkunft, bestehend aus rechteckigen (meist stählernen) Metallschuppen, den im 14. Jh. sehr verbreiteten Jazeran, oder aber eine Brigantine, eine mit den vernieteten Schuppen nach innen getragene Panzerjacke. Der rechte Armschutz war nicht so schwer wie der linke, damit man das Schwert oder die Lanze besser führen konnte. Der linke hingegen war ein Stück kürzer, denn man mußte ja die Zügel des Pferdes halten. Die Rüstungen waren mit Ornamenten eines »anmutigen-kraftvollen« Stils verziert, der »dem ästhetischen Ideal der Zeit entsprach, jedoch nichts Funktionales hatte und das Übersteigerte der späten Gotik spiegelte«[1].

Im 15. Jh. waren die berühmtesten Plattner die mailändi-

---

1. J.-P. Reverseau, *Les armes et la vie*, Paris, Dargaud, 1982.

schen, und man fand in ganz Europa denselben Typ Körper-
schutz. Christine de Pisan erwähnt mehrfach die Panzer, die
Karl V. in Mailand hatte anfertigen lassen — im Archiv der
Datini befinden sich zahlreiche Angaben über die Herstellung solcher Rüstungen.

Die »coustilleux«, die »Bogner« und auch die Fußsoldaten
trugen am Oberkörper eine vorn verschnürte lederne oder
leinerne Panzerjacke oder eine Brigantine, Beinschienen und
auf dem Kopf einen Schaller. Sie kämpften mit dem Sau- oder
Knebelspieß oder dem Streithammer, mit dem sie die Panzer
durchbohrten oder zerbrachen.

VI.
Die Schwerter der Jeanne d'Arc

Aus den Prozeßtexten weiß man, daß Baudricourt Johanna ein Schwert gab, als sie Vaucouleurs verließ.

»Ebenso gestand sie, daß sie beim Aufbruch aus der obengenannten Stadt Vaucouleurs in Manneskleidern war und ein Schwert trug, das Robert de Baudricourt ihr gegeben hatte, sonst keine Waffe, und daß ein Ritter, ein Knappe und vier Knechte sie begleiteten[1].«

Später ließ sie nach einem zweiten Schwert suchen, das sich hinter dem Altar der Kirche Sainte-Catherine-de-Fierbois befand:

»Sie sagte auch, daß sie, als sie in Tours − oder in Chinon − weilte, nach einem Schwert suchen ließ, das sich in der Kirche Sainte-Catherine-de-Fierbois hinter dem Altar befand; man entdeckte es alsbald, und es war ganz verrostet.«

Auf die Frage, woher sie gewußt hätte, daß dort ein Schwert war, antwortete sie:

»Das Schwert war unter der Erde, ganz rostig, fünf Kreuze waren darauf; durch meine Stimmen habe ich gewußt, daß es dort war. Ich habe den Mann, der es suchen ging, nie gese-

---

1. Tisset, op. cit., Bd. II, S. 52.

hen. Ich ließ der Geistlichkeit des Ortes schreiben und bat sie, es mir zu überlassen. Sie haben es mir geschickt (...) Es war eingegraben, nicht tief, hinter dem Altar (...) Gleich nachdem man es gefunden hatte, rieben es die Geistlichen ab (...) Es war ein Waffenschmied aus Tours, der es holen ging. Die dortige Geistlichkeit gab mir eine Scheide dazu, und die von Tours taten desgleichen; ich hatte also zwei Hüllen, eine aus rotem Samt und eine aus Goldbrokat. Ich selbst ließ eine aus grobem festem Leder machen (...) Bei meiner Gefangennahme trug ich nicht dieses Schwert, sondern jenes, das ich einem Burgundischen abgenommen hatte.«

»Sie hatte ein Schwert, das einem Burgundischen abgenommen worden war[1].« Es handelt sich um das dritte Schwert, das Johanna besaß. Sie verfügte sogar über ein viertes, das sie zur gleichen Zeit wie die Rüstung, die sie in Saint-Denis stiftete, von einem Burgundischen erobert hatte. Auf die Frage, wo es geblieben sei, antwortete sie, sie habe »in der Abtei Saint-Denis ein Schwert und eine Rüstung als Weihgeschenke dargebracht«. Im weiteren Verlauf des Verhörs erklärte sie, »man soll nicht zu erfahren suchen, was ich mit dem Schwert von Sainte-Catherine-de-Fierbois gemacht habe, das hat nichts mit dem Prozeß zu tun, und ich werde darauf nicht antworten«. Überdies hatte der Herzog von Burgund ihr nach der Befreiung von Orléans einen Dolch gesandt, und »die Stadt Clermont hatte ihr zwei Schwerter und einen Dolch geschenkt«.

Im Rehabilitationsprozeß sagten einige Zeugen aus, sie habe in Auxerre oder in Saint-Denis ihr Schwert auf dem Rücken eines Mädchens zerbrochen, doch Louis de Coutes widerspricht ihnen bei seiner Vernehmung.

---

1. Tisset, *ib.* S. 76.

»Sie wollte nicht, daß Frauen bei der Truppe seien, und als sie in der Nähe von Château-Thierry einmal eine Dirne erblickte, verjagte sie sie mit gezücktem Schwert, stieß aber nicht zu, sondern beschränkte sich darauf, ihr voll Sanftmut und Milde zu raten, die Gesellschaft Bewaffneter zu meiden, sonst werde sie, Johanna, Maßnahmen gegen sie ergreifen.«

Ist uns denn wirklich gar keine »Reliquie« der Jeanne d'Arc geblieben? Man nennt oft ein Schwert, das in Dijon verwahrt wird und auf dem die Namen Karls VII. und Vaucouleurs sowie die Wappen Frankreichs und Orléans' eingeritzt sind. Nach gründlicher Untersuchung stellte sich heraus, daß dieses Schwert vermutlich im 16. Jh. von den Ligisten, die Johanna einen wahren Kult widmeten, so gekennzeichnet worden war[1].

---

1. Doncoeur, Sammlung Centre Jeanne d'Arc, 1.227.

VI.
Die Sprache der Jeanne d'Arc
und ihrer Zeitgenossen

Wir erinnern uns, daß Johanna dem Seguin Seguin, einem der Richter von Poitiers, auf die Frage: »In welcher Sprache redet Eure Stimme?« antwortete: »In einer schöneren als der Euren«. Seguin Seguin weist darauf hin, daß er den Dialekt des Limousin spreche.

Aufgrund der Zeugenaussagen im Rehabilitationsprozeß kennt man auch bestimmte Wendungen, die Johanna benutzte. Jean Pasquerel, ihr Beichtvater, berichtet von ihrem Zuruf an die Adresse Glasdales: »Glasidas, ergib dich, ergib dich dem König des Himmels!« Aus dem Schreiben an die Reimser vom 16. März 1430 weiß man, daß sie die Buchstaben j und y wie ch aussprach. So etwa hatte der Schreiber, der sie nicht recht verstanden hatte, statt »joyeux« »choyeux« geschrieben. Doch dann strich er im Hinblick auf Johannas leichten Akzent das Wort durch und schrieb es richtig hin. Was die von Haimon de Macy oder Colette, der Frau des Millet, verwendete Redewendung »im Namen Gottes« (»en nom Dé«) angeht, so ist sie typisch lothringisch. Auch Dunois sagt: »fille Dé«, das heißt »Mädchen Gottes«.

Johanna sprach also französisch, das heißt die romanische Sprache, aber mit lothringischem Akzent (der heute noch existiert). In der lothringischen Umgangssprache wird oft am Wortende ein »i« angehängt, und die »é« werden geschlossen ausgesprochen. Domrémy lag »im Grenzland an der oberen Maas, das entweder dem Königreich oder dem Kaiserreich unterstand und den Sitten und der Sprache nach französisch war; seine romanische Umgangssprache zeigte ebenso champagnische Einflüsse wie seine Institutionen und seine Kunst«[1].

Schon im 14. Jh., schreibt Philippe Contamine[2], wird in den oberen Gesellschaftsschichten in erster Linie eine Mundart gesprochen, und zwar die der Franzosen, das heißt der Einwohner von Paris und der Île-de-France. Diese Sprache wird bald auf die gesamte königliche Verwaltung ausgedehnt. Im Norden spricht man die *langue d'oil* und im Süden die *langue d'oc*. Bestimmte Regionen haben ihre eigenen Idiome bewahrt, so die Bretagne, die Gascogne, das Baskenland. Flämisch spricht man in Flandern, im Boulonnais und im Calésie, im Süden die romanische Sprache oder das Volkslatein im Gegensatz zum Schriftlatein. Im Limousin wird »lemosi« gesprochen und in der Provence »prouensal« im Gegensatz zur Sprache des Königs, das heißt zum Französischen. Im Süden sind im 14. und 15. Jh. Verwaltungs- und Rechtsurkunden weiterhin vorwiegend in Latein abgefaßt.

In England entwickelt sich die Einheitssprache aus der Mundart von London. Von der normannischen Eroberung bis ins 14. Jh. spricht man ein entstelltes Französisch, das Anglo-Normannische, mit einer sozialen und kulturellen Vorrangstellung des Französischen, doch das ändert sich im

---

1. Pierre Marot, *Jeanne la bonne Lorraine à Domréy*, Nancy, 1980.
2. *La vie quotidienne pendant la guerre de Cent Ans en France et en Angleterre*, Paris, 1976.

14. Jh. In den Jahren 1300—1324 verkündet der anonyme Verfasser des *Cursor mundi*: »Dieses Buch habe ich verfaßt, damit man es in der englischen Sprache lese, und aus Liebe zum englischen Volk, zum englischen Volke Englands (...) Lassen wir jedermann sprechen, wie er will, das tut niemandem weh.«[1] Das ändert sich unter den Lancaster, die nur noch englisch sprechen. Schon Eduard III. hatte gefordert, daß bei Gerichtsprozessen in englischer Sprache verhandelt werde und die Protokolle in Latein niedergeschrieben werden. 1363 wird in Westminster ein Parlament erstmals in englischer Sprache eröffnet. Der nächste König, Richard II., spricht Englisch, versteht aber noch sehr gut Französisch. Diejenigen, die am längsten zögern, das Englische zu benutzen, sind die Londoner Bierbrauer, die sich für Verwaltungsschriftstücke erst ab 1422 der neuen Sprache bedienen.

Die beiden Länder haben also ihre eigene Sprache und wollen sich dadurch voneinander abgrenzen. Zum Beispiel ordnet Heinrich V. an, den Vertrag von Troyes ins Englische zu übersetzen, damit er in England bekannt werde. Salisbury und er wenden sich auf englisch an die Londoner Bürger, um sie von den Siegen zu unterrichten und Hilfsgelder zu erbitten. Bedford benutzt in einem Schreiben an Heinrich VI. diese mit französischen Worten durchsetzte Sprache, um dem König zu erklären, daß an seinen Niederlagen nur die Jungfrau schuld sei:

»And Alle thing there prospered for you, til the tyme of the siege of Orleans taken in hand, God knoweth by what advis. At the whiche tyme, after the adventure fallen to the persone of my cousin of Salisbury, whom God assoille, there felle, by in hand of God, as it seemeth, a greet strook upon

---

1. Zitiert von Philippe Contamine, *op. cit.*

your peuple that was assembled there in grete nombre, caused in grete partie, as y trowe, of lakke of sadde beleve, and of unlevefulle doubte that thei hadde of a disciple and lyme of the Feende, called the Pucelle, that used fals enchauntements and sorcerie. The which strooke and discomfiture nought oonly lessed in grete partie the nombre of youre people. (...)«

In Heeresschriftstücken wie den »endentures«[1] variieren die feststehenden Redewendungen je nachdem, ob sie von einem englischen Schreiber in England niedergeschrieben wurden oder in Frankreich von einem französichen Sekretär, der transkribierte, was er hörte. Die Wahrung der Landessprache ist im Vertrag von Troyes nicht ausdrücklich festgelegt, wird jedoch als stillschweigend vorausgesetzt, denn das erleichtert »die Beziehungen der Eroberer zu den besiegten Bevölkerungen, auf deren Selbstbewußtsein man damit Rücksicht nimmt. Dadurch konnte man mühelos im Lande selbst Beamte und Schreiber finden und mußte sie nicht über das Meer kommen lassen.«[2] Daher findet man die Namen französischer Schreiber im englischen Heer. Dennoch versuchen die Engländer in Frankreich, Heeresschriftstücke nach und nach in französischer Sprache abzufassen, und französieren teilweise sogar ihre Namen; z. B. wird John of Pothe zu Jehen Avothe, dann zu John Abote. Auch die Nachfahren der Gefährten von Wilhelm dem Eroberer übersetzen ihre Namen; dies ist der Fall bei William, Alexandre, John Pole, der La Poule wird.

Ein anderes Beispiel für die Vermischung des Französi-

---

1. Siehe oben, Anmerkung auf S. 337.
2. *La langue employée dans les documents anglais de la guerre de France au moment du siège d'Orléans*, Bulletin S. H. A. O., 1982.

schen, Englischen und Anglo-Normannischen ist die Sprache, die Warwicks Haushofmeister in Rouen 1431—1432 benutzt. In seinem Ausgabenbuch finden sich an jedem Tag wertvolle Hinweise über die Personen, die an Richard Beauchamps Tafel speisen: »Venerunt Madame Talbot cum 1 damicella, 1 scutifero; 2 marchaunts ville« (Es kamen Madame Talbot mit 1 Fräulein, 1 Scutifero, 2 Kaufleuten der Stadt«) oder: »Item expense: un panyer makerelles, 50 creveys«[1]. (Ausgaben: 1 Korb Makrelen, 50 Krebse)[2].

Die häufig vertretene Theorie, daß ohne das Auftreten Johannas »das Französische auf dem besten Wege war, das aufkommende Englisch abzuwürgen«, entbehrt der Grundlage. Wie François de Coudenberg[2] vermerkt, war das Französische außerdem die Sprache der Heraldik und später auch die der Diplomatie; darum sprach man es vor allem an den Höfen, in Adelskreisen und im Großbürgertum.

---

1. Marie-Véronique Clin-Meyer, *Le registre des comptes de Richard Bauchamp comte de Warwick 14 mars 1431—15 mars 1432*, Diplomarbeit Écoles des Hautes Études en Sciences Sociales, Mai 1981.
2. F. de Coudenberg, *Jeanne d'Arc, faut-il la brûler de nouveau?* Mittler der Forscher und Neugierigen, Oktober 1981.

VII.
Die Gefangennahme der Jeanne d'Arc vor Compiègne

Wurde Jeanne d'Arc am 23. Mai 1430 vor Compiègne verraten? Ließ also Guillaume de Flavy die Zugbrücke absichtlich hochziehen, um zu verhindern, daß sie sich rettete? Man kann sich auch fragen, ob die Stadt Compiègne tatsächlich gefährdet war und ob Flavy dieses Tor unbedingt vor Johanna schließen mußte. Dem 1889 erschienenen Werk *La prise de Jeanne d'Arc devant Compiègne et l'histoire des sièges de la même ville*[1] (›Die Gefangennahme Jeanne d'Arcs vor Compiègne und die Geschichte der Belagerung derselben Stadt‹) von Alexandre Sorel zufolge war Guillaume de Flavy ein Verräter; doch 1934 behauptete J.-B. Mestre: *Guillaume de Flavy n'a pas trahi Jeanne d'Arc* (›Guillaume de Flavy hat Jeanne d'Arc nicht verraten‹)[2]. Was geschah wirklich?

1430 steht es schlecht um Compiègne. Zwischen 1415 und 1430 war die Stadt achtmal angegriffen worden. Sie wurde erst von den Armagnacs, danach von den Burgundischen und von den Engländern eingenommen. Nach sorgfältiger Beratung beschlossen ihre Einwohner, »dem König gut und

---

1. Paris, 1889.
2. Paris, 1934.

getreu zu dienen«. Verständlich daher, daß Johanna sie während ihrer Gefangenschaft hochachtet und wegen ihrer Treue zu König Karl schützen möchte.

Als die Compiègner von den Siegen von Orléans und Patay und dann von dem Zug nach Reims erfuhren, vertrieben sie die englische Besatzung und sandten Karl VII. und der Jungfrau die Schlüssel der Stadt. Außerdem ersetzten sie Jean Dacier, Abt von Saint-Corneille und entschiedener Burgunderanhänger, durch Philippe de Gamaches, Abt von Saint-Faron zu Maux; ein angesehener Bürger, Boudon de la Fontaine, der ebenfalls auf burgundischer Seite stand, wurde von den Einwohnern kurzerhand verjagt.

1430 beschließen die Burgundischen, den Kampf gemeinsam mit den Engländern wieder aufzunehmen, und der kleine König Heinrich VI. landet mit einer 47 Schiffe starken Flotte und mehr als 2000 Mann am 23. April in Calais. Er wird begleitet vom Kardinal von Winchester, dem Herzog von Norfolk, von Huntington, Warwick, Stafford, Arundel usw. Bischof Pierre Cauchon war zu seiner Begrüßung nach Calais entsandt worden. Gleichzeitig flammen die Feindseligkeiten zwischen den Engländern und den Burgundern wieder auf; Karl VII. täuscht nicht, als er an den Herzog von Savoyen schreibt, daß er seinem Vetter Philipp von Burgund einen Separatfrieden anbieten will: ernüchtert schlägt er eine neue Begegnung für den 1. Juni in Auxerre vor. Er hat sehr rasch begriffen, daß die Engländer nicht gekommen sind, um Frieden zu schließen, nachdem sie entgegen den Abmachungen die Herzöge von Orléans und Bourbon und den Grafen von Eu nicht nach Frankreich zurückgesandt haben. Auch waren Compiègne und Creil nicht an Johann von Luxemburg zurückgegeben worden.

Während das englische Heer Pont-à-Choisy belagert, zieht

Johanna am 13. Mai in Compiègne ein, wo sie von den Schöffen der Stadt mit allen Ehren empfangen wird. Sie verfügt über fast 2000 Mann und hat sich auch diesmal vorgenommen, die Engländer zu überrumpeln. Der Angriff findet am 15. bei Tagesanbruch statt, und der Überraschungseffekt zeitigt Wirkung. Trotzdem muß sich ihre Truppe zurückziehen und nach Compiègne zurückkehren. Daraufhin plant Johanna eine neuerliche Aktion; sie will die verschiedenen Heere voneinander trennen, indem sie die Verbindungslinie Ourscamp-Sempigny-Noyon abschneidet. In dieser Absicht begibt sie sich nach Soissons, doch der dortige Stadthauptmann Guichard Bournel gestattet ihren Truppen nicht, die Stadt zu betreten, und die Soldaten müssen auf den Feldern lagern. Bournel hatte kurz vorher mit Johann von Luxemburg verhandelt und den Bischof der Stadt, Regnault de Fontaine, für seine Sache gewonnen. Nach Johannas Ankunft liefert er Soissons gegen 4000 Goldsalute an Johann von Luxemburg aus.

Weil Johanna die Aisne nicht über die Steinbrücke von Sissons überschreiten kann, kehrt sie, zornig über ihren Mißerfolg, nach Compiègne zurück und reitet nach Crépy-en-Valois. Aber auch Philipp der Gute ist nicht untätig geblieben, er hat eine Behelfsbrücke über die Oise schlagen lassen. Sein Heer lagert gegenüber Compiègne am Nordufer, und es beginnt die Belagerung. Alarmiert setzt sich Johanna am 22. Mai abends in Marsch und durchquert den Wald. Am nächsten Morgen steht sie vor Compiègne. Als sie einen Ausfall in Richtung Margny versucht, wird sie gefangen. Um zu verstehen, wie ihre Gefangennahme möglich war, muß man sich das Gelände und den Stadtplan aus dem 15. Jh.[1] ansehen.

---

1. Colonel de Liocourt, *La Mission de Jeanne d'Arc*, Nouvelles éditions latines, Bd. 1 u. 2.

Johanna rückt also am 23. Mai aus, um mit den Engländern zu plänkeln, sieht sich aber einem Heer gegenüber, das viel größer ist, als anzunehmen war. Daraufhin erteilt sie den Befehl, sich hinter dem Mauerring zurückzuziehen. Die Tore sind geschlossen, aber welche?

Es ist in der Tat nicht das Stadttor, das Johanna geschlossen fand, sondern das Brückentor, genauer gesagt, das Tor des Bollwerks, das heißt, das Tor der Gegenböschungspalisade, die die Brücke umgibt. Es war also für Guillaume de Flavy keine grundlegende Frage, die Stadt zu retten.

Compiègne war sehr gut geschützt, auf den Stadtmauern stand Artillerie, der große Turm war befestigt, ebenso das Notre-Dame-Tor, und die 150 Meter lange Oise-Brücke wurde beherrscht von einem ebenfalls sehr gut geschützten Befestigungswerk. Danach kamen ein Bollwerk, Wassergräben, die berühmte Gegenwallpalisade. Es war also diese letztgenannte Befestigung, wo Johanna keine Zuflucht fand. Das Bollwerk, das den Zugang zur Brücke versperrte, war übrigens ein Bau aus Bohlen, Lehm und Stroh und bildete einen recht wirksamen Schutz, da die Kanonenkugeln abprallten oder darin stecken blieben, ohne Schaden anzurichten.

Drei Zeugenaussagen geben Anlaß zu der Vermutung, daß Guillaume de Flavy Verrat übte.

Die Chronik von Flandern[1] berichtet folgendes:

»Und seither sagten und bestätigten mehrere, daß man wegen des Neides der Hauptleute Frankreichs mit einigen königlichen Ratgebern, die bei Philipp von Burgund und dem Herrn Johann von Luxemburg in Gunst standen, einen Vorwand fand, die besagte Jungfrau durch das Feuer sterben zu lassen.«

---

1. *La Chronique des Flandres*, XIX, 1882, S. 62.

Das *Diarium* oder die *Chronik des Heinrich Token* dazu:

»Durch die Hinterlist der Hauptleute, die es nur ungern hinnahmen, daß ein junges Mädchen sie führte und daß der von ihnen beanspruchte Siegesruhm ihr zufiel, wurde sie schließlich vom Bastard von Lothringen (sic), der sie durch Verrat gefangennahm, an die Engländer verkauft.«[1]

Die dritte Zeugenaussage ist die des Advokaten Rapioux, der vor dem versammelten Parlament rief:

»Durch seine Weigerung, 30 000 Écus anzunehmen, verschloß er Johanna die Türen, worauf sie gefangengenommen wurde, und er erhielt mehrere Klumpen Gold, um die erwähnten Türen zu schließen.«[2]

Dieser Advokat, der deswegen nicht belangt wurde, spielte auf die Beträge an, die der Herzog von Burgund Guillaume de Flavy für die Übergabe der Stadt Compiègne angeboten hatte.

Gestützt wird diese These J.-B. Mestres vor allem durch das Argument, daß der Hauptmann von Compiègne seine Stadt gegen die Burgundischen »hütete«. Er sieht also in der Notwendigkeit, die Stadt zu verteidigen, einen Punkt zugunsten Flavys. Was freilich eine unerklärliche Verquickung von Patriotismus und Ergebenheit gegenüber Johanna bedeutet. Guillaume de Flavy handelte also aus persönlichem Interesse. Und sein Interesse war, nachdem er sich der Jungfrau entledigt hatte, den Ort zu verteidigen, den er zur Hauptstadt seines kümmerlichen Fürstentums erkoren hatte.

Jean Chartier[3] zufolge war die heroische Verteidigung von

---

1. *Un nouveau témoignage contemporain de Jeanne d'Arc*, BEC, 1928. S. 455/56.
2. Archives nationales X2 A24, Annalen des Parlaments; zitiert von Ayroles, *La vraie Jeanne d'Arc*, Bd. 4, S. 93.
3. J. Chartier, *Chronique de Charles VII*.

Compiègne gegen die Anglo-Burgundischen das Verdienst des Philippe de Gamaches. Offenbar hat J.-B. Mestre die Unterlagen über die Verteidigung der Stadt nicht gründlich genug gelesen. In der Tat bestand — und das erscheint uns ein wichtiges Argument -- keine Gefahr, selbst wenn das erste Palisadentor offen geblieben wäre, was Jeanne d'Arc erlaubt hätte, sich zu retten. Hätte der Gegner dieses Tor tatsächlich gestürmt, wäre die Verteidigung der Stadt noch immer gewährleistet gewesen.

VIII.
Jeanne d'Arc — ein königlicher Bastard?

Jedes Jahr kommen ein oder zwei Bücher auf den Markt, in denen behauptet wird, man habe »endlich« neue Schriftstücke gefunden, nach denen Jeanne d'Arc nicht verbrannt wurde oder ein Bastard war, eine Tochter der Isabeau von Bayern mit Ludwig von Orléans und damit die Schwester Karls VII. Der Phantasie sind keine Grenzen gesetzt: es heißt auch, daß sie geflüchtet sei, daß Cauchon, Bedford und Warwick alles unternahmen, damit sie nicht verbrannt wurde, daß man an ihrer Statt eine andere auf den Scheiterhaufen stellte usw.

Ob *Moi, Jeanne obéissance, Jeanne d'Arc et la Mandragore* oder *La Secret de Jeanne d'Arc, la Pucelle d'Orléans* — keines dieser Bücher enthält etwas Neues, jedes wiederholt bereits bekannte Fakten. Die einen Autoren greifen die Pseudo-Beweisführungen des 17. und 18. Jh. auf, die anderen — die »Bastardschaftler«, wie man sie nennt — übernehmen die Behauptungen eines gewissen Pierre Caze, Unterpräfekt von Bergerac, der, wohl aus Zeitvertreib, 1805 das erste Werk veröffentlichte, das Jeanne d'Arc als außereheliche Tochter der Isabeau von Bayern hinstellte.

Doch zunächst zur Fluchtthese. Man weiß, daß eine

gewisse Claude des Armoises sich als Johanna ausgab und eine Zeitlang verschiedene Leute täuschte. 1436 senden die Orleaner, die von dieser Frau gehört haben, einen Boten, Coeur de Lys, nach Arlon, der am 31. Juli aufbricht und am 2. September zurückkehrt. Inzwischen behauptet Johannas Bruder Petit-Jean am 5. August in Orléans, Nachrichten von seiner Schwester zu überbringen. Man lädt ihn zu einem Mahl ein, danach reist er ab, um den König in Loches aufzusuchen. Am 21. August ist er wieder in Orléans und beschwert sich, daß die Hofbeamten ihm nicht die 100 Francs ausgezahlt hatten, die sie ihm auf Anordnung des Königs hätten zahlen sollen, sondern nur 20 Francs. Die Orléaner geben ihm die bescheidene Summe von 12 Francs. In Orléans trifft auch noch ein anderer Bote, direkt gesandt von »Jeanne«, ein. Es handelt sich um Fleur-de-Lys, der am 9. August in Orléans weilt, dann am 25. August. Die sogenannte Chronik des *Doyen de Saint-Thibault-de-Metz* berichtet uns von der unglaublichen Geschichte dieser Claude:

»Im Jahr 1436 war Herr Philippin Marcoult Oberschöffe von Metz; im selben Jahr, am zwanzigsten Tage des Mai kam die Jungfrau Johanna aus Frankreich nach la Grange aux Ormes bei Saint-Privas, um mit einigen Edelleuten aus Metz zu sprechen; sie nannte sich Claude, und am selben Tag kamen ihre zwei Brüder, sie zu sehen, der eine ein Ritter mit Namen Messire Pierre, der andere Petit-Jean, ein Knappe. Sie glaubten, daß sie verbrannt worden sei. Doch als sie sie erblickten, erkannten sie sie, und auch sie erkannte die beiden. Danach traf Claude des Armoises den Herrn Pierre Louve, Ratgeber des Herzogs von Burgund, der ihr ein Pferd gab, (und) ihre männliche Kriegsausrüstung wurde vervollständigt durch einen Herrn de Boulay und einen gewissen Nicole Gronart, der ihr ein Schwert überließ.«

Der Chronist teilt noch mit, daß diese »Johanna« in Gleichnissen sprach, daß sie an der Seite der Dame von Luxemburg von Metz nach Arlon reiste, daß sie dann Aufenthalt in Metz nahm, wo sie einen Ritter Robert des Armoises geheiratet habe.

Einige Autoren zögerten nicht, diese Herzogin von Luxemburg als die Person zu identifizieren, die Johanna während ihrer Gefangenschaft in Beaurevoir beistand. Diese »Dame von Luxemburg« war jedoch Elisabeth, Tochter des Johann von Luxemburg, Herzog von Görlitz. Sie war also die angeheiratete Nichte des Herzogs von Burgund und darf nicht verwechselt werden mit Johanna von Burgund, die noch vor Jeanne d'Arc 1430 unverheiratet starb. Die Chronik des *Doyen de Saint-Thibault-de-Metz* wurde übrigens noch einmal geschrieben; ihr Verfasser gibt eine zweite Version:

»In diesem Jahr kam ein junges Mädchen, das sich als Jungfrau von Frankreich ausgab und seine Rolle so gut spielte, daß mehrere Leute sich von ihr täuschen ließen, insbesondere alle hochgestellten.«

Diese angebliche Johanna, eine Abenteurerin, taucht auch in Trier auf und äußert ihre Meinung über die beiden Männer, die sich um den Bischofssitz streiten. Auf den Rat des Grafen von Württemberg begibt sie sich nach Köln; diese Einzelheiten stammen von dem Inquisitor Johann Nider, Prior der Dominikaner zu Nürnberg und später in Basel, Doktor der Universität Wien und Verfasser eines Inquisitionsleitfadens mit dem Titel *Formicarium*. Nider berichtet, wie zwei seiner Amtsbrüder einander die Würde des Erzbischofs von Trier streitig machten. Die falsche Jungfrau

»rühmte sich, wie die Jungfrau Johanna es für den König Karl von Frankreich getan hatte, einen der beiden einsetzen zu können und zu wollen. Mehr noch, diese selbe Johanna behauptete, von Gott dazu auserkoren zu sein«.

Aber diese »Johanna« bekam es mit dem Inquisitor von Köln, Heinrich Kalt Eysen, zu tun, der sie vorlud. Nach Johann Nider führte sie den erstaunten Beisitzern einige Taschenspielertricks vor, sie zerbrach z. B. ein Glas, das dann wieder unbeschädigt war, oder zerriß eine Tischdecke, die danach wieder heil erschien. Der Graf, der ihr seinen Schutz gewährte, sorgte dafür, daß sie nicht lange in Köln blieb, wo der Inquisitor an solchen Späßen keinen Gefallen fand. Immer noch Nider zufolge heiratete die falsche Jungfrau den Ritter Robert des Armoises. Er erzählt noch eine andere Geschichte, nach der sie mit einem Priester zusammenlebte, doch das erscheint ganz und gar unwahrscheinlich. Fest steht, daß sie Robert des Armoises, Herr von Tichemont, nach dem September 1436 heiratete. Man weiß wenig über diese Person, deren Familie aus der Champagne stammte und in Lothringen ansässig war. Robert des Armoises lebte sicher in Metz und in Luxemburg, weil er des Landes verwiesen worden war. Er hatte ohne die Zustimmung des René von Anjou, Herzog von Bar, sein Lehen Norroy in fremde Hände gegeben. Sein Besitz war daher 1435 beschlagnahmt worden, und er war nicht mehr Herr von Tichemont, obwohl er weiter diesen Titel führte. Das Schloß hatte Geoffroy d'Apremont erhalten.

Es klingt sehr wahrscheinlich, daß Robert des Armoises Zuflucht in zwei Orten suchte, die dem Herzog René feindlich gesinnt waren. Man vermutet, daß die Hochzeit von Robert und Claude um den 7. November 1436[1] stattfand. Claude nannte sich nun Johanna. Zwei Jahre hört man nichts

---

1. Urkunde veröffentlicht von dom Cahnet, *Histoire de Lorraine*, Bd. III.

mehr von ihr, bis sie 1439 in Orléans auftritt. Sie wird dort am 18. Juli empfangen, man bewirtet sie mit einem Festessen und Wein. Am 1. August händigt man ihr für »das Gute, das sie der Stadt während der Belagerung angetan«, einen Geldbetrag aus. Sie muß danach unvermittelt verschwunden sein, obwohl eine Abendmahlzeit zu ihren Ehren vorbereitet war. War es die für diesen Tag angekündigte Ankunft des Königs, die sie flüchten ließ? Jedenfalls begab sie sich auf schnellstem Weg zu Gilles de Laval, Herrn von Rais, der sie aufforderte, an seiner Seite Krieg zu führen. Man weiß, wie Gilles de Rais ein Jahr später, 1440, endete: er wurde festgenommen, verurteilt, gehängt und verbrannt.

Die Dame des Armoises reiste nun nach Paris, wie der Bürger von Paris vermerkt. Einige Leute glauben fest daran, daß sie die Jungfrau ist, doch gesteht sie vor der Universität von Paris ihren Schwindel. Sie wird wohl von der Universität von Paris, vom König oder vom Parlament überführt, denn ab 1440 hört man nichts mehr von Claude-Jeanne des Armoises.

Natürlich stellt sich jeder die Frage, warum ihre Brüder oder zumindest der eine, Petit-Jean, sie sofort erkannte und vom 20. Mai bis Anfang September 1436 mit ihr reiste; später sieht man kein einziges Mitglied von Johannas Familie mehr an der Seite der Claude des Armoises. Möglicherweise glaubte Petit-Jean zu einem bestimmten Zeitpunkt, diese Abenteurerin benutzen zu können, um vom König Hilfsgelder zu erbitten und sich auf seine Kosten zu bereichern.

Ihr anderer Bruder Pierre begleitete die Jungfrau während ihres gesamten Siegeszuges. Er geriet gleichzeitig mit ihr vor Compiègne in Gefangenschaft, blieb lange als Gefangener in England und richtete sich finanziell zugrunde, um sein Lösegeld aufzubringen. Nur die sogenannte Chronik des Doyen von Saint-Thibault-de-Metz gesteht ihm zu, seine angebliche

Schwester wiedererkannt zu haben. In der Folge läßt er sich in Orléans nieder, dessen Herzog ihm die gegenüber von Chécy flußaufwärts gelegene Ochseninsel schenkt, um ihn für seine Gefangenschaft und dafür, daß er die Erbschaft seiner Frau hatte veräußern müssen, um das Lösegeld zu bezahlen, zu entschädigen. Pierre du Lys lebt auf Schloß Baguenaux, erhält 1450 vom Herzog von Orléans eine weitere Geldzuwendung und läßt sich 1452 in Orléans, Rue des Africains, ein Haus bauen. Ab 1454 bezieht er eine jährliche Rente von 61 Livres, die regelmäßig bezahlt wird. Nach seinem Tod geht sie auf seinen Sohn Jean über. Pierre war an der Seite seiner Mutter, als der Rehabilitationsprozeß eröffnet wurde.

Der ältere Bruder Petit-Jean, der seine angebliche Schwester wiedererkannte, nachdem er versucht hatte, vom König eine finanzielle Unterstützung zu erlangen, kehrte bald in seinen Heimatort Domrémy oder nach Ceffonds zurück. Er heiratete eine Nichte, die Tochter seines älteren Bruders Jacquemin d'Arc, der in Vouthon lebte. 1452 wurde Jean du Lys, wie er nun hieß, zum Bailli des Vermandois und Stadthauptmann von Chartres, ein sehr bedeutendes Amt, ernannt. 1457 wurde er abgelöst, doch gab man ihm dafür die Hauptmannschaft des näher bei Domrémy gelegenen Vaucouleurs. Dieses Amt hatte er über 10 Jahre inne, und als die Hauptmannschaft von Vaucouleurs an Jean, den Bastard von Calane, Sohn des Herzogs von Lothringen, gegeben wurde, war er weit über sechzig und ging mit einem Ausgleich von 25 Livres in den Ruhestand. Die Laufbahn dieses Mannes war gewiß nicht die eines Einfaltspinsels, der sich leicht hereinlegen läßt. Er war zwar drei Monate lang der Komplize der Claude des Armoises, doch scheint er sich später bemüht zu haben, die Rehabilitation seiner Schwester voranzutreiben und in Paris wie in Rouen Beweise für ihre Unschuld zusammenzutragen. Nach Beendigung des Rehabilitationsprozesses ließ er sich übrigens eine Abschrift des Urteils aushändigen.

Noch andere Abenteurerinnen haben versucht, sich für Jeanne d'Arc auszugeben. Wir wissen aus einem Begnadigungsbrief (veröffentlicht von Lecoy de La Marche) vom Februar 1457 für eine gewisse Jeanne de Sermaize, Ehefrau eines Angeviners namens Jean Douillet, daß sie mehr als drei Monate in den Gefängnissen von Saumur festgehalten wurde, weil sie behauptet hatte, Johanna die Jungfrau zu sein. Der Begnadigungsbrief stammt von König René[1]. Ein weiteres Dokument, das zeigt, daß die Menschen zu Johannas Zeit ebensowenig gutgläubige Narren waren wie die heutigen und sehr wohl Wahres von Falschem zu unterscheiden wußten.

Doch auch bei den »Überlebensverfechtern« gibt es Widersprüchliches. Einige, wie Jean Grimod, schreiben, daß der Chronist Monstrelet »die Gefangenschaft und den Tod Johannas einfach verschweigt«. Er will damit sagen, daß man zumindest auf burgundischer Seite Bescheid wußte. Das stimmt jedoch nicht, denn der Chronist berichtet sehr wohl von ihrer Gefangennahme:

»Sie wurde von dem erwähnten Gericht gefesselt, auf den Alten Markt von Rouen geführt und dort vor allem Volk öffentlich verbrannt... Nachdem dies geschehen war, machte der König von England durch Briefe an den Herzog von Burgund darüber Mitteilung, damit diese Hinrichtung, die sowohl er als auch die anderen Fürsten für rechtens ansahen, an mehreren Orten bekannt würde, und damit ihre Untertanen in Zukunft Sicherheit hätten und gewarnt wären, nicht an diese und andere Irrtümer von der Art derjenigen

---

1. Archives nationales, S. 734, Kennziffer 10, Bl. 199.

zu glauben, die zu Lebzeiten der Jungfrau geherrscht hatten.«[1]

Jedermann wußte von Johannas Tod, so auch der Bürger von Paris:

»Am Tag des hl. Martin von Boullant fand eine Prozession nach Saint-Martin-les-Champs statt, auf der eine Predigt gehalten wurde von einem Dominikanerpater, der Glaubensinquisitor war ... Er erzählte das gesamte Leben von Johanna der Jungfrau bis zu ihrer Verbrennung ... wie sie der weltlichen Justiz ausgeliefert worden war, um zu sterben.«[2]

Schließlich und endlich: Kann man die offizielle Schrift Cauchons und des Stellvertretenden Inquisitors Lemaître ignorieren, die den Dominikaner Pierre Bosquier verurteilten, weil er erklärt hatte, die Richter hätten schlecht daran getan, Johanna als Ketzerin zu verurteilen und sie der weltlichen Gerichtsbarkeit zu überantworten? Kann man die offizielle Schrift der Universität von Paris außer acht lassen, die dem Papst von Johannas Verurteilung und der Urteilsvollstreckung Kenntnis gab? Andererseits sandte Heinrich VI. acht Tage nach der Hinrichtung an den Kaiser, an Könige, Herzöge und andere Fürsten der Christenheit Briefe, in denen er ihnen die Verurteilung und den Tod Johannas mitteilte. Am 28. Juni 1431 benachrichtigte er davon auch »Prälaten, Herzöge, Grafen und andere Adlige und die Städte seines Königreichs Frankreich«. Erbittet nicht Cauchon, um sich gegen die öffentlichen Gerüchte zu schützen, offizielle, von der königlichen Kanzlei Englands unterzeichnete Schreiben, in denen alle, die an Johannas Verurteilungsprozeß beteiligt gewesen und sie der weltlichen Gerichtsbarkeit über-

---

1. Monstrelet, *Chronique*, éd. Douet d'Arcq 1862, Bd. 4, S. 442–448.
2. Éd. de Tuetey, S. 270.

antworteten, unter ihren königlichen Schutz genommen werden? Kann man die Worte der Zeugen im Rehabilitationsprozeß ignorieren, die unter Eid aussagten, daß sie der Hinrichtung beigewohnt hätten: Pierre Cusquel, L. Guesdon, J. Riquier, Guillaume de La Chambre, der Bischof von Noyen, Jean de Mailly und auch die Notare Guillaume Manchon, Guillaume Colles, Nicolas Taquel? Kann man die Aussagen von Bruder Martin Ladvenu, Bruder Isambart de La Pierre oder Jean Massieu ignorieren? Wie kann man im Rehabilitationsprozeß nur ein gewaltiges Scheinverfahren sehen, das die trauernde Mutter Johannas, Isabelle Romée, anstrengte, um die Rehabilitation ihrer von den Engländern verbrannten Tochter zu erwirken? Konnte die Kirche, die sie durch Papst Calixt III. rehabilitierte, meineidig werden, indem sie behauptete, Johanna sei verbrannt worden?

Doch diese Autoren kümmern sich nicht um solche Dokumente. Für sie ist Johanna geflohen, und am Morgen des 30. Mai 1431 wurde in Rouen auf der Place du Vieux-Marché eine andere Frau hingerichtet. Ihr Gesicht sei bedeckt gewesen, sagen sie. Damit mißdeuten sie jedoch einen Brauch der Zeit. In den Texten heißt es nämlich, daß sie eine Kopfbinde trug, so hoch über der Stirn, daß alle sie als Frau erkennen konnten, und daß sie tot war. Auch wird behauptet, daß Johanna, Bedford und Warwick durch einen unterirdischen Gang geflüchtet seien. Leider haben die Grabungen im Schloß von Rouen nichts zutage gebracht, was auf einen solchen unterirdischen Gang hinweisen würde. Damit noch nicht genug. Man erfindet kurzerhand einen unterirdischen Gang, indem man sich auf einen Satz aus dem Rehabilitationsprotokoll stützt: »*Quod dux Bedfordiae erat in quodam loco secreto ubi videbat eamdem Johannam visitari.*« »*Loco secreto*« wird einfach zum interirdischen Gang. Der Satz, der in

Wirklichkeit besagt: »Der Herzog von Bedford hatte ein Versteck, von dem aus er Johanna sehen konnte, wenn sie Besuche empfing«, wird zu »Ein unterirdischer Gang, der vom Verlies zur Wohnung des Regenten führte.«

Die Theorie der unehelichen Geburt war auch im 19. Jh. populär, obgleich sie unablässig zurückgenommen und widerlegt wurde. Doch wie das Ungeheuer von Loch Ness taucht sie in regelmäßigen Abständen immer wieder auf. Manche behaupten, Isabeau von Bayern sei die Geliebte ihres Schwagers Ludwig von Orléans gewesen, mit dem sie eine Tochter gehabt habe. Dieses Kind sei gleich nach seiner Geburt in Domrémy bei der Familie d'Arc untergebracht worden. Das Problem freilich ist, daß der Herzog von Orléans am 7. November 1407 ermordet wurde. Doch das spielt keine Rolle. Man verlegt kurzerhand die Geburt der kleinen Johanna vor; dann wäre sie also bei ihrem Prozeß ungefähr vierundzwanzig Jahre alt gewesen und nicht neunzehn, wie sie selbst angibt. Dieses Kind hätte auch vor dem 23. November 1407, dem Todestag Ludwigs von Orléans, gezeugt werden müssen. Isabeau jedoch brachte am 10. November 1407 einen Sohn namens Philipp zur Welt, der gleich nach der Geburt starb. Ein Chronist, Mönch in Saint-Denis, vermerkt: »Am Vortag von St. Martin im Winter gegen zwei Uhr nach Mitternacht, gebar die erlauchte Königin von Frankreich einen Sohn (...) Dieses Kind lebte so kurz, daß die Vertrauten des Königs gerade die Zeit hatten, ihm den Namen Philipp zu geben und ihm die Nottaufe zu spenden.« Auch dies ist wieder ein Text, den die »Bastardisten« ignorieren.

Mit der Behauptung, sie sei unehelich geboren, beschuldigt man Johanna außerdem noch, einen Meineid geleistet zu haben. Dabei schwört sie im Verurteilungsprozeß, als man sie nach ihrem Geburtsort und den Namen ihres Vaters und ihrer Mutter fragt, auf die Bibel und antwortet: »Mein Vater hieß Jacques d'Arc, meine Mutter Isabellette.« Geboren sei sie in Domrémy. Wenn man Johanna des Meineids zeiht, dann gilt dies auch für ihre Mutter Isabelle Romée, und der ganze Rehabilitationsprozeß wird zur Farce. Isabelle Romée stand nämlich unter Eid, als sie die Aufhebung des Urteils von Rouen zugunsten ihrer »in rechtmäßiger Ehe geborenen Tochter« forderte.

Darf man denn darüber hinaus die Zeugenaussagen der Paten, Patinnen und Nachbarn vergessen? Alle berichten, daß Johanna wirklich in Domrémy als Kind des Jacques d'Arc und der Isabelle Romée geboren wurde. Dieselben Pseudo-Historiker behaupten, daß alle von der Sache wußten und natürlich auch Karl VII., der Herzog von Alençon, Dunois und Bertrand de Poulengy, der Johanna von Vaucouleurs nach Chinon begleitete. Keiner äußerte sich dazu, und niemand zweifelte damals daran. Trage nicht, so sagen sie, Johannas Wappen einen Bastardfaden, während das Schwert nie als Beizeichen angesehen wurde? Doch warum erhält nicht nur Johanna ein Wappen, sondern auch ihre »falschen« Brüder? Floß in deren Adern etwa ebenfalls königliches Blut?

Alle diese Thesen sind es nicht wert, daß man auf sie eingeht. Solange keine überzeugenden Beweise vorliegen, brauchen sie nicht berücksichtigt zu werden.

IX.
Die Steuerfreiheit der Bewohner
von Domrémy und Greux

Jeanne d'Arc bittet König Karl VII., den Einwohnern ihres Heimatorts, von Domrémy und Greux, Abgabenfreiheit zu gewähren, und am 31. Juli 1429 geht ihr Wunsch in Erfüllung. Die offizielle Urkunde ist nicht auf uns gekommen, doch laut Charles du Lys, dem Generaladvokaten an der Cour des Aides (Steueroberamt) unter Ludwig XIII., mußten die Einwohner des lothringischen Dorfs darum kämpfen, ihr Privileg zu behalten. Am 6. Februar 1459 steht geschrieben:

»Im Eintragebuch des Rechnungshofes sind die beiden Dörfer auf Null gesetzt mit dem Vermerk: ›Wegen der Jungfrau‹[1].«

Eine Abschrift der Originalurkunde[2] von 1769 wird im Nationalarchiv verwahrt:

Offene Briefe Karls VII., die den Einwohnern von Domrémy und Greux Steuergabenfreiheit garantieren. 31. Juli 1429

»Karl, König von Frankreich von Gottes Gnaden. An den Bailly von Chaumont, die Erwählten und Bevollmächtigten, die beauftragt sind und werden, in dem besagten Amtsbezirk die indirekten Steuern, Abgaben, Hilfsgelder und außeror-

---

1. *Traité sommaire du nom des armes... de la Pucelle*, Paris, 1633.
2. A. N., Domänenabteilung H, 15352.

dentlichen Steuern zu veranlagen und zu erheben, und an alle unsere anderen Verfechter der Gerechtigkeit und Beamten oder deren Stellvertreter, Gruß und Liebe. Wir lassen Euch wissen, daß für und auf Bitte Unserer sehr geliebten Johanna der Jungfrau für die großen, hohen und nützlichen Dienste, die sie Uns in Hinblick auf die Wiedererlangung unseres Herrschaftsgebietes erwiesen hat und erweist, Wir als besondere Gunst durch die vorliegenden Schriftstücke den Einwohnern und Bewohnern der Städte und Dörfer Greux und Domrémy in dem genannten Amtsbezirk Chaumont-en-Bassigny, aus dem die besagte Johanna gebürtig ist, verfügen, daß sie künftighin frei und ledig von allen indirekten Steuern, Abgaben, Hilfsgeldern und außerordentlichen Steuern sein sollen, mit denen der besagte Amtsbezirk belegt ist oder sein wird...

Gegeben zu Chinon am letzten Tag des Juli im Jahr des Heils eintausendvierhundertneunundzwanzig und in Unserem siebten Regierungsjahr.

Durch den König auf (?) seinen Beschluß hin. Bude«

Obwohl in diesem Schriftstück Chinon erwähnt ist, befand sich der König zum Zeitpunkt der Ausfertigung wahrscheinlich in Château-Thierry. In der Akte, die in den Archives Nationales liegt, findet sich ein vom königlichen Notar Vivenot unterzeichneter Vermerk, der nach der Abschrift der Akte hinzugefügt wurde. Sie ist mit dem 8. November 1769 datiert und besagt, daß die Weisung betreffend die Einwohner von Greux und Domrémy mit dem Original verglichen worden sei. Die von Domrémy hätten Protest eingelegt, denn während ihre Nachbarn von Greux nach wie vor Steuerfreiheit genössen, seien sie selbst bereits vor etwa 200 Jahren dieser Vergünstigung verlustig gegangen. Der Generalintendant von Lothringen erklärte daraufhin, daß das »Dorf Domrémy unter die Herrschaft der Herzöge von Lothringen in ihrer Eigenschaft als Herzöge von Bar übergangen sei und somit nicht mehr zur Provinz Champagne gehöre«. 1771 wurden die Einwohner von Domrémy auf Erlasse von 1614 und 1634 zurückverwiesen:

»(...) daß die Abkömmlinge der Brüder der Jungfrau von Orléans, die gegenwärtig wie Adlige leben, künftig Adelsprivilegien genießen sollen, ebenso ihre männlichen Nachkommen, die wie Adlige leben, und ebenso jene, die Unsere Offenen Briefe und obersten Hofentscheidungen erhalten haben; diejenigen hingegen, die nicht wie Adelige gelebt haben und gegenwärtig wie solche leben, genießen künftig hin keinerlei Privilegien. Der Adelstitel der Töchter und Frauen, die ebenfalls von den Brüdern der Jungfrau abstammen, kann künftig nicht mehr auf ihre Gatten übertragen werden.«

In Punkt VII. des Erlasses von 1634 wurde festgelegt,

»daß die Abkömmlinge der Brüder der Jungfrau von Orléans, die dem Adelsstand angehören und gegenwärtig wie Adlige leben, sowie ihre männlichen Nachkommen, die wie Adlige leben, Adelsprivilegien genießen sollen. Diejenigen indes, die nicht wie Adlige gelebt haben und auch gegenwärtig nicht wie solche leben, sollen künftighin keinerlei Privilegien mehr genießen; so wie auch der Adelstitel der Töchter und Frauen, die von den Brüdern der Jungfrau von Orléans abstammen, künftighin nicht auf ihre Gatten übertragen werden kann«.

Unter Bezugnahme auf diese beiden Artikel entschied man 1771, daß die Befreiung durch die Erlasse von 1614 und 1634 aufgehoben seien. Zwei Jahre nach dem Regierungsantritt Ludwigs XVI., am 18. Februar 1776, erging ein zweiter Beschluß:

»Das Ersuchen der Einwohner von Domrémy wurde

bereits 1771 abgewiesen, und da durch die Erlasse von 1614 und 1634 die der Familie der Jungfrau gewährten Privilegien aufgehoben waren, befand man, daß die Einwohner des Dorfs, in dem sie geboren wurde, keine weiteren Vergünstigungen haben sollten. Aus diesen selben Gründen, Monsieur, hat jüngst der Rat abgelehnt, das Ersuchen um Bestätigung des Privilegs entgegenzunehmen, das die Einwohner von Greux bei Regierungsantritt Seiner Majestät abermals vorlegten. So werden die Einwohner von Domrémy nicht mehr voller Neid diesen Unterschied sehen, der sie ihre vergebliche Forderung immer wieder erheben ließ, ohne daß ihnen Entgegenkommen gewährt wurde.«

Zur selben Zeit wie die Einwohner von Domrémy suchten auch die von Greux um Bestätigung ihres Privilegs an. Der Intendant der Champagne, Bouillé d'Orfeuil in Paris, bezog sich in seiner Antwort am 15. September 1775 auf dieselben Texte: Die Privilegien seien bei Regierungsantritt Ludwigs XI., Karls VIII. und Franz' I., dann durch die Offenen Briefe Heinrichs II. (9. April 1551), Franz' II. (15. Oktober 1559), Heinrichs III. (25. Januar 1584), Heinrichs IV. (24. März 1596), Ludwigs XIII. (Juni 1610), Ludwigs XIV. (März 1656) und Ludwigs XV. (19. August 1723) bestätigt worden. Die Erlasse von 1614 und 1634, vermerkte er, hätten mit diesen Privilegien absolut nichts zu tun, beträfen jedenfalls nicht die Einwohner von Greux, denn Karl IX. habe Domrémy 1571 an Karl III., Herzog von Lothringen, abgetreten; seither gehöre das Dorf zu dieser Provinz. 1767, fügte er hinzu, stehe es wieder unter französischer Herrschaft und sei Teil des Steuerbezirks Lothringen. Er bat, daß die Einwohner von Greux eine Bestätigung ihres Privilegs erhalten mögen.

Doch das Gesuch wurde abgelehnt.

X.
Jeanne d'Arc und kein Ende

Der Aufhebung der Belagerung ihrer Stadt durch Jeanne d'Arc zu gedenken ist bei den Orleanern eine alte Tradition. Schon um 1461 bezeugt das auf Chroniken und Zeugenberichten fußende *Tagebuch der Belagerung* den Wunsch, diese Heldentat für die Nachwelt schriftlich zu fixieren.

100 Jahre später entsteht eine neue Fassung dieses Berichts, diesmal in lateinischer Sprache. Sie stammt aus der Feder des Direktors des Collège d'Orléans, J.-L. Micqueau. Der Ratgeber Léon Tripault veröffentlicht 1583 auf lateinisch und französisch *Les faicts et jugements de Jeanne Darc dicte la Pucelle d'Orléans* (bei Eloi Gibier in Orléans). Das Werk wurde auf Kosten der Stadtschöffen mehrere Male aufgelegt.

Im 17. Jh. würdigen die Historiker von Orléans Johannas Heldentaten auf breitem Raum, wie beispielsweise Symphorien Guyon 1647 in *L'histoire de l'Église et diocèse de la ville et l'Université d'Orléans*.

Die offiziellen Geschichtsschreiber Karls VII., Heinrichs VI. von England und des Herzogs von Burgund berichten ebenfalls von Johanna. Die einen sehen in ihr ein Werkzeug Gottes oder des Teufels, für die anderen ist sie eine von der Umgebung des Königs aufgebaute Wundererscheinung.

Nach der aufsehenerregenden Rehabilitierung von 1456 werden die Prozeßprotokolle noch einmal abgeschrieben. Von Ende des 15. Jhs. bis Mitte des 16. Jhs. zählt man etwa 30 Exemplare. Darunter sei die Abschrift genannt, die in der Stiftung der Königin Christine von Schweden in der Vatikanischen Bibliothek aufbewahrt wird, ferner die für Diana von Poitiers angefertigte sogenannte Handschrift von Armagnac im Vicotria-und-Albert-Museum in London.

Jeanne d'Arc figuriert auch in zahlreichen Werken über tugendhafte Frauen, wie dem von Alain Bouchard, *Mirouer des femmes vertueuses* (1546), dem des Guillaume Postel, *La merveilleuse histoire des femmes du nouveau monde* (1553) oder *Le fort inexpugnable de l honneur du sexe feminin* von François de Billom.

1570 schreibt Girard du Haillan *De l'estat et mercy des affaires de France*, die dem Historiker Pierre Marot zufolge erste Landesgeschichte, die in Frankreich veröffentlicht wurde. Du Haillan zieht übrigens das Wunderbare an Johannas Sendung in Zweifel und gibt aus England kommende Gerüchte wieder, nach denen Johanna die Geliebte Dunois', Baudricourts oder Potons gewesen sein soll. Diese Behauptungen oder vielmehr Unterstellungen veranlassen François de Belleforest zu einer Erwiderung. Um 1570 versucht er, die Wahrheit über die Jungfrau an den Tag zu bringen, indem er die beiden Prozesse analysiert. In dieser Zeit, während der Religionskriege, wird Johanna erstmals zum Leitbild: sie ist Schirmherrin der Katholiken.

Man kann die Literaturgeschichte des 16. Jhs. nicht abschließen, ohne den großen Etienne Pasquier zu nennen, der in seinen *Recherches de la France* (1580) Johanna verteidigt und ihr das Verdienst zubilligt, Frankreich gerettet zu haben. Um die Jahrhundertwende kommt sie, wie wir später sehen werden, auch als Bühnenfigur in Mode.

Zu Beginn des 17. Jhs. gilt es als fein, von der Jungfrau abzustammen. Jean Hordal und Charles de Lys erstellen ihren Stammbaum und feiern ihre ruhmreiche Ahnfrau. Hordals Werk *Heroinae nobilissimae Joannae Darc* ist vor allem wegen seiner Illustrierung interessant, denn es enthält einen Stich von L. Gaultier, der auf eine ganze Reihe bildlicher Darstellungen der kriegerischen Johanna zurückgeht. Unter den Autoren des 17. Jhs. sei noch Jean-Baptiste Masson genannt, der in seiner 1610 veröffentlichten *Histoire mémorable de la vie de Jeanne d'Arc appelée la Pucelle d'Orléans. Extrait des interrogatoires et réponses à iceux an Procès de sa condamnation et des dépositions de 112 témois ouys pour sa justification en vertu des bulles du pape Calixte III en l'an 1455* für seine Zeit sehr »wissenschaftlich« verfährt: »Lesender Freund, ich darf dir mitteilen, daß dieses kleine Werk nicht aus dem, was du in verschiedenen Büchern über die Taten Johannas, der sogenannten Jungfrau von Orléans, gelesen hast, zusammengestellt wurde.« Auch der berühmte Theologe Edmond Richer, Verfasser der *Histoire de la Pucelle d'Orléans*, hält sich an die authentischen Texte, doch sollte das Werk zwei Jahrhunderte lang nur in handschriftlicher Form vorliegen. In seiner Einführung forderte er bereits, daß man die Prozeßtexte veröffentliche, da sie sonst Gefahr liefen, »mit der Zeit« vergessen zu werden.

Ebenfalls im 17. Jh. stellen Nicolas Caussin, der Beichtvater des Königs, sowie die Jesuiten Porré und Latrier in ihren Werken Jeanne d'Arc den Damen des Königshofs als Vorbild hin. Auch Pierre Lemoyne in seiner *Galerie des femmes fortes* und Vulson de la Colombière in *Portraits des hommes illustres* zeigten sie in günstigem Licht. 1656 verarbeitet Chapelain Johannas Geschichte zu einem Heldenepos in zwölf Gesängen, das den Titel *La Pucelle ou la France délivrée* trägt. Bemerkenswert ist dieses Werk in erster Linie wegen der Illustrationen von Claude Vignon, der eine Reihe von Kartons für Aubusson-Bildteppiche schuf. Während Jeanne d'Arc einerseits gelehrte Köpfe beschäftigte und man sie in den Diözesen Langres und Orléans bereits eine Heilige nannte, ließ sie andererseits auch die Freidenker nicht unberührt, die verschiedene Hypothesen über den göttlichen Charakter ihrer Sendung entwickelten. Gegen Ende des Jahrhunderts war man — vielleicht durch Chapelain — des Themas überdrüssig und interessierte sich kaum noch für Johanna, auch wenn die historische Literatur ihr mit dem — grundlegenden — Werk von Denis Godesfroy und dem von Baudot de Jully *Histoire de Charles VII.* (1697) einen kleinen Platz einräumt.

Im Jahrhundert der Aufklärung wäre in der johannischen Geschichtsschreibung vor allem das sehr gehässige Werk Voltaires *La Pucelle d'Orléans* zu nennen. Etwa zehn Jahre lang zirkulierte es mehr oder weniger heimlich unter den Schöngeistern, ehe es 1762 offiziell verlegt wurde. Es erlebte mehr als 60 Auflagen. Andere große Schriftsteller des Jahrhunderts wie Beaumarchais und Montesquieu haben über Johanna geschrieben, aber ohne sie zu begreifen, da sie in ihr nur eine Schwindlerin sahen, die zufällig zum Spielball der Politik geworden war. Daniel Polluche hatte größte Mühe, diese Werke zu widerlegen. Obwohl von den »Philosophen« geschmäht, erscheint die Jungfrau häufig als Bühnenheldin. Trotzdem darf man nicht glauben, die Franzosen hätten sie vergessen: Städte wie Orléans feiern nach wie vor das Andenken an sie, und es gibt zahlreiche Stiche von ihr. Unter Ludwig XV. verkörpert sie den Widerstand gegen die Engländer. Die im Jahr 1754 aufgeworfene Frage, ob Johanna tatsächlich auf dem Scheiterhaufen starb, beantwortete Gaspard de Toustain-Richebourg in seinen *Affiches de Haute-Normandie*.

Die Geschichtsschreibung kann nicht den Namen des Abts Nicolas Langlet Dufresnoy verschweigen, der die authentischen Texte wieder zu Ehren brachte, indem er bei Richers Werk Anleihen machte. Hervorgehoben sei Clément de L'Averdy, der 1790 ein gelehrtes Werk mit dem Titel *Notices et extraits des manuscripts de la Bibliothèque du roi* verfaßte, in dem er die beiden Prozesse Johannas untersucht. Quicherat räumt ein: »Nichtsdestoweniger bleibt ihm die Ehre, das erste genaue Repertorium über die Jungfrau geschrieben zu haben, das erste der modernen Wissenschaft würdige Werk.« L'Averdy stirbt, verurteilt vom Revolutionstribunal, 1793 auf dem Schafott. (Jeanne d'Arc war der Revolution übrigens gar nicht genehm, denn 1793 wurden alle ihre Feste abgeschafft, ihre Standbilder eingeschmolzen, ihr Hut verbrannt.)

1795 gelangt Jeanne d'Arc durch den Engländer Robert Southey, der sie zu einer republikanischen Heldin macht und mit Madame Roland vergleicht, wieder zu Ehren. Doch die echte Antwort auf Voltaires *Pucelle* ist 1801 Schillers Tragödie *Die Jungfrau von Orléans*. Zur selben Zeit gestattet Napoleon den Orleanern, am 8. Mai ihre Befreierin zu feiern. »Die berühmte Jeanne d'Arc«, sagt er bei der Verkündung des Erlasses, »hat bewiesen, daß der französische Geist jegliches Wunder zu vollbringen vermag, wenn die nationale Unabhängigkeit in Gefahr ist.«

Anfang des 19. Jhs. sucht man die grandiose Leistung der Jeanne d'Arc zu begreifen und zu erklären. Chaussard, der sich weigert, eine Erleuchtete in ihr zu sehen, preist sie als Patriotin. Um diese Zeit stellt auch Pierre Caze seine Theorie auf, die zahlreiche Anhänger fand, nämlich daß Jeanne d'Arc die Frucht einer ehebrecherischen Beziehung der Isabeau von

Bayern war. Nach der Besetzung Lothringens durch die Verbündeten im Jahr 1815 lebt die Begeisterung für die Jungfrau erneut auf. Der Stadtrat von Orléans verleiht denen, die ihr Geburtshaus erhalten und gepflegt haben, eine Goldmedaille, und Ludwig XVIII. genehmigt die für die Errichtung eines Denkmals in Domrémy erforderlichen Kredite. Berriat Saint-Prix und Le Brun des Charmette treten in L'Averdys Fußstapfen und schreiben eine Geschichte der Heldin auf der Grundlage der Texte. Le Brun des Charmettes gibt seinem Werk übrigens eine politische Bedeutung: Jeanne d'Arc wird von den Erneuerern der Monarchie vereinnahmt.

Mit den Romantikern und der Rückbesinnung auf das Mittelalter, tauchen eine Reihe von Urkundensammlungen auf, die geeignet sind, die historischen Probleme auszuleuchten. Petitot veröffentlicht 1819 die *Mémoires concernant la Pucelle d'Orléans,* Bûcheron ediert 1827 die *Chroniques et Procès de la Pucelle d'Orléans*, und Michaud und Poujoulat legen 1837 die *Mémoires sur Jeanne d'Arc et Charles VII.* vor. Diese Bücher sind nicht immer sehr präzise, liefern aber zumindest einen Überblick über die Texte, die bis dahin den Spezialisten oder Leuten, die die Handschriften zu entziffern vermochten, vorbehalten gewesen waren.

Der Patriotismus des 19. Jhs. sieht in Jeanne d'Arc eine Leitfigur, ein Symbol, das nun alle philosophischen Richtungen und alle Parteien für sich in Anspruch nehmen. Einer der ersten Romantiker, Casimir Delavigne, verfaßt 1819 zwei Gedichte, *La vie* und *La Mort de Jeanne d'Arc*, die in seiner Sammlung *Les Messéniennes* enthalten sind und einen großen Erfolg erleben. Bei Michelet, der zwischen 1833 und 1844 die sechs ersten Bände seiner *Histoire de France* veröffentlicht, verkörpert sie das französische Volk und ist sie der Stützstein für seinen Patriotismus: »Sie liebte Frankreich so sehr! Und

Frankreich, davon tief berührt, begann sich selbst zu lieben.« Das gilt für seine *Histoire de France* ebenso wie für die von Henri Martin (1833–1836). Die den Feldzügen Johannas gewidmeten Kapitel beider Werke erfreuten sich solcher Beliebtheit, daß sich die beiden Autoren veranlaßt sahen, sie als Auszüge getrennt herauszubringen. Die Romantik begrüßt diese Wiederentdeckung, die dem Volksgeist freien Lauf läßt: »Numas guter Geist, Sokrates' bekannte Genialität waren nur die Eingebung, denen sie anstatt den Göttern in ihrer Seele lauschten. Wie konnte diese arme Hirtin eines Dorfes, wo Feen ihr Wesen trieben, und der Mutter und Freunde die lokalen Legenden erzählten, an etwas zweifeln, woran ein Sokrates und Platon ohne Einschränkung glaubten?« schrieb Lamartine. Schriftsteller und Musiker interessieren sich direkt oder indirekt für sie, wie Franz Liszt durch seine Geliebte Marie d'Agoult, die 1857 unter ihrem Pseudonym Daniel Stern ein historisches Drama in fünf Akten mit dem Titel *Jeanne d'Arc* veröffentlicht.

In der dritten Republik geht das Thema Johanna zwei verschiedene, um nicht zu sagen zwei entgegengesetzte Wege. Der anregenden Wirkung auf republikanischer und weltlicher Seite stand bei den Katholiken eine Begeisterung gegenüber, die in die Heiligsprechung mündete. Bei jedem Autor findet man eine andere Nuance, sowohl hinsichtlich des Ideals als auch der Gefühle. Marie-Edmée Pau verleiht in ihrem Werk *Histoire de notre petite soeur Jeanne d'Arc* dem Rachegedanken Ausdruck. Henri Wallon (1812–1904) hingegen wird geleitet von der religiösen Überzeugung (*Jeanne d'Arc*, 1860, 2 Bde); für ihn besteht kein Zweifel daran, daß die Offenbarungen der Jungfrau von Gott kommen; das zwischen 1862 und 1882 noch fünfmal aufgelegte Werk trägt seinem Verfasser 1875 ein Breve des Papstes ein. Auch der Historiker

Marius Sepet veröffentlicht 1868 eine *Jeanne d'Arc*, die so erfolgreich war, daß davon mehrere durchgesehene Ausgaben (insgesamt 25) erschienen. Siméon Luce (1833–1892), ehemaliger Schüler der École Nationale des Chartes und Verfasser von *Jeanne d'Arc à Domrémy*, sieht in Johannas Taten das Ergebnis eines historischen Determinismus. Pater Ayroles versucht in seinen 5 Bänden die Thesen der Freidenker zu widerlegen, und seine *Jeanne d'Arc sur les autels* (1885) gibt den Anstoß für die Seligsprechung; andere Geistliche veröffentlichen ebenfalls zahlreiche Werke, wie die Chorherren Debout und Dunand (der eine 1889 und der andere 1890), die den Opponenten entgegenzutreten versuchen: »Ja, die Kirche will Jeanne d'Arc wieder aufnehmen! Nachdem sie sie eingesperrt, angeklagt, beschmutzt, verurteilt und lebendig verbrannt hat, möchte sie sie heiligsprechen.« (*L'Estafette*, 1. Juni 1886.) Der Kampf wird noch erbitterter, als er zum Politikum wird, wobei die Konservativen und Monarchisten die Sache des Klerus unterstützen. So etwa widersetzen sich der Graf von Chambord und Monsignore Dupanloup (von 1849 bis 1878 Bischof von Orléans) dem republikanischen Komitee für das weltliche Fest der Jeanne d'Arc, dessen Mitglied Joseph Fabre, ein überzeugter »Johannist«, 1884 fordert, daß die Republik alljährlich das Fest der Jeanne d'Arc als Fest der Vaterlandsliebe begehe.

Während der Republikaner Fabre auf die Einführung eines nationalen Festes zu Ehren der Jeanne d'Arc hinarbeitet, studiert Rom den Akt mit den Erhebungen, den Mgr. Touchet, der Bischof von Orléans, für die Kanonisation übermittelt hat. Sie erfolgt 1920, nachdem Johanna 1909 seliggesprochen worden war. In diesem Klima der Schwärmerei erscheint 1908 *La vie de Jeanne d'Arc* von Anatole France. Die »Weltlichen« begrüßten dieses Werk des Romanciers, der zeitweise zum Historiker wurde, voll Begeisterung. Seltsamerweise ist es ein Schotte, Andrew Lang, der mit *La Pucelle de France* eine Entgegnung vorlegt. Doch der Erste Weltkrieg einigt die Franzosen: die Rückeroberung der verlorenen Provinzen wird unter die Auspizien des »Guten Lothringen« gestellt. In dem Jahr, als der Konflikt beginnt, veröffentlicht der katholische Schriftsteller Léon Bloy *Jeanne d'Arc et l'Allemagne*.

In der Geschichtsschreibung zum Thema Johanna sind zwei Perioden zu unterscheiden: vor und nach Quicherat (1814–1882), Direktor der École Nationale des Chartes von 1871 bis 1882, dem wir das großartige fünfbändige Werk der Prozesse, Chroniken, Briefe und Rechnungsbücher, betreffend Jeanne d'Arc und ihr Tun, (1842–1849) verdanken. Dieses Werk hat bis heute alle Studien über Jeanne d'Arc geprägt, und alle seriösen Arbeiten beziehen sich darauf.

Das späte 19. Jh. ist auch die große Zeit der Jeanne-d'Arc-Statuen, angefangen von Frémiet über die Herzogin von Uzès (unter dem Namen Manuella) bis zu Paul Dubois. Jede Stadt wollte eine haben: 1875 wird die von Frémiet auf der Place des Pyramides in Paris eingeweiht, 1882 in Compiègne die von Leroux. Doméry bestellt 1891 eine bei Mercié. Auch die Maler bleiben nicht untätig. Jeder Salon hat auch seine Johanna: *Johanna lauscht ihren Stimmen, Johanna, die Märtyrerin, Johanna drückt ihre Heiligkeit aus* oder *Die besorgte Johanna, Johanna in der Schlacht, Johanna auf dem Scheiterhaufen.*

Das Heer macht sie zu seiner Schirmherrin. 1914 greift Maurice Barrès Fabres Anregungen auf und bringt einen ersten Antrag zur Umwandlung des Jeanne-d'Arc-Fests in einen Nationalfeiertag ein. Nach dem Krieg beschleunigen sich die Dinge. Am 8. Mai 1920 wohnt Marschall Fosch persönlich dem Jeanne-d'Arc-Fest in Orléans bei; am 16. Mai verkündet Papst Benedikt XV. in Rom die Heiligsprechung. Am 24. Juni desselben Jahrs wird gemäß Barrès' Antrag beschlossen, daß an dem Sonntag nach dem 8. Mai »die französische Republik jährlich das Fest der Jeanne d'Arc, das vaterländische Fest, feiern wird«. 1921 übersetzt Pierre Champion den Verurteilungsprozeß und macht ihn damit einer großen Leserschaft zugänglich.

Seither sind zahlreiche literarische, bildhauerische und musikalische Werke entstanden. Die Historiker ihrerseits arbeiten mit wachsendem wissenschaftlichen Anspruch daran, die Geschichte der Jeanne d'Arc und ihre Hintergründe weiter zu erhellen.

ANHANG

I.
Jeanne d'Arc in Theater und Oper

Jeanne d'Arc hat, wenn man so sagen kann, auf der Bühne
eine schöne Karriere gemacht. Ihr Debüt gibt sie 1435 in dem
aus 20 529 Versen bestehenden *Mystère du Siège d'Orléans*. In
seiner heutigen Form ist es vielleicht ein Werk Jacques Mil-
lets, das zur Zeit der Rehabilitation entstand. In Orléans stehen in dem Mysterienspiel mehrere Male über 100 Personen
und zahlreiche Statisten auf der Bühne. Jeanne d'Arc, Gott,
die Jungfrau Maria, der heilige Michael, aber auch der heilige
Evortius und der heilige Aignan, die Schutzpatrone der
Stadt, haben ihre Rollen.

Erst Ende des nächsten Jahrhunderts taucht ein neues Stück,
die *Histoire tragique de la Pucelle d'Orléans* aus der Feder eines
Jesuiten namens Frontor du Duc, auf. Das zu Ehren der Königin Louise de Vaudemont, Gemahlin Heinrichs III. (sie war zu
einem Badeaufenthalt nach Plombières in Lothringen gekommen, um von ihrer Unfruchtbarkeit geheilt zu werden), verfaßte Werk wurde am 7. September 1580 vor Herzog Karl III.
(dem Großen) von Lothringen uraufgeführt. Einer der Sekre-
täre des Fürsten, Jean Barnet, veröffentlichte die Tragödie
1584, ohne den Namen des Verfassers zu nennen. 1859 wird sie
in Pont-à-Mousson neu aufgelegt.

Ein paar Jahre später sieht man in England die Jungfrau im ersten Teil des zwischen 1592 und 1594 geschriebenen Shakespeare-Dramas *Heinrich VI.* als Zauberin und Freudenmädchen, das von ihrem Vater verflucht und von den Engländern zum Feuertod verurteilt wird.

Während im 16. Jh. nur zwei Stücke über Jeanne d'Arc entstehen, sind es im 17. Jh. bereits drei, doch vor allem sind die Aufführungen sehr viel zahlreicher: *La tragédie de Jeanne d'Arques* von Virey des Graviers wird 1600 in Rouen gegeben, dann 1603 im Theater des Marais und 1611 im Hôtel de Bourgogne; der Text wurde in Rouen und Troyes mindestens achtmal neu aufgelegt. Es handelt sich um ein fiktives Versdrama in fünf Akten mit langen, zu sehr im Heroischen schwelgenden Monologen, in dem die Heldin in Epernay geboren ist. Zur gleichen Zeit sieht man in *Les intermèdes du Pastoral* und *Les amants* von Nicolas Chrétien Johanna an der Seite Chlodwigs und Gottfrieds von Bouillon.

1629 fügt der Luxemburger Nicolas Vernulz seiner Tragödiensammlung das auf der Geschichte Johannas basierende Stück *Joanna darcia vulgo puella aurelianensis* hinzu, das in einem schwülstigen Versstil geschrieben ist. Einige Jahre später, 1642, wird im Theater des Marais *Une Pucelle d'Orléans* aufgeführt, eine Tragödie von La Ménardière, dem Leibarzt des Bruders Ludwigs XIII., der 1655 Mitglied der Akademie wird; in Wirklichkeit ist es die Umsetzung des Stücks *La Pucelle d'Orléans* des Abts von Aubignac in Alexandriner. La Ménardière hält sich an die Regel der drei Einheiten: die Handlung spielt an Johannas Todestag. Johannas Liebe zu Warwick erregt den Zorn seiner Gemahlin. Während sich die Gräfin mit dem Einverständnis des Bischofs von Beauvais — hier Canchon genannt — bemüht, den Tod der Gefangenen zu beschleunigen, bereitet Warwick einen Ausbruch vor, doch Johanna weigert sich mitzumachen. Nach ihrem Tod wird die Gräfin von Gott mit Wahnsinn geschlagen; Canchon seinerseits stirbt auf der Bühne mit den Worten:

»Ah, ich werde durchbohrt von einem unsichtbaren Pfeil, der meinem Herzen eine empfindliche Wunde schlägt, ich kann dieser letzten Anstrengung nicht standhalten und sterbe...«

Das Stück hatte überhaupt keinen Erfolg, löste jedoch einen kleinen Skandal aus. Das Fräulein von Scudéry, die Verfasserin von *L'Astrée*, trat für die Ehre der Jungfrau ein, indem sie auf die Äußerungen des nach Leyden geflüchteten kalvinistischen Pastors André Rivet folgendermaßen reagierte: sie organisierte eine Art literarisches Turnier, auf dem man die heilige Kriegerin feierte.

Das Jahrhundert der Aufklärung war dem Andenken der Jeanne d'Arc gegenüber generöser, denn es widmete ihm acht dramatische Werke. Chapelains *Pucelle* im 17. Jh. war »dem Gedenken an Johanna genauso verderblich gewesen wie ein zweiter Verurteilungsprozeß«, schreibt Quicherat. Im 18. Jh. rief Voltaires *Pucelle* die Empörung zahlreicher Schriftsteller hervor, und mehrere Autoren nahmen sich des Themas an. Zu dieser Zeit schrieb Bernardin de Saint-Pierre: »Studie der Natur: der Tod Jeanne d'Arcs hätte noch größere Wirkung, wenn ein genialer Mann es wagte, dafür zu sorgen, daß dieses achtbare, leidgeprüfte Mädchen, dem die Griechen Altäre errichtet hätten, bei uns nicht länger verspottet wird.«

Jeanne d'Arc wurde auch die Heldin einer Pantomime: im *Programme du fameux siège* bei Rognard de Pleinchène fordert sie einen englischen General zum Einzelkampf heraus; von einem Pfeil am Arm verletzt, kehrt sie verbunden sogleich wieder ins Getümmel zurück und führt ihre Leute zum Sieg. Auch in Orléans werden Pantomimen geschrieben und gespielt, wie *Jeanne d'Arc ou la Pucelle d'Orléans*, ein Stück in drei Akten, aufgeführt am 24. Juni 1795, oder das Melodrama von Plancher-Valcourt, das 1786 herauskommt. Nennen wir noch *Dorothée*, eine Pantomime in drei Akten. 1790 schreibt Roussin ein Stück *Jeanne d'Arc*, das von der Comédie Française angenommen wird. Aber wurde es jemals in Szene gesetzt? Jedenfalls starb der Verfasser unter der Guillotine.

In England würdigt Southey die Jungfrau 1795 aufs glanzvollste, und im selben Jahr wird im Covent Garden eine Pantomime mit dem Titel *Jeanne d'Arc* aufgeführt. In einer ersten Fassung wurde die Jungfrau vom Teufel in die Hölle gestürzt, doch die Protestschreie der Zuschauer zwangen die Darsteller, den Teufel durch Engel zu ersetzen, die die Heldin entführten, um sie in den Himmel zu bringen, und das Ganze von Musik begleitet. Zur gleichen Zeit brachte der Ire Burke in New York *Female patriotisme or the Death of Joan d'Arc* auf die Bühne, das einen großen Erfolg hatte.

Um die Jahrhundertwende, 1801, vollendet Schiller die romantische Tragödie *Die Jungfrau von Orléans* und erklärt in einem im selben Jahr erschienenen Gedicht, daß er damit Voltaire entgegentreten wollte: »Das edle Bild der Menschheit zu verhöhnen,/ Im tiefsten Staube wälzte dich der Spott;/ (...) Doch fürchte nicht! Es gibt noch schöne Herzen,/ Die für das Hohe, Herrliche entglühn.« Schiller kümmert sich nicht um historische Genauigkeit. Bei ihm ist Johanna in einen englischen Soldaten verliebt und begünstigt die Liebe der Agnes Sorel zum König — Agnes war 1429 sieben Jahre alt! Johanna ist eine Jungfrau, die von einem allmächtigen, kriegerischen Gott die Waffengewalt und einen Zauberhelm erhält unter der ausdrücklichen Bedingung, nie einen Fehltritt zu tun, denn sobald sie sich verliebe, verlöre er seine

Zauberkraft! Es fehlt sowohl der Prozeß als auch der Scheiterhaufen; die gefangene Johanna befreit sich auf wunderbare Weise von ihren Ketten und kehrt zurück, um vor dem König und dem ganzen Hofstaat, der sie in Fahnen hüllt, im Triumph zu sterben.

Mindestens 34 Stücke über Jeanne d'Arc entstehen zwischen dem Beginn des 19. Jhs. und 1870, und von diesem Jahr bis 1900 sogar noch mehr, nämlich 48. Schiller brachte mehrere Schriftsteller auf den Gedanken, über diese Heldenfigur zu schreiben. So etwa plagiierte ein gewisser Avril sein Stück unter dem Titel *Le triomphe des lis — Jeanne d'Arc ou la Pucelle d'Orléans* und veröffentlichte dieses Plagiat im Oktober 1814 in Paris; die Handlung ist recht sonderbar: Johanna wird nach der Krönung in Reims unter Chormusik auf einer Wolke entrückt.

La mort de Jeanne d'Arc, eine Tragödie von Dumolard, gewidmet den Einwohnern von Orléans, wurde am 18. Floreal des Jahres XIII (8. Mai 1805) in dieser Stadt uraufgeführt. Um Jeanne d'Arc zu retten, schlagen Talbot und der Herzog von Burgund ihr vor, einen Engländer zu heiraten und nach England zu ziehen, doch Isabeau von Bayern liefert Johanna dem weltlichen Arm aus! Ein anderes Drama, *Jeanne d'Arc* von Cartier, ist Marie-Louise gewidmet. *Jeanne d'Arc à Rouen*, ein Stück von Avrigny, wird erstmals von den Schauspielern des Königs am 4. Mai 1819 in Paris aufgeführt. Ort der Handlung ist Rouen; Bedford schlägt Johanna vergeblich vor, nach England zu gehen, und Dunois will für sie kämpfen. Die Herzogin von Bedford und Talbot versuchen sie zu retten, aber sie wird unversehens verbrannt. In der Comédie Française spielt die Johanna Mademoiselle Duchesnois, die großen Erfolg hatte. Eine Pantomime *Le Crébillon du mélodrame*, 1813 im Cirque olympique gespielt, wird wiederholt aufgeführt, unter anderem im Théâtre de la Gaîté.

Im Musiktheater fand das von Gounod 1873 vertonte Drama von Jules Barbier so begeisterte Aufnahme, daß das Théâtre de la Gaîté drei Monate lang ausverkauft war. Doch Offenbach, der es eilig hatte, seinen *Orpheus in der Unterwelt* auf die Bühne zu bringen, ließ die Aufführungsreihe unterbrechen. Danach gab es die Oper von Mermet, aufgeführt 1876 in Paris, die aber keinen Erfolg hatte. Das Stück von Barbier wurde einige Jahre später, 1890, im Theater an der Porte-Saint-Martin wiederaufgeführt; die Rolle der Jeanne d'Arc spielte Sarah Bernhardt. Das begeisterte Publikum sah in diesem »moralischen« Stück ein Werk, das ganz und gar seinen patriotischen Gefühlen entgegenkam: Es wurde bis 1906 oft gespielt.

Immer wieder kommen neue Johanna-Stücke heraus, und auch die Chansonniers versuchen auf dieser Erfolgswelle mitzuschwimmen. Auf jedes ernste Stück folgt noch im selben Jahr eine Parodie, so etwa auf die Tragödie von Soumet das Stück *La tulipe à Jeanne d'Arc*, ein Potpourri in fünf Akten von Ricard. Am 11. Juni 1819 wird im Théâtre du Vaudeville *Le Procès de Jeanne d'Arc ou le jury littéraire* von Dupin d'Artois gegeben, am 4. Mai desselben Jahres im Théâtre-Français *Carmouche*, das eine Erwiderung auf das Drama von Avrigny ist.

Jeanne d'Arc ist auch beim Volk eine beliebte Figur. 1895 läßt der Pfarrer des lothringischen Dorfs Mesnil-en-Xaintois von seinen Gemeindemitgliedern ein Mysterienspiel aufführen, das bei den Kurgästen von Contrexéville und Vittel großen Erfolg hat. 1904 inszeniert Maurice Pottecher, Begründer des Volkstheaters von Bussang, eine *Passion de Jeanne d'Arc*. 1909 läßt der Pfarrer von St. Joseph in Nancy ebenfalls eine *Vie de Jeanne d'Arc* aufführen, die an das Leiden und Sterben Christi erinnert. Das Theater zieht aus den wissenschaftlichen Werken des mittleren 19. Jhs. Nutzen. Deshalb beschließt man auch, das alte *Mystère du Siège d'Orléans* wieder zu spielen, und Émile Eude schreibt das *Nouveau Mystère du siège d'Orléans*, das beim Stadtfest des Jahres 1894 aufgeführt wird.

Zur Zeit der Selig- und Heiligsprechungsprozesse steigt das Interesse der Dramatiker an der Heldin von Domrémy beträchtlich: 1909 zählt man nicht weniger als 17 Stücke. Zwischen den beiden Weltkriegen, nach der Kanonisation, entstehen 29 Stücke, seit 1945 gibt es weitere 19. Einige darunter sind mehr oder weniger hagiographisch und wurden von Geistlichen für Erziehungsanstalten für junge Männer und Mädchen oder für Jugendheime geschrieben. Parallel dazu gibt es jedoch eine nationalistische Strömung, die in Jeanne d'Arc eine Patriotin und nur eine Patriotin sieht. Für Joseph Fabre, Verfasser der *Délivrance d'Orléans. Mystère en trois actes*, die 1913 im Stadttheater von Orléans aufgeführt wird, ist es das vaterländische Fest, das man damit feiert.

Im Zusammenhang mit Bühnenstücken über Johanna sei der in Orléans geborene Charles Peguy nicht vergessen, dem in seiner Jugend immer wieder die Geschichte von der Jungfrau erzählt wurde. 1894, mit 21 Jahren, als er bereits mit dem Katholizismus gebrochen hat, beginnt er eine Studie über Johanna, für die er die von Quicherat zusammengetragenen Unterlagen einsieht. In dieser Zeit fällt übrigens auch seine Theaterbesessenheit. 1895 reist er nach Domrémy und beginnt, nach Orléans zurückgekehrt, im Hause seiner Mutter ein dreiteiliges Drama zu schreiben. Der erste Teil, *Domrémy*, ist im Juni 1896 fertiggestellt, das Gesamtwerk im Juni 1897; es erscheint im selben Jahr unter dem Pseudonym Marcel und Pierre Baudoin. Die Veröffentlichung war ein Mißerfolg. *Jeanne d'Arc* wurde erst im Juni 1924 in der Comédie

Française uraufgeführt; es war eine Benefizveranstaltung für Kriegsversehrte und Schriftsteller, die am Krieg teilgenommen hatten; die Titelrolle spielte Paulette Pax.

Nicht ein einziges Mal während der nächsten 12 Jahre erwähnte Peguy den Namen Johanna. Langsam und heimlich wandte er sich jedoch wieder dem Christentum zu und blieb der Heldin treu. Als Leutnant nahm er am 8. Mai 1909 in Orléans an der Parade teil. In dieser Zeit widmet er sich wieder seinem Werk und gibt ihm einen neuen Titel, *Le mystère de Jeanne d'Arc*, der später zum *Mystère de la vocation de Jeanne d'Arc* und danach zum *Mystère de la charité de Jeanne d'Arc* wird. Er verwendet den ersten Teil, *Domrémy*, und füllt die »weißen Stellen«, die er 1897 in seinem Text gelassen hat, mit umfangreichen Erweiterungen. Die erste Aufführung dieses *Mystère* findet in der Comédie d'Orléans in der Inszenierung von Olivier Katian im November 1965 statt.

Auch ausländische Bühnenautoren interessieren sich für Jeanne d'Arc. Der nonkomformistische Ire George Bernard Shaw macht aus *Saint Joan* eine Heldin, die gegen Kirche und Staat kämpft, wobei sie sich auf ihre Sendung und ihre persönliche Urteilsfähigkeit beruft. Das Stück wird 1923 in New York uraufgeführt und 1925 von den Pitoeffs in Paris inszeniert.

Großen Erfolg in Paris erlebte eine andere Jeanne d'Arc, nämlich das im Auftrag von Ida Rubinstein von Claudel unter Mitarbeit Arthur Honeggers geschriebene Oratorium *Johanna auf dem Scheiterhaufen*. Seit seiner Uraufführung war es auf allen großen Bühnen zu sehen: in Basel (1938), dann in Orléans und Paris. Das Stück fand überall begeisterte Aufnahme. Claudels Absicht war, die Demut und Einfachheit sowie die tiefe Innerlichkeit dieses Bauernmädchens aufzuzeigen. Naivität und Aufrichtigkeit kennzeichnen sein Werk, das Honeggers Musik voll Frische und Heiterkeit begleitet. Einer der großen Vorzüge dieses Oratoriums ist seine Wirklichkeitsnähe und leichte Verständlichkeit. Auf Bernard Shaws *Saint Joan* folgten weitere Johanna-Stücke, die laut Madame Dussane immer stärker die persönliche Gedankenwelt ihrer Verfasser wiedergeben. *Jeanne avec nous* von Vermorel (1942) betont den »existentialistischen« Charakter von Johannas Sendung – das Stück war übrigens im besetzten Frankreich verboten. Audiberti (*La Pucelle*, 1940) und Thierry Maulnier schreiben ebenfalls eine Jeanne d'Arc, desgleichen Jean Anouilh (*Die Lerche*, 1953, die zu den *Pièces costumées* gehört), dessen Johanna entfernt an Antigone erinnert.

In den letzten Jahren hatten Péguys Stück und das wunderbare *Fenêtre* von André Obey sowohl in Paris wie auch in der Provinz großen Erfolg. Zu nennen wäre auch *Jeanne et Thérèse* von Geneviève Baïlac, in dem zahlreiche Schauspieler unentgeltlich auftraten und das in Paris und Compiègne viel Beifall erhielt. Das Marionettentheater von Père Brandicourt in Nancy spielt seit 1955 die *Chronique de Sainte Jeanne d'Arc*, ein Stück, das bei Kindern und Erwachsenen gleichermaßen beliebt ist.

Auch die Komponisten ließen sich von Jeanne d'Arc inspirieren. Honegger und Jolivet waren nicht die ersten. Bereits 1894 zählte Émile Huet in *Jeanne d'Arc et la musique* mehr als 400 Stücke, Kantaten, Symphonien und andere Musikwerke. Eines davon ist Gounods Oper *Jeanne d'Arc* aus dem Jahr 1873 nach dem Stück von Barbier. Verdi setzte der Befreierin 1845 in *Giovanna d'Arco* ein Denkmal, und 1879 widmete Tschaikowskij ihr seine erste Oper, *Die Jungfrau von Orléans*.

II.
Jeanne d'Arc im Bild

»O Johanna ohne Grab und ohne Bildnis!« Dabei hat man sich bemüht, ihre Züge festzuhalten, und das erste Bild von ihr wurde zwei Tage nach der Befreiung von Orléans, am 10. Mai 1429, von einem Notar gefertigt. (Die Notare waren in der Geschichtsschreibung von Jeanne d'Arc von großer Bedeutung. Was wüßten wir von Johanna ohne sie?)

Es war also ein Notar, genauer gesagt ein Kanzleischreiber, der uns das erste Bild der Jeanne d'Arc lieferte, ein Bild, das erst in unseren Tagen bekannt wurde, als man sich mit den Originalschriftstücken beschäftigte. Er hieß Clément de Fauquembergue; besoldet vom Parlament von Paris, also vom Herzog von Bedford, schrieb er täglich die vor dem Gerichtshof verhandelten Fälle in sein Merkbuch und notierte, was sich ereignet hatte.

An jenem Dienstag, dem 10., verbreitete sich in Paris eine aufregende Nachricht: die Franzosen hatten am vergangenen Sonntag die »Basteien an der Brücke von Orléans, die William Glasdal und andere englische Hauptleute und Bewaffnete besetzt hielten«, zurückerobert. Fauquembergue fügt hinzu, daß »die Gegner in ihrer Begleitung eine Jungfrau gehabt hatten, die als einzige ein Banner trug«. Und da es einem Notar nicht verboten ist, seine Phantasie spielen zu lassen, versah er seinen Eintrag am Rand mit einer Strichzeichnung dieser Jungfrau, die da so unversehens aufgetaucht war. Er zeichnete sie in einem Frauengewand und mit langem Haar, denn er konnte ja nicht wissen, daß Johanna zweckmäßige Kleidung bevorzugte. Doch er gab die beiden Gegenstände wieder, von denen alle Welt sprach: das Schwert, das sie nie zum Töten benutzte, und die Fahne.

Später versuchten auch noch andere, die Heldin zu porträtieren. So etwa ein Schotte, der sie in Reims malte (der Notar verstand wohl »Ras« und schrieb den Namen so nieder, wie er ihn hörte, weshalb die ersten Herausgeber des Prozessestextes glaubten, es handle sich um Arras). Bei der Königsweihe war Johanna, die schöne Kleidung liebte, sicher so prächtig gewandet, daß der Erzbischof Regnault von Chartres sich darüber erregte − »sie hat sich hoffärtig gezeigt, denn sie trug reiche Gewänder«. Diese Bemerkung hilft uns, sie uns vorzustellen: sie war also kein Mannweib, sondern eine Frau, die sich bei den entsprechenden Gelegenheiten gern hübsch anzog. Über Land ritt sie in »eng geschnürten und gebundenen Beinkleidern«, und zur Krönung erschien sie in prunkvollem Gewand. Bei ihrer Gefangennahme zerrte der Bogenschütze, der sie »ganz flach auf den Boden warf«, sie »an ihrer Hoike aus Goldbrokat« zur Seite. Sie hatte stets Freude an schönen Kleidern.

Doch nichts ist auf uns gekommen, weder die Hoike noch das Bildnis von Reims. Das kann vielleicht damit erklärt werden, daß Johannas Schicksal sich so überaus rasch erfüllte: nur ein Jahr stand sie im Blickpunkt der Öffentlichkeit, dann war sie ein Jahr im Gefängnis, ehe sie auf dem Scheiterhaufen verbrannt und ihre Asche in die Seine gestreut wurde.

Die vermutlich älteste Miniatur von ihr wurde 20 Jahre

nach ihrem Tod angefertigt und illustriert Martin Lefrancs Werk *Le Champion des Dames*. Schon wird Johanna von ihrer eigenen Legende überholt, denn man stellt sie neben Judith und die Versuchung des Holofernes. Sie trägt langes Haar unter einem breitrandigen »huot« und unter ihrer Rüstung ein langes Kleid. Genauso beschreibt sie die *Chronik Karls VII.* von Jean Chartier (Ende des 15. Jh.): sie steht im königlichen Rat neben den Männern, die im Laufe des Hundertjährigen Krieges das Königreich befreit haben, wie Dunois, Richemont oder die Brüder Bureau. Mit langem Kleid und langem Haar zeigt sie auch die französische Handschrift 4811 der Nationalbibliothek in Paris, die eine Kurzfassung der Chartier-Chronik ist. Rund 50 Jahre nach ihrem Tod, 1484, wird die Jungfrau in den *Vigiles du roi Charles VII.* dargestellt, einer Chronik in Versen, die mit etwa 400 Miniaturen ausgestattet ist.

Eine Miniatur, die aus ihrer Zeit stammen könnte, zeigt Jeanne d'Arc in einer für den Verstand, aber nicht für den Geschichtswissenschaftler befriedigenden Weise. Sie wurde vermutlich aus dem Text einer Handschrift, die man bisher noch nicht identifizieren konnte, herausgelöst. Es ist die sogenannte »Johanna mit der Fahne«-Miniatur, die im Nationalarchiv des Museums für die Geschichte Frankreichs aufbewahrt wird und eine Stiftung zweier aufgeschlossener Amateure, der Doktoren Henri und Jeanne Bon, ist. Johanna ist darauf so abgebildet, wie man sie sich landläufig vorstellt: aufrecht, in ihrer Rüstung, in den Händen Banner und Schwert. Mit ihrem offenen Blick erinnert sie uns an jene Johanna, die uns der junge Guy de Laval in einem Brief an seine Mutter beschreibt, nämlich »gerüstet mit allen Stücken, außer am Kopf, und eine Lanze in Händen haltend (...) Sie zu sehen und zu hören, dürfte wahrhaft göttlich sein.«

Danach begegnen wir Jeanne d'Arc in der Literatur- und Theatergeschichte. Da wir keine Darstellungen aus ihren Lebzeiten besitzen und darum keine Ahnung haben, wie sie wirklich aussah, konnten die Zeichner ihrer Phantasie freien Lauf lassen. Sie bildeten sie auf dreierlei Art ab: als Hirtenmädchen, dem die Heiligen erscheinen, als Kriegerin in Rüstung mit Schwert und Fahne und als Heilige auf dem Scheiterhaufen in Rouen. Dies sind im wesentlichen die drei Motive: die Erleuchtete, die Kriegerin und die Märtyrerin. Innerhalb dieser drei Darstellungsweisen fügt sich Johanna in den Kanon weiblicher Schönheit der jeweiligen Zeit ein und hat beispielsweise bei Rubens üppige Körperformen, in den 20er Jahren dagegen die schmale Gestalt einer Garçonne.

Bis in die jüngste Zeit hinein durfte Johanna in keiner Hinsicht »Anstoß erregen«, obwohl sie Männerkleidung trug und noch häufiger eine Rüstung; letztere war von einem Kleid verdeckt; was die Haartracht anging, so hatte eine Frau das Haar lang zu tragen, und so wurde Jeanne d'Arc auch gezeigt.

1502 wurde in Orléans auf der Brücke, wo früher ein Kreuz stand, ein Denkmal errichtet. Es stellte die Jungfrau vor dem Erlöser kniend dar, dem auf der anderen Seite Karl VII. gegenüberstand.

Das erste echte Porträt, das wir von ihr besitzen, ist das sogenannte Bild der Schöffen, das diese bei ihrer Einsetzung im Rathaus 1557 in Auftrag gaben; es wurde anschließend im Hôtel Groslot untergebracht. Johanna sieht darauf wie eine Bürgersfrau aus: jede beliebige reiche Kaufmannsgattin hätte für dieses Bild Modell stehen und dieses Kleid mit den geschlitzten Ärmeln tragen können; nur das Schwert und die Kartätsche weisen sie als Jeanne d'Arc aus. Der Helmbusch, ein Siegessymbol, unterstreicht die Doppelnatur Frau-Kriegerin: Er wird stets zusammen mit Männerkleidung getragen. Bis ins 19. Jh. wird sie auf diese Weise dargestellt. Das Bildnis der Schöffen gilt als authentisches Porträt; der Stecher Léonard Gaultier verwendet es 1606 als Vorlage für die Illustrationen von Léon Tripaults *Histoire et le discours au vray du siège qui fut mis devant la ville*. Auch in Hordals Werk ist es wiedergegeben. Die beiden Stiche tauchen während des gesamten 17. und 18. Jhs. immer wieder auf. Richelieu hatte bei Philippe von Champaigne für seine »Galerie der berühmten Männer« ein Bild der Jeanne d'Arc in Auftrag gegeben. Das Gemälde ist verschollen, erhalten geblieben jedoch ist der Stich, den Vignon für das Werk des Vulson de La Colombière danach anfertigte: Johanna sieht darauf aus wie eine gewöhnliche Frau aus dem Volk in Soldatenkleidern, mit langem Rock und einem Brustharnisch, der die Brüste modelliert; das Schwert, das sie hinter sich nachzuschleifen scheint, ändert nichts an dieser wenig schmeichelhaften Darstellung. Im 17. Jh. ist Jeanne d'Arc auch auf einer Reihe Aubusson-Tapisserien abgebildet, die Kartons dazu zeichnete der Illustrator des Buchs von Chapelain, Claude Vignon. Rubens war übrigens von seinem Porträt der Jungfrau so angetan, daß er es bis an sein Lebensende in seinem Schlafzimmer hängen hatte.

In der zweiten Hälfte des 18. Jhs. findet man verschiedene Porträtstiche, wie den von Lemire 1774, und zahlreiche Kupferstich-Darstellungen. Während der Großen Revolution verwandelt sich der traditionelle Helmbusch in eine Jakobinermütze, und unter Napoleon »wird Johanna zum treffenden Symbol der Stärke und Dauer des Kaiserreichs«. In dieser Zeit stellt der Bildhauer Gois sie in Orléans in einem eng anliegenden Kleid und in der Pose der Heldin eines Melodramas dar. Während der Restauration nimmt die Johanna-Verehrung noch zu. So wie in den vorangegangenen Jahrhunderten das Porträt der Schöffen den Künstlern als Vorbild gedient hatte, orientierte man sich nun an der Statue der Maria von Orléans. Dem Mannweib von damals stand jetzt die Magd Gottes gegenüber: »Jeanne d'Arc, das Haupt geneigt in Bescheidenheit und Sanftmut, auf ihr Schwert und ihren Glauben bauend, die trotz ihres Panzers Mitleid verströmt«, sagt Pierre Marot sehr richtig in seinem Artikel »Von der Rehabilitierung zur Glorifizierung Jeanne d'Arcs«.

In der Juli-Monarchie wählen zahlreiche Maler und Bildhauer Jeanne d'Arc zum Thema und stellen ihre Werke in den großen Pariser Salons aus. Viele illustrierte Bücher erscheinen, darunter die von Alexandre Guillemin und Barante über die Herzöge von Burgund, die sich gut verkaufen. Nach der Niederlage von 1870 verkörpert Jeanne d'Arc den revanchistischen Gedanken, und man schmückt Postkarten und patriotische Plakate mit ihrer Gestalt in kriegerischer Aufmachung, um Frankreich wieder Mut zu machen.

In den zwei Weltkriegen bedient sich die Propaganda auch ihrer Person: sie ist der tröstende Engel oder aber der General, der die Truppen zum Sieg führt.

Zur Zeit der Selig- und Heilisprechung entstehen unzählige Statuen von ihr, jede Stadt, jedes Dorf, jede Kirche wünscht ihre Jeanne d'Arc, die einen wollen die Heilige, die anderen die Patriotin. Selbst die Werbung bemächtigt sich ihrer. Johannas Bild ziert Käseschachteln, Bohnendosen, Brathühnchen, Kaffeepackungen.

Auch heute noch spricht die Jungfrau die Künstler an. Da sie kein Leitbild mehr ist und es für sie nichts mehr zu verteidigen gibt, wird sie schlichter und menschlicher dargestellt, wirklichkeitsnäher. Albert Decaris präsentiert uns auf einem

Stich eine jugendliche, strenge, verinnerlichte Jeanne d'Arc. Roualt zeigt eine Kriegerin im Strahlenkranz der göttlichen Gnade, und Bernard Buffet sieht sie als Heerführerin an der Spitze ihrer Truppen. Zwischen den beiden Kriegen stellt Maxime Real del Sarte meisterhaft eine leidende Johanna, die Märtyrerin auf dem Scheiterhaufen, dar. Georges Mathieu verzichtet auf seiner *Befreiung von Orléans* darauf, ihr ein Gesicht zu geben, läßt aber in einem Lichtkreis des Sieges anklingen, wie gut sie es verstand, den französischen Truppen Mut zu machen und Kraft zu spenden.

III.
Filme

1898   Georges Hatot, *Jeanne d'Arc*. Pathé (Frankreich). Eine Kopie liegt im Centre Jeanne d'Arc.

1900   Georges Méliès, *Jeanne d'Arc*. Star Films (Frankreich). Historisch getreue Nachbildung in 12 Bildern. Darsteller: Louis d'Aley.

1908   Albert Capellani, *Jeanne d'Arc*. Pathé (Frankreich).

1909   Mario Caserini, *Vie de Jeanne d'Arc*. Cinès (Italien). Darstellerin: Maria Gasperini. Nach der *Jungfrau von Orléans* von Schiller.

1913   Nino Oxilia, *Giovanna d'Arco*. Pasquali (Italien). Darstellerin: Maria Jacobini.

1917   Cecil B. de Mille, *Joan The Woman*. Paramount (USA). Nach der *Jungfrau von Orléans* von Schiller. Darstellerin: Géraldine Farrar (Photo CJA nr. 2).

1928   Carl Dreyer, *La Passion de Jeanne d'Arc*. Société générale de Films (Frankreich). Geschichtliche Beratung: Pierre Champion. Darstellerin: Renée Falconetti.

1928   Marc de Gastyne, *La merveilleuse vie de Jeanne d'Arc*. Auliert-Natan (Frankreich). Darstellerin: Simone Genevoix.

1935   Gustav Ucicky, *Das Mädchen Johanna*. UFA (Deutschland). Darstellerin: Angela Salloker.

1948   Victor Fleming, *Joan of Arc*. Production RKO (USA). Religiöse Beratung: R. P. Doncoeur. Nach dem Stück *Joan of Lorraine* von Maxwell Andersen. Darstellerin: Ingrid Bergmann.

1952   Carl Dreyer, *La Passion de Jeanne d'Arc*. Tonfassung des Gaumont-Films von 1928 von Lo Duca. Musik: Bach, Vivaldi, Albinoni.

1954   Roberto Rosselini, *Giovanna d'Arco al Rojo*. Koproduktion Franco-London-Film und PCA (Italien-Frankreich). Nach dem Text von Paul Claudel und dem Oratorium von Paul Claudel und Arthur Honegger. Darstellerin: Ingrid Bergmann.

1954   Jean Delannoy. *Destinées* (Johanna). Dieser Film ist eine der drei Episoden des Spielfilms *Destinées* mit dem Thema *Die Frau und der Krieg*. Darstellerin: Michèle Morgan. Koproduktion Franco-London-Film und Continental Produzione.

1956   Robert Enrico, *Jehanne*. Production SINPRI-Guy Perol (Frankreich). Kurzfilm über Jeanne d'Arcs Leben nach den Miniaturen einer Handschrift des 15. Jhs. Sprecher: Alain Cuny. Musik rekonstruiert von einer Expertin des 15. Jhs.: Madeleine Bourlat.

1957   Otto Preminger, *Saint Joan*. Wherel Productions (USA). Drehbuch von Graham Green nach dem Stück von Bernard Shaw. Französische Untertitel von Jean Anouilh. Darstellerin: Jean Seberg.

1961   Claude Antoine, *Jeanne au vitrail*. Films Claude Antoine (Frankreich). Kurzfilm über das Leben der Jeanne d'Arc nach den Glasmalereien an den wichtigsten Bauwerken ihrer Lebensstationen: Domrémy, Vaucouleurs, Chinon, Orléans, Reims, Rouen.

1962   Robert Bresson, *Le Procès de Jeanne d'Arc*. Agnès

Delahaie (Frankreich). Film nach den Originaltexten des Verurteilungs- und Rehabilitationsprozesses. Darstellerin: Florence Canez.

1962   Francis Lacassin, *Histoire de Jeanne*. Lux-CCF (Frankreich). Kurzfilm nach Dokumenten und Stichen des 15. Jhs. aus der National- und Stadtbücherei von Lyon.

1970   Gleb Panfilov, *Le début*. Studio Lenfilm (UdSSR). Schwarzweiß. Satirische Komödie. Darstellerin: Inna Tschurikowa.

IV.
Die Jeanne-d'Arc-Feste in Orléans

Als die Engländer am 8. Mai 1429 die Belagerung aufheben und sich von Orléans zurückziehen, veranstalten die Einwohner von sich aus einige sehr schöne, sehr feierliche Umzüge, um Gott und den Stadtheiligen St. Aignan und St. Evortius zu danken. Auf diese spontane Danksagung geht die Prozession zurück, die noch heute alljährlich am 8. Mai stattfindet. Außer in den Kriegszeiten hat Orléans mehr als 555 Jahre lang der Frau, die der Stadt neuen Mut gab, die Treue gehalten. Das Ritual entwickelte sich nach und nach, und die Rechnungsbücher der Stadt geben darüber detailliert Auskunft. Trotz mancher Veränderungen und Zusätze im Lauf der Jahre ist es im wesentlichen unverändert geblieben.

Im 15. und 16. Jh. läuten schon am Abend des 7. Mai die Glocken, und die Herolde gehen durch die Stadt, um die Prozession anzukündigen. An den wichtigsten Kreuzungen und den Punkten, wo die Schlacht stattfand, sind Podeste errichtet. Das großartigste Fest war das von 1435: in diesem Jahr spielte man das *Mystère du siège d'Orléans*, das sich genau an die Fakten hielt. Einer der Waffengefährten Johannas, Gilles de Rais, stellte Geldmittel dafür zur Verfügung.

Die Kosten für die Feierlichkeiten übernahm die Stadt. Angeführt wurde der Festzug von weltlichen und geistlichen Autoritäten, den zwölf Prokuratoren der Stadt, von denen jeder eine drei Pfund schwere Kerze aus neuem Wachs, geschmückt mit dem Stadtwappen, in der Hand hielt. Danach kamen die Domherren, die Geistlichkeit der Region, die Vorsänger, die Kinderchöre von Saint-Croix, Sainte-Aignan und Saint-Pierre-Empont. Die Büttel des Herzogs von Orléans wachten darüber, daß sich nicht Laien unter die Kirchenleute mischten. Als Johanna rehabilitiert wurde, gewährte der Kardinal d'Estouteville jedem, der an dem Fest teilnahm, ein Jahr und hundert Tage Ablaß. Die Stadtverwaltung von Orléans kam auch für die Entlohnung des Predigers auf, der an diesem Tag sprach, sowie für die Entgelte der Glockenläuter, sie setzte die Höhe des Meßopfers fest und kleidete die kleinen Chorsänger und den Bannerträger neu ein. Am Abend trafen sich der Prediger und die Schöffen zu einem Festmahl. Ein Knabe trug das Banner Jeanne d'Arcs oder vielmehr eine Rekonstruktion davon. Ende des 15. Jhs. kam ein Feldzeichen dazu, das von priviligierten Bürgern getragen wurde.

Während der Religionskriege wurde das Fest ausgesetzt, doch kurze Zeit danach fand »unter starker Beteiligung die erbauliche und feierliche« Prozession wieder statt. Das Zeremoniell blieb ziemlich unverändert; zu vermerken wäre höchstens, daß das Festmahl im Rathaus »wegen der Notzeiten« entfiel.

Im 18. Jh. treten im Festzug zwei neue Figuren auf: 1725 sieht man in der Prozession einen Knaben, den sogenannten Jungmann, gekleidet wie zur Zeit Heinrichs III. in Rot und Gold, den Farben der Stadt, auf dem Kopf ein scharlachfarbenes Barett mit zwei weißen Federn; dieser vom Bürgermeister und den Schöffen ausgewählte Knabe nimmt bis zur Revolution an jedem Umzug teil. Ebenfalls im 18. Jh., 1771, wird an der Stelle der Tourelles-Brücke der Pont-Royal gebaut und in der Rue Royale ein neues Jeanne-d'Arc-Denkmal enthüllt; 1792 wird es in eine Kanone umgeschmolzen, die sogenannte »Jeanne d'Arc«. 1786 gibt man dem Jungmann ein Rosenmädchen bei. Damit entsprach man dem Wunsch des Herzogs und der Herzogin von Orléans, die das Fest am 8. Mai mit »der Hochzeit eines bedürftigen, tugendsamen Mädchens aus der Stadt, das eine Mitgift von 1200 Livres erhält, von denen Ihre Hoheiten die Hälfte tragen« feiern wollen.

1792 findet das Fest mit dem Jungmann und dem Rosenmädchen noch statt, doch ab dem darauffolgenden Jahr wird die Befreiung von Orléans nicht mehr gefeiert. Erst unter dem Konsulat, 1803, wird es wieder eingeführt. 1802 hatte der Bürgermeister von Orléans, Grignon-Désormeaux, darum ersucht, erneut ein Jeanne-d'Arc-Denkmal aufzustellen. Ein Ausschuß prüfte die Angelegenheit, und Gois wurde mit der Ausführung betraut. Da es der Zustimmung der Regierung bedurfte, schrieb man an Napoleon, der das Fest wieder gestattete und antwortete:

»Die erlauchte Jeanne d'Arc hat bewiesen, daß der französische Geist jegliches Wunder zu vollbringen vermag, wenn die nationale Unabhängigkeit in Gefahr ist. Geeinigt ist die französische Nation nie besiegt worden, doch unsere berechnenderen und geschickteren Nachbarn nutzten unsere Aufrichtigkeit und Loyalität aus, um fortwährend unter uns jene Streitigkeiten zu säen, aus denen das Unheil dieser Zeit und alle Katastrophen in unserer Vergangenheit entstanden. Paris, 16. Pluviôse des Jahres XI.« (Das Schriftstück wird im Centre Jeanne-d'Arc aufbewahrt.)

Auch der Bischof von Orléans seinerseits ersucht um die Wiedereinführung der religiösen Feiern, was der Erste Konsul voll und ganz billigt.

1817 will der Bürgermeister, Graf von Rocheplatte, das Fest in altem Glanz feiern. Abermals wird ein Jungmann gekürt, und an der Rue Croix-de-la-Pucelle wird an der Stelle des Tourelles-Bollwerks ein Kreuz aufgestellt. Während der Regierungszeit Louis-Philippes erlebt das Fest einen sonderbaren Wandel: der 8. Mai wird zum nationalen, also zu einem im wesentlichen weltlichen Fest. Eskortiert von der Nationalgarde und zivilen und militärischen Persönlichkeiten, wird die Jeanne-d'Arc-Büste im Triumph an die Stätten von Johannas Ruhm getragen. 1848 findet das Fest wieder in seiner traditionellen Form statt. Die Übergabe des Feldzeichens am 7. Mai durch den Bürgermeister an den Bischof von Orléans geht auf das Jahr 1855 zurück; in diesem Jahr hält übrigens Monseigneur Dupanloup seine berühmte Lobrede, in der er die Seligsprechung der Jungfrau fordert, außerdem wird auf der Place du Martroi eine Statue von Toyatier enthüllt. 1869 verkündet Monseigneur Dupanloup öffentlich seine Absicht, sich in Rom für die Kanonisation einzusetzen.

1920 schließlich werden das religiöse und das nationale Jeanne-d'Arc-Fest miteinander verbunden, Kirche und Staat sind sich endlich einig geworden. Das Zeremoniell ist seit Beginn unseres Jahrhunderts das gleiche geblieben, nur daß Jeanne d'Arc seit 1912 von einem jungen Mädchen verkörpert wird.

V.
Die Entstehung der lateinischen Textfassung des Verurteilungsprozesses

Der Text von Johannas Verurteilungsprozeß ist in Form dreier Handschriften auf uns gekommen. Die erste (Ms. 119) liegt in der Bibliothek der Nationalversammlung, die beiden anderen werden in der Nationalbibliothek unter den Zeichen ms. latin 5965[1] und ms. latin 5966 aufbewahrt.

Beim Prozeß schrieben drei Notare – Guillaume Manchon, Guillaume Colles, genannt Boisguillaume, und Nicolas Taquel – die Fragen und Antworten nieder, dann überprüften sie ihre Texte und fertigten daraus die französische Urschrift an, die von Thomas de Courcelles und Guillaume Manchon ins Lateinische übersetzt wurde; dieser erste Text ist verlorengegangen, doch wurden fünf Abschriften hergestellt.

So wie Vallet de Viriville[2] kommt auch Jean Fraikin[3] zu dem Schluß, daß die lateinische Fassung nach Johannas Tod

---

1. Diese Handschrift benutzten Quicherat, Champion und Yvonne Lanhers für ihre Übersetzungen.
2. Vallet de Viriville, *Notes pour servir l'histoire du papier* in *La Gazette des Beaux-Arts*, Paris, 1859.
3. Jean Fraikin, »La date de la rédaction latine du procès de Jeanne d'Arc«, *Bulletin de l'Association des Amis du Centre Jeanne d'Arc*, No. 8, 1985.

entstand, also nach dem 30. Mai 1431, jedoch vor dem 8. August 1432. Seit Ende des letzten Jahrhunderts sind in Übereinstimmung mit Denifle und Châtelain, den Herausgebern des Kopialbuches der Universität von Paris, die Historiker der Meinung, daß die lateinische Fassung frühestens 1435 hergestellt wurde. Die drei Abschriften des Textes des Verurteilungsprozesses, die uns vorliegen, tragen jedoch das Siegel Pierre Cauchons, Bischof und Graf von Beauvais. Man weiß jedoch, daß Cauchon durch eine Bulle vom 29. Januar 1432 zum Bischof von Lisieux ernannt wurde und daß er dieses Bistum am 8. August 1432 in Besitz nahm, und das Siegel gilt nur während der Amtszeit seines Trägers. Jean Jouvenal des Ursins war in Beauvais Cauchons Nachfolger. Dieser hätte also mit seinem Siegel des Bischofs von Beauvais nicht einen 1435 abgefaßten Text siegeln können, da er schon seit drei Jahren nicht mehr diesem Bistum vorstand. Außerdem reiste Thomas de Courcelles, der Verfasser des lateinischen Textes, um den 15. Oktober 1431 nach Rom und kehrte erst 1435 nach Paris zurück. Aber ist es überhaupt denkbar, daß er sich zu diesem Zeitpunkt an die Übersetzung machte, nachdem er zwischenzeitlich auf der Seite Karls VII. stand? Der Text des Rehabilitationsprozesses enthält spärliche Hinweise in bezug auf diese Frage. Die drei Personen, die darin zu Wort kommen – Simon Chapiteau, Guillaume Manchon und Nicolas Taquel –, machen nur vage Angaben über den Zeitpunkt der lateinischen Übersetzung. Alle drei sagen, daß die Übertragung »lange nach Johannas Tod« entstand (*longo tempore, longe post mortem permanum temporis*). Das von Manchon verwendete Wort *longe* ist sehr unbestimmt, denn er benutzt *longe antequam* für einen Zeitraum von drei Tagen und ebenfalls *longe*, um den Zeitraum der Vernehmungen zu bezeichnen, d. h. fünfunddreißig Tage. Man kann sich also kaum auf diese Aussagen stützen.

Aus drei Rechnungsbelegen geht hervor, welche Beträge Cauchon von König Heinrich VI. für seine Dienste erhalten hat. Die erste trägt das Datum 31. Januar 1431; es ist eine Quittung über 73 tourische Livres für die Zeit vom Mai bis Oktober 1430; der zweite ist ein Schreiben des Königs, in dem er seinen Schatzmeister und Verwalter des Geldwesens in der Normandie, Jean Stanlawe, anweist, durch Pierre Baille, den Generalsteuereinnehmer der Normandie, 770 tourische Livres an den Berater »Pierre, Bischof von Lisieux, früher Bischof von Beauvais, für den Ketzerprozeß der dahingegangenen Johanna, einst die Jungfrau genannt« auszahlen zu lassen. Dieses Schreiben ist am 29. Juli 1437 datiert und bezieht sich auf Quittungen von 1431 und 1432. Der dritte Beleg, ausgestellt in Rouen am 14. August 1437, bezieht sich auf 7070 tourische Livres, die der englische König an »unseren besagten Herrn« für den Zeitraum von Mai 1430 bis 30. November 1431 bezahlte. In der Zeit, während der er über den Kauf Johannas verhandelte, erhielt Cauchon 775 Livres (vom 1. Mai bis 30. September 1430); für einen zweiten Zeitabschnitt, in dem er mit der Vorbereitung des Prozesses und der Verhandlung selbst befaßt ist (30. September 1430 bis 30. Juni 1431), bekam er 1407 Livres 10 Sous, dazu eine Prämie. Für die Zusammenstellung der Prozeßunterlagen, d. h. für die Zeit vom 1. Juli bis 30. November 1431 schließlich erhält er weitere 770 Livres. Die finanziellen Schwierigkeiten, in denen das Königreich England steckt, erklären diese Ratenzahlungen, wobei die letzte Zahlung erst 1437 erfolgt.

Sechs Monate lang beschäftigten sich also Thomas de Courcelles und Pierre Cauchon intensiv mit der Abfassung der lateinischen Textfassung des Prozesses, und das Datum 30. November 1431 ist wohl der letzte Zeitpunkt, da sie für den König von England arbeiteten.

VI.
Zeittafel

1412?

6. Januar?: Domrémy. Johannas Geburt. S. Brief des Perceval de Boulainvilliers an den Herzog von Mailand (29. Juni 1429). Doch niemand, weder die Zeugen noch Johannas Mutter, erwähnt diesen Dreikönigstag. Johannas Antwort im Verurteilungsprozeß: »Ich war unlängst 19 Jahre.«

Im Lauf des Januars?: Johannas Taufe in der Kirche von Domrémy durch Hochwürden Jean Nivet, Priester. Zahlreiche Personen bezeugen dies, unter anderen mehrere Paten und Patinnen, ebeso Johanna selbst. (S. Verurteilungsprozeß, Tisset, Bd. II, S. 40).

1424?

Domrémy. Im Garten Jacques d'Arcs. »Als ich dreizehn war, hatte ich eine Stimme, die von Gott kam, um mich zu leiten. Das erste Mal hatte ich große Furcht. Die Stimme kam zur Mittagsstunde; es war im Sommer, im Garten meines Vaters.« (S. Tisset, Bd. II, S. 46.)

1425

Domrémy. Henri d'Orly stiehlt Vieh der Dorfbewohner. Die Schloßherrin von Domrémy, Jeanne de Joinville, läßt es ihnen ersetzen.

1428

Mai: Burey-le-Petit. Johanna hält sich bei Durand Laxart auf (S. Quicherat, Bd. II, S. 443).

13. Mai: Vaucouleurs. Erste Unterredung mit Robert de Baudricourt um den Himmelfahrtstag.

Juli: Neufchâteau. Aus Angst vor den Briganten verlassen die Einwohner von Domrémy ihr Dorf. Johanna und ihre Familie wohnen 14 Tage bei einer Frau, »die Fuchsige« genannt.

?: Toul. Johanna muß sich vor dem Offizialat von Toul wegen eines gebrochenen Eheversprechens (?) verantworten.

1429

Januar: Burey-le-Petit. Zweiter Aufenthalt bei Durant Laxart. Vaucouleurs. Zweite Unterredung mit Robert de Baudricourt.

Februar?: Nancy. Begegnung mit Herzog Karl von Lothringen. Rückkehr nach Vaucouleurs über Saint-Nicolas du Port. Vaucouleurs. Beim Ehepaar Le Royer.

Samstag, 12. Februar 1429: »Heringsniederlage«: Johanna sagt sie bei ihrer dritten Unterredung mit Robert de

Baudricourt voraus (?). Exorzismus des Pfarrers von Vaucouleurs, Hochwürden Fournier. Aufstellung der Eskorte.

Dienstag, 22. Februar: Aufbruch von Vaucouleurs. Am Spätnachmittag. Man legt die Strecke bis Saint-Urbain nachts zurück. Johanna wird begleitet von Jean de Metz, dessen Knecht Jean de Honnecourt, Bertrand de Poulengy und dessen Knecht Julien, dem königlichen Boten Collet de Vienne und dem Bogenschützen Richard. »Elf Tage, um zum König zu gelangen.« (S. Rehabilitationsprozeß, Zeugenaussage des B. de Poulengy.) Es handelt sich wohl eher um das Aufbruchs- als um das Ankunftsdatum. (Hinsichtlich Reiseroute und Daten des Ritts siehe die Dissertation von Maurice Vachon, Universität Reims, Oktober 1985.)

Mittwoch, 23. Februar: Saint Urbain—Clairvaux.

Donnerstag, 24. Februar: Clairvaux—Pothières.

Freitag, 25. Februar: Pothières—Auxerre.

Samstag, 26. Februar: Auxerre—Mezilles. In Auxerre besucht Johanna die Messe in der »großen Kirche«. (S. Tisset, Bd. II, S. 52.)

Sonntag, 27. Februar: Mezilles—Viglain. Über Gien.

Montag, 28. Februar: Viglain—La Ferté.

Dienstag, 1. März: La Ferté—Saint-Aignan.

Mittwoch, 2. März: Saint-Aignan—Sainte-Catherine-de-Fierbois.

Donnerstag, 3. März: Sainte-Catherine—L'Isle-Bouchard. Johanna bittet den König von Sainte-Catherine in einem Schreiben, sie zu empfangen. (S. Tisset, Bd. II, S. 52.)

Freitag, 4. März: L'Isle-Bouchard—Chinon. Johanna kommt gegen Mittag in Chinon an. Sie wohnt in einer Herberge.

Samstag, 5. März: Chinon.

Sonntag, 6. März: Chinon. Am späten Nachmittag wird Johanna vom König empfangen.

Montag, 7. März: Chinon. Erste Begegnung mit Jean d'Alençon.

Dienstag, 8. März: Chinon.

Donnerstag, 10. März: Chinon. Befragungen.

Freitag, 11. März: Poitiers. Johanna muß bei Magister Jean Rabateau, wo sie untergebracht ist, verschiedene Fragen beantworten.

Dienstag, 22. März: Poitiers. Johanna stellt dem König von England ein Ultimatum.

Donnerstag, 24. März: Aufbruch nach Chinon.

Samstag, 2. April: Ein Reiter wird ausgesandt, das Schwert von Sainte-Catherine-de Fierbois zu holen.

Dienstag, 5. April: Johanna begibt sich von Chinon nach Tours. Anfertigung der Rüstung, der Fahne und des Wimpels.

Donnerstag, 21. April: Aufbruch von Tours nach Blois. Johanna stößt dort zum königlichen Heer und dem für Orléans bestimmten Lebensmitteltransport. Anfertigung des Banners der Priester.

?: Aufbruch nach Orléans.

Freitag, 29. April: Johanna gelangt nach Checy und rückt abends durch das Burgund-Tor in Orléans ein; sie wohnt beim Schatzmeister des Herzogs, Jacques Boucher.

Samstag, 30. April: Orléans. Johanna »ging hinaus zum Belle-Croix-Bollwerk« auf die Brücke und sprach zu »Glacidas«. (S. *Journal du Siège d'Orléans*).

Sonntag, 1. Mai: Orléans. Der Bastard verläßt Orléans, um die restlichen Truppen in Blois zu holen. (Er ist bis zum 4. Mai abwesend.) Johanna reitet in der Stadt umher.

Montag, 2. Mai: Orléans. Johanna besichtigt zu Pferd die englischen Bastionen.

Dienstag, 3. Mai: Orléans. Fest der Auffindung des Heiligen Kreuzes. In der Stadt findet eine Prozession statt.

Mittwoch, 4. Mai: Orléans. Johanna reitet dem Bastard entgegen. Einnahme der Saint-Loup-Bastei.

Donnerstag, 5. Mai: Orléans. Himmelfahrtstag. Waffenruhe. Johanna sendet den Engländern einen Fehdebrief.

Freitag, 6. Mai: Orléans. Eroberung der Augustinerbastei.

Samstag, 7. Mai: Orléans. Einnahme der Tourelles-Bastei.

Sonntag, 8. Mai: Orléans. Die Engländer heben die Belagerung auf. Dankprozession durch die Stadt.

Montag, 9. Mai: Johanna verläßt Orléans.

Freitag, 13. Mai: Tours. Begegnung Johannas mit dem König.

Zwischen 13. Mai und 24. Mai: Johanna begibt sich nach Saint-Florent-lès-Saumur; sie trifft dort Jean d'Alençon, dessen Frau und Mutter.

Sonntag, 22. Mai: Der König ist in Loches.

Dienstag, 24. Mai: Johanna verläßt Loches.

Sonntag, 29. Mai: Selles-en-Berry.

Montag, 30. Mai: Selles-en-Berry. Begegnung Johannas mit Guy de Laval. Aufbruch nach Romorantin.

Dienstag, 7. Juni: Romorantin.

Donnerstag, 9. Juni: Orléans. Neugliederung des Heers.

Freitag, 10. Juni: Sandillon.

Samstag, 11. Juni: Angriff auf Jargeau.

Sonntag, 12. Juni: Jargeau. Einnahme von Jargeau.

Montag, 13. Juni: Rückkehr nach Orléans.

Dienstag, 14. Juni: Johanna verläßt die Stadt.

Mittwoch, 15. Juni: Angriff auf Meung-sur-Loire.

Donnerstag, 16. Juni: Angriff auf Beaugency.

Samstag, 18. Juni: Schlacht von Patay. »Der gnädige König wird heute den größten Sieg davontragen. Mein Ratgeber hat mir gesagt, daß sie heute alle unser sein werden.«

(Zeugenaussage des Herzogs von Alençon im Rehabilitationsprozeß.)

Sonntag, 19. Juni: Johanna und die Hauptleute kehren nach Orléans zurück.

Mittwoch, 22. Juni: Châteauneuf-sur-Loire. Der königliche Rat tritt zusammen (?).

Donnerstag, 23. Juni: Der König macht sich auf den Weg nach Gien.

Freitag, 24. Juni: Aufbruch des Heers nach Gien. Johanna wendet sich an den Herzog von Alençon: »Stoßt in die Trompeten und steigt aufs Pferd. Es ist Zeit, sich zum gnädigen König Karl zu begeben, um ihn auf den Weg zu seiner Weihe in Reims zu bringen.« (Perceval de Cagny.)

Samstag, 25. Juni: Gien. Johanna diktiert Briefe an die Einwohner von Tournai und an den Herzog von Burgund, um sie zur Königsweihe einzuladen.

Sonntag, 26. Juni: Gien.

Der Weg nach Reims

Montag, 27. Juni: Johanna bricht von Gien auf.

Mittwoch, 29. Juni: Abmarsch der königlichen Truppen nach Auxerre.

Montag, 4. Juli: Briennon–Saint-Florentin–Saint-Phal. Von Saint-Phal schreibt Johanna an die Einwohner von Troyes.

Dienstag, 5. Juli: Das Heer steht vor Troyes.

Samstag, 9. Juli: Troyes. Einzug des Königs und Johannas in die Stadt.

Dienstag, 12. Juli: Troyes–Arcy-sur-Aube.

Mittwoch, 13. Juli: Arcy-sur-Aube–Lettrée.

Donnerstag, 14. Juli: Lettrée–Châlons-sur-Marne. Johanna begegnet Einwohnern von Domrémy.

Freitag, 15. Juli: Châlons-sur-Marne–Sept-Saulx.

Samstag, 16. Juli: Sept-Saulx–Reims.

Sonntag, 17. Juli 1429: Krönung Karls VII. in der Kathedrale von Reims.

Donnerstag, 21. Juli: Aufbruch von Reims nach Corbeny. Karl VII. legt Skrofulösen die Hand auf.

Samstag, 23. Juli: Soissons.

Mittwoch, 27. Juli: Château-Thierry.

Sonntag, 31. Juli: Schreiben Karls VII., in dem er den Bewohnern von Domrémy und Greux Steuerfreiheit gewährt.

Montag, 1. August: Montmirail.

Samstag, 6. August: Provins. Johannas Brief an die Reimser.

Sonntag, 7. August: Coulommiers.

Mittwoch, 10. August: La Ferté-Milon.

Donnerstag, 11. August: Crépy-en-Valois.

Freitag, 12. August: Lagny.

Samstag, 13. August: Dammartin.

Montag, 15. August: Montépilloy. Größere Scharmützel mit den Engländern, die sich in Richtung Paris zurückziehen.

Mittwoch, 14. August, bis Samstag, 28. August: Compiègne, Aufenthalt des Königs.

Montag, 23. August: Johannas Aufbruch von Compiègne.

Donnerstag, 26. August: Saint-Denis.

Montag, 7. September: Saint-Denis. Der König gelangt in die Stadt.

Dienstag, 8. September: Angriff auf Paris (Saint-Honoré-Tor).

Mittwoch, 9. September: Rückkehr nach Saint-Denis.

Donnerstag, 10. September: Es ergeht der Befehl, den Angriff auf Paris abzubrechen.

Samstag, 12. September: Das Heer kehrt zur Loire zurück.

Von Montag, 14. September, bis Montag, 21. September: Pro-
vins—Courtenay—Châteaurenard—Montargis.
Montag, 21. September: Gien. Auflösung des Heers.
Ende September: Vorbereitungen für den Feldzug gegen La
Charité.
Oktober: Aufbruch nach Saint-Pierre-Le Moûtier.
Mittwoch, 4.November: Saint-Pierre-Le-Moûtier fällt.
Ende November: Das Heer macht sich auf den Weg nach La
Charité. Es zieht den Allier, dann die Loire hinunter. Am
rechten oder linken Ufer? Die Frage ist nicht zu beantwor-
ten. Das Heer überquert die Loire zwischen Nevers und
Decize. Es zieht das Tal der Nièvre hinauf und schwenkt
dann nach Westen auf La Charité zu. Damit verhindert es,
daß Perrinet Grasset Hilfe von Varzy erhält.
Dienstag, 24. November: Die Einwohner von Bourges senden
auf Ersuchen Charles d'Albrets den königlichen Truppen
1300 Goldtaler. Kurz vorher beginnt die einmonatige
Belagerung.
Samstag, 25. Dezember: Johanna ist wieder in Jargeau.

1430

Januar: Meung-sur-Yèvre? Bourges.
Mittwoch, 19. Januar: Orléans.
Februar: Sully-sur-Loire?
März: Sully-sur-Loire.
Mittwoch, 29. März: Lagny.
Montag, 24. April: Melun. Johanna wartet auf die von Karl
VII. erbetene Verstärkung.
Von Dienstag, 25. April bis 6. Mai: Crépy-en-Valois.
Samstag, 6. Mai: Compiègne.

Donnerstag, 11. Mai, Freitag, 12. Mai: Soissons. Guichard de Bournel verbietet den Durchmarsch der Truppen durch die Stadt.

Montag, 15. Mai, und Dienstag, 16. Mai: Compiègne.

Von Mittwoch, 17., bis Freitag, 19. Mai: Crépy-en-Valois.

Vom 19. bis 21. Mai: Johanna wartet auf Verstärkung.

Montag, 22. Mai: Rückkehr nach Compiègne.

Dienstag, 23. Mai: Johannas Gefangennahme vor Compiègne. Philipp der Gute kommt von Coudun nach Margny, um Johanna zu sehen.

Mittwoch, 24. Mai: Clairoix?

27. und 28. Mai: Beaulieu-lès-Fontaines.

Montag, 10. Juli: Aufbruch von Beaulieu.

Vom 11. Juli bis Anfang November: Beaurevoir. Auf die Frage, ob sie lange im Turm von Beaurevoir war, antwortet Johanna: »Vier Monate oder so ungefähr.«

Donnerstag, 9. November: Arras.

Vom 21. November bis 9. Dezember: Le Crotoy.

Mittwoch, 20. Dezember: Überquerung der Somme-Bucht zwischen Le Crotoy und Saint-Valery.

Samstag, 23. Dezember: Johanna trifft in Rouen ein.

1431

Dienstag, 9. Januar: Erster Prozeßtag (Eröffnungsverfahren). Ermittlungen in Domrémy und Vaucouleurs.

Samstag, 13. Januar: Verlesung der über die Jungfrau eingeholten Auskünfte.

Dienstag, 13. Februar: Vereidigung der vom Bischof von Beauvais eingesetzten Beamten.

Montag, 19. Februar: Absendung einer Vorladung an den Stellvertretenden Inquisitor.

Dienstag, 20. Februar: Der Stellvertretende Inquisitor lehnt jegliche Zuständigkeit ab. Neuerliches Schreiben des Bischofs von Beauvais.

Mittwoch, 21. Februar: Erste öffentliche Sitzung. Johanna wird dem Gericht vorgeführt.

Donnerstag, 22. Februar: Sitzungen

Samstag, 24. Februar: Sitzungen

Dienstag, 27. Februar: Sitzungen

Donnerstag, 1. März: Sitzungen

Samstag, 3. März: Sitzungen

Von Sonntag, 4. März, bis Freitag, 9. März: Beratungen in der Rouener Residenz des Bischofs von Beauvais, bei denen Johanna nicht zugegen ist.

Samstag, 10. März: Sonderverhör im Gefängnis.

Montag, 12. März: Zweites Sonderverhör im Gefängnis.

Dienstag, 13. März: Zum ersten Mal erscheint der Stellvertretende Inquisitor beim Prozeß.

Mittwoch, 14. März: Sonderverhöre im Gefängnis

Donnerstag, 15. März: Sonderverhöre im Gefängnis.

Samstag, 17. März: Sonderverhöre im Gefängnis

Von Sonntag, 18., bis Donnerstag, 22. März: Beratungen in der Residenz des Bischofs von Beauvais.

Samstag, 24. März: Johanna werden das Protokoll der Befragungen und die Antworten vorgelesen.

Montag, 26. März: Verhandlung

Von Dienstag, 27. März bis Mittwoch, 28. März und Samstag, 31. März: Johanna werden die 70 Punkte der Anklageakte vorgelesen.

Von Montag, 2., bis Donnerstag, 5. April: Beschlußfassung der Doktoren und Abfassung der 12 Schuldartikel.

Montag, 16. April: Johannas Krankheit nach dem Genuß eines Karpfens, den der Bischof von Beauvais ihr gesandt hat.

Mittwoch, 18. April: Mahnrede an Johanna in ihrem Gefängnis.

Mittwoch, 2. Mai: Mahnrede vor der Vollversammlung.

Mittwoch, 9. Mai: Im großen Schloßturm Androhung der Folter.

Sonntag, 13. Mai: Großes Abendessen bei Richard Beauchamp, Graf von Warwick, zu dem der Bischof von Beauvais, der Bischof von Noyon, Ludwig von Luxemburg und Humphrey Stafford geladen sind. Danach begeben sie sich zu der gefangenen Johanna.

Samstag, 19. Mai: Beschlußfassung der Magister der Pariser Universität, d. h. der Doktoren und Magister, die sich im erzbischöflichen Palast in Rouen aufhalten.

Mittwoch, 23. Mai: Im Schloß Bouvreuil. Verlesung der Anklageschrift und Ermahnung an Johanna durch Pierre Maurice, Domherr in Rouen.

Donnerstag, 24. Mai: Erste Urteilsverkündung auf dem Friedhof von Saint-Ouen und Johannas »Widerruf«. Sie wird ins englische Gefängnis zurückgebracht, wo sie Frauenkleidung anlegt.

Montag, 28. Mai: Im Gefängnis wird über Johannas Rückfälligkeit verhandelt. Sie trägt wieder Männerkleidung.

Dienstag, 29. Mai: Entscheidung der Doktoren und Beisitzer.

Mittwoch, 30. Mai: Johanna wird auf der Place du Vieux Marché in Rouen bei lebendigem Leib verbrannt.

ÜBERSICHTSKARTE

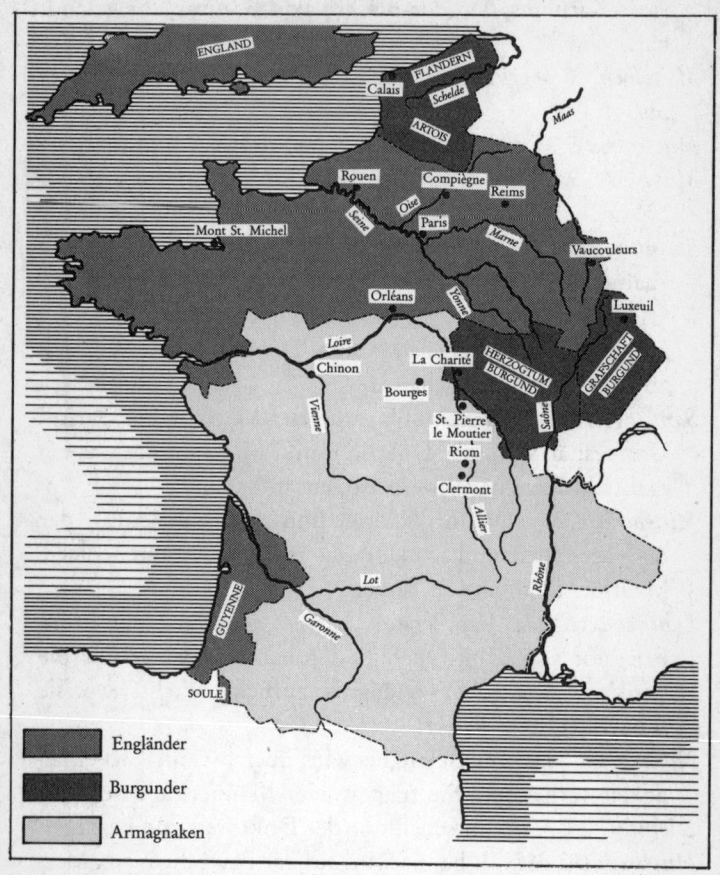

Frankreich um 1430

VII.
Register

Abbeville 185, 328
Abonnel, Jean 353
Abote, John 408
Achet, Gérard 54
Agoult, Marie d' 437
Aignan, der Heilige 27, 104, 309, 443, 462
Aigues-Mortes 325
Aisne 155, 158, 412
Alain, Jacques 37
Albanien, Herzog von 395
Albi 399
Albret, Charles d' 347, 392, 476
Albret, Guillaume d' 24, 126, 133, 144, 147 f., 394
Alençon 321, 326
Alençon, Jean I. d' 321
Alençon, Jean II. (Johann), Herzog von 51 ff., 73, 103, 106 ff., 109 f., 113, 128, 138 ff., 143 f., 263, 278, 295, 321 ff., 399, 426, 472 ff.
Alespée, Jean 249
Alexander V. (Papst) 374
Aley, Luis d' 459
Alfons V. von Aragon 357
Allée, Bruder d' 152
Allier 68
Alnwick, William 236, 258
Amadeus VIII. von Savoyen (Papst Felix V.) 135, 165, 272, 333, 411
Ambleville 71, 83
Amboise 311, 399 f.
Amboise, Georges d' 382
Amiens 234

Anderson 460
Angers 322
Angerville 26
Angoulême, Graf von 301, 309, 311, 334
Anjou 324, 350
Anjou, Louis d' 313
Anouilh, Jean 451, 460
Antoine, Claude 460
Apremont, Geoffroy d' 419
Aragon 138, 356
Arc, Jacques d' 120, 198, 281 ff., 426
Arc, Jean d' 267, 380
Arc, Pierre d' 105, 149, 156, 167 f., 380, 420
Ardennen 373
Arguel, Herr von 357
Arlon 417 f.
Armagnac, Graf von 137, 207, 317, 361, 380
Armagnac, Marie von 326
Armoises, Claude des 417, 419 ff.
Armoises, Robert des 267, 418 f.
Arques 185
Arras 130, 134, 167, 180, 182 f., 237, 264 f., 298, 306 f., 333, 341
Arras, Franquet d' 157, 218
Artenay 26
Arthus, König 150
Arundel, Graf von 260 f., 263 f., 411
Asti 98
Asti, Antonio d' 99
Aubigny 396
Aubusson 434

Audiberti, J. 451
Aulon, Jean d' 71, 80, 85, 88,
146 f., 156, 167 f., 281, 399
Aunis 137
Autun 199
Auvergne 367, 395
Auvergne, Jean d' 381
Auxerre 30, 42, 114, 151, 351, 403,
411, 474
Auxerrois 357
Auxois 365
Averdy, Clément de l' 435 f.
Avignon 97 f., 124, 177, 194, 207,
271 f., 349
Avignon, Marie d' 59
Avothe, Jehan 408
Avranches 230, 263
Avrigny 447 f.
Avril 447
Ay 149
Aymeri, Guillaume 55, 57 f.
Ayroles, Vater 381, 438
Azincourt 26, 48, 58, 110 f., 171,
301, 306, 317, 321, 336

Bagueneaux 421
Baïlac, Geneviève 451
Baille, Pierre 468
Bailly, Nicolas 185, 194
Barante 457
Barbazan, Arnaud Guilhem
de 256, 314, 328
Barbier, Jules 448
Barbin, Jean 58
Bar, Herzog von 140, 313 f., 419,
429
Bar, Jeanne de 171 f.
Bar, Kardinal von 313, 318
Bar, Robert de 171
Baretta, Barthélemy 156
Barnet, Jean 443
Barrès, Maurice 439 f.
Barrois 34, 78
Bar-sur-Aube 367
Basel 199, 207, 229, 272 f., 363,
367

Basin, Thomas 263
Baske, der 88
Baskenland 406
Bastard von Granville 79
Bastard von Poitiers 313
Bastard von Wavrin 109, 112
Baudot de Jully, Denis 434
Baudricourt, Robert de 35 ff.,
39 ff., 44, 70, 295, 313 f., 402,
432, 470 f.
Bauffremont, Charles Pierre de 141
Baugé, vgl. Beaugé
Bavon, Anne 191
Beauchamp, Margaret 233, 340
Beauchamp, Richard, vgl. Warwick
Beaufort, Henry, Kardinal von Win-
chester 128, 154, 191, 236, 258
Beaugé 318, 331 f., 337
Beaugency 108 ff., 304, 333, 339,
342, 473
Beaujeu, Pierre de 311
Beaulieu-lès-Fontaines 167 ff., 477
Beaumarchais 434
Beaupère, Jean 199, 201, 203 f.
210 f., 216, 231, 235, 271, 363
Beaurevoir 168 ff., 172 ff., 177,
179 f., 189, 218, 234, 358 f., 362,
418, 477
Beauvais 35, 126, 132, 170, 175,
180, 182, 184, 190 f., 194 f., 199,
212, 227, 235, 237, 240, 243 f.,
255, 257, 264, 359 ff., 467 f.,
477 ff.
Bec-Hellouin 236
Bedford 29, 34, 63 f., 106, 128 ff.,
132 ff., 136 ff., 141, 145, 150,
154 f., 170, 175, 177, 184, 191,
195, 258, 260 ff., 265, 303, 307,
313, 321 f., 336 ff., 341, 345,
349, 351 f., 361 ff., 380, 395,
407, 416, 424 f., 447, 452
Bedford, Herzogin von 190 f., 227
Belleforest, François de 432
Belliers, Guillaume 49
Benedikt XIII. 370, 374
Benedikt XV. 440

Bergman, Ingrid 460
Berkeley, Elisabeth 344
Bermont 282, 288
Bernardin de Saint-Pierre 445
Bernhardt, Sarah 448
Berriat Saint-Prix 436
Berry 137, 144, 315, 350, 353, 396
Berry, Herold 134, 141, 143, 148, 159
Berwoit, John 188
Besançon 199, 271
Bessin 263
Béthune, Jeanne de 170 ff., 358
Bidault, Guillemette 212, 360
Billom, François de 432
Bisham 286
Blanche von Kastilien 126
Blanzy 35
Blechmore 340
Blois 28, 72 f., 75 f., 303 f., 306, 309 ff., 331, 333, 386, 392, 395, 472
Blount, Thomas 180
Bloy, Léon 439
Böhmen 128, 154
Boisguillaume, Notar 200, 202, 466
Bolinbroke 302
Bonaparte, Napoleon 435, 456, 464
Bonnel, Guillaume 229
Bonnet, Simon 54
Bordeaux 100, 276
Bosc-le-Hard 185
Bosquier, Pierre 251, 423
Bouchard, Alain 432
Boucher, Jacques 78, 81, 95, 302 ff., 309 f., 386, 388, 472
Boucicaunt 33
Boudeau, Jean 387
Bouesgue, Jean de 229
Bouillé d'Orfeuil 430
Bouillé, Guillaume 269 f., 279
Bouillon, Gottfried von 444
Boulanvilliers, Perceval de 98, 469
Boulay, Herr von 417

Bouligny, René de 144
Boulonnais 406
Bourbon, Alexander von 367
Bourbon, Bastard von 366
Bourbon, Karl von 29, 152, 310 f.
Bourbon, Ludwig von 133, 158, 167, 347
Bourbonnais 353, 395
Bourgeois, Jean 304 f.
Bourges 27, 30, 114, 125, 144 f., 174, 273, 289, 329, 332, 476
Bourlémont, Pierre de 203
Bournel, Guichard 158, 167, 412, 477
Boussac, Marschall von 73, 118, 147 f., 178, 347
Bouvreuil, le 185, 187, 260, 327, 343
Brabant, Philipp von 174
Brandicourt, Père 451
Bréhal, Jean 274, 276 f.
Bresson, Robert 460
Bretagne 106, 236, 406
Bretagne, Herzog von der 101, 137, 321 f.
Bretagne, Maria von der 321
Brézé, Pierre de 262, 329, 367 f.
Brie 133, 137, 150, 337
Brimeu, David de 130
Brimeu, Jean de 158
Brixenthal, Léonard de 276
Brügge 97, 124, 150, 181
Brussac, Gauthier de 366
Bruyse, Jean 180
Buchan, Graf von 395 f.
Buckingham, Herzog von 385
Bueil, Ardouin du 322
Bueil, Jean du 262 f.
Bürger von Paris 254, 259 f., 267, 420, 423
Buffet, Bernard 458
Bulgnéville 256, 314
Bureau, Gaspard 274, 454
Bureau, Jean 274, 454
Burey 35, 37, 282

Burgund 114 f., 129, 136, 151, 199, 368, 370
Burgund, Anne von 128, 190 f., 258, 261
Burgund, Bastard von 357
Burgund, Marschall von 350
Burgund, Philipp, Herzog von, vgl. Philipp der Gute
Burke 445
Bussang 448

Caen 269, 336, 341
Cagny, Perceval de 113, 133, 138, 140, 142 f., 148, 156, 160, 347, 474
Calais 128 f., 154, 170, 173, 175, 179, 256, 260, 306 ff., 329, 363, 411
Calane, Bastard von 421
Calésie 406
Calixt III. 277, 316, 380, 424, 433
Calot, Laurent 238 f., 256
Cambarel, Hugues de 54
Canard, Jean 119
Canez, Florence 461
Capellani, Albert 459
Cartier 447
Caserini, Mario 459
Castiglione, Zanon de 229
Castille, Étienne 189
Castillon-la-Bataille 267, 340, 342
Catherine de La Rochelle 146, 153, 211, 224
Cauchon, Pierre 35, 117, 132, 170, 175 ff., 179 f., 184 f., 188 f., 191, 193, 195 f., 201, 206 ff., 212, 216, 221 f., 226 f., 229 ff., 235, 240 ff., 244, 251 f., 254 f., 258, 271, 275, 295, 345, 359 ff., 374, 380, 411, 416, 423, 467 f.
Caudebec 269
Caussin, Nicolas 433
Caux 264, 340
Caxton, William 380
Caze, Pierre 416, 435
Ceffonds 421

Chabannes, Antoine de 356 f.
Chabannes, Jacques de 319, 391 f.
Chabot, Jean 394
Châlons-sur-Marne 114, 116, 288, 299, 397
Chambord, Graf von 438
Champagne 34, 35, 137, 150 f., 168, 256, 261, 337, 365, 419, 429 f.
Champaigne, Philippe de 456
Champion, Pierre 16, 381, 440
Champon, Jacquet 387
Chandos 93
Chapelain 433 f., 445, 456
Chapiteau, Simon 280, 467
Charny 141
Charolais 348
Chartier, Alain 124
Chartier, Guillaume 277
Chartier, Jean 46, 60, 72, 329, 333, 380, 398, 414, 454
Chartres 101, 261, 336
Chartres, Regnault de 56, 73, 134, 155, 158, 166 f., 257, 395, 453
Chastellain, Georges 143, 159 ff., 297, 300, 325, 380
Châteaudun 28, 107, 333 f.
Château-Thierry 132, 404, 428, 475
Châtel, Tanguy du 361
Châtelgérard 357
Chatillon, Jean de 231 f.
Chaumont-en-Bassigny 185, 194, 427 f.
Chaussand 435
Chécy 74, 322, 421, 472
Chichery, Réginald 280
Chinon 31 f., 36, 42 f., 45, 51 ff., 66 ff., 70, 92, 94 f., 200, 206, 262, 314 f., 318 f., 322 f., 369, 395, 402, 426, 428, 460, 471 f.
Chlodwig 118, 297, 444
Choisy-au-Bac 155, 158, 167
Chomart, Jean 387 f.
Chrétien, Nicolas 444
Christine, Königin von Schweden 432

Clairoix 160, 167 f.
Clarence, Herzog von 322, 337
Claudel, Paul 450, 460
Clermont 147 f., 403
Clermont, Karl, Graf von 24, 140,
    152, 269, 319, 353, 392 ff.
Cléry 334, 336
Coëtivy, Prigent de 262
Coeur, Jacques 144, 297
Colet de Vienne 32, 41, 67, 471
Colin, Jean 282 f., 388
Colles, Guillaume 424, 466
Compaing, Jacquet 304
Compaing, Meister Pierre 319
Compiègne 132, 135 f., 138 f., 141,
    152, 155, 158 ff., 164, 166 ff.,
    176 ff., 232, 255, 352, 358, 362,
    366, 410 ff., 420, 439, 451,
    475 ff.
Conches 269
Contamine, Philippe 406 ff.
Contrexéville 448
Corbeil 112
Corbény 125, 475
Cormeilles 229, 236
Corvol, Huguette de 349 f.
Cosne 353
Coucy 171, 304, 317 f.
Coudenberg 409
Coudun 160, 162
Couldray, Le 50, 262
Coulommiers 132
Courcelles, Thomas von 216, 229,
    233, 251, 255, 272, 363, 466 ff.
Courtcuisse, Bischof von
    Paris 361
Coussey 35, 288
Coust, Jean 388
Coutances 229, 277
Coutes, Louis de 50, 71, 78, 81 f.,
    399, 403
Cravant 337, 396
Crécy 183
Creil 136, 152, 155, 352, 411
Crépy-en-Valois 130, 132 ff., 159,
    412, 476 f.

Créqui, Herr von 160
Crotoy 53, 183, 185, 234, 477
Cuillerel, Hugues 183
Culant, Louis de 29, 73, 118, 395
Cuny, Alain 460
Cusquel, Pierre 248, 275, 424

Dacier, Jean 232, 411
Darnley, Alexander, Herzog
    von 395
Daron, Pierre 189
Datini 401
Dauphiné 370
Debout 438
Decaris 457
Decizie 351
Delannoy, Jean 460
Delavigne, Casimir 436
Denifle 467
Desjardins, Guillaume 228
Despenser, Isabel 344
Dieppe 328, 333, 341
Dijon 130, 151, 264
Dominici, Dominique 280
Dompierre-sur-Besbre 146
Dompierre-sur-Nièvre 351
Domrémy 15, 34 f., 38, 98, 116 f.,
    130, 132, 149, 185, 194, 198,
    203 ff., 209, 280 ff., 286 ff., 295,
    406, 421, 425 ff., 436, 439,
    449 f., 460, 469 f., 475 ff.
Doncoeur, Père 180, 382 f., 404,
    460
Douillet, Jean 422
Dourdan 320
Doyen de Saint-Thiébault de
    Metz 420
Drappier, Perrin 284
Dreux, Isabelle de 333
Dreux 356
Dreyer, Carl 459 f.
Drugy 183
Dubois 439
Duchesnois 447
Duguesclin 104
Du Haillan, Girard 432

Du Lude, Monseigneur 108
Dumay, Alison 39
Dumolard 447
Dunand 438
Dunois, Bastard von Orlé-
    ans 23 ff., 29 ff., 73 ff., 78, 80 f.,
    86, 88, 93, 96, 102, 107, 109 ff.,
    115, 130, 133, 144, 256, 261,
    265, 273 f., 278, 295, 301, 303,
    306 f., 310 ff., 325, 330 ff., 355,
    366, 392 ff., 405, 426, 432, 447,
    454, 472
Dupanloup 438, 465
Duparc, Pierre 17, 381
Dupin d'Artois 448
Dupuy, Jean 69
Durand Laxart 37 f., 130, 470
Duremort, Gilles de 229
Dussane, Madame 451
Duval, Guillaume 271

Eduard III. 407
Eleonore von Aquitanien 30, 51,
    126
Élincourt 168
Elsaß 366, 368
Ely 178, 247, 255
Embrun 182, 269 f.
Enghien, Herr von 174
Enghien, Mariette d' 330
Enrico, Robert 460
Épernay 444
Épinal, Gérardin d' 117, 285,
    287 f.
Épinal, Isabellette 285
Érard, Guillaume 232, 237 f.
Érault, Jean 59, 65
Estellin, Béatrice, Witwe von 281
Estivet, Guillaume d' 381
Estivet, Jean d' 191, 197, 213, 223,
    227 ff., 235, 276, 381
Estouteville, Guillaume d' 273 f.,
    276, 382, 463
Estouteville, Louis d' 262 f., 273
Étampes 27, 112
Eu 185

Eu, Graf von 411
Eude, Émile 449
Eugen IV. 229, 272 f.
Euverte, der Heilige 309, 443, 462
Évreux 258, 366, 396

Fabre, J. 438 f., 449
Falaise 252
Falconetti, Renée 459
Falstolf, John 81, 106, 111 f., 128,
    342, 392
Farrar, Geraldine 459
Fascot, John 392
Fauquembergue, Clément de 94,
    139, 255, 452
Favé, Jean 240
Fécamp 183, 229, 236
Ferdinand III. von Österreich 307
Ferrara 272
Ferrebouc, François 278
Fétigny, Jean de 261
Feuillet, Gérard 212, 221
Fitz-Hugh, Henri 336
Flandern 97, 151, 179, 357, 406,
    413
Flavy, Guillaume de 136, 152,
    158 ff., 410, 412, 414
Fleming, Victor 460
Fleur-de-Lys, Herold 417
Fleury, Jean 249
Floques, Robert de 268, 296, 329,
    346, 365 ff.
Florenz 272
Foch, Marschall 439
Foix, Graf von 137
Fontaine, Regnault de 412
Fontenil, Pierre de 318
Fontevraud 311
Formigny 269
Fotheringay 301
Foucault, Jean 157
Fougères 268, 322, 356
Fouquet, Jean 143
Fournier, Jean 41
Fraikin, Jean 466
Framberge 303

486

France, Anatole 438
Franquet d'Arras, vgl. Arras, Franquet d'
Franz I. 430
Franz II. 430
Frémiet 439
Fribourg, Jean, Graf von 35
Friedrich IV., Herzog von Österreich 154
Front, Guillaume 282 f.
Fronton du Duc 443

Gamaches, Philippe de 411, 415
Garbol, Guillaume 303
Garivel, François 55, 118
Garnier, François 215
Gascogne 406
Gasperini, Maria 459
Gastinel, Denis 245
Gastyne, Marc de 459
Gaucourt, Raoul de 31, 45, 50, 73, 84, 86, 134, 139 f., 295, 307, 315 f.
Gaultier, Léonard 433, 456
Gâvre 357
Gélu, Jacques 296, 369 ff.
Genevoix, Simone 459
Genf 353, 361
Gérard de Syonne 283
Gérardin d'Épinal, vgl. Épinal Gérardin d'
Gerberoy 264
Gerson, Jean 121 f., 296, 369, 373 ff.
Gévaudan 166, 257
Gien 23, 28, 113, 125, 141, 143, 324, 351, 386, 474 ff.
Gillet 308
Girard, Jean 369
Glasdale 65, 79, 89, 94, 99, 405, 452
Glénisson, Jean 17, 161
Gloucester, Herzog von 199, 337, 356
Godesfroy, Denis 434
Godet, André 388

Gois, Bildhauer 456, 464
Görlitz, Elisabeth von 267, 418
Görlitz, Herzog von 418
Gouffier, Guillaume 49
Gounod, Charles 448
Gournay-sur-Aronde 155
Gouvis, Jean de 364
Granville 263
Gravelines 306, 308
Graverent, Jean 191, 195
Graville, Louis de 73 f., 118
Gregor XII. 374
Grenoble 369
Gressart, Perrinet 145, 147, 295, 346 ff.
Greux 35, 132, 198, 281 f., 289, 427 ff.
Grey, John 188, 208
Grignon-Désormeaux 464
Grimod, Jean 422
Gronart, Nicole 417
Grouchet, Richard du 229
Gruel, Guillaume 126
Guacourt, Raoul de 302
Guesdon, Laurent 245, 424
Guillaume, Jacquet 157
Guillaume, Schäfer 167, 257 f.
Guillemin 457
Guise 167
Guyenne 30, 100, 137, 274, 276, 333, 342, 361
Guyenne, Herold 71, 83
Guyon, Symphorien 431

Haiton, Guillaume 226, 232
Ham 171
Hambye 336
Hampshire 356
Harcourt, Christophe d' 102
Harcourt, Marie d' 333
Harfleur 315, 336, 341
Harmand, Adrien 305 f.
Hatot, Georges 459
Hauviette 37, 283 f.
Heilz-l'Évêque 35

Heinrich II. 430
Heinrich III. 430, 443, 463
Heinrich IV. 430
Heinrich V. 114, 129, 173, 226,
    236, 301, 315, 321, 331, 336,
    340, 343 f., 361, 407
Heinrich VI. 154, 175, 186, 196,
    199, 236, 238, 257 ff., 268 f.,
    276, 313, 336, 340 ff., 345, 351,
    355 f., 358 ff., 407, 411, 423,
    431, 444, 468
Hélie de Bourdeilles 33
Hennegau 327
Honnegger, Arthur 450 f.
Honfleur 136, 269, 368
Honnecourt, Jean de 40, 67, 471
Honnecourt-sur-Escaut 40
Hordal, Jean 433, 456
Houppeville, Nicolas de 230
Huet, Émile 451
Huntington 411
Hus, Johannes 154

Île-de-France 101, 133, 146, 155 f.,
    341, 355
Illiers, Florent d' 107
Irland 341
Isabeau von Bayern 114, 173, 259,
    265, 298, 416
Isabella von Portugal, Herzogin
    von Burgund 150, 169, 173, 307
Isabelle Romée 67, 120, 198, 266,
    277, 279, 281, 379, 424, 426
Isambart de La Pierre 189, 226,
    230, 237, 247 ff., 251, 270, 275,
    424
Isle, Lancelot de l' 336
Issoudun 144
Italien 97
Ivry 341

Jacobini, Maria 459
Jaffa 344
Jakobäa von Bayern 350
Jamet du Tillet, vgl. Tillay, Jamet
    du

Janville 26, 81
Jargeau 106 f., 144, 149, 207, 304,
    323, 339, 347, 473
Jarretière, Herold 130
Jean de Metz, vgl. Metz, Jean de
Jerusalem 344
Johann (zweiter Dauphin) 48
Johann Ohnefurcht, Herzog von
    Burgund 48, 142, 192, 321, 331,
    348
Johannes XXIII. 374
Joinville, Jean de 34
Jolante von Sizilien 262
Jolivet, Robert 236, 451
Josselin, Bernard 387
Jouy-en-Josas 245
Jumièges 229, 236
Juvénal des Ursins, Jean 277, 299,
    315, 355, 360, 467

Kalt Eysen, Henri 419
Karl der Große 75
Karl II. von Lothringen 38, 256,
    313, 470
Karl III. von Lothringen 430, 443
Karl V., König von Frankreich 27,
    122, 273, 401
Karl VI., König von Frank-
    reich 47, 114, 193, 315, 370
Karl VII., König von Frank-
    reich 27, 44, 47, 52, 93, 100,
    109, 113 f., 117 f., 125 f., 129,
    132 f., 136, 139, 141, 143 f.,
    149 ff., 154 ff., 167, 173 ff., 181,
    230, 256 f., 265, 268 f., 273, 278,
    295, 297 ff., 307 ff., 315 ff., 319,
    321 f., 324 f., 327, 329 ff., 341 ff.,
    344, 350 f., 353 f., 356 ff., 364,
    366 ff., 370 f., 382, 389, 396 ff.,
    404, 411, 416, 418, 426 f., 431,
    434, 454 f., 467, 475
Karl VIII., König von Frank-
    reich 430
Karl IX., König von Frank-
    reich 430
Kastilien 138

Katharina von Frankreich 114, 226, 344
Katharina, die Heilige 33, 97, 163, 177, 179, 204 f., 213 f., 218, 242
Katian, Olivier 450
Kennedy, Hugues 157
Kirk-Michael, Jean de, vgl. Saint-Michel, Jean de
Klemens VII. 178
Knowles, Robert de 385
Kyriel, Thomas 269

La Broquière, Bertrandon de 181
La Broussinière 322
Lacassin, Francis 461
La Chambre, Guillaume de 227 f., 424
La Chapelle 139 f., 257 f., 386
La Charité-sur-Loire 145, 147 f., 324, 346 f., 349 ff., 352
Ladvenu, Martin 237, 241, 243 f., 248, 251 f., 270, 275, 424
Lafayette, Marschall von 110
La Fontaine, Boudon de 411
La Fontaine, Jean de 212, 214, 216 f., 219, 221 f., 230
Lagny-sur-Marne 156 ff., 211, 261, 265, 290, 476
La Hire 35, 74, 76, 85, 109 f., 133, 256, 264, 295, 315, 317 ff., 327 ff., 346, 351, 366, 392 ff.
La Macée 67
La Marche, Olivier de 264
Lamartine 437
Lambert, Jean 55
La Ménardière 444
La Motte-Josserand 146, 348, 351
Lancaster, Herzog von (Johann von Gent) 128
Lang, Andrew 439
Langlet Dufresnoy, Abt Nicolas 435
Langres 434
Lannoy, Hugues de 134, 136, 138, 150
Laon 132, 199

La Pole, William de 63, 65, 336, 408
Larcher, Richard 41
La Roche, Jean de 104
La Rochelle 137
Larzicourt 35
La Tour, Herr von 395
La Trémoïlle 53, 106, 109, 126, 130, 133, 143 ff., 148 f., 262, 299, 303, 333, 347, 349 f., 353
Latrier 433
Laval 341
Laval, André de 104, 106, 399
Laval, Anne de 104
Laval, Guy de 104, 106, 399, 454
Le Brun des Charmettes 436
Lebuin, Michel 282, 284, 288
Le Camus, Pierre 252
Leconte, Denis 278
Lecoy de la Marche 422
Lefranc, Martin 453
Le Fumeux, Jean 38
Le Fuselier, Étienne 309
Léguisé, Jean 116
Leliis, Théodore de 274
Le Macon, Robert 60
Lemaître 423
Lemaître, Jean 195, 245, 276
Le Mans 341
Le Marié, Guillaume 55
Lemire 456
Lemoyne, Pierre 433
Leparmentier, Maugier 232, 248
Leroux 439
Le Roux, Nicolas 229
Le Royer, Catherine 37, 41, 470
Le Royer, Henri 37, 40 f., 470
Le Sauvage, Raoul 229
Leyden 445
Lhermite, Pierre 369
Lhuillier, Jean 304 f.,
Ligny-en-Barrois 174, 177 f.
Limousin 57, 405 f.
Lisieux 199, 229, 255, 362 f.
Liszt, Franz 437

489

Loches 96, 101 ff., 104, 144, 325 f., 417, 473
Lohier, Jean 230
Loich, Oudin du 303
Loire 72, 74 ff., 84 ff., 93 ff., 99, 105 f., 118, 141, 190, 267, 319, 323 f., 346, 349, 351, 353, 366, 386, 389
Loiseleur, Nicolas 190 f., 232 f., 240, 251, 253, 363
Lombard, Jean 56
London 113, 302, 309, 340, 344, 389, 406 f., 432
Longueville 334
Longwy 336
Loré, Ambroise de 74
Lothringen 34, 38, 97, 138, 185, 318, 366, 369 f., 395, 414, 419, 427, 430, 436, 439, 443
Loudun 51
Louis-Philippe 465
Louvin 174
Louve, Pierre 417
Louvet 332
Louviers 246, 256, 269
Luce, Siméon 314, 321, 381, 438
Lucheux 183
Ludwig IX. (der Fromme) 34, 75, 118
Ludwig XI. 48, 104, 144, 273, 310 f., 322, 325 f., 329, 333 f., 366, 397, 430
Ludwig XII. 311 f.
Ludwig XIII. 382, 427, 430, 444
Ludwig XIV. 430
Ludwig XV. 430, 434
Ludwig XVI. 132, 429
Ludwig XVIII. 436
Luxemburg 370, 419
Luxemburg, Guy von 171
Luxemburg, Jacqueline v. 262
Luxemburg, Johann II. v. 171
Luxemburg, Johann III. v. 136, 141, 154, 159 f., 162, 167 f., 170, 173, 174 ff., 181, 233, 255, 295, 328, 358 ff., 362, 411 ff.

Luxemburg, Johanna von 171 f., 174, 176 ff., 358, 418
Luxemburg, Kardinal Pierre von 177
Luxemburg, Ludwig von 178, 193, 233, 236, 247, 254 f., 258, 265, 363 f., 479
Luxemburg, Waleran I. von 171, 174
Lyon 121, 374 f.
Lys, Charles du 381 f., 427, 433
Lys, Coeur de 417
Lys, Jean du 421
Lys, Pierre du 421

Maas 34 f., 67, 200, 406
Machet, Gérard 54, 102, 374
Macon, Robert le 102
Macy, Aimond de 233 f., 238, 345, 405
Mailhac, Messire de 393
Mailly, Jean de 169, 178, 233, 254, 258, 363, 424
Maine 324
Malta 344
Manchon, Guillaume 190 f., 212, 239 f., 252, 270, 275, 424, 466 f.
Marcoult, Philippin 417
Margareta, die Heilige 163, 168, 204, 208, 214, 242
Margarete von Anjou 268
Margarete von Bayern 39
Margarete von Touroulde 144 f.
Margny 159 f., 168, 412
Marguerie, André 232
Maria von Kleve 308, 311 f.
Maria von Medici 126
Marie, Thomas 255 f.
Marie d'Anjou 60, 125, 130, 262
Marne 167, 265
Marot, Pierre 432, 457
Martel, Karl 33
Martial d'Auvergne 327
Martin V. (Papst) 194, 207, 229, 271, 362, 370, 374
Martin, Henri 437

490

Massieu, Jean 189, 201, 212, 232, 237 ff., 241, 244, 246, 249, 271, 424
Masson, Jean-Baptiste 433
Mathieu, Georges 458
Maugier, Pierre 278
Maulnier, Thierry 451
Maurice, Meister Pierre 278
Maurier, Simon 392
Maxey-sur-Meuse 204
Mazilles, Jean de 352
Meaux 54, 182, 341
Mehun-sur-Yèvre 144, 149, 151
Méliès, Georges 459
Melun 152, 156, 163, 265, 336, 476
Mengette 283 f.
Mercié 439
Mermet 448
Mesnage, Mathieu 55
Mesnil-en-Xaintois 448
Mestre, J.-B. 410, 414 ff.
Metz 267, 329, 417 ff.
Metz, Jean de 40, 42 f., 65, 67, 471
Meulan 265
Meung, Jean de 336
Meung-sur-Loire 91, 108 ff., 304, 339, 342, 473
Michael, der Heilige 205, 209
Michaud 436
Michelet, J. 436
Micqueau, J.-L. 431
Midy, Nicolas 212, 216, 221, 235, 244, 275
Miget, Pierre 222, 275
Mille, Cecil B. de 459
Millet, Colette 405
Millet, Jacques 443
Minet, Jean 198
Minier, Pierre 229
Mons-en-Vimeu 168
Monstrelet, Enguerrand de 162, 174, 178, 321, 335, 363, 422 f.
Montargis 24, 27, 144, 315, 332, 341, 344, 351, 355, 388
Montauban 320

Montbéliard, Jean de 116
Montdicier 151
Montépilloy 133
Monterau 48, 132, 142, 265, 299
Montesquieu 434
Montfaucon-en-Berry 146
Montils-lès-Tours 298
Montjeu, Philibert de 229
Montjoie, Herold 116
Montpellier 100
Montpenser, Graf von 147, 347
Montreuil 329
Mont Saint-Michel 183, 236, 262 f., 273, 321, 324
Moreau, Jean 117, 281 f.
Morel, Aubert 232 f.
Morgan, Michèle 460
Morin, Jean 54
Morosini, Antonio 97 f., 380
Morosini, Nicolo 181 f., 374
Mortagne 326
Mortemer, Jeanne de 60
Moulins 146 f., 347
Musnier, Simonin 285

Nancy 38, 40, 269, 313 f., 448, 470
Napoleon III. 171
Narbonne 100
Neubourg 336
Neuchâtel 35
Neufchâteau 35, 37, 39, 281 f., 470
Nevers 146, 264, 351
Nevers, Graf von 354
Nevill, Robert 339
Neville, Maud 340
Neville, Richard 345
New York 445, 450
Nicopolis 33
Nider, Jean 418 f.
Nikolaus V. 273, 277, 333
Nivernais 145, 348 ff., 351, 356
Nogent-sur-Seine 136
Nohain 351
Nohant 336
Nonnette 133

Norfolk, Herzog von 411
Normandie 101 f., 138, 143, 146,
    177, 179, 183, 199, 256, 263,
    268 f., 274, 319, 324, 329, 333,
    336, 341, 352, 356, 359, 364,
    368, 468
Norroy 419
Northampton 301, 340
Notre-Dame von Paris 129, 178,
    257, 259, 277
Nouillonpont, Jean de 39 f.
Noyelles, Baudot de 159
    Noyon 155, 158, 169 f., 178,
    233, 254, 363, 412, 424, 479
Nürnberg 418

Obey, Andrée 451
Österreich 121
Offenbach 448
Ogilvy, Patrick 396
Oise 136, 151, 155, 159 f., 184,
    341, 352, 412
Olivet 26 f.
Olivier, Richard 277
Orgui, Pierre d' 29
Orléans 23 ff., 44, 48, 52, 58, 61,
    64, 65, 69, 72 ff., 86, 89 ff.,
    99 ff., 106, 111, 118, 120, 139,
    149, 156, 173, 182, 190 f., 207 f.,
    264, 266 f., 277 ff., 295, 298,
    301 ff., 307 ff., 315, 318 f., 322,
    332 f., 339, 341 f., 346, 351, 355,
    361 f., 366, 375, 380, 383 ff.,
    395, 399, 403 f., 411, 417, 420 f.,
    431, 436, 438, 440, 445, 447,
    449 ff., 460, 462 ff., 473 f.
Orléans, Karl von 29, 58, 266 f.,
    295, 301 ff., 307 ff., 315, 322,
    331 ff., 411
Orléans, Ludwig von 284, 330,
    384 f., 416, 425
Orléans, Marie d', vgl. Maria von
    Kleve
Ourches, Albert d' 56
Oxilia, Nino 459

Panfilov, Gleb 461
Paray-le-Monial 348
Paris 27 f., 47, 58, 64, 74, 94 f., 99,
    101, 112, f., 117, 121 f., 126,
    129 f., 132 f., 135 ff., 152, 155 ff.,
    165 f., 170, 175, 180, 182 f.,
    192 ff., 196, 199 f., 207, 212,
    216, 226, 229, 231, 235, 237,
    245, 254, 257 ff., 261, 265 ff.,
    271 f., 276 ff., 307, 312, 321,
    324, 326, 328, 331, 337, 344,
    352, 358 ff., 370, 373 f., 380,
    386, 389, 392 f., 406, 420, 422 f.,
    439, 447 f., 450 ff., 464, 467, 475
Pasquerel, Jean 46, 49, 60, 68, 82,
    86 f., 101, 154, 405
Pasquier, Étienne 432
Passy 351
Patay 26, 110 ff., 126, 128, 200,
    233, 276, 295, 302, 323, 341 f.,
    411, 473
Patrouillart 35
Pau, Marie-Edmée 437
Pax, Paulette 450
Paynel, Foulques 336
Péguy 283, 449 f.
Perche 336
Perdriel, Jacques 152
Péronne 154, 169
Perpignan 370
Petit, Gérard 185
Petit, Jean 192, 361, 374, 417,
    420 f.
Petitot 436
Philipp II. August 185, 343
Philipp von Brabant 174
Philipp der Gute, Herzog von
    Burgund 29, 126 ff., 130, 133 ff.,
    141 f., 150 f., 154 f., 158 f., 162,
    164 f., 168 ff., 173 ff., 177,
    179 ff., 193, 261, 264 f., 307 ff.,
    337, 341, 347 ff., 380, 395, 403,
    411 ff., 422, 431, 477
Philipp der Kühne 122
Philipp IV., der Schöne 50, 149
Philipp VI. von Valois 384

Picardie 151, 336
Pierrefonds 136
Pigache, Jean 229
Pinchon, Jean 245
Pisan, Christine von 121 ff., 129, 193, 380, 401
Pisy 357
Pithiviers 28
Pitoeff 450
Pius IX. (Papst) 437
Plancher-Valcourt 445
Platon 437
Plessis-Bourré 188
Plombières 443
Poissy 122, 341
Poitevin, Jean 88
Poitiers 50 f., 54 ff., 61, 65, 67 f., 83, 149, 190, 205 f., 210, 224, 369, 379, 398, 405, 472
Poitiers, Diane de 432
Poitou 137, 450
Pole, John (La Poule) 26
Pollard 328
Pollichon 65
Polluche, Daniel 434
Pont-à-Choisy 411
Pont-à-Mousson 443
Pontanus, Paul 274
Pont-de-l'Arche 268
Pont-d'Évêque 158
Pontoise 265, 341
Pont-Sainte-Maxence 136, 152, 178
Porré 433
Portugal 138
Postel, Guillaume 432
Pothe, John of 408
Poton le Bourguignon 167
Pottecher, Maurice 448
Poujoulat 436
Poulengy, Bertrand de 36, 40, 42, 65, 426, 471
Poulnoir, Hauves 69, 150
Prati, Richard 226
Préaux 236
Préchacq-les-Bains 317

Preminger, Otto 460
Pressy, Jean de 180
Prestre, Jacquet le 387
Preuilly, Jehanne de 60, 315
Prévosteau, Guillaume 278
Provence 406
Provins 132
Puy-en-Velay, Le 67 f.

Quent, Eleonore von 337
Queuville, Nicolas de 234
Quicherat 17, 68, 381, 435, 439, 445, 449, 470

Rabateau, Jean 55, 60, 65, 149, 472
Radegund 51
Raguier, Hémon 69, 398
Rais, Gilles de 73, 118, 139, 264, 420, 462
Rambouillet 339
Rameston, Thomas 111
Rapioux 414
Rapp, Francis 285
Raymond, Page 71
Real del Sarte, Maxime 458
Regnault de Chartres, vgl. Chartres, R. de
Reims 23, 31, 44, 47 f., 56, 58, 65, 98, 102, 106, 113 ff., 117 f., 120 ff., 125 f., 128, 130, 132, 135, 142, 153, 158, 170, 174 f., 180, 210, 213, 252, 257, 259, 277, 288, 324, 351, 360 ff., 380, 395, 405, 411, 447, 453, 460, 474 f.
Renée d'Anjou 39, 256, 264, 268, 313 f., 367, 419
Reverseau, Jean-Pierre 398, 400
Reverseau, M. 400
Ricarville, Guillaume de 260 f., 325
Richard II. 407
Richard, Bruder 115
Richelieu 456
Richemont, Arthur de 109, 126,

137, 262, 265 f., 269, 307, 349, 361, 454
Richer, Edmond 381, 433, 435
Rinel, Jean de 212, 360 f.
Riom 147 f.
Riquier, J. 424
Rivet 445
Robert le Maçon 60
Rochechouart 24
Rochecorbon 326
Rocheplatte, Graf von 465
Rocolle, Pierre 17, 168, 176, 185
Rognard de Pleinchène 445
Roland, Madame 435
Rollin, Nicolas 349
Rom 272 f, 276 f., 370, 438, 440, 465, 467
Romorantin 105 f., 306, 399, 473
Roncessey 282
Rosemont 351
Rosselini, Roberto 460
Rouault, G. 458
Rouen 27 f., 51, 138, 167, 177 f., 181, 184 ff., 188 ff., 192, 194 ff., 199, 212, 219, 222, 229 f., 234, 237, 245 f., 248 f., 251, 254 f., 260, 264, 266, 268 ff., 274 ff. 279, 291, 295, 315, 327 f., 333, 336, 341 ff., 363 f., 368 f., 389, 409, 422, 424, 444, 447, 455, 460, 468, 477, 479
Roussel, Raoul 233
Roussin 445
Rouvray-Saint-Denis 393
Roye 151
Royer, Étienne 281
Rubens 455 f.
Rubinstein, Ida 450

Saint-Aubin, Geoffroy de 157
Saint-Avit, Jean de 230
Saint-Benoît-sur-Loire 27
Saint-Christophe 322
Saint-Corneille 168
Saint-Denis 138 f., 141, 151, 200, 265, 397, 403 f., 425, 475

Saint-Florent-lès-Saumur 52 f., 103, 322 f.
Saint-Germain-en-Laye 341
Saint-Jacques (Rouen) 189
Saint-Jean-de-la-Ruelle 392
Saint-Jean-le-Blanc 28
Saint-Joseph (Nancy) 448
Saint-Ladre 392
Saint-Michel 255
Saint-Michel, Jean de 395 f.
Saint-Nicolas-de-Sept-Fonts 37
Saint-Nicolas du Port 39
Saint-Ouen 234, 236, 240, 242, 244, 479
Saint-Palais 396
Saint-Phal 114
Saint-Pierre-du-Martroi (Orléans) 399
Saint-Pierre-le-Moûtier 347, 351, 355, 476
Saint-Privas 417
Saint-Pol 174, 262
Saint-Pol, Graf von 262
Saint-Quentin 171
Saint-Riquier 183
Saint-Urban-lès-Joinville 42
Saint-Vaast 264
Saint-Valery-sur-Somme 185
Sainte-Catherine-de-Fierbois 32 f., 42, 70 f., 206, 402 f., 471
Sainte-Sévère, Marschall von 393
Saintonge 137
Sala, Pierre 49
Salisbury, Graf von 24, 26, 295, 335 ff., 336, 391, 407
Salloker, Angela 459
Sancerrois 348
Sandillon 279
Saumur 310, 323, 422
Sauvroy 38
Savignies 257
Savore, Jehan 388
Scales, Thomas, Sire de 63, 262
Schiller, Friedrich 435, 445 f.
Schottland 138, 396
Schottland, Margarete von 396 f.

Scudéry, Fräulein von 445
Seberg, Jean 460
Secard, Jean 212
Seguin, Pierre 55
Seguin, Seguin 55 ff., 405
Seine 132, 136, 142, 152, 249,
    257 f., 265 f., 341
Selles-en-Berry 103 ff., 144, 473
Sempigny 412
Senlis 54, 133 f., 136, 138 f., 157 ff.,
    218
Sens 199
Sepet, Marius 438
Sept-Saulx 117, 475
Sermaize, Jeanne de 422
Shaw, George Bernard 450 f.
Sigismund 97, 154
Sinai 33
Sionne, Etienne de 282
Soissons 132, 158 f., 167, 412 f.,
    475, 477
Sokrates 437
Sologne 72, 74, 93
Somerset 269
Somme 183, 185, 341
Sorel, Agnès 300, 445
Sorel, Alexander 410
Soumet 448
Southey, Robert 435, 445
Stafford 233 f., 258, 336, 345, 411,
    479
Stanlawe, Jean 468
Stern, Daniel 437
Straßburg 367
Stuart, Jakob 395
Stuart, John 24, 29, 392, 394 ff.
Stuart, William 393, 395 f.
Suffolk 65, 106, 108, 300, 302,
    336, 363
Sully-sur-Loire 27, 149, 151,
    476
Surienne, François de 268, 346,
    349 f., 354 ff.
Surreau, Pierre 179 f., 362

Talbot, John 63, 75, 109, 111 f.,

    128, 233, 276, 295, 328, 340 ff.,
    355, 368, 391, 409, 447
Talbot, William 188
Tancarville 366
Tancarville, Gräfin von 333
Taquel, Nicolas 424, 466 f.
Tatay 304
Thérage, Geoffroy 247
Thérouanne 139, 178, 233, 247,
    345
Thibault, Gobert 65 f. 102
Thierry, Wautrin 280
Tiercelin de Viteau, Jeannette 281
Tillay, Jamet du 23, 31, 394
Tiphaine, Jean 227
Tisset, Pierre 17, 194, 196, 216,
    381, 402 f.
Token, Heinrich 414
Tombelaine 263
Touchet, Mgr. 438
Toul 34, 39, 185, 217, 223, 280,
    470
Toulongeon, Marschall von 151
Toulouse 99
Touraine 137, 315, 322, 365
Touraine, Jacques de 234
Tournai 113, 180, 380, 474
Tours 67 ff., 150, 182, 265, 306,
    311, 397, 402 f.
Toury 26
Toustain-Richebourg, Gaspard
    de 435
Toutmouillé, Jean 243, 252, 271
Trent, Lawrence 97
Tressart, Jean 249
Trie, Pierre de 35
Trier 418
Tripault, Léon 431, 456
Troyes 114 ff., 146, 175, 193, 199,
    336, 361, 370, 380, 407 f., 444,
    474
Tschaikowskij 451
Tschurikowa, Inna 461
Tudert, Jean 265

Ucicky, Gustav 459

Uzès, Herzogin von 439

Vailly 132
Vallet de Viriville 319, 466
Vaucouleurs 34 ff., 40 ff., 44, 51,
    56 f., 66 f., 185, 200, 223, 280,
    288, 295, 313, 402, 404, 421,
    426, 470 f., 477
Vaudémont, Louise de 443
Vecel, Jean de 350
Venedéres, Nicolas de 222, 232,
    245, 251
Vendôme 325
Vendôme, Graf von 45, 158, 167
Vendig 97, 181, 344, 374
Venette 160
Verberie 179
Verdi 451
Vergy, Antoine de 34
Vermandois 318, 421
Verneuil 52, 269, 322, 337, 341,
    356, 396
Vernulz, Nicolas 444
Versailles, Pierre de 54, 65
Versy 351
Vertus, Philippe de 301, 331
Vienne, Guillaume de 352
Vierzon 144
Vieux-Port, Yves de 336
Vignolle, Étienne de, vgl. La Hire
Vignon, Claude 434, 456
Villandrando, Rodriguez de 367
Villard de Honnecourt 40
Villars, Archambaut de 23, 31
Villequiers 146
Villiers de l'Isle-Adam 265
Villon 380
Vimeu, Jean de 130
Vincennes 361
Virey des Graviers 444

Visconti, Bonne 98
Visconti, Philippe-Marie 98
Visconti, Valentine 331, 333
Viteau 281
Vitré 106
Vitry-en-Perthois 35
Vittel 448
Vivenot, Notar 428
Volant, Jean 388
Voltaire 434 f., 445 f.
Vouthon 421
Vulson de la Colombière 433, 456

Wallon, Henri 437
Wamdonne, Lionel de 162, 167 f.,
    175 f., 358
Warwick 186, 188, 228, 233 ff.,
    240, 249, 256 f., 260, 295,
    327 ff., 336, 341, 343 ff., 363,
    409, 411, 416, 424, 444, 479
Waterin, Jean 288
Wavrin, Jean de 111, 354
Westminster 154, 175, 257, 269,
    337, 407
Wien 43, 276
Wilhelm der Eroberer 408
Willoughby 341
Windecken, Eberhard von 97
Windsor 302
Wingfield 302, 307
Württemberg, Graf von 418

Xaintrailles, Poton de 29, 141,
    158, 167, 257, 264, 295, 307,
    317 ff., 327 ff., 345, 355, 366 f.,
    393 ff., 432

Yolante von Aragon 60, 130, 264,
    313
York, Herzog von 325, 355, 363